Albrecht Wirth

Aus orientalischen Chroniken

Albrecht Wirth

Aus orientalischen Chroniken

ISBN/EAN: 9783743304659

Hergestellt in Europa, USA, Kanada, Australien, Japan

Cover: Foto ©ninafisch / pixelio.de

Manufactured and distributed by brebook publishing software
(www.brebook.com)

Albrecht Wirth

Aus orientalischen Chroniken

AUS
ORIENTALISCHEN CHRONIKEN

VON

ALBRECHT WIRTH.

FRANKFURT A. M.

IN COMMISSION BEI MORITZ DIESTERWEG

1894.

PROSPECTUS.

Aus orientalischen Chroniken.

Von

Albrecht Wirth.

LXIV und 276 Seiten.

—— *Preis 12 Mark.* ——

Commissions-Verlag von Moritz Diesterweg in Frankfurt am Main.

1894.

In seiner grundlegenden byzantinischen Litteraturgeschichte erklärte noch vor drei Jahren KRUMBACHER, trotz der vielen und einschneidenden Arbeiten, die mit der Aufhellung der antiken Chronographie sich beschäftigten, sei der Ursprung der Weltchronik, wie sie durch AFRICANUS und EUSEBIUS begründet, noch keineswegs ganz klar. In dem vorliegenden Werke wird nun von neuem der Versuch gemacht, die Quellen der christlichen Weltchronik darzulegen und die weitere Entwicklung der Chronistik in ihrem ganzen Umfange zu verfolgen. Wenn sich auch bei dem Durchmustern der orientalischen Geschichtsbücher nicht annähernd Vollständigkeit erzielen liess, weil viele jener Bücher blos handschriftlich vorhanden oder noch nicht übersetzt sind, so ist doch, nachdem einmal die Hauptmarksteine der östlichen Chronistik festgelegt sind, späteren Forschern ihr mühsamer Weg in jenen unwegsamen Gebieten um ein beträchtliches erleichtert worden.

Eine Reihe von wichtigen Inedita erhöht den Wert des Buches. Von der EKLOGE HISTORION, deren ersten Teil CRAMER aus einer Pariser Handschrift herausgegeben, hat der Verfasser den zweiten und wichtigeren Teil in einer Wiener Handschrift aufgefunden, ihn mit JOHANNES SICULUS verglichen und mit eingehendem Commentar herausgegeben. Ein zweites Ineditum von bedeutendem Umfang giebt ein apokryphes Religionsgespräch, das im 5. Jahrhundert am Hof der Sassaniden stattgefunden haben soll, und das zu einer Menge der interessantesten Beobachtungen anregt. Bei dem Anteil, den jetzt gerade die gelehrte Welt an Apokryphen der älteren christlichen Zeit nimmt, dürfte jenes Religionsgespräch der besonderen Beachtung auch der Theologen gewiss sein.

Den Schluss bildet eine mehr andeutende Auslese aus der reichen Menge der Fabeln, die sich in die Chroniken aller Völker eingeschlichen haben: aus der Gegenüberstellung einzelner Motive oder ganzer Fabelchroniken mit verwandten Motiven aus fremden Litteraturen ergeben sich viele neue, eigenartige Rückschlüsse.

Beigefügt ist eine sorgfältige, den Verlauf der Chronistik anschaulich darstellende Übersichts-Tabelle.

Druckerei Gebrüder Fey, Frankfurt a. M.

INHALT.

DIE CHRISTLICHE CHRONOGRAPHIE.

Ursprung und verlauf.

Wie ein strom, der in gesegneten auen breit und mächtig dahinfloss, in der wüste halb versickert, halb zum sumpfe sich ausdehnt, so ist die geschichtschreibung, die voll und gewaltig das leben erfasst, allmählich zum öden torfmoor der christlichen chronographie erstarrt. Statt der blitze des genius flackern unstäte irrlichter schwankender dogmen, leuchten von der ferne die wetter des fanatismus; wunderblumen farbenprächtiger legenden schiessen an den ufern des moores empor und betäuben mit ihrem narkotischen duft, leise bewegt der wind das schilfrohr und erweckt seltsame laute halbverklungener, reizender märchen aus grauer vorzeit. Fern am horizont sank die sonne ins meer, tiefe schatten breiten sich über die erde und ungewiss verschwimmen in den strahlen des aufgehenden mondes die umrisse der dinge. Der blick richtet sich der erde ab hinan zum himmel und seinen sternen.

Das urteil der wissenschaft kann nicht zweifelhaft sein.

Eine geschichte der christlichen chronistik ist ein beitrag zur geschichte des irrtums. Bei der erzählung der vorchristlichen ereignisse sind die geschichtschreibenden mönche und bischöfe von zahlenspielereien und willkürlichen konstruktionen beherrscht, in dem abrisse der kaiserzeit und in der darstellung ihres eigenen zeitalters leitet sie die kirchenzensur und der fanatismus. Auch ist weder sprache noch geist jener chronisten zu rühmen; ihr stil ist arm und einförmig, eigene gedanken wagen sich selten hervor, bei form und inhalt waltet durchgehends die abhängigkeit von den vorgängern. Der einzelne verschwindet, ein öder, verknöcherter typus drückt allen schriften jener richtung den gleichen stempel trostloser mittel-

mässigkeit auf. Und dennoch haben die christlichen weltchroniken einen örtlich ungemein ausgedehnten und in ihrer wirkung
äusserst nachhaltigen einfluss ausgeübt; ausgebildet in Egypten
und Syrien, verbreiteten sie sich in ganz Vorderasien und an
den küsten des Mittelmeers, drangen in die überlieferung der
Slawen und die des Islams, lieferten die grundlage zur lateinischen annalistik des abendlands und haben so den gedankenkreis der ganzen mittelalterlichen welt beherrscht. Der gottesdienst, legenden, sagen und märchen und schliesslich eine
kurze weltchronik, das waren die elemente, aus denen das
volk, namentlich im osten, seine geistige nahrung sog. Pro-
kopios und Bryennios, die waren gut für den hof und die
diplomaten, das volk wollte von grossen, welterschütternden
ereignissen hören, so ihrem herzen und ihrer einbildungskraft
auch etwas bieten konnten. So haben denn auch die trefflichen
byzantinischen geschichtswerke, in denen die männer der residenz ihren lebensgehalt niederlegten, nie über den kreis hinaus-
gewirkt, dem sie ihren ursprung verdanken, während die
mönchschroniken um die wette in fast alle slawischen sprachen
übertragen wurden und die weltgeschichte in bildern und
orakeln eines Pseudo-Methodios das ganze abendland erfüllte.
Wie ein pilger von fremden ländern am leichtesten das äusser-
liche, das unbedeutende, ja das schlechte zu sehen und zu
hören bekommt, so hat von jeher die leichte waare der märchen
und legenden und so hat auch die christliche chronik den
grössten und schnellsten umsatz gefunden. Die vorstellungen
aber, deren urheberin und beförderin die chronik war, haben
eine unermessliche tragweite gehabt. Die lehre von den vier
weltreichen, die erwartung einer abschliessenden friedensherr-
schaft und des weltuntergangs, der wahn, dass das römische
reich das letzte auf erden sei, hat bis in unsere tage fortge-
wirkt. Die zwittergestalt und die ansprüche des römischen
papstes auf die weltherrschaft des heiligen römischen reiches
deutscher nation sind aus derartigen vorstellungen erwachsen.

Vorläufer.

Das erste sichere gefüge einer verlässlichen geschichtschreibung hatte der Orient gegeben [1]. In grossartigen, monumentalen inschriften hatten Egypter, Babylonier und Perser
im lauf der jahrtausende die tatsachen festgehalten und chronologisch aneinander gereiht. Hand in hand mit den mathe-
matischen und astronomischen kenntnissen der priester entwickelte sich bei jenen völkern die kunst der überlieferung,
in übereinstimmung mit der streng geordneten und fest ge-
schlossenen verwaltung, wie sie am Nil und Euphrat herrschte,
entwickelte sich die urkundlich beglaubigte geschichte. Die
überlieferung ist zwar völlig einseitig, insofern sie durchaus
vom hofe abhängig, durchaus offiziell ist, indessen sie ist von
grösstem sachlichem werte als letztes resultat einer hohen po-
litischen und sozialen bildung. Auch sind weder keilschriften-
noch hieroglyphen-denkmäler frei von mythen und legenden,
noch unberührt von dynasten- und nationaleitelkeit, aber sie
sind gleichwohl die ersten, die ein festes gerippe gesicherter
tatsachen bewahrt haben. Den gewaltigen kulturen jener
grossen königreiche gegenüber rang das volk Israel um seinen
glauben und seine freiheit; der monumentalen, offiziellen
annalistik der grosskönige stellte es eine leidenschaftlich nationale und nahezu individuelle geschichte gegenüber als macht-
volles, tiefeingreifendes erzeugnis seiner religiösen und poli-
tischen kämpfe. Während bei den starren steininschriften der
ersten weltreiche blos der einheitliche, blos der staatsgedanke
einförmig zum ausdruck kam, waltete in der jüdischen überlieferung zuerst ein volkstümlich lokales, später das persönliche,
das partei-element. Erst nach der gefangenschaft begann ein

[1] Für das folgende vergl. Nitzsch, Geschichte der römischen republik 6.

strafferer zusammenhalt das ganze leben der Israeliten zu
durchdringen, zugleich aber machte sich der babylonische einfluss in der litteratur geltend. Die schöpfungs- und flutmythen
entstammen den keilschriften, der Jahwist datiert eine kriegstat
Abrahams nach den tagen des Chaldäers Amraphel, babylonische gedanken und ausdrücke begegnen sich bei den propheten, insbesondere bei Daniel, die bücher Hiob und Henoch
zeigen in ihren namen und spekulationen die spuren chaldäischer kunde.

Wieder einige jahrhunderte später unterlagen die Juden
dem übermächtigen einfluss der hellenistischen und namentlich
der alexandrinischen kultur, um in der zeit des Talmud wieder
ganz dem babylonischen gedankenkreis zu verfallen. Das leit-
motiv bleibt aber immer dasselbe religiös mahnende und zur
nationalwürde emporraffende: bewahrt Israel seinen reinen
glauben, so wird es Jehovah segnen, verleugnet es ihn, so
wird es Jehovah in die hand seiner feinde geben, qual und
verbannung wird sein loos sein.

Die dritte gruppe in der überlieferung des altertums ist
die griechische. In ihren anfängen, die von dem niedergang
der orientalischen weltreiche an datieren, ist sie noch ein
ziemlich haltloses gemisch von gründungssagen, mythischen
genealogien, geographischen notizen, halbverstandener oder
ausgedeuteter kunde und einem geringen zusatz wirklicher
geschichte. Aber bald läutert sich der trübe strom, schwillt
höher und höher und überflutet zuletzt den ganzen kulturkreis
der alten welt.

Die ersten hellenischen geschichtenschreiber, die am saume
des östlichen kulturgebietes in Ionien aufkamen, verzeichneten
örtliche erinnerungen ohne offizielle und ohne individuelle
eigenart. Wie ihre auffassung sich nicht sonderlich von der
allgemeinen des volkes abhob, so war ihnen auch der begriff
des litterarischen eigentums nicht bekannt. Der schüler, wie
des rapsoden und philosophen, so des logographen, ererbte
die schriften seines meisters, erweiterte sie durch neue bemerkungen und liess sie nun als seine schriften in die welt
gehen, um die kunde weiterzutragen. Da trat um 490 v. Chr.
Hekataios von Milet mit einem festen und entschlossenen schritt

der haltlosen und verworrenen lokallitteratur entgegen, er fasste
die zerstreuten und bald zu grellen, bald zu blassen farben-
skizzen zu einem wohlabgetönten gesamtgemälde des weiten
Perserreichs und des von ihm abhängigen Ionien zusammen,
er verlieh seinem werke innere festigkeit durch den neuen und
durchgreifenden grundsatz persönlicher kritik und begründete
so die schule des individuellen pragmatismus. Im gegensatz zu
dem milesischen staatsmann erhob sich ein menschenalter
später Herodotos, ein erlesener liebling der Musen. Er gewann
die herzen der menschen durch den zauber seiner sprache, die
feinheit der beobachtung und die liebenswürdige kraft seiner
darstellung, aber er verliess die enge bahn der kritik, um, getragen von weiterem und freierem geistesschwunge, in den
geschicken der weltteile und den taten und leiden des einzelnen das gerechte walten einer vorsehung nachzuweisen, um
die entwicklung eines grossen sittengesetzes zu verzeichnen.
Herodot hat oft nachlässig und zu sehr von seiner vorlage
abhängig geschrieben, aber mit genialem blick hat er eines
der grössten probleme der weltgeschichte zuerst erkannt und
meisterhaft in seinen ersten stadien dargestellt, den gewaltigen,
die jahrtausende erfüllenden kampf zwischen dem orient und
occident.

Damit waren die drei kreise gespannt, innerhalb deren
die verschiedenen gruppen griechischer geschichtschreibung
sich gleichzeitig und nebeneinander entwickelten. Thukydides,
Polybios, Poseidonios steigerten den pragmatismus zu seiner
höchsten vollendung, den spuren Herodots folgten ohne dessen
geist Ephoros, Theopompos, Timageues, die zahlreichste schule
aber blieb immer die der logographen, der mythographen und
der genealogen, der spezialforscher, der lokalchronisten.

Wie in der neuzeit Deutsche, Engländer und Franzosen
die chinesischen annalen zusammenstellen, die geschichte In-
diens, Egyptens und Babylons schreiben und selbst den ent-
legenen aufzeichnungen der Inkas oder der Javaner nachspüren,
so bekümmerten sich damals die Griechen um alle, auch noch
so kleinen länder und völker, mit denen sie überhaupt nur
in berührung kamen, und legten ihre erfahrungen in Ἀσσυριακά,
Ἰνδικά, Ἀραβικά, Περσικά, Λυδιακά, Ἀτϑίδες und ähnlichen

werken nieder. Die vielzerstreuten einzelnen posten wurden
dann von zeit zu zeit durch einen polyhistor zusammengestellt
und aus ihnen die bilanz gezogen. So vergrösserte sich beständig der fond der tradition und es wurde namentlich der
orient, den Alexanders kraft dem griechischen geist eröffnet
hatte, immer ausgedehnter und gründlicher in den bereich der
allgemeinen geschichte hereingezogen. Was die bücher des
alten testaments erzählten und was die alexandrinischen Juden
dazu gedichtet, was aus dem überlieferungsschatze der babylonischen und egyptischen vorzeit sich gerettet hatte, was
phönikische annalen berichteten, was Athener und Lakedae-
monier von ihren grausten vorfahren erzählten, endlich was
über die taten der Römer geschrieben wurde, alles das nahmen die hellenistischen geschichtssammler Alexander Polyhistor, Diodor, könig Juba, Nikolaos von Damaskus und bei
den Römern Sueton in ihre weitschichtigen magazine des
historischen wissens auf. Den anfang machte in der egyptischen
geschichte [1]) der priester Manetho um 280 v. Chr. Er wusste
die hieroglyphen noch zu denten. Seine nachfolger, Ptolemaios
von Mendes, der kampflustige und ruhmredige Apion um
30 n. Chr. und in der zeit Neros Chairemon schöpften wohl
mehr aus griechischen nachrichten.

Über die taten der Phönikier handelten der zuverlässige
Menander von Ephesos, die wenig bekannten, wahrscheinlich
jüdischen schriftsteller Dios, Histiaios, Laitos und Hesiodos [2]),
endlich der grammatiker Herennios Philon aus Byblos. Der
letztgenannte autor übersetzte um 130 n. Chr. den sogen.
Sanchuniathon, der in vortrojanischer zeit eine geschichte Phö-
nikiens verfasst haben sollte.

Die schicksale des babylonischen reiches, wobei auch oft
der Assyrer gedacht werden musste, wurden von Berossos um
280 v. Chr. nach keilschriftlichen urkunden dargestellt. Von
ihm ist abhängig Abyden, selbstständig dagegen, aber nicht zu
ihrem vorteil ist die assyrische geschichte des Xenokrates. Mit
den Persern beschäftigten sich nach dem tonangebenden Ktesias

---

[1]) Belege für das folgende bei MÜLLER, F. H. G. IV.

[2]) GUTSCHMID änderte mit unrecht Ἰαίχωνος.

später Deinon, Duris und die grosse reihe der Alexanderhisto-
riker. Von den Juden behandelten die geschichte ihres volkes
der nüchterne Demetrios, der vielgelesene Eupolemos, beide
gegen ende des 2. jahrh. v. Chr., sodann der phantastische
Artabanos und der fälscher Aristobulos, weiter Theophilos,
Philon, die sibyllinischen orakel und der chronist Justus von
Tiberias um 40 n. Chr., dazu einige verschollene, wie Claudius
Iolaus, wohl ein freigelassener von kaiser Claudius, der eigentlich Joel hiess [1]). Die leistungen seiner meisten, von der bibel
oft stark abweichenden vorgänger hat darnach der charakter-
lose und wenig gründliche Pharisäer Josephus um 90 n. Chr.
zusammengefasst, während ein jahrhundert später Aquila im
wesentlichen wieder zur bibel zurückgriff.

In Griechenland selber wuchsen geschichtschreiberlinge
und lokalchronisten überall wie pilze aus dem boden empor [2]).
Am berühmtesten sind die Atthidenschreiber, deren bedeu-
tendster vertreter Philochoros († 261) gewesen ist. Den späteren
sind jene forschungen wohl nur durch auszüge oder kompen-
dien zugänglich geworden. Auch in Rom wurden seit der
κτίσις Ῥώμης des Diokles von Peparethos die annalen der
stadt bis ins 1. jahrh. v. Chr. hinein griechisch abgefasst. Für
die darstellung der ältesten zeiten brachte Suetons werk „de
regibus" den vorläufigen abschluss. Auf ihm baute sich vorwiegend die spätere stadtchronik auf.

Andere spezialgeschichten sind für die christlichen chroniken von keinem belang gewesen.

Neben der gruppe der memoiren, biographien und der
grossen pragmatischen werke, neben den rhetorischen über-
blicken der weltgeschichte und den genealogien- und sagen-
sammlungen bildete sich allmählich noch eine vierte richtung
aus, die für die erhaltung und fortpflanzung der tradition
nicht minder wichtig werden sollte, die technische chronologie.
Um des immer stärker anwachsenden stoffes herr zu werden
bedurfte es einer einheitlichen zeitrechnung, bedurfte es eines
chronologischen systems, in dessen rahmen die tausendfältigen

[1]) MUELLER IV, 516.
[2]) CHRIST, Geschichte der griech. litteratur 420.

einzeldaten zusammengehalten, durch dessen unerbittlich festes
gefüge ein auseinanderfallen des mühsam zusammengescharrten
materials verhütet würde. Timaios, wohl auf die anregung des
Aristoteles hin, machte die rechnung nach olympiaden zum rückgrat der chronologie. Er stellt die olympischen sieger mit den
ephoren Spartas, den archonten Athens und den argivischen
priesterinnen zusammen. Dikaiarch um 300 v. Chr. Eratosthenes nahm sie auf und erhob sie zum kanon der alexandrinischen geschichtswissenschaft. Aus Eratosthenes schöpften Apollodor (144 v. Chr.), Kastor (60 v. Chr.), Thallos, der wohl
40 n. Chr. lebte, aber seine darstellung bloss bis 108 v. Chr.
hinabgeführt hat, Polybios, der freigelassene des kaisers Claudius[1]), Kephalion, der seine „Musen" ionisch schrieb, Phlegon
(unter Hadrian), Cassius Longinus (bis ol. 228 — 137 n. Chr.),
Dexippos (um 270 n. Chr.) und der neuplatoniker Porphyrios
(gegen 300), der ein werk von Trojas fall bis auf Claudius
verfasste.

Neben der eratosthenischen schule gab es selbstständige
chronologen, wie den Lakonier Sosibios und den verfasser der
parischen marmorchronik, die sich beide allem anschein nach mit
ihrem zeitgenossen Timaios berühren, aber von den ansätzen des
Eratosthenes abweichen. Von einigen unbedeutenden chronologen wie Charax und Diyllos ist meist nur der name bekannt;
ebenso wissen wir über Dionysios von Halikarnass *ἐν τοῖς*
χρόνοις, den Clemens für die argivische urzeit zitiert, nichts
weiteres anzugeben.

Ein neues, unabhängiges system errichtete, wahrscheinlich
vom astronomischen standpunkt ausgehend, der Alexandriner
Ptolemaios mit seinem berühmten, fast unfehlbaren königskanon. Dass derselbe mit der regierung des Babylonierkönigs
Nabonassar (seit 747) beginnt, weist auf chaldäische quellen
hin, die Ptolemaios auch bei rein astronomischen untersuchungen sehr stark benutzt hat[2]). Überhaupt scheint die kunst,
die zeit zu messen, aus Babylon zu stammen.

---

[1]) Über die drei letztgenannten s. GELZER, Africanus II, 70. 96.

[2]) OPPERT, Journal asiatique 1890 u. Zeitschr. f. Assyriol. 1891.

War durch eine verlässliche chronologie ein festes gerüste für das aufzuführende gebäude einer weltgeschichte gegeben, so waren indes die bausteine, aus denen das fundament und die einzelnen stockwerke bestehen sollten, umso verdorbener und schlechter. Die geniale kritik, die Thukydides an dem homerischen bericht über die sagenhafte urzeit der Hellenen geübt hat, steht einzig und unerreicht da. Selbst die klarsten geister unter den späteren, wie Strabo, besassen schlechterdings nicht die fähigkeit, zwischen mythus und geschichte zu unterscheiden. Die Hellenisten nahmen gläubig auf, was sie von volkssagen und mythischen genealogien überliefert fanden und vermehrten durch altklugen rationalismus und synkretistische spielereien die allgemeine verwirrung. Der geschichtschreiber Xenagoras erzählt, Endymion hätte den umlauf des mondes berechnet, dem Orpheus, Teiresias, Atreus, Thyestes, Bellerophon und Daidalos werden astronomische kenntnisse, dem Phaethon gar ein buch über astronomie beigelegt [1]; weil die ὀπτῆρα früher ᾠά genannt worden seien, deshalb, erklärt Klearch [2], seien unkundige auf den wahn verfallen, Helena's geburt auf ein ei zurückzuführen. Wir hören von einem könig Kithairon, von einem weib Plataia [3]. Sueton gleicht Zeus mit Picus, macht ihn zum sohn des assyrischen königs Bel, lässt ihn in Italien regieren und in Kreta begraben werden.

Schon Ephoros hat viel der art, Euhemeros, Palaiphatos und andere brachten die rationalistische mythenerklärung in ein system. Auch die hellenistischen Juden taten ihr teil.

Man hatte von den euhemeristen gelernt, [4] sich dadurch über den mythus zu erheben, dass man ihn als älteste geschichte der menschen fasste, und forderte demgemäss, dass im mythus erinnerungen auch an biblische männer und ereignisse sich wiederfinden müssten. Jüdische elemente wurden bei Griechen und Egyptern gesucht, die einheimische überliefe-

[1] Pseudo-Lucian, de astrol.
[2] Bei Athenaeus II 57e.
[3] Pausanias IX 3.
[4] Für das folgende vgl. SCHLATTER, theol. studien und kritiken 1891 s. 663.

rung zu verteidigen und den grund des glaubens an Jehovah
und sein auserlesenes volk zu befestigen. Daher musste Thot-
Hermes, der göttliche gesetzgeber und verfasser von heiligen
büchern, als spiegelbild von Moses gelten und Moses' geschichte,
die in der thora vorlag, musste durch einen entsprechenden
kreisschluss zusätze aus dem Thotmythus erfahren. Auf Moses
führte Artapan die gesetze zurück, auf welchen das egyptische
staatswesen sich aufbaute und weist ihm sogar für die egyptische verehrung der heiligen tiere die urheberschaft zu. Hermopolis ist von Mose erbaut als grenzstadt im kriege mit den
Äthiopen und seine adoptivmutter erhält den beinamen der
Iris. Ähnlich ward Eva mit Hera, Sampson mit Herakles geglichen, Moses sollte nach demselben Artapan auch mit Mu-
saios wesenseinig sein, Afrika von Aphra, einer tochter Abrahams, seinen namen erhalten haben.

Bedeutend besser als in der überlieferung der urzeit war
das material in dem geschichtlichen zeitalter. Indessen auch
hier heftete sich den tatsachen wie ein schatten die sage, die
anekdote und die geschichtsentstellung an. Wie das mittelalter
eine Friedrichssage und die neuzeit eine wallensteinische und
eine napoleonische legende kennt, so weiss das altertum von
einer göttlichen herkunft Platons, Alexanders, Scipios, und gibt
als wahrheit die legende der babylonischen gefangenschaft und
die fable convenue.

Mit der wüsten art der mythenerklärung ging eine weit
verbreitete liebhaberei von fälschungen hand in hand. Dares
und Diktys (1. jahrh.?) beschrieben den trojanischen krieg nach
dem bericht von zypressentafeln, die sie in gruben der heroen-
zeit gefunden zu haben vorgaben, Sanchuniathon, der Phönikier, will sogar vor dem trojanischen krieg gelebt haben,
Aristobulos schiebt in seinem kommentar zum pentateuch dem
Orpheus, Linos und Hesiod eine masse erdichteter verse unter,
nur um die anfänge hellenischer weisheit auf die bibel zurück-
zuleiten.

Die weissagung[1]) ist Sarah's schutz, sie gestaltet den
lebenslauf des Moses, sie ordnet die maasse und den ort des

---

[1]) Schlatter theol. studien und kritiken 1891 s. 672.

tempels an; weil Nebukadnezar die weissagung Jeremia's hörte,
brach er gegen Jerusalem auf, weil Cyrus die von Jesaja las,
liess er Israel frei; die weissagung führt Alexander gegen die
Perser und veranlasst den egyptischen tempelbau des Philo-
metor. Nach Daniels vorbestimmung verlaufen die ereignisse
in der Makkabäerzeit und erhebt sich und sinkt wieder die
Römermacht. Das judentum des Eupolemos ist der glaube an
die weissagung.

Auch fehlte es geradezu nicht an fälschungen, an erdichteten sprüchen, reden und ganzen untergeschobenen geschichts-
werken, die späterhin als ächte quelle verwertet wurden.
Die peripatetiker Herakleides Pontikos und Chamaileon um
330 v. Chr. liessen zuerst bei biographien dem fabelelement
einen grösseren spielraum, alexandrinische spekulanten fabrizierten bücher des gewinnes halber, unterhaltungs- und ten-
denzschriftsteller folgten nach, eine flut gefälschter briefe, gefälschter dokumente, gefälschter inschriften, gefälschter orakel
ergoss sich über den osten und westen. Hierher gehören apo-
gryphe erzeugnisse, wie der unterhaltende Alexanderroman und
das tendenziöse buch Daniel, beides schriften, die in der weltgeschichte die grösste rolle gespielt haben. Auf gleicher stufe
stehen die poetischen, in Alexandria entstandenen geschichts-
bilder, wie die Kyropädie, wie das epos Moses und die sibyllinischen orakel. Den grössten schaden brachte stets die tendenz. Bei den Alexanderhistorikern kann man deutlich zwei
entgegengesetzte parteien verfolgen, deren eine den grossen
eroberer durchgängig tadelte, die andere alle seine taten in
schutz nahm und verherrlichte. Timagenes, der wahrscheinlich
dem Trogus Pompeius als vorlage gedient, und einigermassen
der Grieche Cassius Dio, vor allem aber die Juden rächten sich
durch bittere worte an der römischen übermacht. Für und
wider Cicero, Caesar, Tiberius war eine ganze litteratur entstanden und das urteil nicht immer leicht.

Eratosthenes hat in seiner chronik griechische und egyptische geschichte behandelt. Ob er noch anderweitige völker
mehr berücksichtigte, als ihr zusammenstoss mit den Griechen
unumgänglich erforderte, und ob er bereits eine strenge syn-

chronistik durchführte, ist schwer zu sagen. Jedesfalls war
aber zu seiner zeit die sucht nach gleichzeitigkeiten schon sehr
stark ausgebildet. So sind Homer, Hesiod, Thaletas, Lykurg
und Iphitos bereits von Ephoros zu zeitgenossen gestempelt
und mit der olympiadeneinführung verknüpft worden [1]; Theopomp fügte als sechsten Pheidon von Argos hinzu. Timaios
nahm dasselbe anfangsjahr, 813 v. Chr., für Rom und Karthago an, er selbst oder seine nachfolger liessen auch Karanos,
den ersten Makedonierkönig, 813 beginnen. Spätere verlegten
in das gleiche jahr oder wenig früher den sturz der Assyrer
und den anfang der Meder. So entstand das dogma von den
vier weltreichen Assur, Medien, Makedonien und Rom, ein
dogma, das um 200 v. Chr. zuerst nachweisbar ist und das
Pseudo-Daniel erst von den Hellenisten überkommen hat. [2]
Mit den königsreihen der vier hauptreiche, sowie Egyptens und
Persiens wurden in der folge auch die der herscherlisten von
Athen, Sparta, Sikyon, Korinth zusammengestellt und in synchronistischen zusammenhang gebracht. Diese arbeit war wohl
zur zeit Kastors (60 v. Chr.) in der hauptsache getan. Hellenistische Juden fügten noch die reihe der israelitischen patriarchen, richter, könige und hohepriester dazu und beschlossen
so den kreis der mittelmeerherrschaften. Wann dies geschehen,
ist kaum zu entscheiden, jedesfalls hat aber bereits Justus von
Tiberias, ein zeitgenosse Christi, den exodus durch griechische
und orientalische gleichzeitigkeiten bestimmt und die ausziehen-
den Juden mit den Hyksos geglichen. Bei der bestimmung des
exodus und überhaupt der älteren jüdischen geschichte hat die
tendenz eine starke rolle gespielt. Moses sollte älter sein als
die weisen der anderen völker. War die weisheit der Juden
älter als die der Hellenen, so musste sie, war die stille voraussetzung, auch besser sein. Man erinnere sich nur, wie der
streit um das höhere alter und hierdurch um höheren vorzug
bereits bei Herodot und Platon zwischen Egyptern und Griechen
auftaucht und mit welcher wichtigkeit derselbe zwischen Egyptern und Skythen geführt wird bei Trogus.

[1] TRIEBER, Forsch. zur spartan. gesch. 44—64.
[2] Nachgewiesen in einem aufsatze von Dr. TRIEBER, Hermes 1893.

Im gegensatze zu der wissenschaftlichen chronologie der Hellenisten entwickelte sich bei den Juden die nationale apokalyptische zeitrechnung. Daniel prophezeite, dass in 69 wochen der Messias erscheinen würde. Ursprünglich zielte die prophezeiung auf die zeit vom tempelbrand 587 bis zum auftreten der Makkabäer 167, die späteren rückten indes den anfangspunkt der prophezeiung in die regierung des Artaxerxes, 420, hinauf und erwarteten den Messias entsprechend später. Gegen 100 v. Chr. entstand das Henochbuch, das die ganze weltgeschichte in einer reihe apokalyptischer bilder behandelt.

Im anschluss an die symbolik des buchs Daniel werden die menschen und völker als tiere dargestellt, die erzväter von Adam bis Isaak als weisse farren, denn weiss ist die farbe des guten, die Juden von Jakob an als schafe, deren Herr Jehovah ist, der Messias als weisser farre, die heidnischen völker aber als löwen, tiger und raubvögel, von denen die Juden zerhackt und gefressen werden. 70 strafengel weiden während 70 jahrwochen, jeder je 7 j., das jüdische volk, damit es für seine sünden büsse. Kurz nach dem antritt ihrer herrschaft wird der tempel verwüstet, 587 v. Chr., die engel herrschen demnach etwa von 589/588 an. Nach 12 stunden oder 50 jahren — ein apokalyptischer tag des buches Henoch hält 100 jahre [1] — kehren drei schafe, nämlich Serubabel, Josua und Esra, aus dem exil zurück, 539 v. Chr. Nach der weiteren regierung von 37 hirten, also nach 259 jahren, tritt eine neue weltmacht unter dem bilde des adlers, treten die Makedonier auf die weltbühne, 330 v. Chr. Hierauf weiden noch 23 hirten 161 jahre bis zur verfolgung des Epiphanes 169 v. Chr. Zusammen seit dem antritt der hirten 60 wochen oder 420 jahre. Dann wurden kleine lämmer geboren, deren hörner wachsen, die Makkabäer; schwarze raben, die Syrer, stellen denselben nach. Das grosse horn, dessen vernichtung von den raubvögeln vergebens versucht wird, ist Johannes Hyrkan, der grosse Makkabäer (136—105 v. Chr.). Das ende der hirten fiel 99 v. Chr., das Henochbuch ist aber früher geschrieben, da es an jene epoche den völligen sieg der Juden über ihre auswärtigen be-

[1] Wiegläm. Z. D. M. G. XXXVI 187 ff.

dränger knüpft, wahrscheinlich ist es eben unter Hyrkan entstanden.

Den 70 danielischen jahrwochen steht eine andere rechnung gegenüber, kraft welcher die ganze weltgeschichte in einen rahmen von 10 wochen zu 700 jahren aufgespannt wird. Pseudo-Henoch erzählt: ich bin als der siebte geboren in der ersten woche, d. i. laut der genesis im siebten jahrhundert der welt [1]. Die weltdauer erstreckt sich darnach auf 70 Tage oder 7000 jahre, eine zeit, die sich auf 70 geschlechter zu 100 jahren verteilt [2].

Universelle epoche der chronographie.

Aus der jüdischen chronistik ist allmählich die christliche erwachsen. Zuerst findet der satz, dass Moses älter als alle weisheit der Griechen, bei den apologeten aufnahme. Nebenbei wird auch die übrige weltgeschichte kurz abgehandelt. Namentlich stösst die frage der danielischen wochen auf rege teilnahme, da nach ihrer lösung die Messiashoffnungen sich richteten. Nach und nach erweitern sich die weltgeschichtlichen abrisse von den ersten versuchen Justins und Tatians an bis zu Clemens von Alexandrien. Clemens, der zwei unabhängige abrisse nebeneinander gibt, beherrscht ein reiches und ausgebildetes material, alle schätze alexandrinischer gelehrsamkeit stehen ihm zur verfügung. Er kann als der erste bedeutende vertreter der christlichen chronistik gelten.

[1] Näher im weltjahr 622: genes. V 3.
[2] Geschlechtsdauer zu 100 jahren auch genes. XV 13. 16. exodus XII. 40.

Das zweite jahrhundert war für die Griechen eine zeit des aufschwungs. Nachdem noch ein letztes mal die geisteskraft der Römer in dem genie eines Trajan und eines Tacitus sich offenbart, verrückt sich der schwerpunkt der kultur allmählich nach dem osten zurück. Damals wirkte der aufklärer Lucian, der arzt Galen, schrieben die Bithynier Arrian und Dio Cassius, mass und rechnete Ptolemaios. Der abschluss und höhepunkt der antiken wissenschaft fällt mit dem aufgang der christlichen zusammen.

Fast ein menschenalter nach Clemens trat Afrikanus auf, der bürger von Emmaus-Nikopolis. Als begleiter des Septimius Severus auf dessen parthischem feldzuge und freund des letzten Abgar bar Ma'nû von Edessa kannte er das treiben der welt und war nicht unempfänglich für das, was sie bietet. Unterrichtet durch die katecheten in Alexandreia und angeregt durch eigenen wissensdrang besass er eine encyklopädische bildung, die er in seinen schriften weiteren kreisen zugänglich zu machen suchte. Nach eigenen erlebnissen gab er frische lebenswahre schilderungen der jagd und erörterte sachverständig die erfordernisse des kriegswesens [1]); sein brief über die historie von Susanna lässt ihn als geistvollen, feinen kritiker erkennen; seine chronik endlich, die mit 221 n. Chr. schliesst, hat seinen namen zu einem der gefeiertsten der alten kirche gemacht.

Afrikanus hat den geschichtlichen stoff uns der bibel und den jüdischen chronographen, aus Philochoros, Diodor, Phlegon und Sueton fast unbesehen übernommen; die methode, die überlieferten daten durch gleichzeitigkeiten zu verkitten und tendenziös zu verwerten, war gegeben; weltären, in deren kreis man die fragmente der verschiedenen epochen einzeichnete, waren mehrfach entworfen worden. Der schöpferische gedanke des Afrikanus liegt lediglich in dem systematischen fortschritt, kraft dessen er in bewusster anordnung innerhalb des rahmens der 5500 jahre die ereignisse des altertums einreihte und die

---

[1]) Von den κεστοί ist, wie schon die ersten herausgeber bemerkten, blos der erste, gut und klar geschriebene teil (bis zum 44. c.) von Africanus; der veränderte stil des zweiten teiles weist auf einen byzantinischen verfasser.

b

auf einer einheitlichen grundlage aufgebaute christliche chronik zum rang einer besonderen wissenschaft erhob. Ähnlich hat Friedrich August Wolf die philologie, deren elemente längst vor ihm bestanden, aus ihrem zusammenhang mit theologie und geschichte losgerissen und zur selbstständigen disziplin gesteigert.

Es wäre sehr wichtig, ist aber tatsächlich kaum möglich, nachzuweisen, ob Hippolytus, der 234 schrieb, von Afrikanus abhängig war. Für Hippolytus' chronik glauben wir es bejahen zu können, nicht aber für den osterzyklus oder für seinen Danielkommentar, wobei ebenfalls die 5500 jahre massgebend waren. Die ganze richtung der zeit drängte offenbar auf die erfindung dieser rechnung hin. Hippolytus verfolgte bei seinem kommentar noch insbesondere den zweck, unreifen chiliastischen hoffnungen entgegenzutreten, wie sie sich in Syrien und Byzanz hervorgetan. Da man allgemein das ende der welt erwartete, so wurden die gemeinden oft geradezu von ihren seelenhirten aufgefordert, ihren weltlichen arbeiten zu entsagen und ihre güter zu verkaufen [1]. Da belehrt sie der bischof von Portus, die wiederkunft Christi und das ende seien erst nach ablauf der 6000 jahre zu erwarten, fast drei jahrhunderte seien der welt noch gegönnt.

Die werke des Hippolytus haben sich einer ungemeinen verbreitung zu erfreuen gehabt. Seine exegetischen schriften standen bei Griechen und Syrern, in Armenien und Egypten in höchstem ansehen, seine kirchengesetze wurden sogar von den Kopten beobachtet, und so hat auch seine chronik einerseits mit die grundlage der abendländischen geschichtschreibung geliefert, andrerseits einen bedeutenden einfluss auf die alexandrinische und syrische und durch deren vermittlung sogar noch auf die arabische chronistik ausgeübt.

Die kritik des Afrikanus, die er bei der Susannafrage glänzend bewährte, hat nicht ausgereicht, um das wirrsal der

[1] Ähnliches hat sich auch sonst wiederholt. Als um 1840 den Kaffern ein prophet das nahe ende der welt weissagte, schlachteten sie ihr vieh und liessen die äcker unbebaut. 40,000 Kaffern kamen dann schutzflehend nach der Kapkolonie, um brod zu erhalten. Reise der österr. Fregatte „Novara" I, 175.

überlieferten zahlen zu sichten und geschichtlich den wert oder
unwert der verschiedenen überlieferungen zu durchschauen.
Allein sein versuch ist bestimmend geworden für seine nachfolger. Der nächste und bedeutendste war wieder ein Syrer,
Eusebios von Kaisareia. Er war einer der fruchtbarsten
kirchlichen schriftsteller seiner zeit und besass einfluss am
hofe Konstantins d. gr., aber seine kirchliche gesinnung, des
arianismus verdächtig, veranlasste die späteren chronisten, sich
von ihm abzuwenden und seine persönliche bedeutung wurde
weit überstrahlt von dem rufe eines Athanasios. Im gegensatz
zu Afrikanus verschmäht es Eusebios, mit der urgeschichte sich
eingehend zu befassen, für ihn beginnt die historische zeit mit
Abraham 2016 v. Chr. Während fast alle anderen chronisten
an der hauptära 5500 mehr oder weniger festhielten, bemisst
er den abstand von Adam bis Christus auf 5199 jahre, den
chronologischen angelpunkt, die babylonische gefangenschaft,
setzt er 42 jahre später als Afrikanus. So war der dualismus
in die chronographie eingeführt und von nun an deren eigenart im wesen bestimmt. Das schematische system im ganzen
war der leitstern, die schwankungen im einzelnen das lebens-
element der christlichen chronistik. In den hauptpunkten der
auffassung und der zeitrechnung von Afrikanus abhängig, geht
er doch in manchem über ihn hinaus. Zu andern gewährsleuten
seines vorgängers griff er selbständig wieder zurück. dann hat
er von den nachafrikanischen chronisten Dexippos (um 270)
und Porphyrios († um 304) für die ältere zeit viel gelernt.
endlich widmete er besondere sorgfalt und besonderen fleiss
der entwicklung der christlichen kirche bis zum konzil von
Nicäa. Der fortschritt gegen Afrikanus besteht in umfassenderem
material und in grösserer freiheit gegenüber der kirchlichen
überlieferung. Freilich fehlt es bei ihm nicht an starken will-
kürlichkeiten, an gewaltsamen konstruktionen.

Die christliche weltchronik, wie sie nun in ihren haupt-
zügen festgestellt war, stellt sich als die resultante dreier kom-
ponenten linien dar. Die grundlinie lieferte die hellenistische
chronologie, bestimmend wirkten ein die chiliastischen vorstellungen von der wiederkunft des Messias und die daraus
erschlossenen weltären, geist und auffassung der geschichte

b*

waren bedingt von einer den göttlichen heilsplan erläuternden
jüdisch-christlichen tendenz.

Afrikanus war ein mann zweier welten, er war der freund
des kaisers und des Origenes. Ebenso bedachte Eusebios mit
gleichem lobe die märtyrer, welche gegen die reichsgesetze
gefehlt, und seinen kaiserlichen gönner, Konstantin d. gr. Das
wohlwollende verhältnis zwischen den gründern der christlichen
chronik und den römischen kaisern hat auch fernerhin in dem
staatsfreundlichen, später in Konstantinopel in einem offiziellen
tone seinen ausdruck gefunden, während die jüdischen, freilich durch ihre sprache geschützten geschichtschreiber ihrem
hasse gegen das imperium keinen zaum auferlegten. Eine gewisse unabhängigkeit haben sich zwar auch die christlichen
annalisten in ihrer beurteilung der einzelnen kaiser gewahrt,
indessen nur insofern ihr urteil selber von der auch den kaiser
beherrschenden kirchlichen lehre unterstützt wurde. Der einzige
Hippolytus stellt sich, vermutlich infolge eigner bitterer erfahrungen, feindlich zu dem vierten weltreich, die andern chronisten aber versöhnen sich mit dem reichsgedanken und werden
dessen erfolgreiche träger und beförderer.

Verschiedene schulen.

—·—

Die ersten ausgangszentren der neuen wissenschaft waren
Alexandreia, Syrien und Rom gewesen; wie die tendenz, so
war auch die aufnahme, welche die ersten christlichen chronisten fanden, eine universelle. Der ausbreitung ihrer werke
kam es eben zu gute, dass die kirchensprache wie im osten,
so auch im westen bis auf die zeit Sylvesters I. griechisch
war und dass die reichseinheit einen regen, unmittelbaren aus-
tausch des wissens beförderte. Mit dem ende des vierten jahr-

hunderts und dem auseinanderfallen der beiden reichshälften
tritt ein umschlag ein. Bestimmt abgeschlossene schulen bilden
sich aus. Auf die universelle epoche der chronographie folgt
eine zeit der sonderströmungen, eine zeit des bewussten parti-
kularismus.

Eusebios, den das morgenland verwarf, erlangte umso
grösseren ruhm im westen. Die übersetzung seiner chronik
durch Hieronymus, dazu stücke der römischen stadtchronik
durch vermittlung des Hippolytus haben eine norm geschaffen,
welche die bücher der abendländischen weltgeschichte länger
als ein jahrtausend beherrscht hat. Der norm folgten Orosius,
Prosper, Cassiodor, Jordanes, Isidor und Beda, die hauptgewährs-
männer der späteren lateinischen weltchroniken; andere versuche, meist kurze abrisse, wie Fulgentius und der anonymus,
abrisse, die zum teil auf Hippolytus zurückgehen, wie die dem
Tertullian beigelegte schrift gegen die Juden, wie Sulpicius
Severus und Hilario, oder aus späteren alexandrinischen quellen
schöpfen wie das Berner bruchstück [1]), sind ohne einwirkung
auf spätere geblieben. Für die darstellung der zeitgeschichte hat
der zusammenhang mit dem osten, der in beschränkterem masse
sich immerhin noch einige jahrhunderte behauptete, den westlichen chroniken material geliefert. Marius von Avenches schöpfte
um 581 aus byzantinischen, wohl zu Mailand 568 verfassten
annalen. Marcellin schrieb 548 sogar seine lateinische geschichte
in Byzanz selber, ähnlich wie sein jüngerer zeitgenosse Priscillian
in Byzanz seine lateinische grammatik verfasste. Die berechner
der ostertafeln, Victorius von Aquitanien, Dionysius Exiguus
und Beda waren von den Alexandrinern abhängig. Die regierungen der byzantinischen kaiser gaben bis auf Karl d. gr. den
rahmen ab für die lateinischen annalen.

Neben den chroniken entwickelte sich in der lateinischen
litteratur auch eine chronologische poesie. Bereits Theodofridus
dichtete verse über die 6 weltalter, dasselbe thema behandelte
in einem akrostichischen gedichte Paulus Diaconus. Ähnliche
bemühungen sind später häufig.

---

[1]) Er rechnet bis zur passion 5525 jahre, fast wie der syrische
anonymus, unten s. 55 — 33 jahre nach 5492.

Das bedeutendste geschichtliche sammelwerk der karo-
lingischen zeit, die historia miscellanea des Paulus Diaconus,
stellt so ziemlich die summe der älteren, aus Hieronymus und
den dürftigen annalen der folgezeit zusammengestoppelten überlieferung dar, wie sie das mittelalter seitdem festgehalten hat.
Die summe ist gering genug. Reicher ist die übersetzung des
Theophanes durch Anastasius, abt von Trastevere um 880.
Einige zusätze erwuchsen in den nächsten zeiten noch aus
Pseudo-Methodios, dessen fabelchronik durch Petrus Comestor
um 1130 zuerst dem abendland zugänglich ward, und aus
dem reichen strome der legenden. Man gewann für die graue
urzeit des ostens eine neue teilnahme, indem man die gründung
einheimischer plätze östlichen einwandrern zuschrieb; so soll
Brutus, der sohn des dritten Äneaden Silvius, sich nach Eng-
land geflüchtet haben und Trier gar von Trebeta, einem stief-
sohn der Semiramis, gegründet sein [1]). Dann hatte man einen
grossen, überaus wert gehaltenen schatz von heiligenlegenden,
die freilich oft halb, oft ganz erdichtet waren und denen es
fast stets an chronologischen anhaltspunkten gebrach. Die
legenden nun in die annalistische ordnung einzufügen, war eine
hauptbeschäftigung der mittelalterlichen gelehrten und hat ihnen
eine unsägliche mühe verursacht. Sodann setzten sich, wie eine
kruste von flechten und seetang, krebsen und gewürm und
schnecken um meereingelagerte balken, so eine kruste von
vorhistorischen königsreihen an die geschichtlichen verzeichnisse an. Die Irländer und Britten haben so ihre vaterländische
geschichte bis ins dritte jahrtausend zurückgeschraubt und
haben insonderheit auch grossen fleiss darauf verwandt, ihre
mythischen königslisten mit der christlichen zeitrechnung in
einklang zu bringen.

Von anstrengungen, dem lügensystem der legendarischen
überlieferung entgegenzutreten, hört man nur ganz vereinzelt.
Dagegen schrieb Heriger, abt von Laubes, um 1007, und zu
Auxerre ward 1095 von einer synode der grundsatz angenommen, die chronikenschreiberei der geistlichen unter eine
gewisse aufsicht zu stellen; Marquart, abt von Corvey, befahl

[1]) Gesta Trever. 2 und daraus in andern chroniken.

sogar 1097, jeder der ihm untergebenen klostervorsteher habe
die gesammelten chroniken ihm zuvörderst einzusenden [1]).
Gelegentlich griffen die chronisten der nächsten jahrhunderte
über Paulus hinaus zu dessen älteren quellen zurück. So
nennt Ekkehart um 1106 ausser ihm als seine gewährsmänner
Josephus, Sallust, Plinius, Livius, Vergil, Victor, Alexanderroman, Hieronymus, Rufinus, Orosius, Prosper, Isidor und
Beda; Otto von Freising erwähnt ebenfalls die meisten der
genannten und ausserdem Augustinus, ferner Jordanes' „libellus
de successione temporum" und einen katalog der römischen
kaiser. Ekkehart rechnet nach den jahren der kaiser, nicht
nach weltjahren oder jahren Christi, wie denn im einzelnen
auch die lateinischen chronisten trotz der allgemeinen schablone
vielfach persönlichen eigenheiten raum lassen. So hat Sigbert,
der bedeutende zeitgenosse Ekkeharts, ein sehr genaues, an
Theophanes erinnerndes schema sich erdacht, in dem neben
der christlichen rechnung die jahre der kaiser, der Sassaniden,
der Goten, der Franken und anderer deutscher stämme
gleichermassen berücksichtigt werden. Übrigens beeinflussten
die chronisten auch einander gegenseitig, da von Prosper bis
auf Sigbert und Otto von Freising herab fast alle weltchroniken eine zweite ausgabe erlebt haben, in der häufig die
ergebnisse gleichzeitiger gelehrten berücksichtigt wurden. Ein
gleiches hat man im osten wahrscheinlich für Afrikanus und
Hippolytus anzunehmen; sicher ist von Joh. Antiochenus, dass
sein werk in mehreren auflagen erschien.

Als ein typus der ganz späten weltchroniken kann das
weitschichtige Polychronicon des Ranulph Higden um 1330
gelten. Als quellen werden darin aufgeführt: Josephus, Livius,
Sueton, de gestis Romanorum, Hegesippus, Plinius, Trogus,
Eusebius, historia tripartita, Valerius Maximus, Macrobius,
Augustin, Orosius, Isidor, Solin, Eutropius, Cassiodor, Paulus
Diaconus, Methodius, Priscian. Petrus Comestor, Gregor de
mirabilibus Romae, Beda, Gildas, Marinus, Scotus, Wilhelm
von Malmesbury etc.

[1]) WATTENBACH [*] II. 685.

Auch die weltchronik der reformationszeit trägt noch keine
wesentlich neuen merkmale an sich, übernimmt vielmehr das
mittelalterliche schema von den vier weltmonarchien Daniels.
Unterhaltend ist es, den nachklang der östlichen vorzeitsüber-
lieferung bei den nordischen logographen zu vernehmen. Snorre
Sturleson († 1241) beginnt seine Edda mit Adam und Eva,
geht über zur flut und verbreitet sich über die völkerteilung.
Da keiner mehr des anderen sprache verstehen konnte, riss
der eine nieder, was der andere aufbaute. Der vornehmste
der bauherrn war Zoroaster, der bei seiner geburt lachte statt
wie andere menschenkinder zu weinen; er ward könig über
Assyrien und erhielt opfer: seitdem ward er Baal oder schwe-
disch Bel genannt[1]). In dem mittelpunkt der welt lag Troia
in dem land, das jetzt die Türkei heisst[2]). Es gab dort 12
königreiche mit einem oberkönig Priamus, der von Saturn sein
geschlecht herleitet. Dieser Saturn wohnte auf Kreta, wo er
72 städte hatte bauen lassen; durch list hatte er in Griechenland ein weib entführt, die Juno; als jene sich über den raub
beschwerte, verwandelte er sie in eine junge kuh und schickte
sie unter der hut des Argulus an die nilmündungen, bis nach
12 monaten er sie wieder umschuf und heiratete. Von Mem-
non aber und der schönen Sibylla oder Sif (Loke's gattin)
stammt Vodinn oder Oden. Als der Römer Pompeius in Asien
auf der heerfahrt war, flüchtete Oden von dort nach Europa
und nannte seine gefolgsleute Trojaner und behauptete, dass
Priamus Oden geheissen hätte und seine königin Frigg oder
Frigida von Frigia (Phrygien). Nach dem muster der 12 könige
der Trojaner setzte auch er 12 richter ein. Von Oden leiten
sodann die nordischen königsgeschlechter sich her. Ähnlich
wird Thor mit Juppiter und Loki seltsamerweise mit Odysseus
gleichgesetzt. Wie Othins zum gott sich allmählich erhob
hat Saxo genau auf dieselbe weise sich zurechtgelegt[3]) wie

[1]) Vgl. Kung Belo in der Frithiofssaga.
[2]) Damit hängt zum teil vielleicht zusammen, dass Adam von
Bremen den ursprung der Türken am baltischen meere sucht, um
so die herleitung der nordmänner von den Trojanern wahrscheinlicher
zu machen.
[3]) Saxo I. 42 ed. MUELLER.

die Byzantiner die vergöttlichung des Saturn oder des Hermes.
Die christliche pflicht, die heidnischen götter zu bösen dämonen
oder zu hohepriestern des Judentums herabzuwürdigen, hat
beide male zu demselben ergebnis geführt.

Am ende des mittelalters wuchs der stoff der alten überlieferung durch das wiederfinden der alten klassiker, wie des
Livius, Dionys, Herodot, ins ungeheure durch den gegensatz
zwischen protestanten und katholiken; durch den streit für
und wider die tradition der mittelalterlichen kirche entwickelte
sich die moderne kritik. Cluver erklärte im anfang des 17. jahrhunderts die älteste geschichte Roms für höchst unsicher und
Perizonius führte sie am ende desselben jahrhunderts auf lieder
zurück. So ward die enge form der mittelalterlichen chronik
zerschlagen und ihr inhalt weggeschüttet; ein reicheres, voll-
kommeneres altertum erhob sich vor den augen der forscher.
Fast ein jahrhundert später wagte der zweifel sich auch an
die bibel. Hier war die kritik zuerst fast nur verneinend, bis
die denkmäler von Egypten und Irak eine gewaltige fülle neuer
positiver daten gebracht und auch das bild des alten orients
richtiger und glänzender wiedererstand.

In den dogmatischen wirren des vierten jahrhunderts hatte
Alexandria allmählich ein bedeutendes übergewicht errungen [1]). Der kirchliche und politische schwerpunkt des kaiser-
reiches fiel keineswegs zusammen. Dem engeren machtbereiche
des in Byzanz residierenden kaisers entrückt, ja zum teil mit
den römischen päpsten gegen Byzanz im bunde, haben die
patriarchen der egyptischen weltstadt es verstanden, der ganzen
kirche die alexandrinischen dogmen aufzudrängen. Einer derartigen entwicklung vorzubeugen, hatte kaiser Theodosius versucht, die orthodoxie, die er nicht unterdrücken konnte, zu
verstaatlichen und zu zentralisieren, er hatte das patriarchat
von Konstantinopel eingerichtet und ihm den zweiten platz
nach Rom verliehen. Indessen die grossen gegner der kaiserlichen kirchenpolitik, Athanasius und Cyrillus, leisteten siegreichen widerstand und behaupteten die übermacht Alexandriens
bis zur ersten allgemeinen synode von Chalkedon im jahre 451.

[1]) Rouaaru, die alexandr. patriarchen: Preuss. jahrb. 1892, febr.

Entsprechend der dogmatischen vorherrschaft, so von den Alexandrinern als erben der hellenistischen bildung ausgieng, ist nun auch die hauptförderung der christlichen chronographie in den nächsten jahrhunderten nach Eusebios durch die Alexandriner geschehen.

Nach dem vorgange ihres landsmannes Anatolius, dessen osterkanon (seit 277 n. Chr.) durch das konzil von Nicäa angenommen war, fertigten Theophilus 380 und Cyrill 437 einen osterkanon, letzterer mit einer periode von 95 jahren, Theophilus mit einer von 418 jahren. Einen noch grösseren osterzyklus, von 532 jahren, erdachte um 400 n. Chr. der egyptische mönch Annian und ordnete nach demselben seine weltchronik. In der auffassung der überlieferten tatsachen und in dem zurechtschneiden der profanen zeitrechnung ist Annian wahrscheinlich von seinem mitarbeiter Panodor abhängig gewesen.

Damals war bereits der kampf über die zulässigkeit klassischer bildung heftig entbrannt. Basilius suchte in einer geschraubten rede wenigstens die guten, moralischen stellen der antiken litteratur für das christentum zu bewahren. Das volk musste den kunstgriff christlicher umbildung anwenden, um die heidnischen mythen und sagen in seine heiligenlegenden hinüberzuretten, und ähnlich am ende des 5. jahrhunderts Dionysios der Areopagite christlich-mystischer formen sich bedienen, um das neuplatonische, der zeitrichtung zusagende geisterreich zu erhalten. Ganz ähnlich hat Panodor die profangeschichte christianisiert [1]. Ähnlich wie die indischen Gaïnas es zu wege brachten, sagengestalten des Mahâbhârata, Nala und Damajanti als fromme Gaïnas darzustellen [2], so hat Panodor, im gedankenkreis des Adambuches befangen, den urvätern der menschheit christliche anschauungen geliehen und hat ihnen die gerade seit 400 sich ausbreitende mönchisch-asketische art eingepflanzt. In ähnlichem geiste behandelte er, meist auf apokrypha wie das buch Henoch und die kleine genesis sich

[1] Gutzka II. 192.

[2] Śrī Nala Davantino râs, or the story of king Nala and his queen D. 1878. Ahmedabad.

stützend, den weiteren verlauf der geschichte. Samiros, der Urchaldäer, sollte einen teil der kinder Seth gegen Aloros, den berossischen urkönig, angeführt haben; der biblische Nimrod galt für identisch mit dem berossischen Euechoios, Semiramis ward zu einer freundschaft mit Abraham gepresst[1]) und die ungeheuren zahlen der Chaldäer und Egypter gehörig beschnitten und in das enge prokrustesbett der biblischen chronologie gezwängt. Panodor verwertete als der erste unter den chronographen den königskanon des Alexandriners Ptolemaios, allerdings zum teil in der seltsamsten weise, indem er die ersten chaldäischen herrscher des kanons mit einem riesensaltomortale aus dem 1. ins 3. jahrtausend v. Chr. zurückwirft. Weiter verwertet er die egyptische rechnung nach Sothisperioden, worin ihm Clemens von Alexandrien in der bestimmung des exodus vorangegangen war. Die dauer des Assyrerreiches, des römischen königtums bemisst nämlich Panodor auf 1460 jahre[2]), d. i. eine Sothisperiode, und setzt die einführung des namens Egypten gerade 1460 jahre vor Christus. Aus demselben autor stammen jedesfalls auch die zahlreichen exzerpte aus heiligenlegenden, die einen eisernen bestand der späteren chroniken ausmachen.

Streng biblisch und orthodox wie das system Panodors war auch das eng verwandte des Annian, dem seine rein kirchliche einteilung der weltgeschichte nach osterkreisen wohl noch zur besonderen empfehlung gereichte. Jedesfalls hat sich Annian einer weit grösseren beliebtheit und seine ära einer allgemeineren annahme zu erfreuen gehabt. Allem anschein nach hat er von den immerhin düfteligen und dornenvollen untersuchungen, wie sie Panodor anstellte, sich ziemlich fern gehalten und sich damit begnügt, seines mitarbeiters oder rivalen resultate ohne umschweife mitzuteilen und durch unterhaltende märchen die unfruchtbaren zahlen zu beleben. Das sagte dem geschmack der zeit mehr zu.

---

[1]) So schreibt wenigstens Michael Syrus, der in jenen stücken sonst ganz den Alexandriern folgt.

[2]) Vielleicht sind durch jene symbolische zahl auch die 1462 kinder zu erklären, die Herodes schlachtete (Michael 90) und die 1468 (vielleicht korrupt) jahre des manichäischen weltbrands.

Panodor hatte den Eusebios wegen seiner unkirchlichen kritik verdammt und hatte gerade seine vorzüge, so seine rechnung nach olympiaden, seine verständige behandlung der richterzeit, herb getadelt, dagegen den Afrikanus wieder hervorgezogen und gegen die eusebianischen angriffe geschützt. In der nächsten zeit ward neben Afrikanus namentlich der einfluss des Hippolytus übermächtig, so bei Petrus Alexandrinus. In einer griechischen handschrift des 11. jahrhunderts, die zuerst der bibliotheca Coisliniana angehört hatte, dann, wahrscheinlich durch einen diebstahl, der 1791 in der abtei St. Germain ausgeführt wurde, in verlust geraten war und die nun in Moskau wieder aufgedeckt [1]) worden ist, befindet sich die chronik des Petrus, die von Adam bis 912 n. Chr. geht. Das werk ist von einem späteren überarbeitet, denn unverkennbare spuren weisen darauf hin, dass ursprünglich die erzählung nur bis Anastasius († 518) reichte. Stoff und zeitrechnung der chronik stammen von Hippolytus. Dasselbe gilt zum grossen teil für eine ebenfalls unter Anastasius verfasste griechische weltgeschichte, von der blos eine grausame lateinische übersetzung unter dem namen des Barbarus erhalten ist. Am schluss sind konsularfasten beigefügt, die ära ist wie in einer rezension des liber generationis 5510 [2]). Namentlich im nachchristlichen teil zeigt sich auch abhängigkeit von den Alexandrinern, deren ära doch so stark abweicht. Denn Panodor rechnet vom 29. august 5494, Annian vom 25. märz 5492 an.

Die fasten des Barbarus gehen auf die von Mommsen Chronica Italica benannten verzeichnisse zurück; sie finden sich bei Prosper (443 n. Chr.), Marcellinus (518), Cassiodor (519), Jordanes (um 530), Marius von Avenches (581), Isidor (615) und Paulus Diaconus (770). Sie reichen im Barbarus bis 381, sind indessen öfters interpoliert oder der synchronistik mit den alexandrinischen patriarchen zu liebe gefälscht. [3])

[1]) Von Dr. Thraemer, der darüber in der beilage zur Allg. Ztg. 1892 nr. 4 berichtet. Einige der obigen daten nach gef. mündlicher mitteilung von Herrn Dr. Thraemer, der demnächst den text des Petrus zu edieren gedenkt.

[2]) Die Augustus 5467, Christus geb. unter Augustus 44 = 5510.

[3]) Mommsen Monum. Germ. SS. antiquiss. IX 252. 272.

Unabhängig von den genannten systemen berechnete Hippolytos von Theben die hauptphasen der weltgeschichte. Er sammelte genaue angaben über den stammbaum und die chronologie des heilands und über die schicksale der apostel und der 70 jünger. Da seine liste der egyptischen bischöfe bis 384 reicht, so wird er kurz darnach geschrieben haben [1]. Sein werk erlebte drei ausgaben [2]; zuletzt ward es gegen das jahr 1000 überarbeitet von einem zeitgenossen des Symeon Metaphrastes († um 980). Dabei gerieten syrische elemente und namentlich zahlen des Hippolytus von Portus in das buch des Thebaners und störten dessen besondere kreise. Überhaupt scheint das gut des westlichen Hippolytus fast als herrenloses gegolten zu haben. Seine φιλοσοφούμενα sind anonym erhalten; die völkerteilung des chronographen von 354 ist in drei handschriften unter dem namen des Origenes überliefert, in andern wird die ganze chronik dem Orosius oder Isidor zugeschrieben, eine handschrift will gar dem bischof Georgius Ambionensis (um 770) oder aber dem Victor Turonensis die ehre der urheberschaft zuerkennen, ja noch mehr, ein Grieche des 16. jahrhunderts hat der bibliothek des Escurial eine abschrift des Chronicon paschale als ein werk des Marcellinus oder Hippolytus aufgeschwatzt [3]. Man wird in derartigen und ähnlichen fällen, wie bei der kompilation des scholasticus Fredegar, sich etwa der überlieferung des Aristoteles erinnern müssen. So manches, was unter dem namen des Theophrast und anderer peripatetiker geht, trägt die gedankenspuren des Stagiriten und wieder ist für so manche trockene machwerke, die des schülers hand verraten, ihm die volle verantwortung aufgebürdet worden. Malern wie Guido Reni, Rubens, Rembrandt ist es nicht anders ergangen. Um wie viel leichter war eine verwechslung bei den chronisten, deren geisteskinder sich ähneln wie ein ei dem andern.

Wie politisch und dogmatisch, so spielte Syrien auch in der chronistik seine tausendjährige vermittlerrolle weiter. Ohne

[1] Gutschmid bei Lipsius, Apokr. Apostelgesch. III 416.
[2] Migne, patrol. gr. CXVII 1033: ἐν τῷ χρονικῷ Ἱππολίτου τὸ τρίτον δημοσιευόμενον.
[3] Mommsen, Mon. Germ. SS. antiqu. IX. 79. 84. 86, 5.

sonderlich selbstschöpferisch zu sein, hat es doch die meisten
verschiedenen chronologischen systeme hervorgebracht. Zum
teil griffen die syrischen geschichtschreiber zu Eusebios zurück
und interpolierten ihn durch die errungenschaften der Alexandriner. Namentlich ward die veraltete eusebianische ära 5198
durch die gangbarere 5500 oder 5492 ersetzt. So erzählt
Suidas von Diodor von Tarsus um 360 n. Chr., dass er in
einer chronik den Eusebios zu verbessern gesucht, Andronikos
verband zur zeit Justinians angaben des Annian mit zahlen
des Eusebios [1] und der rechnung nach der ära der Seleukiden,
zwei syrisch schreibende anonymi des 7. jahrhunderts gaben
neben einander ein fremdes system und das des Eusebios.
Zweifelhaft ist die richtung der chronisten Aphrahat und
Simeon Barkaya, von denen wenig mehr als die namen bekannt sind.

Von der chronik des Photeinos, der die ära 5500 bei-
behielt, hat sich leider nichts als ein blatt erhalten [2], da aber
der autor eine anzahl ketzerischer schriften verfasste und auf
der synode von Gangra 381 n. Chr. als ketzer verdammt wurde,
so kann mit gewissheit daraus die arianische eigenart seines
geschichtswerkes erschlossen werden. Die osterchronik höhnt
orthodoxe wie den Apollinaris und lobt hervorragende Arianer
wie den Meletios und Leontios und vor allem Konstantius,
„dessen regiment gott gesegnet“. Allem anschein nach stammen
diese erratischen blöcke einer verschmten meinung aus der
arianischen geschichte des Photeinos. Bei seinem genossen,
dem Kyrillos von Jerusalem, dessen zahlen dasselbe vatika-
nische blatt uns gerettet hat, taucht zum erstenmal die ära
auf, welche Kedren die spezifisch syrische nennt, die ära 5506.
Sie zeigt sich später in dem überarbeiteten texte des Hippolytos von Theben und in einer ziemlichen menge ungedruckter
chronographien.

Eine ausschliesslich den Antiochenern eigene ära, die
jedoch ebenfalls in den text des thebanischen Hippolytos sich

----

[1] Elias von Nisibis sagt ausdrücklich, dass Andronikos den Annian
fortgesetzt, allein die von ihm überlieferten zahlen stimmen weit eher
zu Eusebios.

[2] Vatic. gr. 197 fol. 121.

eingeschlichen hat, ist die ära 6000, von Adam bis zur passion.
Auf ältere stadtantiochenische lokalchronisten, wie Theophilos
und Timotheos, gestützt, hat sie Johannes Antiochenus zuerst
zu allgemeinerer geltung erhoben. Johannes, auch beigenannt
der rhetor, erzählte in geschmackvoller, reichhaltiger darstellung
die weltereignisse von der schöpfung bis zum jahre 525 n. Chr.
Seine farbenreiche behandlung der urgeschichte, die sich jedoch
keineswegs über das gewöhnliche unkritische niveau erhob,
hat den besonderen beifall der folgezeit errungen, seine nachrichten aus den nachchristlichen jahrhunderten sind noch für
uns von bedeutung. Die beliebtheit seiner chronik war so gross,
dass kurz nach ihrem erscheinen ein anderer Antiochener,
Johannes Malalas[1], eine volksausgabe im vulgär-dialekt davon
veranstaltete. Malalas hat die erzählung bis zum ausgang
Justinians weitergeführt, und vielleicht rühren auch einige
der vielen anekdotenhaften züge der ausgabe erst von seiner
hand her.

Unter den quellen des Johannes wird auch Eustathios
von Antiochia genannt. Wir wissen nichts weiter von ihm, als
dass seine weltchronik 502 abschloss. Ein rivale des Johannes
war Hesychios von Milet, der in den ersten jahren Justinians
abbricht.

Hesych griff zu dem heiden Porphyrios zurück und hob
gleich jenem seine weltgeschichte mit dem falle Troias an.
Der allem gebrauche christlicher chronistik schnurgerade zu-
widerlaufende anfang führt unausweichlich darauf, dass Hesych,
seis offen, seis im herzen, heidnisch gesinnt war. Vielleicht
ist deshalb sein werk verloren gegangen.

Byzanz hatte in der synode von Chalkedon 451 über
die kirchenpolitik Alexandrias obgesiegt. Es hatte seine hof-
orthodoxie, hatte seinen selbstständigen patriarchen, es musste
nun auch eine besondere hofchronistik haben. War durch die
Alexandriner die geburt Christi 8 (6) jahre vor das offizielle
weltjahr 5500 verlegt worden, so rückten die Byzantiner sie
ihres ortes 8 jahre später; sie rechneten vom 21. märz 5507 an.

[1] Der name Malalas, von malel reden, findet sich noch im 12. jahrhundert. Malalas hiess einer der persischen kalenderverbesserer.

Von den stadtchronisten, wo man die lokalära zuerst vermuten sollte, wie Phurtinos, Pappias, Theodoros Anagnostes,
sind meist nur notizen über die örtlichkeiten von Konstantinopel erhalten. Die erste christlich byzantinische weltgeschichte,
die erhalten, ist die osterchronik. Sie reicht bis 630 n. Chr.
In der urgeschichte bringt sie die biblischen zahlen, die flutepoche des Afrikanus und allerlei apokrypha, später stützt sie
sich auf die olympiadenrechnung des Eusebios, zuletzt werden
konsularfasten der rahmen der darstellung. Die fasten berühren
sich mit den hydatianischen, die 468 n. Chr. aufhören; der
erste teil geht auf eine stadtrömische quelle zurück, der zweite
von 330 n. Chr. auf eine konstantinopolitanische [1]. Für kirchengeschichte ist Eusebios und Epiphanios, für lebensnachrichten
der kaiser und einzelner patriarchen Malalas, desgleichen
sind ostertafeln und lokalchroniken benutzt [2]. Die von Eusebios in stoff und auffassung erheblich abweichenden nachrichten
aus der kirchengeschichte weisen auf einen Arianer, vielleicht
Photeinos, hin. Die ära ist 25. märz 5507. Neben den weltjahren und den konsulaten taucht in den fünf ersten christlichen jahrhunderten eine, vielleicht von den Syrern herrührende
himmelfahrtsära auf, die später bei Makrizi wiederkehrt. Die
zeitrechnung jener epoche ist denn auch entsprechend durcheinandergebraut. Viele köche verderben den brei. Ähnlich
finden sich in der caesarischen zeit kontaminationen aus
Eusebios und der römischen stadtchronik.

[1] Mommsen a. O. 200.
[2] Gelzer II. 161 ff.

Verfall.

Wie ein schwindsüchtiger gerade in seinen letzten tagen
am hoffnungsvollsten ist, so schien auch die alte welt, die noch
einmal vor ihrem untergang all ihre kräfte zusammenraffte,
noch zu den schönsten hoffnungen zu berechtigen. In der
litteratur schoss eine prächtige nachblüte auf. Chrysostomos
hielt philippiken, deren sich ein Cicero nicht zu schämen ge-
braucht, Augustin brachte durch feuer und kraft die rhetorik
zu neuem ansehen; Gregor von Nyssa förderte die geographie,
für deren ausbreitung die christliche mission von erheblichem
nutzen war. Die heidnische wissenschaft hatte an den neu-
platonikern und an ärzten wie Oreibasios und Palladios aus-
gezeichnete vertreter, die kirchendichtung feierte in Romanos
ihr haupt. Wie in rhetorik, recht, wissenschaft und kirchendichtung, so war auch in geschichte und chronistik ein grosser
aufschwung bemerkbar. Von chronisten sind zu verzeichnen:
Moses Khorenatzi, Hesych, Eustathios, Johannes von Antiochia,
Malalas, die Ἐκλογή ἱστοριῶν, Petrus Alexandrinus, Theodor
der vorleser, der verschollene Trajanus, Andronikos, Simeon
Barkaya; von den abendländern Cassiodor und sein freund,
der in Konstantinopel lebende Marcellinus comes.

Die träger des griechischen schrifttums waren damals vorzugsweise Syrer und Egypter. Prokop stammte aus Palästina,
Nonnosos war semitischer abkunft. Johannes von Epiphaneia
und seine landsleute Euagrios und Eustathios waren Syrer,
Johannes rhetor und Malalas waren Antiochener, Theophylakt
und Petrus Alexandriner.

Offenbar waren durch das christentum der kultur neue
gedanken und frische geister gewonnen worden, auch hatte
der kampf zwischen staat und kirche und der streit der einzelnen sekten wider einander ein unbetretenes unermessliches

c

gebiet eröffnet. Die auflösung des alten und die hoffnung auf
neues sind vortreffliche beförderinnen der litteratur. Als die
römische republik und als das heil. röm. reich in seinen letzten
zügen lag, als der Bourbonenstaat zum untergang sich neigte,
da regten sich gerade die geister am stärksten. Der niedergang
aber, der auf das letzte aufflackern antiker bildung im osten
folgte, war umso unaufhaltsamer.

Die energie der welt ist konstant. Das berühmte wort des
physikers Clausius gilt auch für die geistige welt. Für jeden
gewinn muss bezahlt werden mit verlust, aber niemand verliert
auch, ohne dafür einen neuen vorteil einzutauschen. Der ent-
gelt für politische ohnmacht ist häufig aufblühen von kunst und
litteratur, für entnervung nach aussen und innen bringt heilung
eine neue religion. Sinkt aber ein volk vollends darnieder, so
steigt dafür ein anderes empor und die waage ist wieder im
gleichen. So neigte sich vom 6. bis 8. jahrhundert die schale
der christlichen kunde, aber die des Islams stieg. Eine allgemeine erschlaffung der geister, ohnmacht nach aussen, niedergang in der kultur, das zeitalter der finsternis brach herein.
Im westen erstarrte Spanien unter der düsteren gotischen
hierarchie, das reich der Franken löste sich auf unter den
Merowingern, Italien war von unaufhörlichen kriegen zerrissen,
Langobarden, Griechen, Sarazenen, Franken und Ungarn eine
wehrlose beute, in Byzanz herrschte das schweigen des todes
in der litteratur, bis durch den bilderstreit die geister wieder
entfesselt wurden. Begleitursachen kamen dazu, wie das schliessen der klassischen schulen durch Justinian, eine handlung,
deren bedeutung man nicht zu gering anschlagen darf, aber
die hauptursache lag doch tiefer. Keine blütezeit eines volkes
hat, soweit die geschichte reicht, mehr als 3 jahrhunderte
überdauert. Die kultur geht in grossen wellenbewegungen vor-
wärts. So das zeitalter Homers, rückschlag der oligarchie, von
den Perserkriegen zu Alexander, neues aufblühen in der zeit
des Ptolemaios und Arrian, letzter aufschwung des althelle-
nischen geistes unter Justinian, frisches leben unter Porphyrogennetos, renaissance unter den Palaiologen. Noch rascher ist
der wechsel bei uns Deutschen; erst begeisterung der völkerwanderung, weltreich Karls d. gr. und der Ottonen, stille bis

zu den Hohenstaufen, unaufhaltsamer niedergang bis zur reformation, neue verknöcherung bis auf Napoleon, mächtiger aufschwung seit 1848 und 1870. Im zeitalter des propheten war der gewaltige kampf zwischen dem alten glauben und dem christentum beendet, die welt musste ausruhen von ihrer grössten revolution.

Um 500 v. Chr. war der westen und der entfernteste osten von der gleichen religiösen bewegung erschüttert. In China Confucius, in Indien Buddha, bei den Juden die reformation Josia's, Solon in Athen, in Italien Pythagoras und Charondas. Ebenso scheint die ermattung des occidents im 7. jahrhundert n. Chr. mit der im orient in zusammenhang zu stehen. Seit 226 n. Chr. war China, dessen macht damals von den Han zur äussersten grenze, bis zum Kaspisee ausgedehnt worden war, in drei reiche geteilt. Das Mongolenvolk Moho drang erobernd im nordwesten ein, die rasche aufeinanderfolge der dynastien von 300 bis 600 zeigt, welch haltlose zustände eingerissen waren; weiber und eunuchen, brüderkämpfe, gelehrtenverfolgung, einfallende Tataren bezeichnen das zeitalter. Wir hören zum erstenmal von seeräubern, im 5. und 6. jahrhundert bilden sich unabhängige fürstentümer in Nordchina. Ähnlich war in Indien der rückschlag auf eine hohe blüte gefolgt. Auf die glanzvolle herrschaft der Gupta's, auf die zeit eines Kâlidâsa [1]) folgte stillstand und verwirrung. Kurz nach 500 n. Chr. waren die Buddhisten so ziemlich aus Indien vertrieben, und die ungeheure halbinsel verfiel nufs neue in den todesschlummer unter dem geisttötenden ritual der Brahmanen. Endlich ist auch bei den Persern, die unter den Sassaniden zu den schönsten taten in krieg und wissenschaft sich aufgeschwungen, fürs erste ein langer stillstand eingetreten und ist nicht minder bei den Juden die schöpferkraft, die noch bis 500 am midrasch thätig war, erlahmt.

[1]) Nach den meisten forschungen wird Kâlidâsa um 500 n. Chr. angesetzt.

Stillstand.

Seit dem auftreten des propheten bilden sich in der christlichen chronistik gesonderte kreise: in Byzanz, in der islamitischen welt, in dem vermittelnden Armenien. Die eigenart jener dritten epoche der chronographie besteht in dem mangel an neuen und der kritiklosen, enzyklopädischen verarbeitung der alten systeme. Die gemeinsame quelle sind die leistungen der Syrer und Alexandriner, die hieraus geschöpften werke finden aber nur eine örtlich beschränkte verbreitung.

Byzantiner.

Erst nach 800 regen sich die gelehrten wieder in Byzanz. Georgios der Synkellos schweisst mit saurer mühe seine zahlen- und zitatenreiche chronographie zusammen aus der schrift, aus kirchenvätern und den machwerken Panodor's und Annian's. Er glaubt sich verpflichtet, auf die überlieferten zahlen auch noch eine eigene aufzupfropfen zu müssen, indes von einem schöpferischen system kann füglich bei ihm nicht die rede sein. Die ära des Synkellos ist die alexandrinische 5492. Wirklich verdienstlich wird sein werk seit der kaiserzeit. Er hat gar manche quellen benutzt, von denen sonst bei den Griechen keine spur zu finden ist, so für den Judenaufstand unter

Hadrian, für die eroberung Lazike's durch Septimius Severus, für die Sassaniden. Sein material von Diokletian ab, dessen durcharbeitung das nahen des todes dem fleissigen Synkellos unmöglich machte, wurde von Theophanes redigiert, ähnlich wie später die chronik Carion's von Melanchthon. Die sprache des Theophanes weicht von der seines vorgängers insofern ab, als sie von der starren kunstgräzität stark ablenkt zur schlichten redeweise des volkes. Die quellen des Theophanes sind ein kompendium der kirchengeschichte, wohl aus Theodoros Anagnostes geschöpft, ferner ein sammelwerk, worin die profanen historiker Prokop, Agathias u. s. w. berücksichtigt sind, endlich eine irgendwie auf syrische gewährsmänner zurückgehende darstellung der kriege der Chalifen [1].

Ein mageres verzeichnis der hauptepochen lieferte Nikephoros, der 829 verstorbene patriarch. Das ziemlich werthlose, jedoch viel verbreitete verzeichnis, dessen ära 5500 ist, ward mehrfach überarbeitet.

Eine schrift aus Nikephoros' zeit ist benutzt von dem 854 abgefassten χρονογραφεῖον σύντομον. Dasselbe stellt angaben des bibelübersetzers Aquila und des Hippolytos, listen des Afrikanus und des Panodor unvermittelt neben einander. Die verwirrung ist beträchtlich.

Von bedeutendem werte ist die in der hauptredaktion 886 abgeschlossene Ἐκλογὴ ἱστοριῶν. Die fabelhafte urgeschichte und die Chaldäerliste stammen aus den Alexandrinern, mit denen jedoch seit der Assyterherrschaft gebrochen wird. Die spätere zeitrechnung nach olympiaden berührt sich mit Eusebius, geht aber oft über ihn hinaus. So hat die Ekloge die trojanische epoche Apollodors 1183 v. Chr. übernommen. Ihre ära ist 5508. Wichtig ist vor allem auch der absatz über die osterberechnung (unten s. 14). Die hauptquelle war ein kompendium aus der zeit des Anastasios † 518. Der letzte überarbeiter schliesst mit 1119.

Andere weltgeschichtliche abrisse derselben art sehe man bei GELZER II 388—396. Eine menge zum teil wichtiger ta-

---

[1] KRUMBACHER 121.

bellen und kompilationen ist noch ungedruckt. So der Cois-
linianus 193, der aus Eusebios schöpft und der zu dessen
herstellung wichtig werden kann; der Parisinus 1336, der
das hexaemeron des Pseudo-Eustathios von Antiochien bis auf
Christus fortsetzt mit belangreichen bisher unbekannten stücken,
wie der verteidigung Salomons gegen den vorwurf der wollust
und abgötterei. Der Vindob. philos. 333 benutzt im anfang
den Hippolytos und geht bis auf Herakleios; der Vindob.
hist. 124, einem Cyrill und Georg Pisides zugeschrieben, wertlos; der Vindob. hist. 99, dem Akropolites zugeschrieben,
ebenfalls wertlos, und viele andere. Am wichtigsten sind
mehrere Veneti, die sogar zur römischen kaiserzeit, z. b. in
juristischen fragen, noch neuen stoff erbringen.

Die volkstümlichste und die verbreitetste chronik ward
die des Georgios Monachos oder Hamartolos[1] † nach 867. Die
chronik geht bis 842 und ward mehrfach fortgesetzt. Sie ward
das ideal der ostwelt. Wie ein guss kräftiger fleischbrühe
durch einen eimer wasser verdünnt und entkräftet wird, so
verliert sich bei Hamartolos der geschichtliche kern in einem
sintflutschwall theologischer mönchphrasen und kirchenväter-
auszüge. In dem kirchlichen salböl wird die profane wahrheit
erdrückt und erstickt. Wie öde moore eine vielbefahrene land-
strasse, so hemmen unendliche abschweifungen und einschiebsel
die darstellung des Hamartolos. Sein glaube an wunder ist
blind, seine ehrfurcht vor der orthodoxen kirche kennt keine
schranken, sein hass gegen Mohammed und die ketzer ist
gleich unbegrenzt. Sein stil ist eine geschraubte kirchensprache,
durch vulgarismen durchbrochen. Wertvoll ist der letzte teil
der chronik, worin Hamartolos die ereignisse von 813 bis 842
als zeitgenosse schildert.

In der enzyklopädistischen excerptorenepoche des Porphyrogennetos entstanden drei konkurrenzchronographien. Die
handbücher des Leo, Theodosios und Polydeukes lehnen sich

---

[1] Ich finde die benennung Hamartolos die glücklichste, weil diesen
autornamen ihm niemand streitig macht und weil die bezeichnung Georgios
bei dem schwarm von namensvettern verwirrt. Georgios heisst in den
chronographien immer nur der Synkellos.

an Hamartolos an, den sie teils kürzen, teils durch zusätze aus syrischen und alexandrinischen quellen erweitern ¹).

Ganz ähnlicher art ist Symeon der magister und logothet † um 980. Derselbe folgt zuerst Nikephoros, dann Leo grammaticus, seit Tiberius († 582) aber, als Leo ihm zu ausführlich ward, schliesst er sich an Hamartolos und manchmal Theophanes an, dann schreibt er die fortsetzer des Theophanes und einzelne biographien aus und wird schliesslich selbstständig für die eigene zeit.

Die gangbaren byzantinischen handbücher der weltgeschichte sind hiermit ziemlich festgestellt. Wie eine lawine umso gewaltiger anwächst, je weiter sie rollt, bis sie im tale angelangt allmählich wieder zerfliesst, so war der stoff der weltgeschichte ins unendliche gewachsen durch die jahrhundertelangen anstrengungen der Griechen und zerrann wieder unter den händen der Byzantiner. Je später das jahrhundert, desto magerer ist in der regel der weltgeschichtliche abriss. Ein autor plünderte ohne gewissensbisse den andern, genau wie die chronisten im abendland, genau wie jeder kommentator zu Aristoteles, jeder verfasser eines hexaemerons die redefluten seiner vorgänger auf seine mühlen leitet. Neu hinzu kam zu dem wust des altertums die darstellung der oströmischen ereignisse. Die teilnahme wendet sich dabei zumeist den handlungen der kirche zu, konzilien, bischofsfehden, ketzergezänke, wunder und legenden rücken in den vordergrund. In der hauptstadt erregen am meisten die aufmerksamkeit die kaiserlichen prachtbauten, die hofintriguen, das gewoge der rennbahn. Von besseren chronisten wie Synkellos (in der redaction des Theophanes) werden auch die nachbarvölker und die kämpfe der Byzantiner mit ihnen gebührend berücksichtigt, der gesichtskreis dieser chronisten ist ein ausserordentlich grosser, die fülle ihres stoffes ungeheuer. Ihr gegensatz zu den volkstümlichen chroniken ist derselbe wie der etwa der lübecker chronik, deren gesichtskreis von

¹) Ich habe den vollständigen, bis 963 reichenden text des Polydeukes im Vatic. 163 flüchtig durchgesehen, mich indes überzeugt, dass er durchaus nicht eine sonderausgabe lohnen würde. Neues trifft man darin wunderselten und wenn, so sind es einfältige anekdoten oder legenden.

den schlachtfeldern der eidgenossen bis nach Bergen und Nowgorod reicht, zu den bescheidenen aufzeichnungen des schreibers
Joh. von Limburg, dessen blick nicht über den engen umkreis
des Lahn- und Rheintales hinausgeht. In der lebendigen auffassung hingegen der eigenen heimischen verhältnisse, in der
pragmatischen darstellung politischer und diplomatischer vor-
gänge werden alle mehr oder minder von der hofluft genährten
Byzantiner von den freien republikanischen historikern des
abendlandes übertroffen.

Seit dem aufkommen des christentums hatte sich eine tiefe
kluft zwischen der weltlichen, von klassischer anschauung genährten, und der mönchischen, blos dem himmlischen friedens-
reich zugewendeten geschichtschreibung ausgebildet. Für Hippolytos, Hilario, Orosius, Augustin, Gregor von Tours, die
alexandrinischen mönche war die profane geschichte eigentlich
nur gut dazu, die vergänglichkeit und das elend des irdischen
jammerthales recht schlagend darzutun. Dagegen glühte in
Prokop und Nikephoros Bryennios noch der kriegerische geist
der taten und leuchtete bei ihnen noch die klarheit des altertums. Die profanzeitgeschichte ward von staatsmännern und
feldherrn geschrieben, die weltgeschichte von weltabgewandten
bischöfen und mönchen. Allerdings nähern sich des öftern die
beiden antipoden. Prokop und zeitgenossen, Michael Attaliotes
und andere wurden in ausgedehnter weise von den chronisten
herangezogen, während die offiziellen chroniken zwischen pro-
faner und kirchlicher auffassung die mitte hielten.

Ein hervorragend merkmal der späteren chronistik ist die
lust an der personalschilderung. Die historischen portraits des
Joh. von Limburg sind ebenso geschickt und lebendig entworfen
wie jene lange galerie von schilderungen, die ein bürger Lodi's
uns von kaiser Friedrich I. und seiner umgebung hinterlassen
hat. Die ähnliche, allerdings viel mehr schablonenhaft aus-
geartete vorliebe der Byzantiner für portraitierung hat ihre
wurzeln im altertum. Der alte Varro hatte bereits dem unter-
nehmenden verlagsbuchhändler Atticus zu liebe sprüche und
verse unter 700 bilder von bedeutenden Römern und Griechen
verfasst, wahrscheinlich nach dem muster der imagines des
römischen atriums, die alle ihr besonderes elogium hatten. Im

mittelalter besass man gemalte kataloge der äbte und bischöfe,
die oft nach wirklich vorhandenen bildnisreihen gefertigt sind.
Eine derartige reihe von bischofsbildern ist in Apolline in
Classe, aller welt bekannt sind die berühmten, in der ältesten
zeit natürlich fiktiven papstmedaillons in dem prächtigen S. Paolo
fuori le mure. Eine abtreihe derselben art hat Agnellus als
quelle für die personalbeschreibungen der ravennatischen
kirchenfürsten benutzt; im Salzburger diözesankatalog sind
versus de ordine comprovincialium erhalten, dieselben stammen
aus tituli, die unter bildern des 859 erbauten bischofshofes
standen; aus einer Mainzer bischofsreihe vom einfall der Hunnen
bis auf Bonifaz hat 847 Hraban in diesbezüglichen versen
geschöpft [1].

In der oströmischen litteratur haben sich in legenden
portraits der jungfrau Maria, der apostel Paulus und Markus
und des Dionysius Areopagita erhalten, die chronisten Malalas,
Leo grammaticus und Kedren weisen solche auf von den
kaisern. Alle jene personalschilderungen sind in einem gleichen
tone gehalten, überall meist äusserlichkeiten, stets durch eine
wolke von vielsilbigen adjektiven dargestellt. Den ursprung
jener stilblüten wird man ähnlich wie den der abendländischen
zu erklären haben. Eingeführt wurden sie vielleicht durch
Philipp von Side, wenigstens ist in dem religionsgespräch
am hof der Sassaniden, das ohne zweifel grosse stücke der
kirchengeschichte Philipps entnommen hat, die merkwürdige
skizze von der jungfrau Maria das erste beispiel jener sonder-
stilart.

Die späteren byzantinischen chronisten zehren lediglich
von den schätzen, die ihre vorgänger überliefert haben. Meist
behandeln sie die geschichte des Diokletian äusserst kurz;
man sieht, das eigentliche interesse daran ist über den stürmen
einer neuen zeit ihnen allmählich abhanden gekommen. Skylitzes, den Kedren ausschrieb, verfasste eine weltgeschichte
bis 1079, in der älteren zeit nach Malalas und Hamartolos.
Glykas, der 1118 schliesst, benutzt ein hexaemeron, zahlreiche
kirchenväter und apokrypha wie die kleine genesis. Er ist

[1] Von Schlosser, Wiener Sitzungsberichte 1891, 126.

ungemein wortreich, aber eine gewisse selbstständigkeit lässt
sich ihm nicht absprechen.

Die verschronik, die im abendland so ausserordentlich
beliebt war, hat auch in Byzanz einige bearbeiter gefunden:
Konstantin Manasse († um 1180), Joel († nach 1261) und
Ephraim († 1313). Die kenntnisreich und geschmackvoll geschriebene gelehrtenchronik hat noch einen guten vertreter
an Joh. Zonaras, der 1118 schliesst. Zonaras benutzt die schrift,
Herodot, Xenophon, Josephos, Plutarch, Arrian, kirchenväter
und namentlich Dio und Eusebios, später Prokop, Theophanes,
Hamartolos und Kedren. Form wie quellenreichtum, wenn auch
keineswegs besondere sorgfalt oder kritik, sichern dem Zonaras
einen hervorragenden platz in der byzantinischen historiographie.

Die sprache der einzelnen chronisten ist sehr verschieden.
Polybios, der einst dem herrschenden stile trotz bietend, einer
volkstümlicheren schreibart sich zuwandte, hatte allerdings in
historischer darstellung gerade das beste unter seinen zeitgenossen geleistet. Bei den späteren chronisten kam es dagegen
weniger auf eigene erfahrung und eigenen freien blick an als
auf emsiges studium und die eindringlichkeit des studiums
musste auf die entwicklung des stiles von einfluss sein: je
besser im allgemeinen die sprache, die form der darstellung,
um so gediegener ist in der regel bei jenen späteren auch der
gehalt. Mit vollem bewusstsein suchten die männer der byzantinischen renaissance und suchen noch jetzt die Neugriechen
an die klassischen muster sich zu halten, und man hat unrecht, die ungeheure kluft zwischen der heutigen schriftsprache
und volkssprache zu verspotten. Die übermässige vorliebe für
den klassischen ausdruck ist eine notwer der Hellenen. Hätten
sie, in jahrhundertelanger nationaler unterdrückung, den zahl-
losen volksdialekten freien lauf gelassen, hätten sie albanische
und türkische wörter noch mehr in ihr reines idiom eindringen
lassen, so wäre ihnen dasselbe schicksal geworden, wie den
sprachlich zerklüfteten Indianer- und Negerstämmen oder aber
wie dem uneinigen Italien vor 1061, wie den anglisierten
Deutschen in englischen kolonien. Sie wären auseinanderge-
fallen und entnationalisiert worden. Denn ein volk, das seine
einheitliche sprache aufgibt, das gibt sich selbst auf. Einstens,

wenn einmal das ideal eines grossen und innerlich gefesteten
Griechenlands erreicht ist, dann, aber auch dann erst, mag man
von einem ausgleich zwischen schrift und mundart reden.

Das rein volkstümliche element ist in den vulgärchroniken vertreten, die zumeist an Hamartolos sich anlehnen. Sie
haben kein besonderes chronologisches system, da es ihnen
blos auf merkwürdige und unterhaltende tatsachen ankommt;
zeiten, von denen keine einzelbegebenheiten mehr bekannt
waren, wie die jahre der verwirrung von Alexander Severus
bis Diokletian, lassen sie daher einfach weg. Der ton dieser
volksbücher ist treuherzig und anheimelnd; da sie der kirchenzensur entrückt waren, ist ihr urteil oft frischer und richtiger
als das der gelehrten mönche. Es ist förmlich erquickend zu
lesen, wie ein solches buch[1]) sich über den schmusmord der
kaiserin Irene äussert, über den die pfäffischen chronisten leicht
hinwegsahen, weil ja die kaiserin die orthodoxie förderte und
mit reichlicher spende die kirche bedachte. Es heisst dort:
„Härter als das herz einer tigerin war das herz Irenes. Von
gewissensbissen gefoltert, suchte sie durch glänzende almosen
die innere stimme zu übertäuben, aber der gott, der ins verborgene sieht, kennt ihre lücke und wird sie heimsuchen im
gericht". Die vulgärchroniken beginnen etwa im 13. jahrhundert und werden häufiger nach der eroberung von Konstantinopel. Ihren abschluss bilden die weltgeschichte des
Dorotheos von Monembasia (im Peloponnes), die bis 1591
reicht, und das in Paris und Venedig handschriftlich erhaltene
werk des Melaxos aus dem 17. jahrhundert. Den übergang
zur neuzeit bildet das 1767 zu Venedig gedruckte sammelwerk
des Johannes Stanos, der zu wissenschaftlicher behandlung
dadurch den anfang macht, dass er bei jeder behauptung gewissenhaft die jeweilige quelle verzeichnet, im übrigen aber
noch vollständig im bann der kirchlichen überlieferung befangen ist. Die sprache der sechsbändigen chronik ist gemil-
dert vulgär.

---

[1]) Venetus bei Bekker, Abhandl. d. preuss. Aknd. s. 43, auch von
Manasse benutzt.

Armenier und Slawen.

Die griechisch-christliche chronographie hat fünf grosse
kulturgebiete erobert: das abendland, das byzantinische reich,
die östlichen chalifate des islams, Armenien und die Slawen-
welt. Von den drei letztgenannten kulturgebieten ist das
armenische und das slawische am eindringlichsten von der
griechisch-byzantinischen bildung befruchtet worden, hat aber
auch am wenigsten eigene, auf nationalem boden gewachsene
aufzuweisen. Dies zeigt sich in der ganzen kirchlichen litteratur und so auch in der chronistik. Dem Eusebios folgen
blindlings der armenische Moses Chorenatzi, ferner Moses
Kalankatwatzi, Johannes Katholikos, Stephan Açolik; dem
Michael Asori, dem meister der syrischen schule, folgen Vartan
d. gr. und M'chitar Airivank (13. jahrh.). Die slawische chronistik kam auf, nachdem Wladimir I 988 das christentum in
Russland zur staatsreligion erhoben, sie feiert ihr haupt in
Nestor (11. jahrh.) und blüht namentlich auch in Serbien
schon seit dem 10. jahrhundert. Beide, Armenier und Slawen,
verbinden mit der biblischen geschichte erinnerungen und
mündliche sagen aus ihrer nationalen vorzeit, doch fallen versuche wie die des Moses Chorenatzi, einen synchronismus
zwischen dem geschlechte des Haik und den ahnen Abrahams
herzustellen, kläglich genug aus.

Syrer.

Mit dem einbruch der Araber versiegt die griechische
litteratur in Syrien und die syrische sprache gelangt nahezu
zur alleinherrschaft. In dem blütealter der syrischen litteratur,
das im 6. jahrhundert anhebt, schrieb Jakob von Edessa seine

chronik. In der älteren zeit folgte er dem Hippolytos von Portus, so in dem ansatz der Seleukidenära und in der passions-ära 5550. Jakobs hauptverdienst ist sein vortrefflicher kanon der Sassaniden. In der persischen schule zu Edessa, aus der er hervorgegangen, hatte er gelegenheit gehabt, das persische zu lernen. Der kanon ward aufgenommen von den späteren Syrern und Armeniern und gelangte, umgestaltet, auch zu Theophanes.

Das jahrhundert nach Jakob, der 690 schrieb, hat keinen nennenswerten chronisten hervorgebracht. Höchstens wären einzelne chronologische notizen zu erwähnen, Georgs des Araberbischofs und des Georgius Regtensis, notizen, die wohl nur zufällig in einem ganz fremdartigen zusammenhang sich befanden.

Mitte des neunten jahrhunderts entstand wiederum eine grössere chronik, die des Dionysius von Telmahrê. Fast zwei jahrhunderte später schrieb Elias von Nisibis († 1034). Seinem werke ist ein eigen schicksal begegnet. Obwohl es mit grossem sammlerfleisse geschrieben und obwohl von der hand eines bischofs, ist es völlig unbeachtet geblieben. Vielleicht ist ausser der handschrift des verfassers, die jetzt in London, kein ander exemplar angefertigt worden. Im 11. und 12. jahrhundert war die chronistische tätigkeit wie bei den Byzantinern so bei den Syrern sehr rege, die chronisten sind jedoch meist verschollen. So Ignatius von Melitene, den Michael z. b. für Konstantin d. gr. benutzt, die beiden Saliba von Melitene und Johann von Kaisûm (Kesûm). Auf den arbeiten aller der genannten, mit einziger ausnahme des Elias, baut sich die chronik Michaels auf. Mit ihr haben die Syrer das höchste erreicht, was sie in der welt-geschichte leisten konnten. Auf Michaels schultern steht Abul-faraġ, „der phönix seines zeitalters, der stolz der weisen" [1]. Neuere haben ihn den Leibniz seiner zeit genannt, mit un-recht. In seiner grammatik ist Abulfaraġ abhängig von Jakob, in der chronik von Michael, aber natürlich werden die letzt-zusammenfassenden leistungen und wenn es der kümmerliche Donat wäre, fast stets auch für die vollkommensten gehalten.

---

[1] Titel einer hs. des Abulfarag.

Von der byzantinisch-orthodoxen chronistik scheidet sich insofern die syrische, als sie jakobitischen oder nestorianischen ursprungs ist. Die kirchliche kluft tritt in einigen tendenziösen erzählungen, namentlich aus der zeit Justinians, hervor und überdies ist das verhältnis zu den Arabern weit freundlicher. Sonst ist der unterschied nicht eben bedeutend.

Neben der syrischen erhielt sich eine christliche arabische chronistik, deren hauptsitz Fostat (Kairo) war. Dieselbe stand in einiger abhängigkeit von der kultur des islams, dergestalt, dass gelegentlich beim propheten oder bei chalifen der übliche moslimische zusatz gemacht wird „den gott gesegnet hat". In der späteren geschichte steht jene schule denn auch ganz auf der seite der chalifen. Sie begann mit Eutychius, ihre gewährsmänner waren Hippolytos, die Syrer, verzeichnisse der östlichen bischöfe und eine alexandrinische kirchengeschichte.

Die christlich koptische chronistik ist vertreten durch Johannes von Nikiu, der sich in der älteren geschichte an die Antiochener anschloss.

Islam.

Die träger der arabischen geschichtschreibung waren anfangs fast ausschliesslich die Perser, waren die sogenannten Schu'ûbija. So kam es, dass die persische chronologie zu einer grundlage der islamitischen weltgeschichte erwuchs. Die zweite hauptquelle floss aus dem Seder Olam und aus christlichen weltchroniken, vornehmlich der des Hippolytos. In der urzeit suchten die islamitischen autoren die sagengestalten des Sâhnâmeh mit vorzeitshelden der Himjariten und beide wiederum mit biblischen männern synchronistisch zu verknüpfen. Auf festeren grund traten sie erst mit der Sassanidenzeit, für deren darstellung Chosru Anośarwan die bahn gebrochen.

Die chronistik des Islams ist womöglich noch reicher als die byzantinische[1]). Am wichtigsten sind Muneğğim Baschy, der ausführliche Tabari, Hamza Isfahani, ferner die annales ante-islamici des Abulfida und das wertvolle sammelwerk des Albiruni.

In geist und zusammensetzung wenig verschieden sind die persischen chronisten, wie Nowairi, Mirchond, dessen sohn Chondemir, Ali-Sir etc. Zu ihnen verhält sich in der bearbeitung der vaterländischen vergangenheit Firdusi wie Vergil zu Livius.

Der Islam vermittelte seine trübe geschichtliche weisheit weiter an die Mongolen und Türken.

Gerade wenn man die absonderliche geschichtsklitterung der östlichen chronistik betrachtet, versteht man erst, wie die wunderlichen fabelchroniken eines Pseudo-Eustathios und eines Pseudo-Methodios in der byzantinischen litteratur entstehen konnten. Die alles mass übersteigende willkür der orientalen, die Alexander zum zeitgenossen Abrahams und Nebukadnezar zum vasallen eines mythischen Perserkönigs machen, der chauvinismus, mit dem bald Juden, bald Samaritaner den grossen Alexander zu ihrem proselyten machen, lehrt uns noch einigermaassen achtung selbst vor den beschränkten leistungen der überlieferungstreuen mönche von Byzanz.

[1]) HADSCHI-CHALFA zählt an 1200 arabische historiker überhaupt. Vgl. WÜSTENFELD, Geschichtschreiber der Araber.

Zur chronologie.

Bei allen völkern hat die chronologie sich aus der genealogie entwickelt. Der anfang aller geschichte sind göttermythen und heldensagen. Ein reiferes zeitalter sucht die mythen rationalistisch zu erklären und durch den faden der geschlechterreihen den übergang aus den mythischen zeiten zu den historischen zu gewinnen. So die logographen aus Homer und den kyklikern, die chroniken von Mekka und der stammbaum des propheten aus der arabischen volkssage, das Šâh-nâmeh aus der persischen, Saxo grammaticus aus der Edda und zerstreuter mündlicher überlieferung. Der vorgang ist hier ein natürlicher, stetiger, von fremden einflüssen freier; ihm steht gegenüber die künstliche, litterarische entwicklung, die durch fremde einwirkung bedingt ist. Unsere kunde der römischen vorzeit beruht auf griechischer fälschung, die der fränkischen und irischen zum teil auf römischen und christlichen legenden. Gemischt ist Snorre Sturlesons Edda, die für die urzeit aus skandinavischen quellen und aus der orientalischen weltchronik ihre nahrung zieht.

Die hellenischen fürstengeschlechter und sogar noch der gebildete Hekataios, das römische kaiserhaus, die indischen raǵas, die könige der Azteken, die Wölsungen und Ynglingen des nordens, sie alle leiten sich von göttern her. Um ihren ursprung zu erklären, mussten sie naturgemäss den allergrössten wert auf eine überzeugende darstellung ihres stammbaumes legen. Auch Juden und Araber, deren monotheismus solches nicht zuliess, widmeten sich dennoch mit dem regsten

4

eifer der genealogie. Gar bald entbrannte, wie bei den einzelnen, so bei den völkern ein brennender wetteifer, wer die
längste geschlechterreihe aufzuweisen hätte; in öffentlichen
reden, in biographien, in staatsschriften wucherte die fälschung
empor.

In der zeit bis auf Alexander waren die genealogischen
versuche so ziemlich auf die einzelnen nationen beschränkt,
nun begann aber die wechselwirkung zwischen Griechen und
Römern, zwischen orient und occident. Egyptische und semi-
tische namen wurden mit hellenischen heroen verknüpft, römische geschlechter verlängerten ihren stammbaum durch
griechische zahlenreihen. In der nachchristlichen zeit bildeten
sich zwei neue parteien. Nachdem durch christentum und
islam auch das alte testament zu erhöhter bedeutung gelangt
war, wollte im osten alles von den Juden abstammen, Armenier,
Araber, Afghanen, Mongolen und zum teil die Perser. Im
westen führten sich alte völker auf Troja zurück, Kleinasiaten,
Griechen, Römer, Franken und Skandinavier.

Die anzahl der geschlechter, die zwei ereignisse trennt,
gibt den zwischenraum der zeit und gibt somit das skelett
der chronologie. Nun rechnete man aber ein geschlecht, ein
menschenalter, sehr verschieden. Zu 25 j. berechnet es einmal
Herodot[1], zu 30 Euhemeros[2], zu 33⅓ die gewöhnliche rechnung, zu 40 die Juden, Thukydides und Timaios, zu 70 und
100 ebenfalls an einzelnen stellen die Juden. Unsicherheit und
verwirrung der zeitangaben waren die folge davon.

[1] I 6. Auch in der lydischen chronologie, 16 könige auf 400 j.:
Gutschmid III 466.

[2] Diodor II 55.

Griechen vor Afrikanus.

Schon mit Herodot beginnt bei den Griechen das ge-
schichtswidrige system und beginnt zugleich die verwirrung.
Herodot nimmt bei seinen einzelnen königslisten stets an, dass
der sohn auf den vater folgte, und kommt so für den anfang
der Ægypterherrschaft auf 11340 jahre vor seiner zeit (II 142).
Hat man mit fug bemerkt, dass mit gleichem rechte aus der
bilderreihe der päpste zu S. Paolo bei Rom ein ungemessenes
alter des papsttumes zu folgern wäre, so ist andrerseits zu
erwägen, dass Herodot schlechterdings kein anderes hilfsmittel
besass, um überhaupt nur für die ältesten zeiten einen ansatz
zu gewinnen. Aber der vater der geschichte blieb sich selbst
nicht gleich in dem ansatze eines geschlechtes. Gewöhnlich
rechnet er drei auf ein jahrhundert und erklärt dies auch
ausdrücklich für seine methode, dagegen gibt er (I 7) den 22
Herakliden in Lydien, bei denen immer nur der sohn auf den
vater folgte, 505 jahre, also 23 jahre ungefähr einem geschlechte; wenn er aber II 145 erklärt, Herakles habe etwa
900 jahre vor seiner zeit gelebt, so bemisst er die generation
auf 50 jahre, denn Kleomenes, der seit etwa 525 v. Chr.,
also 100 jahre vor Herodot, seine regierung begann, ist für
den geschichtschreiber der 21. von (einschliesslich) Herakles
(VII 204).

$$
\begin{array}{rl}
& 525 \text{ v. Chr.} \\
40 \times 20 & \underline{\quad 800} \\
\text{Herakles} & 1325 \text{ v. Chr.}
\end{array}
$$

Nach Herodot beginnt Agron . . . . . 1221 v. Chr.
Herakles 3 geschlechter zu 33⅓ jahr früher $\underline{100}$

Herakles . . . . . 1321 v. Chr.

d*

Nach dem Barbarus beginnen die Römer unter

Kronos 4100	1408 v. Chr.
Kronos herrscht . . . . _	80 jahre
Herakles folgt . . .	1328 v. Chr.

Einer weiteren unfolgerichtigkeit bei dem ansatze für Herakles hat sich Herodot dadurch schuldig gemacht, dass er Herakles um 900 jahre, den Pan aber, der blos zwei geschlechter jünger war als Herakles, um 800 jahre höher als seine zeit hinaufrückt. Trojas fall kommt darnach etwa ins jahr 1270 v. Chr.

Dieselbe geschlechterrechnung diente auch dem Thukydides zur leitschnur. Selbst bei ihm, dessen geniale kritik der mythischen vorzeit im ganzen altertum einzig dasteht, findet sich eine ganz bestimmte schablone und ein bereits ausgebildetes system, das wahrscheinlich aus Hellanikos geschöpft ist. Dass er nach generationen rechnet, deutet der ausdruck I 14 an: πολλαῖς γενεαῖς ὕστερα γενόμενα τῶν Τρωικῶν, und zwar nach generationen zu 40 jahren, denn die Herakliden fallen 80 jahre nach Troja's sturz im Peloponnes ein (I 12), ihr führer Aristodemos ist aber von der trojanischen zeit durch zwei geschlechter getrennt [1]. Im allgemeinen muss man jedoch sagen, dass Thukydides einen besonnenen gebrauch macht von dem durch rückrechnung gewonnenen systeme, wie es durch logographen und sophisten damals eingeführt war.

Durch Ephoros und Theopompos wurde durch reichere kunde von westen das gebiet der geschichte zwar vergrössert, aber durch willkürliche mythendeutungen und durch chronologische spekulationen ihr gehalt verringert. Bei ihnen macht sich zuerst die sucht nach gleichzeitigkeiten bemerkbar. Von Ephoros sind Homer, Hesiod, Thaletas, Lykurg und Iphitos zu zeitgenossen gestempelt und mit der einweihung der olympien verknüpft worden. Theopomp fügte als Lykurg's zeitgenossen noch Pheidon hinzu [2].

---

[1] Herodot VII 204. Folgerichtig zählt Vellejus I 2, in letzter linie wohl nach Timaios, 120 jahre von Herakles' tod bis zur dorischen wanderung, d. h. 3 geschlechter zu 40 jahren.

[2] Tittmann, Forschungen zur spartanischen geschichte 44—64.

Aristoteles hat durch sein verlorenes werk über die olympischen sieger zuerst, wie es scheint, den festen angelpunkt der griechischen zeitrechnung bestimmt. Ihm folgten Theophrast und Dikaiarch. Aristoteles und seine beiden schüler haben auch bereits forschungen über die egyptische chronologie angestellt, wie denn dem weitausschauenden weltsinn des Aristoteles nicht leicht irgend ein wissenswertes entgieng.

Das wichtigste ist, dass schon zur zeit Herodots eine feste ära geschaffen war, an der die aufeinanderfolge der einzelnen ereignisse bemessen werden konnte. Der ausgangspunkt einer ära kann sehr verschiedenartig sein. Am häufigsten wird er bestimmt durch den antritt einer dynastie, so die ära der Seleukiden, die des Septimius Severus (auf alexandrinischen münzen), der indischen Gupta (319 n. Chr.), Saka (58 n. Chr.) und Vikrama (56 v. Chr.), die hegira und zum teil dynastisch, zum teil astronomisch, die ptolemäische ära des Nabonassar. Ferner die erbauung einer stadt, von Tanis (in der bibel), von Rom, oder ihre eroberung, wie die von Antiochia 48 v. Chr., bisweilen ein sieg, so von Actium. Die Kaffern rechnen nach dem tod eines häuptlings oder nach ihren kriegen mit den Engländern[1]. Sogar nach einem kunstwerk, so die Florentiner nach der aufstellung des Giganten, d. i. Davids von Michel Angelo. Die Christen nach der himmelfahrt, nach der märtyrerära 284 n. Chr., nach einer kirchenspaltung wie der armenischen 551 n. Chr. Die erste wissenschaftliche ära war die troische, sie beruht auf einer phantastischen voraussetzung, aber dennoch gebührt den Griechen das verdienst, durch sie zuerst eine wissenschaftliche ära in der chronologie begründet zu haben.

Aristoteles führte eine begründetere rechnung ein, die nach olympiaden, eine rechnung, die seit Timaios allgemein durchdrang. Timaios hat ferner die gründung von Rom und Karthago synchronistisch verbunden. Er setzte (fr. 21) die gründung beider städte 38 jahre vor ol. 1 = 813 v. Chr.[2]).

[1] Reise der „Novara" I 176.

[2] Der Grieche zählt das ausgangsjahr mit, Vellejus, der 667 J. bis 146 v. Chr. rechnet, schliesst es aus. Derselbe wechsel herrscht beständig bei den griechischen zeitangaben nach geschlechtern.

Vellejus, der (I 12) dem vorgange des Timaios für Karthago folgt, fügt (I 6) hinzu, dass damals Karanos das makedonische reich gründete. Karanos ist aber laut Herodot der zehnte vorfahr des Alexander, des zeitgenossen der schlacht bei Salamis; wir erhalten, Karanos einschliessend, $10 \times 33\frac{1}{3}$ $+ 480 = 813$ v. Chr. In die nämliche zeit wird von späteren quellen nun auch Lykurg versetzt, der 11. seit Herakles und 10. vor Leonidas, und der argwohn liegt nahe, dass schon Timaios diese gleichzeitigkeit verschuldet.

Es scheint, dass die epochemachende schlacht bei Salamis geradeso für die Hellenen ein ausgangspunkt methodischer rückrechnung wurde, wie der gallische brand für Rom, wie der Persereinbruch für die Skythen[1]. Wir sahen, dass von 480 v. Chr. aus der herodoteische ansatz für Herakles und der wahrscheinlich timaische für Karanos sich gewinnen lässt. Ähnlich ist wohl der ansatz der späteren für Lykurg, der von 818 zu 816 und 812 schwankt, als $480 + 10 \times 33\frac{1}{3}$, das vellejische (I 6) datum für Lykurg, 841 v. Chr., als $480 + 9 \times 50$, die angabe des Ephoros, 776 v. Chr., als $480 + 9 \times 33\frac{1}{3}$ und das gewöhnliche wahrscheinlich Ktesias entnommene datum der folgezeit, 884 (876) v. Chr., als $480 + 10 \times 40$ zu erklären. Die genauen daten wurden bei 884 dem ktesianischen endjahre der Assyrer zu liebe, bei 776 wegen der ersten olympiade entsprechend umgemodelt. Rechnet man weiter von dem festen 884 die neun überlieferten geschlechter bis zu Trojas fall zurück, so erhält man $884 + 9 \times 33\frac{1}{3} = 1183$ oder den ansatz des Eratosthenes. Ich vermute, dass die troische ära 1184/1183 von einem attischen litteraten herrührt, da gerade in der attischen geschichte sich mehrfach daten finden, die blos durch runde abstände von jener ära gewonnen sind. Das marmor Parium setzt den urkönig Kekrops 400 jahre früher (1583 v. Chr.) und den beginn der neun archonten 50 jahre später (683 v. Chr.).

Der synchronismus Lykurg — beginn Roms und Karthagos — ende der Assyrer — anfang der Makedonier — und (nach einigen chronisten) der Lyder, ward nun in der folge-

---

[1] Herodot IV 5.

zeit ungemein zähe festgehalten und erfuhr die seltsamsten
wandlungen. Wir stellen kurz das wichtigste zusammen.

884 ist das endjahr der Assyrer bei Ktesias, das gründungsjahr Karthago's nach Solin, sowie Roms nach Ennius
und Michael Syrus. Ennius, der um 187 v. Chr. dichtete,
rechnet etwa 700 jahre, seitdem augusto augurio condita
Roma est; Michael (s. 62) gleicht Romulus' beginn mit dem
des Akrazanes, des Assyriers, der nach fast allen chronisten
62 jahre vor dem sturze des Assyrerreichs — 882 bezw. 880
auf den thron kam.

813 enden die Assyrer nach Kastor, beginnen die Makedonier nach Kedren (518 vor Alexander), lebt Lykurg (844)
nach Vellejus I 6, 824 verbrennt sich Sardanapal und beginnen
die Römer nach dem Palatinus 364. Ebenso setzt Leo grammaticus (s. 115) den beginn des Romulus 1300 jahre vor
Romulus Augustulus († 476 n. Chr.), mithin Roms gründung
824 v. Chr.

(819) sturz der Assyrer und Lykurg nach Eusebios.

813 fall der Assyrer bei Panodor, beginn Roms und
Karthagos, nach Timaios.

776 ol. 1. Lykurg nach Ephoros, beginn Roms, verbürgt
durch Porphyrios bei Synkellos 501.

747 ist die römische gründungsära des Fabius und die
seit Ptolemaios aufgekommene des Nabonassar, als todesjahr
des Sardanapal genannt bei Michael Syrus s. 45.

Die unsicherheit der zeitrechnung ward weiterhin durch
das abweichen in der troischen ära sehr gefördert. Herodot,
Ephoros, Kleitarch, Duris, Timaios, der parische marmor, genug,
fast ein dutzend zeugen kann man aufzählen, deren jeder die
eroberung Trojas wesentlich verschieden ansetzt [1]. Und doch
ist neben der einrichtung der olympien der fall Trojas der
bedeutendste markstein für die ganze alte chronologie. Von
der troischen ära ist, wie bereits Cato zugestand, das epochenjahr Roms abhängig gewesen, weshalb dasselbe denn auch so
bedeutende schwankungen aufweist, vom trojanischen kriege
aus errechneten die jüdischen chronographen die zeit Abrahams,

---

[1] Vergl. MUELLER im anhang zu Ktesias s. 122.

derselbe war endlich, wie für das werk des Ephoros und seiner nachfolger, so noch der ausgangspunkt für einen chronisten des 6. jahrhunderts, Hesychius Illustris von Milet.

Hand in hand mit der verschrobenen chronologie gieng die fälschung in den genealogien. Zu solcher arbeit boten sich die sophisten dar und namentlich Hippias wird als verfertiger von stammbäumen bereits bei Plato bezeichnet. Die hellenistische zeit nahm das auf; attische lokalchronisten fabrizierten eine bis Kekrops reichende liste, Sikyonier, Korinther und Lakedämonier blieben nicht dahinten und führten den beginn ihrer könige bis weit vor die troische zeit zurück.

Man kann dabei bemerken, dass ein mythischer oder halbmythischer zeitabschnitt häufig zu einer runden summe von 10 generationen zusammengefasst wurde.

Adam flut . . . . 10 geschlechter
flut — Abraham 10   „
Abraham bis zum ende der richter
  (Matthaeus I und Malalas 74) 10   „
vorflutige Chaldäer . . . . . 10 geschl. (Berossos)
urzeit der Chinesen 10   „
Trojas fall — Lykurg inkl. . . 10   „   (Ephoros)
 „   „ — Pheidon 10   „   (Theopomp)
Lykurg — schlacht bei Salamis . 10   „   (Ephor. + Herod.)
Karanos — „   10   „   (Theopomp)
ankunft des Äneas — Romulus
  exkl. 333 jahre   . . . 10   „   (Palat. 364)
Sikyonier. . . . . 332 jahre (Xg.δέρr.Pollux)
Oracula Sibyllina II: weltuntergang im 10. geschlecht.

Wahrscheinlich sind auch die 400 jahre des egyptischen aufenthaltes der Hebräer, die bekanntlich das geschlecht zu 40 jahren rechnen, sowie die 400 jahre, die der urkönig Kekrops laut dem marmor Parium vor Troja's fall lebte, als 10 geschlechter aufzufassen.

Spätere, seit Eratosthenes und Apollodor, begannen damit, die griechischen und ausländischen königsreihen in synchronistische verbindung zu setzen; dass sie dabei, wo es not tat eine lücke auszufüllen, vor keinem gewaltmittel zurückschreckten, zeigen z. b. die doppelnamen Teutamos, Teutaios, Ophratinos, Ophrataios in der assyrischen liste. Zur zeit des Kastor, eines schriftstellers der cäsarischen epoche, waren die meisten verzeichnisse so ziemlich fertiggestellt.

Die vermittlung zwischen der kunde des westens und der des ostens hatten zum teil die Juden übernommen. Wie dieselben die einheimische zeitrechnung mit der fremder völker in einklang brachten und durch die prophetische jahrwochenrechnung zersetzten, ist oben gezeigt worden.

Christliche chronographie.

Justin, der apologet (c. 31) sagt, dass der Messias schon vor 5000 und weiter vor 3000, 2000, 1000 und 800 jahren verkündet worden. Damit zielt wohl Justin auf Enoch, die völkerteilung, Jakob und die propheten, indessen wäre es auch möglich, die drei ersten zahlen auf Adam, flut und völkerteilung zu deuten.

Dass die welt nach 6000 jahren untergehen werde, scheint zuerst der freund der gnosis, Bardesanes, behauptet zu haben[1]). Afrikanus nahm das auf und durch seine vermittlung die übrige christenheit. Aphrahates sagt in seiner homilie über die liebe: wie gott in 6 tagen die welt geschaffen, so wird er in 6000 jahren sie zerstören. Elias von Antar behauptete, am freitag sei Adam geschaffen und aus dem paradies vertrieben und die welt von Christus erlöst worden, deshalb werde am freitag nach 6000 jahren der grosse tag Christi sein. Die späteren, Pseudo-Eustathios, Isidor und Methodios

---

[1]) In seiner schrift über die αἵρεσις der gestirne bei Georg dem Araberberbischof in Wright's Aphrahates 27, vgl. Zeitschrift für kathol. theologie 1892 s. 276.

nahmen 7 jahrtausende an, deren letztes als jubel- und fallzeit dem sabbat gleiche. Salomon von Basra erklärte, wie sieben planeten, so gäbe es 7 welttage; der typus der weltdauer sei bereits in der geschichte von Henoch zu finden, der als siebter von Adam ins paradies gelangt. Ähnliches bei den übrigen autoren. Entsprechend der ersten schöpfungswoche sollte das ganze dasein eine weltenwoche durchlaufen, deren tage je 1000 jahren gleichkommen, und wie am 6. tag der erste Adam geschaffen ward, so sollte in der mitte des 6. weltentages der zweite Adam, Christus, erscheinen, mit dem jahr 6000 aber der grosse weltensabbat beginnen.

Grosse chronologische konstruktionen, bei denen die 6 oder die 7 die hauptrolle spielt, sind ganz im geschmack des orients. Die Perser spannten für ihre vier weltalter einen raumen von 12 jahrtausenden, davon 3 dem goldenen zeitalter, 3 der herrschaft Ahrimans bis zur sintflut, 3 für den weltenherbst, taschter, d. i. für die menschheitsgeschichte und wieder 3 für eine selige zukunft entfielen. Ähnlich dachten sich die Etrusker das werden und vergehen; im ersten jahrtausend habe der schöpfer himmel und erde gemacht, im zweiten das firmament befestigt, im dritten meer und irdische gewässer geschaffen; das vierte sah die gestirne, das fünfte die tiere und das sechste den menschen entstehen. Die menschliche entwickelung aber werde in den übrigen 6000 jahren verlaufen[1]. Die Egypter rechneten mehr als 15000 jahre nur bis zu dem eintritt der zweiten götterdynastie[2] und noch gewaltigere kreise umschrieben Babylonier und Inder. Beide ersannen eine ungeheure periode von 432000 jahren[3] (2×60[2]), die von den Indern in ein götteralter, ein schöpfungsalter, eine zeit des kampfes zwischen dem genius des guten und bösen, und die gegenwart oder das kaliyuga, die nach unserer rechnung 3104 v. Chr. beginnt, zerspalten wurde. Der babylonische boden blieb auch für später noch fruchtbar für grosse zyklen. In der nabatäischen landwirtschaft trifft man ein

[1] Suidas unter *Τρωγλία*.
[2] Herodot II 43, 145.
[3] Die Edda zählt 432 000 einherjar: Neus, Mythologie V 124.

system von 49 jahrtausenden, der astronom Abu Ma'šar al Balxi (gegen 900 n. Chr.) erfand einen sternzyklus von 36000 jahren und behauptete, dass alle 18000 jahre eine sintflut kommen müsse[1]). Das beispiel gehört zwar, genau genommen, nicht hierher, aber man sieht wenigstens, dass einzig durch astrologische speculationen jene ungeheuren weltsysteme entstehen konnten. Das christliche weltsystem verlor sich hingegen keineswegs in solche farblosen weiten, war es doch einigermassen auf den, wie man wähnte, unumstösslichen urkunden des alten testamentes begründet, und es ist nicht unmöglich, dass die 6000 jahre schon von der alexandrinischen septuaginta gewollt waren.

Nach der sammlung der concilienbeschlüsse des Ebedjesu verboten die Manichäer am sonntag zu fasten, weil am sonntag 9000 jahre nach Adam die welt untergehen würde. Ein system von 12000 jahren ergibt sich bei den Indern aus folgenden angaben[2]):

Götteralter, krita yuga   .   4800 jahre[3])
    trita   .   . 3600   .
    dvâpara ,   . 2400   ,
    kali   .   . 1200   .
       12000 jahre.

In ganz genau derselben symmetrisch absteigenden linie sind die vier weltalter bei den Mexicanern geordnet[4]). Es heisst nun freilich weiter: das kali yuga, in dem wir uns seit 5000 jahren befinden, indess die obige summe von 12000 jahren reicht doch hin, um einen auch sonst schon begründeten zusammenhang zwischen der iranischen und indischen zahlenspekulation zu begründen und ferner für den asiatischen ursprung der Etrusker, der ohnehin jetzt immer mehr anhänger

[1]) Albiruni ed. Sachau 27, Fihrist bei Hammer, Encyclopädie der wissenschaften 115.

[2]) Kакффкв, Gesch. von Ostasien II 757 nach Albiruni.

[3]) Nach Eusebius, epitome syriaca, rechneten die syrischen Juden 4800 jahre bis Konstantin 20.

[4]) Charenzey, Chronologie des âges ou soleils.

zu gewinnen scheint, ein neues gewichtiges moment in die wagschale zu legen[1]). Eine weit grössere periode aber erdachten die chinesischen Taosse, die da behaupten, dass bis zur ersten erscheinung des Kilin, des mythischen tieres, drei millionen jahre verflossen waren[2]). Vielleicht wollten die Chinesen damit auf die epoche von 4,320,000 jahr abzwecken, die, in anlehnung an den gewöhnlichen, zehnmal kleineren zyklus, einige luder annahmen. Sie begreifen in jener epoche blos das götterzeitalter und wollen, dass 1000 götteralter erst ein tag Brahmas seien[3]). Der adlerflug der phantasie verliert sich hier in wolkigen himmelshöhen. Zurück zu den christlichen spekulationen, nach denen ja ebenfalls 1000 jahre der menschen wie ein tag gottes.

Da Christus in der mitte des sechsten zeitraumes erscheinen sollte, so fiel seine geburt practer propter 5500 nach Adam, und dies ist denn auch das datum gewesen, das die ganze byzantinische chronistik beherrscht hat. Allein, wie wir nach dem kriege maass und gewicht von den Franzosen überkommen haben und nur dem frankensystem gegenüber die markwährung aufstellten, um doch auch etwas eigenes zu haben, so übernahmen die chronisten ohne skrupel den kern stets der früheren leistungen, um jedoch selbstständig zu erscheinen, veränderten sie meist die weltära. So steht den alexandrinischen 5492 jahren eine byzantinische ära von 5508 und den panodorischen 5494 eine syrische von 5506 jahren entgegen. die hauptären sind folgende:

---

[1]) Die sitten der Etrusker, die Theopomp beschreibt, sind asiatisch. Die herleitung der Etrusker von den Lydern, für die das ganze altertum ausser dem superklugen Dionysios eintrat, ist mit Grotefend's gleichung der Ludim-Retenen zu verbinden. Retenen (in Babylonien) stellt sich zu Rasen, Rätien, mit umstellung *Tyrsenol*, zur mesopotamischen stadt Resen, zu Retus, dem bruder des *Tyrrhnos*. Dass die Etrusker Turscha in Egypten gewesen, ähnlich wie die spanischen Araber später einen raubzug nach Kreta und Egypten gemacht, wird unzweifelhaft durch die unlängst in Egypten gefundene etruskische inschrift, die längste, die überhaupt bekannt ist.

[2]) Karutten, Geschichte von Ostasien I 98.

[3]) Karutten II 757.

In das neue gerüste der christlichen chronographie wurden die stützpfosten der antiken mithinübergenommen, die jedoch ihres ortes nicht fest standen. So legte man noch hohen wert auf die troische ära, ohne jedoch ein festes datum durchdringen zu lassen. Am meisten achtung genoss der ansatz des Eratosthenes 1181 v. Chr., ihm folgt Eusebios.

Noch schwankender war die zeit des Herakles, der als italischer urkönig wichtig wurde. Eusebios setzt ihn ein menschenalter vor Trojas fall, wie er denn überhaupt mit

[1]) Brosset, Mélanges asiatiques IV April 1865. .

[2]) Brosset a. o.

bewusstsein die alte geschlechterrechnung wieder aufnahm,
ähnlich setzen ihn die übrigen chronisten vor Latinus, zu
dessen zeit Troja erobert wurde. Die quelle des Synkellos
(p. 195) setzt ihn 600 jahre vor die erste olympiade, also
1376 an. Die Ekloge setzt ihn sogar zuerst unter Aod oder
300 jahre vor Trojas fall. Es versteht sich, dass die verschiedenen bestimmungen ursprünglich durch die troische ära
bedingt waren, aber dieser zusammenhang war den Byzantinern entfallen.

Die grössten schwankungen ergaben sich aber aus der
von den Hellenisten ererbten sucht, synchronismen aufzustellen.
Das reich der Chaldäer und Egypter sollte in demselben jahre
beginnen, Abraham ein zeitgenosse des assyrischen Ninos,
Moses des argivischen Inachos sein. Im weltjahr 4000 wurde
das attische und das egyptische reich umbenannt, ward der
weinstock erfunden und der Areopag eingesetzt, begannen die
urkönige Saturnus in Italien und Kranaos in Athen zu regieren,
traten die stifter Arkas und Lakedaemon auf[1]. Je nach der
bestimmung einer einmal anerkannten und allerseits aufgenom-
menen gleichzeitigkeit rückt und verschiebt sich bei den Byzantinern ein ganzes system. Da die einen Trojas fall unter
den richter Esebon setzten, andere, die Herakles mit dem
semitischen sonnenhelden Sampson glichen, unter Eli oder
Samuel, endlich Johannes von Antiochia erst unter David,
so musste natürlich die chronologie der jüdischen geschichte bei den einzelnen Byzantinern himmelweit verschieden sein. Zuweilen kommt es dann vor, dass derselbe
autor drei, ja vier abweichende ansätze für die gleiche tat-
sache oder für die gleiche person errechnet, um mit seinen abweichenden vielfach bedingten voraussetzungen im einklang
zu bleiben. So gibt Afrikanus vier ansätze für Prometheus,
die Ἐκλογή drei für Herakles und fast alle chronisten zwei
für die babylonische gefangenschaft. Da nun ferner alle königslisten, wie die griechischen, die egyptische, die babylonische,
die römische, mit der teils biblisch, teils durch Trojas fall
bestimmten jüdischen liste in synchronistischen zusammenhang

---

[1] So die Ἐκλογή, dazu Usener bei Gelzer II 309.

gebracht werden mussten, so mag man sich vorstellen, welcher wirrwar allmählich einreissen musste. Viele kompilatoren wie Synkellos hielten es für ihre pflicht, auf die mannigfachen systeme der vorgänger wieder ein eigenes zu propfen, bei andern ist schon gar nicht mehr zu unterscheiden, was fremde und was eigene willkür, zuletzt drängen sich in den auszügen die oft diametral verschiedenen zahlen der abweichendsten systeme durch einander und wie eine ewige krankheit pflanzen irrtum und verwirrung sich fort.

Die genealogien werden häufig blos dadurch verlängert, dass ein abschnitt durch rückspiegelung verdoppelt wird. Panodor wirft die ersten könige des ptolemäischen kanons ins dritte jahrtausend v. Chr. zurück, Masudi verpflanzt umgekehrt die chaldäischen urkönige in die zeit nach Nebukadnezar. In dem hohepriesterkatalog bei Abulfarag ist der zweite teil aus dem ersten wiederholt. Die persischen mobeds schufen, um die kluft zwischen Alexander und Ardašir vollzuschütten, aus den Aśakaniern eine neue dynastie der Aśaganier. Ähnlich hat man bemerkt, dass die römischen urkönige ihre herrschaftszahlen von den regierungen des Romulus und seiner nachfolger entliehen.

Es gereicht den Byzantinern zur durchgehenden entschuldigung, dass ihre östlichen und westlichen zeitgenossen es in der verwirrung ihnen noch ein gut teil zuvortaten. Mohammed brachte es fertig, Mirjam, Moses' schwester mit Maria, der mutter Jesu, zu verwechseln. Arabische chronisten, an ihrer spitze Tabari, erheben Samson und ritter Georg zu zeitgenossen und verlegen die christlichen siebenschläfer in die zeit der diadochen. Ja, sie halten es für möglich, dass Samiros, der chaldäische urkönig vor Nimrod, mit Alexander d. gr. identisch sei. Warum? weil beide ‚die zweigehörnten' heissen. Wie frutti di mare in dem kessel einer italienischen garküche, so schwimmen ptolemäische, jüdische und christliche zeitangaben in dem klärbottich der arabischen chronologie durcheinander.

Nicht besser stehts mit den Persern. So war für Godharz I ben Šapur, den Aśakanier, 75—25 v. Chr. und für Godharz II

4 v. Chr. bis 16 n. Chr. überliefert[1]). Einer früheren quelle
nach war Christus geboren im 40. jahr des Šapur, dessen
regierung sich auf 60 jahre im ganzen erstreckte. Trotzdem
soll er den tod des täufers Johannes, der doch erst starb, als
Christus 30 jahre alt war, an den Juden gerächt und Jerusalem
erobert haben. Hamza, der arabische chronist, wollte den
schadhaften synchronismus heilen, rückte den tod des Johannes
in das 10. jahr des Godharz, that aber ein zuviel an gelehrsamkeit und kombinierte die einnahme Jerusalems durch den
Perser mit der durch Titus. Von einem ganz anderen stand-
punkte ging der Mobed Bahram ben Merdanšah aus, er
trachtete darnach, die persischen annalen mit dem jüdischen
Seder Olam in einklang zu bringen, und folgte daher den
jüdischen quellen, die 500 jahre zwischen Alexander und
Ardašir verlaufen lassen. Merdanšah gab zunächst 68 jahre
der Griechenherrschaft, dann 277 den Asakäniern, hierauf
schob er eine asaganische dynastie ein, die ein Idos in namen
und zahlen umgestelltes verzeichnis der Asakänier darstellt,
und sah sich so gezwungen, Godharz I 89—109, Godharz II
110—140 anzusetzen, wobei er die einnahme Jerusalems durch
den hadrianischen krieg erklärte. Ein späterer autor, der die
synchronistischen combinationen mit der jüdischen rechnung
nicht zu würdigen wusste, fand die aufstellungen des persischen
chronisten, sah ein, dass ein zeitgenosse des Hadrian unmöglich den tod des täufers erlebt haben könne, und erklärte,
die 932 jahre, die Merdanšah von Alexander zur heğra
rechne, seien vielmehr nur bis zur ära des Jezdgerd (621
n. Chr.) gemeint. Nachdem er hierdurch raum gewonnen,
legte er den Sassaniden 100 jahre zu, die er den Asakäniern abschnitt, und setzte Godharz I 2 v. Chr.—29 n. Chr.,
Godharz II 40—59 n. Chr.; die Sassaniden in ihrer gesamt-
heit erhielten 527 jahre, eine form, die in den neupersischen
chroniken durchdrang, nachdem die chronologie derselben nach
einer wechselreichen kreislaufbahn bei ihrem ausgangspunkte
wieder ankam.

---

[1]) Für das folgende vergl. Gersonum in Ersch u. Gruber's encykl.
„Godera" s. 53   kl. schr. III.

Wie die römischen gelehrten das kunststück fertig gebracht, trotz des gallischen brandes einen wahrhaften stammbaum von Caesar bis hinauf zu Aeneas herzustellen, so machte es auch den Franken keine schwierigkeit, ihren mythischen könig Pharamund mit Troianus zu verbinden. Der frankfurter chronist Lersner disputiert noch im 17. jahrhundert unter zitierung gewichtiger autoritäten für und wider allen ernstes und des längeren darüber, ob Frankfurt wirklich von Helenus, Priams sohn, gegründet sei und wirklich früher Helenopolis geheissen.

Die Iren, die erst in nachchristlicher zeit schreiben gelernt, wussten gleichwohl genau bescheid um die geschlechterfolge und die ruhmreichen taten ihrer ahnen in der zeit Abrahams. Allerdings passierte es ihnen oft, dass sie noch frisch im gedächtniss haftende ereignisse, um sie mit dem glanz des altertums zu verklären, um jahrhunderte, ja jahrtausende zurückschoben und sich an der neuen gloire ihres landes weideten. Besonders quälten sich gleich den persischen historikern auch die irischen vaterlandsfreunde damit ab, die wahre gleichzeitigkeit zwischen ihren einheimischen herrschern und der geburt Christi festzustellen. Es fehlte nicht an gewaltsamkeiten. Das leben könig Evalochs ward von der gralsage und ihr folgend von den chronisten für deren chronologische bedürfnisse zuerst um 20, dann um 200, dann 300 und zuletzt um 500 jahre verlängert und ein wunder zur erklärung dieser übermenschlichen zähigkeit zu hilfe gerufen [1]).

Die abstammung der Engländer von Brutus dem Trojaner erhärtet nach Geoffrey von Monmouth um 1301 sogar ein staatsdokument, noch im 17. jahrhundert wandte sich Milton zwar gegen die hinaufführung der genealogie bis Albion, hielt aber an Brutus fest und tadelte die daran zweifelten. Zacharias Grey bemerkte in seinem kommentar zum Lear, in diesem stücke sei einer der stärksten anachronismen Shakespeare's, denn es werde darin Nero zitiert, nun sei aber doch Lear dem Bladud im weltjahr 3105 auf dem thron gefolgt, während

---

[1]) Nach den forschungen von ZIMMER u. HEINZEL; für das folgende GROTE, Hist. of Greece II 644.

Nero nach der chronologie des Funcius erst im jahre 4001 geboren ward.

Ebenso seltsame erscheinungen trifft man bei den nordischen gelehrten. Thor soll gleich Tros sein, die Dänen von den Danaern abstammen. Den zauberkundigen könig Odin setzen die einen in die zeit des trojanischen kriegs, die andern in die des Pompejus [1]), Saxo lässt ihn mit Byzanz [2]) in verbindung sein, dann lässt er ihn wiederum aufleben, als schon die schauer der Brawallaschlacht ihre schatten vorauswarfen.

[1]) In Snorre Sturluson's Edda.

[2]) Byzanz auch bei Starkadr (I 281 Müller) von Saxo erwähnt, offenbar erinnerung an die Warägerzüge in Russland.

ΕΚΛΟΓΕ ΙΣΤΟΡΙΩΝ.

ΕΚΛΟΓΗ ΙΣΤΟΡΙΩΝ.

Im Parisinus 854 papierhs. in 8° saec. XIII fol. 71—99 befindet sich ein chronologischer abriss, der die urzeit und die jüdische geschichte bis Ozias behandelt. Die abfassungszeit dieses abrisses, der als Ἐκλογή ἱστοριῶν von Cramer, Anecdota Parisina II 166—230 veröffentlicht wurde, fällt laut der überschrift in die regierung des Anastasius (491—518), das letzte datum ist jedoch der tod Basilius des Makedoniers 886 n. Chr. Wir haben hier zwei verschiedene, durch vier jahrhunderte getrennte recensionen anzunehmen.

Die zweite, grössere hälfte der Ἐκλογή, welche die vorrede mit dem Pariser bruchstück gemeinsam hat und bis 6627 der welt = 1119 n. Chr. reicht, ist im Vindobonensis theol. 133 papierhs. in 8° s. XIII fol. 118—125 enthalten. Er stellt eine dritte, um zwei jahrhunderte weiter geführte recension desselben abrisses dar. Der Wiener Codex ist von demselben format und rührt offenbar auch von derselben hand her wie der Pariser; die schrift ist leidlich sorgfältig, obwohl ziemlich klein, zeigt dieselbe eigenart, wie sie in encyklopädischen werken des 13. jahrhunderts uns des öfteren entgegentritt, und ist gleich jenen ohne zweifel auf eine bestimmte schreiberschule zurückzuführen.

Der Chronographus Barberinus saec. XIII (Barb. 175), stimmt in den kärglichen bruchstücken über die Assyrer und Römer, die Angelo Mai (Veterum script. nova coll. I. 112) mitgeteilt hat, ziemlich wörtlich mit der Ἐκλογή überein. Wahrscheinlich stellt er lediglich eine andere handschrift derselben dar. Er beginnt: ἡ περὶ τῶν χρόνων ἀκρίβεια (vergl. unten s. 4 mitte).

Ἐκλογὴ ἱστοριῶν ἀπὸ τῆς τοῦ Μωσέως βίβλου
καὶ τῶν ἑτέρων[1] ἱστοριογραφησάντων ἐπισήμων
ἀνδρῶν καὶ τῆς θείας γραφῆς ἐν ἐπιτόμῳ.

Τὰ μὲν <τῆς> τῶν Χαλδαίων καὶ Ἀσσυρίων Μήδων τε καὶ
Περσῶν, ἔτι δὲ καὶ Αἰγυπτίων καὶ Ῥωμαίων χρόνων ὁμοῦ
καὶ βασιλέων ἀναγραφῆς ταῦτα ἂν εἴη. ἐπὶ δὲ Χαλδαίων
ἄνωθεν τὸ Ἑβραίων γένος ὑπάρξαι παραδίδοται. Χαλδαῖος
ἦν ὁ Ἀβραὰμ οἵ τε τούτου προπάτορες τὴν Χαλδαίων χώραν
οἰκῆσαι ἀναμέτρηνται, ὡς ἱστορεῖ Μωσῆς λέγων[2]· Καὶ
ἔλαβε Θάῤῥα τὸν Ἀβραὰμ υἱὸν αὐτοῦ καὶ τὸν Λὼτ υἱὸν
Ἀρὰν τοῦ υἱοῦ αὐτοῦ[3] καὶ Σάῤῥαν τὴν θυγατέρα αὐτοῦ, γυναῖκα
δὲ Ἀβραὰμ τοῦ υἱοῦ αὐτοῦ[4], καὶ ἐξήγαγεν αὐτοὺς ἐκ τῆς
χώρας τῶν Χαλδαίων.

Ἀρχὴν δὲ τῆς ἐκ τῶν χρόνων ἀναγραφῆς τὴν πρώτην
ἱστορεῖ τῆς καθ' ἡμᾶς περιόδου γένεσιν ἐκ τῆς τῶν κρειττόνων
ἀποπτώσεως ἀρχαιολογῶται τὸ τῶν ἀνθρώπων γένος, οὗ
προπάτορα τὸν Ἀδὰμ ἀπακρούττει, οὗ τῆς ζωῆς τοὺς χρόνους[5]
μετὰ τὴν ἀποβολὴν τοῦ παραδείσου τὸ θεῖον πνεῦμα διὰ
Μωσέως ἱστορεῖ. ὅτι[6] ἐν τῷ καλουμένῳ θεοῦ παραδείσῳ
διατριβῆς οὐκ ἂν τις ἔχοι τεκμηριοῦσθαι τοὺς χρόνους καὶ
μοι δοκεῖ Μωσῆς ὁ διαρρήδην ἐν θείῳ πνεύματι ἑτέρου[7] κρείτ-
τονα ἢ καθ' ἡμᾶς αἰῶνος τρισμακαρίου τε βίου καὶ θεοφιλοῦς
ζωῆς αἰνίττεσθαι περίοδον, ἣν καὶ παράδεισον ὠνόμασεν τοῦ
πρώτου γένους ἀνθρώπων τὴν διαγωγήν[8]. οὐ γὰρ[9] τὸν ἐν παραδείσῳ Ἀδὰμ τὸν ἐν μακαρίᾳ ζωῇ ἄνθρωπον μ̓ τὸ καθόλου
τοῦ γένους δηλούμενον, ἀλλ' οὐδ' ἐκείνης ἡμῖν τῆς διαγωγῆς
τοῖς λόγοις ἡ παροῦσα μεμέλληται χρονογραφία οὐδ' ἐξ
οὗπερ οὐρανοῦ καὶ γῆς καὶ τοῦ παντὸς ἡ δημιουργία συνέστη,
ὡς τινες ὑπειλήφασιν, ἐξ οὗ δὲ τὸ καθ' ἡμᾶς θνητὸν ὑπέστη

[1] ἐξ οὗ ἱστ. γραφῆς τόμος διερχομένῃ μέχρι τῆς Ἀναστασίου βασιλείας ἔλαβε. Parisinus. [2] genes. XI 31. [3] αὐτῆς Vind. [4] καὶ Σάῤῥαν — υἱοῦ αὐ. fehlt P. [5] χρ. τοὺς P. [6] τῆς γῆ τοι P. [7] ἑτέρου κρείττονος P. [8] τὸ διαγώγιον P. [9] εἶναι V. εἰ γὰρ P.

γένος καὶ ἡ καθ᾽ ἡμᾶς αὕτη περίοδος ἀπὸ τοῦ προπάτορος τῆς ἡμῶν αὐτῶν γενεᾶς ἀρχομένη. οὗτος δ᾽ ἦν ἐκ τοῦ παραδείσου πεσὼν[1] καὶ τῆς τρισμακαρίας ἐκείνης ζωῆς ἀπόβλητος Ἀδάμ[2], οὗ τῆς ἐπικαίρου[3] καὶ ἀνιηρᾶς ζωῆς τὸν τῶν ἐτῶν ἀριθμὸν ἀπὸ τῆς Ἑβραίων ἀναλεξάμενος γραφῆς, ὁπόθεν καὶ ἡ Μωσέως βίβλος ἱστορεῖ, παραθήσομαι.

ἔστιν δὲ ἡ παρ᾽ ἡμῖν ἀνάγνωσις ἑβδομήκοντα ἀνδρῶν Ἑβραίων ἑρμηνεία ἐκ τῆς πατρώου φωνῆς ἐπὶ τὴν Ἑλλήνων μεταβληθεῖσα. ἣν κατὰ τὸν Φιλάδελφον Πτολεμαῖον[4] ὁμοφώνως ἐκδέδωκεν[5] ταῖς κατὰ τὴν Ἀλεξάνδρειαν βιβλιοθήκαις ἀνατεθεῖκασι, φιλοτίμως τοῦ βασιλέως τοῦτο γενέσθαι ἐν σπουδῇ πεποιημένου· αὕτη προκομίζεται ὑπὸ τῶν ἁγίων πατέρων τῆς πρώτης συνόδου ἐπικύρωμα παράδοσις, ἣν καὶ ἡμεῖς ἀναγράψομεν.

ἡ περὶ τὸν χρόνον ἀκρίβεια πολλοῖς μὲν καὶ ἄλλως ἐπεξειργάσθη[6] καὶ ᾗ φίλον ἑκάστῳ, τέλος τῇ ἐπιστήμῃ[7] γεγένηται. ἐγὼ δὲ περὶ πολλὰ[8] τὸν ἀληθῆ λόγον τιθέμενος τὰ ἑκάστῳ[9] συνηχθέντα συναγαγὼν[10] καὶ τὴν[11] ἐκ τῶν [τὰ] ὑμῶν βίβλων γεγραμμένην Ἑβραϊκὴν ἀρχαιολογίαν τε καὶ χρονογραφίαν μετὰ χρείας λιχνὼν[12] τὸ ἀκριβὲς ἀνιχνεῦσαι διὰ σπουδῆς προὔθεμην, ὡς ἂν εἴδειμεν, ὁπόσως πεποίθωμεν[13] ἔτι τῆς σωτηρίου ὑπογραφίας Μωσέως καὶ οἱ μετ᾽ αὐτὸν γενόμενοι προφῆται τὰ κατ᾽ αὐτὸν σὺν θείῳ πνεύματι προσηγόρευσαν[14] καὶ ὡς ἂν ἔχωμεν ἐκ προχείρου διαγινώσκειν, τίνων Ἑλλήνων ἢ βαρβάρων ἢ καὶ παρ᾽ ἑκάστῳ ἔθνει γινόμενα σοφοὶ ποιηταὶ λογογράφοι καὶ ὅσοι ἄλλοι γεγόνασιν διαφανεῖς, τούτοις ἀντιθῶμεν, κατὰ ποίους τε χρόνους ἀπεδείχθησαν πρῶτοι βασιλεῖοι καὶ τῶν ἐπισημοτάτων πόλεων κτίσεις.

ἀρκτέον οὖν ἀφ᾽ οὗ καὶ τὴν ἀρχὴν ἡ τῶν χρόνων σύστασις εἴληφε, καθ᾽ ἣν ὁ πρῶτος ἄνθρωπος Ἀδὰμ γεγονὼς ἐπὶ τὰς ἑξῆς ἀπογόνους τὴν φυλὴν προήγαγεν[14], ἀλλὰ περὶ μὲν τούτου ἐν ἐπικαίρῳ λέξομεν[15] ἐν τοῖς ἐφεξῆς.

---

1) ὁ τοῦ παρ. Ἐκπ. P. 2) ἐπίκλην Ἀδ. P. 3) ἐπικύρου VP.
4) ἐκδεδωκότι P. 5) so VP. 6) τῆς ἐπ. Barb. 7) πολλοῦ PB. 8) ἑκάστου V. 9) συναγαγὰς PB. 10) fehlt V. 11) λαβὼν P, τιθέμενος B.
12) ποθῶεν V. 13) προαπεπονήκασι V, προαπεςτήκασι B. 14) ᾗ ἐστι προσήγαγεν. soweit die gemeinschaft mit P. 15) l. ἐλέξαμεν.

Περὶ τῆς Χαλδαίων βασιλείας καθὼς ἐκεῖνοι χρονογραφοῦσιν.

Πρῶτον πάντων¹) ἀναγράψαντες ταῦτα ἄνδρες ἐν παιδίᾳ γνώριμοι Ἀλέξανδρος ὁ Πολυΐστωρ Περσικὸς Ἀβυδηνὸς καὶ Ἀπολλόδωρος, καὶ πρῶτον μὲν ἱστοροῦσιν ἐβασίλευσα ἔτη ͵ατη. ᾗ γὰρ Ἀδὰμ τὸν προπάτορα ἐγήσασθαι τὸν τῆς ζωῆς αὐτοῦ χρόνον ἔτη ͞ϡλ. μετὰ δὲ τοῦτον ἐγήσασθαι Σὴθ τὸν υἱὸν αὐτοῦ ἕτερα ἔτη ͵φμη, ὡς εἶναι τὰ ἐβασίλευτα ἔτη ͵ατη, ἐν οἷς βασιλεῖς οὐδέπω ἐν τῇ γραφῇ ὀνομάσθησαν. ἐν δὲ τῷ ͵ατη ἔτει πρῶτον ἐν τῷ βορείῳ κλίματι τῇ καλουμένῃ κάτω χώρᾳ ἀπόγονοι Σὴθ Χαλδαῖοι ἔταξαν ἑαυτοῖς βασιλέα Ἄλωρον ἀπὸ Βαβυλῶνος Χαλδαῖον, ὃς ἐβασίλευσεν σάρους ῑ. μετὰ δὲ τοῦτον βασιλεῦσαι ἑτέρους ͞β ἕως τοῦ κατακλυσμοῦ, ὡς εἶναι βασιλεῖς²) ῑ. ἔκτοτε τοὺς τῆς βασιλείας χρόνους ἐψηφίσαντο οἱ Χαλδαῖοι κατὰ τὸν καιρὸν ἐκεῖνον κατὰ τὴν ἐγχώριον καὶ πάτριον τὸν ψῆφον καὶ χρόνον ὀνομασίαν διά τε σάρον καὶ νῆρον καὶ σῶσσον, ὡς οἱ παρ' αὐτοῖς ἱστοριογράφοι μαρτυροῦσιν. οἳ καὶ ἐγένοντο σάρος ͞ξς καὶ τὸν μὲν σάρον εὑρήκασιν εἶναι ἔτη ͞γχ, τὸν δὲ νῆρον τοῦ σάρου τὸ ἕκτον ἔχον ἔτη ͞χ, τὸν δὲ σῶσσον τοῦ σάρου τὸ ἑξήκοστον ἔτη ͞ξ. ἀριθμεῖσθαι δὲ ταῦτα ἀρχαίᾳ³) τινὶ μεθόδῳ, ἀπὸ Ἀλώρου δὲ τοῦ πρώτου παρ' αὐτοῖς βασιλεύσαντος μέχρι Ξισούθρου τοῦ κατὰ τὸν κατακλυσμὸν βασιλεύσαντος [καὶ] ἱστοροῦσιν βασιλεῖς ῑ. βασιλεῦσαι δὲ αὐτοὺς σάρους ρκη, οὓς φησι ποιεῖν μυριάδας ͞μγ καὶ χρόνους ͞β. εἰσὶ δὲ οὗτοι

Ἄλωρος ἐβασίλευσε σάρους ι		Δάωνος . . . . ι
Ἀλάπαρος σάρους . . γ		Εὐεδώραχος . . . . η
Ἀμήλων . . . . . ιγ		Ἀμέμψινος . . . . η
Ἀμμένων . . . . . ιβ		Ὠτιάρτης . . . . η
Μεγάλαρος . . . . η		Ξίσουθρος . . . . ιη

ὁμοῦ βασιλεῖς ι. σάροι ρκη, οἵτινας μέχρι τοῦ κατακλυσμοῦ ἱστοροῦσι· συνάγονται κατ' αὐτοὺς ἐτῶν μυριάδες ͞μγ καὶ χρόνοι⁴) ͞β. δεῖν δὲ οὐδὲν κατὰ τὴν ἐμὴν μετρίαν δόξαν⁵) βραχέα περὶ τούτων διαλαχεῖν.

¹) πασῶν V. ²) βασιλείας I V. ³) beständig ἀρχαιά V.
⁴) χρόνοις Barberinus. ⁵) δὅ. V.

Οἱ κατ' ἐκεῖνον τὸν καιρὸν ἄνθρωποι μὴ μαθόντες τὸ τοῦ ἡλίου ἀνακύκλιον μέτρον εἶναι ἐν ζῳδίοις ιβ μοιρῶν λξ μήτε μοίρας γινώσκοντες, ὅπερ ἔχει μέτρον ἡμέρα καὶ λεπτόν, εἰ μηδὲ τίς ἐστιν ποσότης) ἐνιαυτός, τὰς ἡμέρας ἐκάλουν ἐνιαυτούς, ἀντὶ δὲ ζῳδίων τὰς ὥρας συγκλάμβανον διὰ τὸ ἰσάριθμον αὐτὰς τῶν ιβ μηνῶν τοῦ ἐνιαυτοῦ ὑπάρχειν. ὁ γοῦν παρ' αὐτοῖς λεγόμενος σάρος ἡμέραι εἰσὶ ρχ, ὁ δὲ νῆρος ἡμέραι χ, ὁ δὲ σῶσσος ἡμέραι ξ· καὶ ὁ μὲν σάρος τῶν ρχ ἡμερῶν ἀναλόμενος τὰς τοῦ ἐνιαυτοῦ ἡμέρας τῶν πο ποιεῖ ἔτη θ καὶ μῆνας ξ, ὥστε τοὺς πη σάρους εἶναι ἔτη ͵αρπ μῆνας ξ ἡμέρας κς. ἅτινα συναπτόμενα τοῖς ἀρμασιλεύτοις ἔτεσι ͵αρ πληροῦσιν ἀπὸ τοῦ Ἀδὰμ ἕως τοῦ κατακλυσμοῦ ἔτη ͵βσμβ σύμφωνα τῇ ἐναντίᾳ γραφῇ.

Μετὰ δὲ τὸν κατακλυσμὸν ἱστοροῦσιν τοιάδε.

Νῶε ἡγήσατο ἔτη . . . τγ

Σὴμ ἡγήσατο . . . . . ρν

Ἀρφαξὰδ ἡγήσατο . . λη

Εὐήχιος ἐβασίλευσεν	Πῶρος Χαλδαίων ἔτη . λυ
Χαλδαίων ἔτη . . κη	Ζύγζαρος Χαλδαίων ἔτη . λξ
Χομασβῆλος ἔτη . . κϛ	

τούτων δὲ καταδυναστευσάντων Ἀραβας τις ἑαυτοὺς μετακαιρώσαντο τὴν ἀρχήν. εἰσὶν δὲ οἵδε.

Μαρδοκέμπαρος Ἄραψ	Πάρνος Ἄραψ . . . . μ
ἔτη . . . . . μϛ	Σμόρδας Ἄραψ . . κη
Μάρδακος Ἄραψ . . μ	Ναβόναβος Ἄραψ . . κϛ
Σάωλος Ἄραψ . . . λϛ	

ἔμειναν δὲ ἀβασίλευτοι ἔτη ρια. τούτους τοὺς Ἀραβας καθελόντες Ἀσσύριοι ἀφείλαν ἀπ' αὐτῶν τὴν βασιλείαν. ἔτος δὲ τοῦτο, ὡς ἐγὼ δόξαν ἔχω, ἀπὸ Ἀδὰμ ͵γτϙ, καθὰ τοῦ Ἀβραὰμ ἔτος καθῆκε ξϙ.

Ἀσσυρίων βασιλεῖς.

Τὴν τῶν Ἀσσυρίων βασιλέων Διόδωρος ἀναγραφὴν φησὶν ὧδε πως λέγειν. τὸ παλαιὸν τούτων τῆς Ἀσίας ὑπάρχον ἐγχώριοι βασιλεῖς, ὧν οὔτε πρᾶξις[1]) οὔτε ὀνόματα[2]) μνημονεύεται.

---

[1]) π. ἐπίσημος Diod. II. 1.   [2]) ὄνομα Diod.

πρῶτον δὲ εἰς μνήμην παραδιδομένον[1] ἄρξαι Νίνον τὸν Βῆλον. ἐμοὶ δὲ δοκεῖ τοὺς πρὸ Βήλου βασιλεύσαντας, οὓς καλεῖ ἐγχωρίους, τὰ ἀβασίλευτα ⟨καλεῖν⟩, ἔτη τῶν προπαραξάντων Ἀσσυρίων ἴσην, ἃ προδιέδραμεν[2] ἔτη ϙιϛ. ἐν τούτοις γὰρ τοῖς ἔτεσι καταπολεμούμενα ὑπὸ τῶν Ἀσσυρίων οἱ Ἀραβες κατέψηξαν[3] ἐν ταῖς προηγουμέναις ἔτεσι ἴσων τῶν αὐτῶν ἐτῶν ϙιϛ. ἐν βασιλευόντων Ἀσσυρίων τῶν ὀνόματα[4] εὕραμεν, ἀντὶ δὲ τούτων ἐθήκαμεν ἀβασίλευτα ἔτη ϙιϛ τῶν Ἀραβων.

ἐν τούτοις δὲ τοῖς ἔτεσι καὶ Ἀβραὰμ τὸν προπίτομαι μυρεῖται πείθομαι, ἔνθα Βῆλος ὁ πρῶτος βασιλεὺς Ἀσσυρίων μεγάλα[5] ἐγωνίσατο πράγματα, ἀπ' αὐτοῦ δὲ κατ' ὄνομα τὴν τῶν Ἀσσυρίων βασιλείαν παραδήσομαι.

Βῆλος, ᾱ. ἔτη[6] . . .	ξβ	Πάρσος	μ
Νίνος	νβ	Λακατάδης. . . .	μ
Σεμίραμις	μβ	Ἀμύντης	με
Ζαμὶς καὶ ὁ Νινύας .	λη	Βήλοχος	κε
Ἄριος	λ	Βαλτόρος ἐπὶ[7] Βαλε-	
Ἀράλιος	μ	πάρης	λ
Ξέρξης ὁ καὶ Βαλαῖος .	λ	Λαμπάδης	λβ
Ἀρμαμίθρης	λη	Σωσάρης	κ
Μάμυλος	λ	Λάμπρος	λ
Μαχαλαῖος	λ	Παννύας	με
Σφαῖρος	α	Σώσαρμος	ιθ
Μάμυλος	λ	Μιθραῖος	κϛ

Ταυτάγης ἕως Ἰλίου ἁλώσεως ἔτη κα. τῷ κα ἔτει τῆς αὐτοῦ βασιλείας συνέβη τὸ Ἰλίον καὶ Τροίαν τὰς[8] πόλεις ἁλῶναι ὑπ' Ἀχαιῶν[9]. ἔτης τοῦ κόσμου, ὡς δόξης ἔχω, ͵ϛτκε. τὰ δὲ μετὰ Ἰλίον ἁλωσιν ἔτη τοιάδε.

Ταυτάγης ὁ προκαμμ-		Θυτϛς	λ
νος λοιπὰ ἔτη . . δέκα		Δήμυλος	μ
Τευταῖος	μ	Εὐπάλης	λη

[1] πρῶτος δὲ τῶν εἰς μν. παραδεδομένον Νίνος κτλ. Diod. [2] προκτέτριαμεν V. [3] κατέψηξαν. Im folgenden sind lauter abweichungen der hs. (V) angegeben. [4] ὄνομα. [5] μεγ. [6] ἔτη bei jedem ansatz wiederholt. [7] lies ὁ καὶ Βαλεπάρης. [8] τὰς τάς. [9] Ἀχαιῶνον.

Δασάθης . . . . . ιε Θεριταίας . . . . . ν
Περπιάδος . . . . λ Ἀκραξάνης . . . . μβ
Θεριταίας . . . . . κ Σαρδαναπάλης . . . κ

μέχρι τούτου οἱ Ἀσσυρίων βασιλεῖς χρονογραφοῦνται, ὁμοῦ τὰ πάντα διακόσιαντες ἀπὸ Βήλου ἔτη ιπτ, ἀφ' οὗ ἐπὶ τὴν α θέσιν τῶν ὀλυμπιάδων ἔτη ιηβ.

Τούτους δὲ καταπολεμήσαντες Μῆδοι εἰς ἑαυτοὺς κατεποιήσαντο τὴν ἀρχήν. καὶ βασιλεύουσι Μῆδοι ἀπὸ Ἀρβάκου μέχρι Κύρου τοῦ Περσῶν βασιλέως μὲν τὸν ἀριθμὸν ὀκτώ, ἔτη δὲ αὐτῶν σνη.

Μήδων βασιλεῖς.

Ἀρβάκης ὁ Μῆδος τὸ γένος ἕλκον ἀπὸ Μηδείας τῆς καὶ Χίνδος, ἐξ ἧς τὸ ἔθνος τὴν προσώνυμον εἴληφεν, ἡττήσας τὸν Ἀσσύριον Σαρδανάπαλον εἰς Μήδους μετήνεγκεν τὴν ἀρχήν. καὶ βασιλεύει πρῶτον Μῆδον ἔτη κη.

Μανδαύκης ἔτη κ. τῷ α ἔτει τῆς αὐτοῦ βασιλείας ἀρχομένῳ ἀνέβη τὴν Ὀλυμπιακὴν ἀγωνίαν ἐπιτελεσθῆναι παρὰ τοῖς Ἕλλησιν ἐν Ἤλιδι[1]) πόλει τῆς Πελοποννήσου ἐπὶ τῶν χρόνων Ἀζαρίου τοῦ καὶ Ὀζίου βασιλέως Ἰουδαίων, ἔτους αὐτοῦ ἐνεστῶτος ε. οὗτοι τὰς ἀκριβολογημένας γεγενῆσθαι ⟨δοκεῖ⟩. ἐν δὲ ταῖς ἀκροατιχίαν ἐδήκμισε τὸ εἰς ποῖον ἔτος τῆς συμβάσης ὀλυμπιάδος ἕκαστος ἦρξεν.

τρίτῳ ἔτει τῆς β ὀλ[2]). Δηόκης ὁ καὶ Σώκαρμος ἔτη κθ
τετάρτῳ ἔτει τῆς ἐννάτης ὀλ. Ἀρτύκης . . . . . λ
δευτέρῳ ἔτει τῆς ιζ ὀλ. Δηιόκης ἔτη . . . . . ιγ
τρίτον ἔτος τῆς λ ὀλ. Φραόρτης[3]) . . . . . . κβ
κατὰ τῆς λς ὀλ. Κυαξάρης ἔτη . . . . . . μ
κατὰ τὴν μς ὀλ. Ἀστυάγης ἔτη . . . . . . λς

Τοῦτον τὸν ⟨βασιλέα, ὃν⟩ Ἀστυάγην Ἑβραῖοι, Δαρεῖον Μῆδοι ὀνομάζουσι, τοῦτον ἐπελθεῖν, φησί, Βαλτάσαρ τῷ υἱῷ Ναβουχοδονόσορ φονεῦσαί τε αὐτὸν καὶ κρατῆσαι τῆς ἐκείνου βασιλείας διὰ τὸ τὰ ἱερὰ σκεύη μιᾶναι[4]). ἐκεῖ διὰ τείχους ὁ

---

[1]) l. Ἤλιδι. [2]) stets ausgeschr. [3]) l. Φραόρτης. [4]) μεβηλῶσαι.

ἀστραγάλως τῆς χειρὸς ἡ αὐτῆς ἔγραψεν, ἦπτεν Μῆδοι ἀγνοή-
σαντες Δανιὴλ ὁ προφήτης ἐσήμανεν, μετατεθῆναι τὴν ἀρχὴν
τῶν Χαλδαίων εἰς Μήδους καὶ Πέρσας. παραυτίκα οὖν ἀπε-
δώμεν τὰ πράγματα τῇ προφητείᾳ Δανιήλ. τὸν γὰρ Βαλτάσαρ
κτείνας ὁ Ἀστυάγης αἰχμαλωτεύει Χαλδαίους καὶ σὺν αὐτοῖς
Δανιὴλ καὶ τοὺς τρεῖς παῖδας. ἐκεῖσε γὰρ αἰχμάλωτοι ὄντες
ἐτύγχανον ἀπὸ Ναβουχοδονόσορ τοῦ Χαλδαίου. ἐν οἷς χρόνοις
ἐμβάλλεται Δανιὴλ ἐν τῷ λάκκῳ τῶν λεόντων ὑπὸ Ἀστυάγους
ἐν Μήδοις. τότε λύρας καὶ τὸν προφήτην Ἀμβακοὺμ μετ-
άρσιον γενόμενον ἐκ Παλαιστίνης εἰς Μηδείαν ἐλθεῖν. μετὰ
δὲ ξ̅ καὶ δέκα χρόνους ἐπελθὼν Κῦρος ὁ Πέρσης κατὰ
Ἀστυάγους τοῦ πάππου τούτου μὲν κρατεῖ, τὴν δὲ Μήδων
βασιλείαν ὑπὸ Πέρσας μετάγει· ἔληξεν οὖν ἡ τῶν Μήδων
βασιλεία κατὰ ν̅δ̅ ὀλυμπιάδα πληρουμένην, ἄρξασα ἔτη σ̅ϙ̅.

Περσῶν βασιλεῖς.

Κῦρος πατρὸς μὲν ἦν Πέρσου τῷ γένει, μητρὸς δὲ ἐκ
Μανδάνης τῆς Ἀστυάγου τοῦ Μήδου θυγατρός. οὗτος ἐπελθὼν
τῷ πάππῳ κρατεῖ τῆς τῶν Μήδων βασιλείας, μετάγει δὲ
τὴν ἀρχὴν εἰς Πέρσας κατὰ τὸ α̅ ἔτος τῆς ν̅ε̅ ὀλυμπιάδος.

Κατὰ τὴν ν̅ε̅ ὀλυμπιάδα Κῦρος πρῶτος ἔτη .	λ
β̅ ἔτος τῆς ξ̅β̅ Καμβύσης [1] ἔτη	η
τρίτον ἔτος τῆς ξ̅δ̅ μάγοι ἀδελφοί	α
Δαρεῖος ἔτη	λϛ

οὗτος ἐλευθεροῖ ἐκ Βαβυλῶνος τοὺς λοιποὺς τῶν Ἰουδαίων κατὰ
τὸ δεύτερον ἔτος τῆς αὐτοῦ βασιλείας. ἐφ' οὗ ἡ ἑβδομηκονταετία
τέλος λαμβάνει. θαυμάζω δὲ μοι ἐπὶ σοί [2], πῶς τὸ πρῶτον ἔτος
Κύρου ἑβδομηκοστὸν ἔτος παραγγέλλεται ἡ τοῦ Ἐσδρᾶ γραφὴ ἢ
τριακοστοῦ ἔτους τυγχάνοντος. ἐγὼ δὲ κατόραμαι, μήπως τὸ
ὀκτωκαιδέκατον ἔτος τῆς αὐτοῦ βασιλείας πρῶτον ὠνόμασεν
διὰ τὸ ἐν αὐτῷ ἔτει καταπαῦσαι τὴν Χαλδαϊκὴν βασιλείαν καὶ
μονοκρατορίας ἔτη ιζ̅. ἀπὸ γὰρ τῆς αἰχμαλωσίας Ναβουχοδονόσορ μέχρι ὀκτωκαιδεκάτου ἦται πρῶτου ἔτους τῆς αὐτοῦ

---

¹) Καμβύσης. ²) die stelle ist verderbt.

βασιλείας μονοκράτορας ἑβδομήκοντα ἔτη συνάγεται, ἤτοι ἀπὸ
τρίτου ἔτους [ἔτος] Ἰωακεὶμ βασιλέως Ἰούδα. δύο γὰρ ἑβ-
δομηκονταετίας δηλοῦσιν οἱ προφητικοὶ λόγοι, τὴν μὲν ἀπὸ
τρίτου ἔτους, ὡς εἴρηται, τοῦ Ἑλληκεὶμ, καθὰ τὴν πρώτην
αἰχμαλωσίαν Ναβουχοδονόσου τῶν κομιδῇ, ἄγων ἐπὼν[?] ἐπὶ
τοῦ τεσσμοῦ[?] ἔτους, τὴν δὲ ἀπὸ τῆς τελείας αἰχμαλωσίας,
ἐφ' οὗ Σεδεκίαν[?] τελέσας κατέπαυσεν τὴν τῶν Ἰουδαίων
βασιλείαν· καὶ διαμένει καὶ ὁ ναὸς ἕρημος ἐπὶ χρόνους ὅ, κα-
ταλήξας εἰς τὸ δεύτερον ἔτος Δαρείου, ὅτι δὲ οὕτως ἔχει, ἡ
ἀληθὴς μάρτυς ἐλέγχως καὶ προφήτης Ζαχαρίας, ἔτους δευ-
τέρου εἰπὼν[?]· Κύριε παντοκράτωρ, ἕως τίνος οὐ μὴ ἐλεήσῃς
Ἱερουσαλὴμ καὶ τὰς πόλεις Ἰούδα ἃς ὑπερεῖδες [ἰδού] τοῦτο[ν]
ἑβδομηκοστὸν ἔτος; καὶ ταῦτα μὲν οὕτως.

Τετάρτῃ ἔτει τῆς οζ΄ ὀλυμπιάδος Ξέρξης ἔτη	κ
Ἀρταβανος	ζ΄
κατὰ τὴν πη΄ ὀλ. Ἀρταξέρξης ἔτη	μ
Ξέρξης καὶ Σογδιανὸς ἔτος	α
δεύτερον ἔτος τῆς πθ΄ ὀλ. Δαρεῖος ὁ Νόθος ἔτη	ιθ
Ἀρταξέρξης	μα
Ὦχος ὁ καὶ Ἀρταξέρξης	κς
Ἀρσῆς Ὦχου παῖς	β
Δαρεῖος ὁ Ἀρσάμου	ς
Ἀλέξανδρος ὁ Μακεδών	ς

ἔλαβεν ἡ Περσῶν βασιλεία τῷ ς΄ ἔτει τῆς ρμβ΄ ὀλ. καταλυθεῖσα
ὑπὸ Ἀλεξάνδρου τοῦ Μακεδόνος κατὰ τὸ ἔτος[?] τὸ ς΄ τῆς
αὐτοῦ βασιλείας, σὺν Δαρείῳ γὰρ ἦρεν καὶ Ἀλέξανδρος. τὰ
πάντα ἔτη ιβ, ὡς πρὸ τῆς ἀναιρέσεως Δαρείου καὶ μετὰ
θάνατον αὐτοῦ ἔτη ς, καὶ κτίζει Ἀλέξανδρος . . καὶ τρισὶ μά-
χαις νικᾷ Δαρεῖον καὶ ὑποτάσσει Περσίαν Ἀρμενίαν Καππαδοκίαν[?]
Τουρκίαν Αἰθιοπίαν Ἰνδίαν καὶ τελευτᾷ ἐν Περσίδι νόσῳ· τὸ
σῶμα κομίσας, διάκειται δὲ ἐπὸ Πτολεμαίου ἐν τῇ κατ' Αἴγυπτον
Ἀλεξανδρείᾳ, ἣν ἐκεῖνος ᾠκοδόμησε πόλιν. συνάγεται οὖν ἀπὸ
Ἀδὰμ μέχρι τῆς Ἀλεξάνδρου τελευτῆς κατὰ τὰς ἀκριβεῖς
ἀναγωγὰς ἔτη ͵ερπε. τὸν δὲ προειρημένον Πτολεμαῖον κατὰ
τὰς διαθήκας ἐπέταγεν βασιλεύειν Αἰγύπτου.

[1] ἐπόιησε hschr.   [2] Σεδεκίας bs.   [3] Zach. 1 12.   [4] ἔτεσιν.
sonst bei den Byzantinern Χαζαρίαν.

Αἰγύπτου βασιλεῖς οἱ μετὰ Ἀλέξανδρον.

Μετὰ θάνατον Ἀλεξάνδρου βασιλεύει ἐν Αἰγύπτῳ Πτολεμαῖος ὁ Λάγου καὶ Ἀρσινόης υἱὸς καὶ παραπέμπει τὴν βασιλείαν μέχρι Κλεοπάτρας ἐπὶ ἐνιαυτοὺς σπδ. εἰσὶ δὲ οὗτοι.

δευτέρῳ ἔτει τῆς ρκδ ὀλ. Πτολεμαῖος ὁ Λάγου ἔτη	μ
Πτολεμαῖος ὁ Φιλάδελφος ἔτη	λη
Πτολεμαῖος ὁ Εὐεργέτης	κε
τῆς ρλη ὀλ. Πτολεμαῖος ὁ Φιλοπάτωρ . . .	ιζ
Πτολεμαῖος ὁ Ἐπιφανής	κδ
κατὰ τὴν ρν Πτολεμαῖος ὁ Φιλομήτωρ . .	λε
Πτολεμαῖος ὁ Εὐεργέτης	κθ
κατὰ τὴν ρξε Πτολεμαῖος ὁ Σωτήρ	ιη
Πτολεμαῖος ὁ Ἀλέξανδρος	ι
κατὰ τὴν ρογ Πτ. ὁ ἀδελφὸς Ἀλεξάνδρου .	η (β)
Πτολεμαῖος ὁ Διόνυσος	κθ
Κλεοπάτρα θυγάτηρ Διονύσου	κβ

καὶ οὗτοι διήρκεσαν ἐπὶ ἐνιαυτοὺς σπδ καταλυθέντες ὑπὸ Αὐγούστου τοῦ Ῥωμαίων βασιλέως κατὰ τὸ ιε ἔτος τῆς αὐτοῦ βασιλείας, καὶ γέγονεν Αἴγυπτος ὑπὸ Ῥωμαίων.

Ἀκολούθως καὶ τοὺς Ῥωμαίων βασιλεῖς κατατάξομεν, μικρὸν ἐπαναβάντες τοὺς χρόνους. ἐπὶ τὸ δ ἔτος Κλεοπάτρας πρῶτος ὑπῆρχεν τοῦ Καίσαρος Γάϊος, οὗτος γὰρ τὴν τῶν ὑπάτων ἀρχὴν καταλύσας ἐκράτησεν εἰς ἐνιαυτοὺς ϛ, πρῶτος ἐμονάρχησεν κατὰ τὴν ρπγ ὀλυμπιάδα, ἀφ' οὗ οἱ ἑξῆς βασιλεῖς Καίσαρες παραγορεύονται, καὶ αἱ ἰνδικτοι ἀπ' αὐτοῦ χρηματίζειν ἤρξαντο καὶ πρῶτον ἔτος Ἀντιοχείας.

ἐπὶ τούτου αἱ παρ' Ἑβραίοις βίβλοι εἰς τὴν Ἑλλάδα φωνὴν μετεβλήθησαν καὶ ἐν ταῖς κατὰ Ἀλεξάνδρειαν [1]) ἀπετέθησαν βιβλιοθῆκαι.

1) Ἀλέξανδρον hs.

τὸ δὲ παλαιὸν πρὸ πέντε καὶ εἴκοσιν καὶ τ̅ ἐτῶν τῶν
Τρω(ι)κῶν βασιλέας φησὶ γενέσθαι Ῥώμης τὸν ἀριθμὸν πλέον
τῶν λ̅. ἔτη δὲ αὐτοὺς κατάρξαι ... μετὰ δὲ ταῦτα ὕπατοι
προυστήκεσαν τῆς Ῥωμαίων ἀρχῆς. ἔπειτα δήμαρχοι καὶ
πάλιν ὕπατοι ἐπὶ χρόνοις καὶ οὕτω ... αὖθις δὲ Γάϊος ὁ
προσαγορευόμενος καταλύσας τὴν τῶν ὑπάτων ἀρχὴν ἐμονάρχησε
Ῥωμαίων. τοὺς δὲ πρὸ αὐτοῦ βασιλεύσαντας ἰδίως ἐπεμνημόνευσα
γράψομαι ἕως τούτου τοῦ χρόνου, ὃν ἠκριβώσαμεν ἀπὸ Ἀδὰμ
ἐνιαυτοὺς ͵εχ̅.

Ῥωμαίων βασιλεῖς.

Κατὰ τὴν ρπγ̅ ὀλυμπιάδα βασιλεύει Αὔγουστος Ὀκταΐος
ἔτη ν̅ς̅.

τῷ μβ̅ ἔτει τῆς αὐτοῦ βασιλείας τίκτεται Χριστὸς ὁ
κύριος ἡμῶν. ἔτος τοῦτο κατὰ τὰς ἀκριβεστέρας ἀναγραφὰς
͵εϙ̅η̅ς̅ μηνὶ Δεκ. κ̅ε̅ ἡμέρᾳ τρίτῃ, κύκλῳ ἡλίου η̅ καὶ σελήνης α̅.
δεύτερον ἔτος τῆς ρπγ̅ ὀλυμπιάδος Τιβέριος Καῖσαρ κγ̅[1]).
τῷ δὲ ιε̅ ἔτει Τιβερίου Καίσαρος βαπτίζεται ὑπὸ Ἰωάννου
ἰνδικτιῶνι α̅ ἐν Ἰορδάνῃ ποταμῷ.

τῷ δὲ ιη̅ ἔτει τοῦ αὐτοῦ Τιβερίου ὁ κύριος ἐπὶ τὸ πάθος
παρῆν. ἔτος τοῦ κόσμου ͵εφλδ̅ μηνὶ Μαρτίῳ κγ̅ ἡμέρᾳ ζ̅.
ἀνέστη δὲ τῇ κε̅ τοῦ αὐτοῦ Μαρτίου μηνὸς ἡμέρᾳ
πρώτῃ, ὅθεν καὶ τὸ κύριον πάσχα ἑορτάζειν ἡ ἐκκλησία πα-
ρείληφεν τῇ κε̅ τοῦ Μαρτίου μηνός. ἐν ᾧ χρόνῳ ἐτελέσθη
τὸ πάσχα[2]) τὸ Ἰουδαϊκὸν μηνὶ Μαρτίου κδ̅ ἡμέρᾳ ε̅ κύκλῳ
ἡλίου κγ̅ καὶ σελήνης ιδ̅. μαρτυρεῖ δὲ καὶ αὐτὸ τὸ εὐαγγέλιον
τὸ ⟨λέγον⟩[3]) · Καὶ αὐτοὶ οὐκ εἰσῆλθον εἰς τὸ πραιτώριον, ἵνα
μὴ μιανθῶσιν, ἀλλ' ἵνα φάγωσι τῇ ἑξῆς ἡμέρᾳ φάγωσιν,
φησί, τὸ πάσχα. καὶ αὖθις[4]) · Οἱ οὖν Ἰουδαῖοι, ἵνα μὴ μείνῃ ἐπὶ
τοῦ σταυροῦ τὰ σώματα ἐν τῷ σαββάτῳ, ἐπεὶ παρασκευὴ ἦν,
ἦν γὰρ μεγάλη ἡ ἡμέρα ἐκείνου τοῦ σαββάτου, ἠρώτησαν τὸν
Πιλᾶτον, ἵνα κατεαγῶσιν αὐτῶν τὰ σκέλη καὶ ἀρθῶσιν. ἐν ᾧ
οὖν καιρῷ ἐπαθεν ἡμῶν κατὰ σάρκα ὁ κύριος, τὸ κατὰ νόμον
οὐκ ἔφαγεν πάσχα, ἀλλ' αὐτὸ ὑπὲρ ἡμῶν ἐτέθη τῇ ιδ̅ τοῦ α̅

---

[1]) die zeile steht in der hs. vor τῷ μβ̅ ἔτει κτλ. [2]) φάσχα hs.
[3]) Joh. XVIII 28. [4]) Joh. XIX 31.

μηνὸς τῆς σελήνης ἐν ἡμέρᾳ ... καὶ ἕως τοῦ ἀναστῆναι τὸν κύριον τῇ κε, ὡς εἴρηται, ἤγουν τοῦ Μαρτίου μηνὸς ἔτος ͵εϟλϛ.[1]) κύκλῳ ἡλίου κζ σελήνης ι. οἱ δὲ τὴν γέννησιν τοῦ Χριστοῦ ἀναγράφοντες εἰς τὸ ͵εϟ ἔτος καὶ τὸ πάθος ἐν τῷ ͵εϟλγ, σφάλλονται μὴ τὴν ἀκρίβειαν τοῦ ἔτους ἐπιστάμενοι.

Μετὰ δὲ Τιβέριον ἐβασίλευσεν Γάϊος ἔτη γ μῆνας ϊ καὶ ἐσφάγη ἐν τῷ παλατίῳ.

Κλαύδιος ἔτη ιγ καὶ ἐσφάγη ἐν Ῥώμῃ.

Νέρων ἔτη ιγ μῆνας η καὶ φαγὼν ζῶντα ἑαυτὸν κατέχεσε· τούτου τὸν πρῶτον διωγμὸν κινήσαντος Πέτρος καὶ Παῦλος ἐν τῇ Ῥώμῃ ἐμαρτύρησαν καὶ Ἰάκωβος ὁ ἀδελφὸς τοῦ κυρίου, ὃν ἐκάλουν δίκαιον, ἐν Ἱεροσολύμοις ὑπὸ Ἰουδαίων ἐλιθάσθη. Ὅθεν μῆνας γ καὶ ἀνεῖλεν ἑαυτόν.

Βιτέλης μῆνας η.

Οὐεσπασιανὸς ἔτη θ μῆνας ια ἡμέρας κβ, ἀπηγένετο ἐν κήποις Παλατίνοις[2]), ἐν δὲ τῷ δευτέρῳ ἔτει τῆς αὐτοῦ βασιλείας γέγονεν ἡ ἅλωσις τῆς Ἱερουσαλὴμ ὑπὸ τοῦ υἱοῦ αὐτοῦ Τίτου μετὰ χρόνους μ τῆς Χριστοῦ ἀναλήψεως.

Τίτος ὁ υἱὸς αὐτοῦ ἔτη β καὶ μῆνας β καὶ ἐσφάγη ἐν τῷ παλατίῳ. οὗτος πολιόρκει τὰ Ἱεροσόλυμα. ἐπὶ τούτου ἔφαγαν αἱ γυναῖκες τὰ ἑαυτῶν τέκνα. τοὺς δὲ ἀναιρεθέντας φησὶ εἶναι μυριάδας ρι, ἑτέρας δὲ ᾳ μυριάδας αἰχμαλώτους ἔσχε(ν) ἀλίσαι. Συμεὼν δὲ ὁ τοῦ Κλώπα γέγονεν δεύτερος ἐπίσκοπος ἐν Ἱεροσολύμοις.

Δομετιανὸς ὁ ἀδελφὸς αὐτοῦ ἔτη ιε μῆνας ε. τούτου διωγμὸν κινήσαντος Ἰωάννης ὁ ἀπόστολος Πάτμον ᾤκει τὴν νῆσον διὰ τὴν εἰς Χριστὸν ὁμολογίαν⟨ἠναγκάσθη⟩. μετὰ δὲ Δομετιανὸν τελευτήσαντα ἐπάνεισιν ἀπὸ τῆς νήσου καὶ κατέμεινεν ἐν Ἐφέσῳ μέχρι τῆς Τραϊανοῦ βασιλείας.

Νερούας ἔτη α καὶ μῆνας δ, Τραϊανὸς ἔτη ιθ καὶ μῆνας ϛ. ἐπὶ τούτου Ἰγνάτιος ὁ θεοφόρος ἐν Ῥώμῃ ἐμαρτύρησεν καὶ Συμεὼν ὁ τοῦ Κλώπα ἐν Ἱεροσολύμοις, ὢν ἐτῶν ρκ.

Ἀδριανὸς Αἴλιος ἔτη κα καὶ ἀπηγένετο ἐν Βαίαις[3]) ὑδρωπιάσας. οὗτος καθελὼν Ἱεροσόλυμα Αἰλίαν τὴν πόλιν ὠνόμασεν. ἐπὶ τούτου ὁ ἀσεβὴς Ἀκύλας ὁ τὴν γραφὴν ὡς οὐθεὶς ἑρμηνεύσας ἐνέσχασεν.

---

[1]) l. ͵εϟλδ. [2]) παλα.,.ιιιοις. [3]) βεβαίοις; verbess. v. Dr. Trieber unter hinweis auf Synk. 350.

Τίτος Ἀντωνῖνος ὁ ἐπικληθεὶς Εὐσεβὴς σὺν τοῖς παισὶν Αὐρηλίῳ καὶ Οὐήρῳ ἔτη κβ καὶ μῆνας γ.

Μᾶρκος Αὐρήλιος ὁ υἱὸς αὐτοῦ ἔτη ιθ καὶ μῆνα α. ἐπὶ τούτου Ἰουστῖνος ὁ φιλόσοφος ἐμαρτύρησεν.

Ἀντωνῖνος Βῆρος ἔτη ιβ.

Κόμοδος ἔτη ιγ.

Αἴλιος[1] Περτίναξ μῆνας ϛ καὶ ἐσφάγη ἐν τῷ παλατίῳ. ἐπὶ τούτου ἦν Ἀφρικανὸς[2] ὁ χρονογράφος.

Σεβῆρος ἔτη ιη. ἐπὶ τούτου ἤκμαζεν Ὠριγένης καὶ Λεωνίδης ὁ πατὴρ αὐτοῦ ἐμαρτύρησε καὶ Ἱππόλυτος[3] ὁ Ῥωμαίων συγγραφεὺς ἤκμαζε καὶ Γρηγόριος ὁ θαυματουργὸς καὶ Κλήμης ὁ Ἀλεξανδρεύς. οὗτος ἐπονομάζει πόλιν τὸ Βυζάντιον κτίσας τὸν Ζεύξιππον[4].

Ἀντωνῖνος Σεβήρου ὁ καὶ Καράκαλος ἔτη ζ.

Μακρῖνος ἔτη α καὶ ἐσφάγη.

Ἀντωνῖνος ὁ Γάλβαλος[5] ἔτη δ καὶ ἐσφάγη ἐν Ῥώμῃ.

Ἀλέξανδρος ὁ Μαμαίας ἔτη ιγ καὶ ἐσφάγη.

Μαξιμῖνος ἔτη γ καὶ ἐσφάγη ἐν Ἀκυλίνῃ.

Πομπήϊος σὺν Ἀλβίνῳ[6] μῆνας γ.

Γορδιανὸς ἔτη ϛ· ἔσφαξεν ἑαυτὸν ἐν Ἀφρίκῃ.

Φίλιππος ἔτη ϛ· καὶ ἐσφάγη ἐν κώμῃ Βεροίης[7]. οὗτος ἐπίστευσε εἰς τὸν Χριστόν. ἐπὶ τούτου χιλιοστὸν ἔτος πληρωθὲν ἀπὸ Ῥωμύλου καὶ κτίσεως Ῥώμης, Ῥωμαῖοι ἑόρτασαν, μέγιστα θεάματα παρασκεύων[8].

Δέκιος ἔτη α καὶ μῆνας γ καὶ ἐσφάγη ἐν τῷ Φόρῳ. ⟨Θεμβρωνίῳ⟩[9] ἐπὶ τούτου ὁ ἅγιος ⟨Βαβύλας⟩ ἐν Ἀντιοχείᾳ ἐμαρτύρησε καὶ οἱ ἑπτὰ παῖδες ἐν Ἐφέσῳ.

Γάλλος καὶ Βουλουσιανὸς ἔτος α καὶ μῆνας δ.

Οὐαλεριανὸς καὶ Γαινὸς[10] ἔτη α καὶ ὁ μὲν Οὐαλεριανὸς ἐσφάγη ἐν Περσίδι, ὁ δὲ Γαινὸς ἐν Μεδιολάνῳ.

Κλαύδιος ἔτος α μῆνας θ· ἀπηγχίνετο ἐν Σιρμίῳ. τούτου τοῦ Κλαυδίου θυγατριδῆς γέγονεν Κώνστας ὁ τοῦ μεγάλου Κωνσταντίνου πατς.

---

[1] l. Ἔλουϊος. [2] Ἀφρικανός. [3] ἵππα. [4] τὸ Ζ. ἑόντερον Cramer, Anecd. Par. II 286. [5] l. Ἡλιογάβαλος. [6] l. Πουπίηνος σὺν Βαλβίνῳ. [7] Τιβερίαννδς hs.; verb. v. Trieber. [8] wohl παρασκευῶν. [9] zugefügt von Trieber aus Synk. 376. [10] l. Γαλιηνός.

Αἰμιλιανὸς ἔτη ‾α̅ μῆνας ‾δ̅. ἐπὶ τούτου ὁ ἅγιος Χαρίτων ὡμολόγησεν.

Τάκιτος καὶ Φλορῖνος[1]) μῆνας ‾δ̅.

Πρόβος ἔτη ‾ϛ̅ μῆνας ‾δ̅ καὶ ἐσφάγη ἐν Σιρμίῳ.

Κᾶρος σὺν Καρίνῳ καὶ Νουμεριανῷ υἱὸς[2]) αὐτοῦ ἔτη ‾β̅. καὶ ὁ μὲν Κᾶρος ἐν Μεσοποταμίᾳ τελευτᾷ, ὁ δὲ Καρῖνος ἐσφάγη ἐν πόλει ⟨Μάργῳ⟩, Νουμεριανὸς ⟨δ' ἐν Περίνθῳ⟩[3]) τῆς Θρᾴκης.

Διοκλητιανὸς καὶ Μαξιμιανὸς ὁ Ἑρκούλιος ἔτη ‾κ̅. ἐπὶ τούτου ὁ ἅγιος Πέτρος Ἀλεξανδρείας ἐμαρτύρησε καὶ ὁ ἅγιος Δημήτριος καὶ ἄλλοι πολλοὶ κατὰ πάσας ἐπαρχίας καὶ χώρας. οὗτος ὁ Διοκλητιανὸς διὰ τὰς ἀμέτρους αὐτοῦ βλασφημίας τῆς γλώσσης αὐτοῦ σαπείσης ἐν τῷ λάρυγγι αὐτοῦ, πλῆθος σκωλήκων ἀνέβρασαν[4]) καὶ οὕτως ἀπέρρηξεν τὸ πνεῦμα.

Μαξιμιανὸς ὁ Γαλέριος καὶ Μαξέντιος υἱὸς Ἑρκούλιου[5]) ἔτη ‾δ̅.

Κωνσταντῖνος μόνος ἐν Ῥώμῃ ἔτη ‾α̅. Κωνσταντῖνος ὁ μέγας ἀνελθὼν ἐκ Γαλλίας μετὰ θάνατον τοῦ πατρὸς Κωνσταντίου — ἐκεῖσε γὰρ ἦν τελευτήσας — φθάντι Ῥώμην κατὰ τὸ ‾ϛ̅ τῆς αὐτοῦ βασιλείας ἔτος διὰ τὰς Μαξεντίου κακοπραγίας. ἐγκλήσεις γὰρ συχνὰς παρὰ Ῥωμαίων ἐδέχετο. τοῦτον ἐπελθὼν[6]) Μαξέντιος καὶ συμβαλὼν ἡττᾶται τῇ μάχῃ περὶ Πουλβίαν[7]) γέγευρᾳ εἰσπτὼν εἰς ποταμὸν ὤλετο. ὅτε καὶ τὸ τοῦ σταυροῦ σημεῖον Κωνσταντῖνος ἐθεάσατο καὶ δέχονται τοῦτον Ῥωμαῖοι, νίκην ⟨καὶ⟩ σωτηρίαν ἀναγορεύοντες. ἰνδ. ‾ζ̅ ἔτους κατὰ Ἀντιοχεῖς χρηματίζοντος ‾τ̅ξ̅ — ἀπὸ γὰρ αὐτοκράτορος τοῦ Καίσαρος Γαΐου οἱ Ἀντιοχεῖς τοὺς χρόνους αὐτῶν ἀριθμοῦσιν· ἀπὸ Ἀλεξάνδρου Μακεδόνος ἔτη ‾χ̅κ̅ε̅ διαγενομένης ὀλυμπιάδος ‾σ̅ο̅η̅· ἔτος δὲ τοῦτο καθ' ἡμᾶς ‾ε̅ω̅κ̅. διαπέπτεκε δὲ ἐν Ῥώμῃ ἔτη ‾α̅. ὁμοῦ ‾ε̅ω̅κ̅α̅.

----

[1]) l. Φλωριανός.   [2]) l. Νουμεριανῷ υἱὸς   [3]) aus ἐν πόλει Νουμειρ hergestellt von Trieber.   [4]) so nach Cramer An. Par. II 292 Trieber; ἀνέκρασαν hs.   [5]) l. Ἑρκουλίου.   [6]) ἐπελθὼν hs.   [7]) l. Μουλβίαν.

2

Βυζαντίου βασιλεῖς τῆς νῦν Κπόλεως.

Κωνσταντῖνος ὁ μέγας βασιλεύει ἐν Γαλλίαις ἔτη $\bar{\zeta}$, ἀνελθὼν δὲ ἐν Ῥώμῃ κρατεῖ ἔτη $\bar{\iota}$· ὁμοῦ $\bar{\iota\beta}$. μετὰ τὸ $\bar{\iota\beta}$ ἔτος ἀνέρχεται ἐν Βυζαντίῳ καὶ δέχονται αὐτὸν Βυζάντιοι. $\bar{\eta}$ τῆς βασιλείας ἀνε⟨ι⟩ρημένος χρόνον, ἰνδ. $\bar{\zeta}$, ἀμεληθεὶς δὲ τῷ τόπῳ μῆνα ἀμόστος βασιλεὺς κατασταθεὶς καὶ αερ'ος τῇ α... χρισάμενος τὴν[1]).

κατὰ δὲ τὸ $\bar{\kappa}$ ἔτος τῆς βασιλείας αὐτοῦ συγκροτεῖται σύνοδος ἐν Νικαίᾳ $\overline{τῶν}$ ἁγίων πατέρων κατὰ Ἀρείου ἀπὸ τῆς τοῦ κυρίου ἐνανθρωπήσεως ἔτη $\overline{τιη}$, ἐκτίζεται δὲ καὶ ἡ πόλις Βυζάντιον μηνὶ Μαΐῳ $\bar{ια}$ ἰνδ. $\bar{\zeta}$· ἔτους ,ςωλη, κε' τῆς αὐτοῦ βασιλείας ἔτος. ἀπὸ δὲ κτίσεως Βυζάντος ἔτη ,μγε. Κ... εὐτυχῶς μετονομάσας, ἐν ἀγρῷ Παβθινίας τῆς Νικομηδίας νόσῳ τελευτᾷ τὸν βίον ὢν ἐτῶν $\bar{ξε}$. βασιλεύσας τὰ πάντα ἔτη $\overline{λβ}$, ἐτελεύτησεν δὲ μηνὶ μαΐῳ $\overline{κα}$ ἐν αὐτῇ τῇ πεντηκοστῇ τῇ ἡμέρᾳ ἰνδ. $\bar{\iota}$ κύκλῳ ἡλίου $\overline{κα}$ καὶ σελήνης $\overline{ιβ}$· ἔτος τοῦτο ,ςωμβ ἰνδ. $\bar{\eta}$, καταλείψας υἱοὺς τρεῖς, Κωνστα... Κωνσταντῖνον καὶ Κωνστάντιον. καὶ ἐν μὲν τῇ πρεσβυτέρᾳ Ῥώμῃ Κώνστας βασιλεύει, ἐν δὲ τῇ νέᾳ Ῥώμῃ Κωνσταντῖνος, ἐν Ἀντιοχίᾳ δὲ Κωνστάντιος. οὗτος ἐποίησεν ἐπαρχίας δύο.

Κωνσταντῖνος ἐν Βυζαντίῳ ἔτη $\bar{κ}$.

Κωνστάντιος ὁ υἱὸς αὐτοῦ ἔτη $\overline{κδ}$.

Ἰουλιανὸς ὁ Παραβάτης ἔτη $\bar{β}$ καὶ ἐσφάγη ἐν Περσίδι ἀνεψιὸς καὶ γαμβρὸς ὢν τοῦ μεγάλου Κωνσταντίνου.

Ἰοβιανὸς[2] ἔτος α μῆνας $\bar{η}$.

Οὐαλεντιανὸς ἔτη $\overline{ιγ}$.

Οὐάλης ὁ ἀδελφὸς αὐτοῦ Ἀρειανὸς ἔτη $\bar{ι}$ καὶ μῆνας $\bar{θ}$ καὶ ἐκαύθη. ἐπὶ τούτου ἐμαρτύρησεν ὁ ἅγιος Ἰσάκιος ἐν Ἀλεξανδρείᾳ πυρὸς βορᾷ παραδοθεὶς ὑπὸ Ἀρειανῶν.

Γρατιανὸς καὶ Οὐαλεντιανὸς ὁ υἱὸς υἱοῦ Οὐαλεντιανοῦ ἔτη $\overline{ιζ}$.

Θεοδόσιος ὁ μέγας ἔτη $\overline{ιζ}$. τῷ $\overline{ιζ}$ ἔτει τῆς αὐτοῦ βασιλείας γέγονεν ἡ δευτέρα σύνοδος ἐν Κπόλει $\overline{ρν}$ ἁγίων πατέρων κατὰ Μακεδονίου τοῦ πνευματομάχου καὶ τῶν σὺν αὐτοῖς.[3])

---

[1]) χρίσας τῇ πολιτείᾳ χαρ.? [2]) l. Ἰοβιανός. [3]) Der plural zeigt, dass hinter πατερα. wenigstens ein name ausgefallen.

Ἀρκάδιος καὶ Ὀνώριος οἱ υἱοὶ αὐτοῦ ἔτη $\overline{ιγ}$ καὶ μῆνας $\overline{γ}$.

Θεοδόσιος ὁ μικρὸς ὁ υἱὸς Ἀρκαδίου ἔτη $\overline{μβ}$ καὶ μῆνας $\overline{ς}$. συμπεσὼν τῷ ἵππῳ τέθνηκε. ἐν τῷ $\overline{κς}$ τῆς αὐτοῦ βασιλείας γέγονεν ἡ τρίτη σύνοδος ἐν Ἐφέσῳ τῶν $\overline{σ}$ ἁγίων πατέρων κατὰ Νεστορίου τοῦ ἀνθρωπολάτρου καὶ ἡ δευτέρα ληστρική, ἧς ἐξῆρχεν ὁ δυσσεβὴς Διόσκορος.

Μαρκιανὸς γαμβρὸς αὐτοῦ ἔτη $\overline{ς}$. τῷ $\overline{α}$ ἔτει τῆς αὐτοῦ βασιλείας γέγονεν ἡ ἐν Χαλκηδόνι σύνοδος ὑπὸ $\overline{χλ}$ θεοφόρων πατέρων συνελθόντων κατὰ Εὐτυχοῦς καὶ Διοσκόρου. καὶ τὸ λείψανον τοῦ προφήτου Ἠσαΐου ἀνακομισθὲν ἀπὸ Πανεάδος κατετέθη εἰς τὸν ναὸν τοῦ ἁγίου Λαυρεντίου. τῷ $\overline{γ}$ αὐτοῦ ἔτει ἀνεπαύσατο Πουλχερία.

Λέων ὁ μέγας ἔτη $\overline{ιζ}$. ἐπὶ τούτου ἔβρεξεν κόνιν, ὥστε εἶναι εἰς τὸ κεραμιδὸν σπιθαμήν.[1] καὶ τὰ λείψανα τῆς ἁγίας μάρτυρος Ἀναστασίας ἀπὸ τοῦ Σιρμίου[2] ⟨ἀνεκομίσθησαν⟩ καὶ κατετέθησαν ἐν τῷ μαρτυρίῳ αὐτῶν.

Ζήνων ἀκέφαλος ἔτη $\overline{ιζ}$ σὺν τοῖς δύο ἔτεσιν τοῦ τυράννου Βασιλίσκου. ἐπὶ αὐτοῦ ἐκτίσθη τὸ Ἀλαγίον[3].

Ἀναστάσιος ἀκέφαλος ὁ Διαχρηνὸς. ἔτη $\overline{κς}$ καὶ μῆνας $\overline{δ}$ καὶ ἐκεραυνώθη. οὗτος εἶδεν, ὅτι διὰ τὴν ἀπιστίαν αὐτοῦ ἀπηλείφη ἔτη $\overline{ιδ}$ ἐκ τοῦ κώδικος[4] τῆς ζωῆς αὐτοῦ.

Ἰουστῖνος ὁ Θρᾷξ ἔτη $\overline{δ}$ καὶ μῆνας $\overline{γ}$.

Ἰουστινιανὸς ὁ μέγας ἔτη $\overline{λθ}$. τῷ $\overline{κς}$ τῆς αὐτοῦ βασιλείας ἡ $\overline{ε}$ γέγονεν σύνοδος τῶν $\overline{ρξε}$ ἁγίων πατέρων.

Ἰουστῖνος ὁ ἀνεψιὸς αὐτοῦ ἔτη $\overline{ιγ}$. τῷ $\overline{ς}$ ἔτει τῆς αὐτοῦ βασιλείας ἐπληρώθη κύκλος τοῦ ἁγίου πάσχα ἐτῶν $\overline{φλβ}$, ἐξότε ὁ κύριος ἡμῶν Ἰησοῦς Χριστὸς ἐσταυρώθη, ἰνδ. $\overline{ς}$ ἐτῶν $\overline{φχ}$.[5]

Τιβέριος ὁ Θρᾷξ ἔτη $\overline{δ}$.

Μαυρίκιος ὁ Ἀρμένης ἔτη $\overline{κβ}$ μῆνας $\overline{δ}$ καὶ ἐσφάγη.

Φωκᾶς ὁ τύραννος ᾠμίλακος Μαυρικίου ἔτη $\overline{κ}$ καὶ ἐσφάγη.

---

[1] vgl. Chron. pasch. 324. [2] τῶν ἁγίων μαρτύρων Ἀναστασίου ἀπὸ τοῦ Σιρμίου καὶ hs. [3] Ἀλάγιον haben Anecd. Par. II 314, 14 und Leo Grammaticus 16. [4] κώδικος ης. [5] l. $\overline{φιτ}$.

Ἡράκλειος ὁ μονοθελήτης ἔτη κα. τῷ ζ ἔτει τῆς αὐτοῦ βασιλείας Χοσρόης ὁ Πέρσης πλεῖστον τῆς Ῥωμαίων παρέλαβεν πολιτείας¹) ἐπόρθησέν τε τὰ Ἱεροσόλυμα καὶ τοὺς σεβασμίους τόπους ἐνέπρησεν καὶ πλῆθος λαῶν ᾐχμαλώτευσεν σὺν τῷ πατριάρχῃ Ζαχαρίᾳ καὶ τοῖς τιμίοις ξύλοις καὶ εἰς Περσίδα κατήγαγεν. ἔτει δὲ αὐτοῦ ιη Χοσρόης ὁ Πέρσης ἀνῃρέθη καὶ ἡ αἰχμαλωσία ἀνεκλήθη καὶ ὁ δεσποτικὸς σταυρὸς τοῖς ἰδίοις τόποις ἀπεκατέστη. τότε καὶ οἱ Σαρακηνοὶ ἐξελθόντες ἀπὸ Ἐθρίβου ἤρξαντο τῆς τοῦ παντὸς ἐρημώσεως τῷ ςϠκς²). ἔτει ἀπὸ ζ.

Κωνσταντῖνος ὁ υἱὸς αὐτοῦ ὁ λεγόμενος Ἡρακλωνᾶς ἔτος α.

Κώνστας ὁ υἱὸς αὐτοῦ ὁ Πωγωνάτος ἔτη κζ. οὗτος κατέλαβε τὸν ἅγιον Μάξιμον, ὃς ἀνῃρέθη ἐν Σικελίᾳ³) ἐφ' οὗ τὸ πλεῖστον μέρος τῆς Σικελίας ὑπὸ Σαρακηνῶν ἐρημώθη.

Κωνσταντῖνος ἔγγονος Ἡρακλείου ἔτη ιζ ἐφ' οὗ⁴) τὸ Βυζάντιον ὑπὸ Σαρακηνῶν ἐπολιορκήθη ἐν τῷ ιϟ ἔτει τῆς αὐτοῦ βασιλείας γέγονεν ἡ ς σύνοδος ἐν Κωνσταντινουπόλει τῶν μα πατέρων κατὰ Σεργίου Πύρρου καὶ τῶν ὁμοίων αὐτῶν μονοθελητῶν. ἀνδραγάθησεν δὲ κατὰ Σαρακηνῶν κωλύσας αὐτοὺς τῆς κατὰ Ῥώμης ἐφόδου.

Ἰουστινιανὸς υἱὸς αὐτοῦ τὸ πρῶτον ὁ ῥινότμητος ἔτη ι.

Λεόντιος ἔτη γ. καὶ ῥινοτμηθεὶς ἐξεβλήθη.

Ἀψίμαρος ὁ καὶ Τιβέριος ἔτη ζ καὶ ἀνῃρέθη.

Ἰουστινιανὸς τὸ δεύτερον, ὁ ῥινότμητος ἔτη ς καὶ ἀνῃρέθη.

Φιλιππικὸς ὁ καὶ Βαρδάνης ἔτη β. ἐξεβλήθη. Ἀρτέμιος ὁ καὶ⁵) Ἀναστάσιος ἔτη β. ἐξεβλήθη.

καὶ γέγονεν ἄρχων Θεοδόσιος ὁ Ἀτραμυτηνὸς ἔτος ἓν ἐξεβλήθη καὶ γέγονεν κληρικός.

Λέων ὁ Ἴσαυρος ὁ καὶ Κόνων ἔτη κδ καὶ μῆνας γ. εἰκονομάχος.

Κωνσταντῖνος ὁ υἱὸς αὐτοῦ ὁ Κοπρώνυμος ἔτη λδ μῆνας β καὶ ἡμέρας κγ.

---

¹) ηοτ. ²) l. ςϠκς. ³) Σικελ' ebenso im folg. ⁴) ἐφ' οὐ. ⁵) ergänzt von Thurot nach An. Par. II 350, 1.; vgl. Leo gramm. 171.

Λέων ὁ υἱὸς αὐτοῦ ἐκ τῆς Χαζάρας ἔτη $\overline{\iota}$ ἐβασίλευσε.

Κωνσταντῖνος ὁ υἱὸς αὐτοῦ σὺν τῇ μητρὶ Εἰρήνῃ ἔτη $\overline{\iota}$ μῆρας $\overline{\beta}$. ἐν τῷ ὀγδόῳ ἔτει τῆς αὐτοῦ βασιλείας γέγονεν ἡ ἐν Νικαίᾳ τὸ $\overline{\beta}$ σύνοδος τῶν $\overline{\tau\nu}$ [1]) ἁγίων πατέρων.

Κωνσταντῖνος μόνος ἔτη $\overline{\varsigma}$ καὶ ἐκβληθεὶς ἐτυφλώθη.

ἡ δὲ μήτηρ αὐτοῦ Εἰρήνη μετὰ τὸ τυφλῶσαι αὐτὸν ἔτη $\overline{\iota}$ μῆρας $\overline{\beta}$ ἡμέρας $\overline{\iota\beta}$ καὶ ἐξωρίσθη.

Νικηφόρος ὁ Λόκων ε²) ἔτη $\overline{\eta}$ μῆνας $\overline{\vartheta}$ καὶ ἐσφάγη ἐν Βουλγαρίᾳ.

Σταυράκιος ὁ υἱὸς αὐτοῦ ἔτος $\overline{α}$ μῆνας $\overline{\beta}$. ἐξεβλήθη καὶ γέγονεν ἄρχων.

Μιχαὴλ ὁ γαμβρὸς αὐτοῦ ἔτος $\overline{α}$ μῆνας $\overline{\vartheta}$ ἡμέρας $\overline{\iota\alpha}$.

Λέων ὁ δυσσεβὴς καὶ θηριώνυμος ὁ ἐξ Ἀρμενίων ἔτη $\overline{\varsigma}$ μῆνας $\overline{\iota}$ ἡμέρας $\overline{\iota\varsigma}$· ἐσφάγη ἐν τῷ παλατίῳ ἐν τῷ ναῷ τῆς ὑπεραγίας θεοτόκου.

Μιχαὴλ ὁ Τραυλὸς Ἀμοραῖος ἔτη $\overline{\eta}$ μῆνας $\overline{\kappa}$ ἡμέρας $\overline{\vartheta}$.

Θεόφιλος ὁ υἱὸς αὐτοῦ ὁ παραβάτης ἔτη $\overline{\iota\beta}$ μῆνας $\overline{\gamma}$ ἡμέρας $\overline{\eta}$. ἐπὶ τούτου ἐπήρθη τὸ Ἀμόριον.

Θεοδώρα ἅμα υἱῷ Μιχαὴλ ἔτη $\overline{\iota\delta}$ μῆνα $\overline{α}$ ἡμέρας $\overline{\kappa\beta}$.

Μιχαὴλ μόνος ἔτη $\overline{\iota\alpha}$ μῆνα $\overline{α}$. ὅτι $\overline{\delta}$ συνεβασίλευσαντα³) αὐτῷ καὶ Βασίλειος ἔτος $\overline{α}$ καὶ μῆνας $\overline{\delta}$. ἐσφάγη ἐν τοῖς παλατίοις τοῦ ἁγίου Μάμαντος.

Βασίλειος ὁ Μακεδὼν ἔτη $\overline{\iota\vartheta}$. ἐγκρατὴς δὲ ἐγένετο τῆς βασιλείας κατὰ τὸ $\overline{\varsigma τ\iota δ}$ ἔτος.

Λέων ὁ υἱὸς αὐτοῦ ὁ φιλόσοφος ἔτη $\overline{\kappa\varsigma}$ καὶ μῆρας $\overline{\eta}$.

Ἀλέξανδρος ὁ ἀδελφὸς αὐτοῦ ἔτος $\overline{α}$ μῆρας $\overline{\beta}$.

Κωνσταντῖνος ὁ Πορφυρογέννητος ἔτι παῖς ὑπάρχων ὑπὸ Ἀλεξάνδρου θείου αὐτοῦ ἐν τῇ βασιλείᾳ κατελείφθη. βασιλεύσας σὺν τῇ μητρὶ ὑπὸ ἐπιτρόπων ἑτέρων ἔτη $\overline{\varsigma}$ ἅμα καὶ Ῥωμανῷ πενθερῷ ἐν ὑπατείᾳ ἔτη $\overline{\kappa\varsigma}$, μετὰ δὲ τὴν τελευτὴν Ῥωμανοῦ ἀνηγορεύθη αὐτοκράτωρ μηνὶ δεκεμβρίῳ ἰνδ. $\overline{\gamma}$ ἔτους $\overline{\varsigma υ\xi δ}$ ὑπάρχων ἐτῶν $\overline{\pi}$· ἐκοιμήθη δὲ ἐν ἔτει $\overline{\varsigma υ\sigma δ}$ μη-

---

[1]) $\overline{τν}$ τῶν cod. ²) rätselhaft, ὁ ἀπὸ γενικῶν geben die Au. Par. II 370, 1. πατρίκιος hat Hamartol. 967. ³) l. συνεβασίλευσεν.

τῇ τοῦ μηνὸς ιϛ ἰνδ. δ ἡμέρᾳ δ ὥρᾳ τρίτῃ ὢν ἐτῶν ιε μηνῶν β ἡμερῶν ϛ αὐτοκρατορήσας ἔτη ιε.

Ῥωμανὸς ὁ υἱὸς αὐτοῦ ὢν ἐτῶν κβ μετὰ θάνατον τοῦ πατρὸς αὐτοῦ ἐβασίλευσε ἔτη γ μῆνας δ ἡμέρας ϛ. ἐτελεύτησε δὲ ὁ αὐτὸς Ῥωμανὸς μηνὶ μαρτίῳ ιε ἡμέρᾳ α νοσήσας ἡμέρας[1] ιε. τὰ δὲ πάντα τῆς ζωῆς αὐτοῦ ἔτη κε μῆνες δ.

Βασίλειος καὶ Κωνσταντῖνος οἱ υἱοὶ αὐτοῦ σὺν τῇ μητρὶ αὐτῶν Θεοφανοῖ ἐπιτροπευούσης Θεοφανοῦς παρὰ κομβένων[2] μῆνας ε.

εἶτα Νικηφόρος ὁ Φωκᾶς εἰσῆλθεν ἐν τῇ πόλει ἀπὸ τῆς Χρυσῆς Πόρτης μηνὶ αὐγούστου ιϛ ἡμέρᾳ α ἰνδ. ϛ στεφθεὶς τῇ αὐτῇ ἡμέρᾳ ἐν τῇ ἁγίᾳ Σοφίᾳ παρὰ Πολυεύκτου τοῦ πατριάρχου. ἐσφάγη δὲ ὁ αὐτὸς Νικηφόρος ἐν τῷ κοιτῶνι αὐτοῦ μηνὶ δεκεμβρίῳ ια ὥρᾳ δ τῆς διὰ φθόρον σαββάτου ἰνδ. ιγ βασιλεύσας ἔτη ϛ μῆνας γ ἡμέρας κϛ.

Ἰωάννης ὁ Τζιμίσκης τῇ αὐτῇ ἡμέρᾳ ἀνηγορεύθη καὶ βασιλεύσας ἔτη ϛ μῆνας ϛ.

Βασίλειος ὁ βασιλεὺς βασιλεύσας σὺν Νικηφόρῳ Φωκᾷ καὶ Ἰωάννῃ Τζιμίσκῃ ἔτη ιγ, μετονομαζομένος δὲ σὺν τῷ ἀδελφῷ Κωνσταντίνῳ ἔτη μ. ἐκοιμήθη δὲ Βασίλειος ὁ βασιλεὺς μηνὶ δεκεμβρίῳ ιϛ ⟨ἰνδ.⟩ δ ἔτους ϛφλδ, ζήσας ἔτη οϛ.

Κωνσταντῖνος ὁ ἀδελφὸς αὐτοῦ μόνος ἔτη β μῆνας ια.

Ῥωμανὸς ὁ Ἀργυρόπουλος ἅμα τῇ θυγατρὶ Κωνσταντίνου Ζωῇ ἔτη ϛ μῆνας ϛ. ἐκοιμήθη δὲ ὁ αὐτὸς Ῥωμανὸς μηνὶ ἀπριλλίῳ ια ἰνδ. β ἔτους ϛφμβ, πνιγεὶς ἐν τῷ λουτρῷ.

ἀνηγορεύθη δὲ τῇ αὐτῇ ἡμέρᾳ Μιχαὴλ ὁ Παφλαγὼν ἄρχων τοῦ μηνό. ὢν εὐλογηθεὶς καὶ στεφθεὶς παρὰ Ἀλεξάνδρου πατριάρχου ἐν Κπόλει ... ε ἔτη .. ἴλλονται τὰ ἅμα σωτήρια πάθη το ...... χρ ...ιγ. ρ .. αει τῇ Αὐγούστῃ Ζωῇ[3] βασιλεύσας χρόνους ϛ μῆνας ι ἡμέρας ιη.

Μιχαὴλ δὲ ὁ ἀνεψιὸς αὐτοῦ ὁ καὶ γενόμενος Καῖσαρ τεκνοποιηθεὶς[4] παρὰ τῆς Αὐγούστας Ζωῆς ἐστέφθη παρὰ Ἀλεξίου πατριάρχου βασιλεύσας μῆνας ε. ἐξορίσας δὲ ὁ αὐτὸς

---

[1] ἡμέρᾳ. [2] die stelle ist unheilbar verderbt. [3] aus αὐτοὺς ζωὴ verb. v. THURN. [4] τεκνοποιηθέν cod.

Μιχαὴλ τὴν Αὐγούσταν Ζωὴν ἐν Πριγκήπῳ τῇ νήσῳ, ἐγένετο
στάσις μεγάλη καὶ σύγχυσις ἐν τῇ πόλει καὶ πολλῶν οἴκων
κατεσπάσθησαν καὶ οὐσίαι διηρπάγησαν καὶ μάλλον τῶν συγ-
γενῶν τοῦ αὐτοῦ Μιχαὴλ καὶ τὸ πλεῖστον ὑπολογισθὲν ἀπὸ
τοῦ ἱπποδρομίου ἀπό τε τῶν ἐξκουβίτων καὶ τοῦ Τζυκανίστρου
καὶ διηρπάγη χρυσὸς πολὺς καὶ βλάττια ἀπό τε τοῦ εἰδικοῦ καὶ
τοῦ χρυσίωνος καὶ τῶν λοιπῶν. ὁ δὲ βασιλεὺς δείσας τὸ ὅρ-
μημα τοῦ λαοῦ ἔφυγεν ἐν τῇ μονῇ τῶν Στουδίου καὶ ἀπε-
κάρη ᾗ. ἐν δὲ τῷ μεταξὺ τούτων γενομένων τὴν Αὐγούσταν
Ζωὴν αὐτὸς ἀνεκαλέσατο ἀπὸ τῆς Πριγκήπου καίπερ κεκαρι-
θείσαν μεγάλῳ σχήματι, μήπως καταπαυσθῇ ἡ στάσις καὶ
ἡ ὁρμὴ τοῦ λαοῦ. τὸ δὲ πλῆθος τοῦ λαοῦ συναχθέντες ἐν τῇ
ἁγίᾳ Σοφίᾳ κατεβόων τοῦ πατριάρχου Ἀλεξίου πολλὰ δυσφημα
κατ' αὐτοῦ λέγοντες· ὁ δὲ φοβηθεὶς προέφυγεν ἐν τῇ ἁγίᾳ
θυσιαστηρίῳ καὶ ἀνῆλθεν τῷ συνθήκῳ. καὶ εἰσελθόντες πολλοὶ
τῶν ἱππήτων καὶ τοῦ κοινοῦ λαοῦ εἰς τὸ ἅγιον βῆμα κατε-
κραύγαζον τοῦ πατριάρχου ἐπαπειλούμενοι αὐτόν, ὡς εἰ μὴ
στέγει Θεοδώραν τὴν θυγατέρα Κωνσταντίνου τοῦ Πορφυ-
ρογεννήτου οὐ σέβεται. ἣν καὶ ἐνέγκαντες ἀπὸ τοῦ πατριαρχείου
ἀποκαμμένην οὖσαν ἔστεψεν ἐν τῇ ἁγίᾳ Σοφίᾳ ὁ αὐτὸς
πατριάρχης ὥρᾳ ϛ τῆς νυκτός. καὶ τῇ ἐπαύριον ἐνέγκαντες
τὸν βασιλέα ἀπὸ τῆς μονῆς τῶν Στουδίου τὸ πλῆθος τοῦ
λαοῦ ἐξετύφλωσαν αὐτὸν ἐν τῷ σύρματι ἅμα τῷ θείῳ αὐτοῦ
Κωνσταντίνῳ τῷ Νοβελισίμῳ.[1]

Θεοδώρᾳ ἅμα Ζωῇ τῇ ἀδελφῇ αὐτῆς ἐβασίλευσε μόνῃ
μῆνας γ.

εἶτα Κωνσταντῖνος ὁ ἐπιλεγόμενος μονόμαχος ἀνακληθεὶς
παρ' αὐτῆς ἀπὸ τῆς ἐξορίας ἐστέφθη ὑπὸ Ἀλεξίου πατριάρχου
εὐλογηθεὶς μετὰ Ζωῆς τῆς Αὐγούστας μηνὶ Ἰουνίῳ ι ἰνδ. ι
ἔτους ϛφν ς. ἀπέθανεν δὲ μηνὶ ἰαννουαρίῳ ζ ἰνδ. η. βασιλεύσας
ἔτη ιβ μῆνας ζ. οὗτος καθ' ὑπερβολὴν λάγνος γεγονὼς πολλὰς
καινοτομίας εἴς τε πατέρα καὶ ἀπαίτους[2] ξένας ἀλλοκότου ἐν
τῷ κοινῷ ἐπενόησε.

Θεοδώρα μόνη ἔτη .. μῆνας ...

Μιχαὴλ ...... καὶ ἐξετυφλώθη.

[1] νοβελλίσει. [2] εἶτα καὶ ἀναιτίους ξένας πάντας καὶ ἀλλο-
κότους.

Ἰσαάκιος ὁ Κομνηνὸς ἔτη δύο μῆνας ... ηγα· χ.

Κωνσταντῖνος ὁ Δούκ)ας ...... ⟨Εὐδο⟩κία[1]) ἡ γυνὴ αὐτοῦ μῆνας ζ̅.

Ῥωμανὸς ὁ Διογένης σὺν τῇ Εὐδο⟨κίᾳ⟩ ἔτη γ̅ μῆνας η̅, κρατήσας δὲ παρὰ τὸν Τούρκων οὐ προσεδέχθη ἀλλὰ τυφλωθεὶς ἐν τῇ Κοτυαίῳ ἀπεκρύβη η.[2])

Μιχαὴλ ὁ Δούκας ἔτη ς̅ μῆνας ξ̅ ἐξεβλήθη παρὰ Βοτανιάτου καὶ γέγονε κληρικός.

Νικηφόρος ὁ Βοτανιάτης ἔτη γ̅ ἐξεβλήθη καὶ γέγονε ἄρχων μιρὶ ἀπεκλάβιο β̅ τῇ μεγάλῃ ι̅ Ἰνδ. δ̅ ἔτους ϛφπδ̅.

Ἀλέξιος ὁ Κομνηνὸς ἐκράτησεν τῆς βασιλείας ἐξελάσας Βοτανιάτην. ἦν δὲ ἡλίου κύκλος υ̅ καὶ σελήνης π̅ τούτου τοῦ μηνὸς τῇ η̅ ἡμέρᾳ τ̅ τῆς διακαινησίμου εἰσῆλθεν ὁ δεσπότης ἡμῶν ὁ ἅγιος ὁ πανευτυχέστατος Καῖσαρ κῦρος Νικηφόρος ὁ Μελισσηνὸς ἐν τῇ πόλει, ὃς καὶ ἐτελεύτησεν μηνὶ νοεμβρίῳ ις̅ Ἰνδ. ιγ̅ ἔτους ϛχγ̅. ὁ δὲ κῦρος Ἀλέξιος ἐβασίλευσεν ἔτη λς̅ μῆνας δ̅ ἡμέρας ιε̅ καὶ ἐτελεύτησεν μηνὶ αὐγούστῳ ι̅ς Ἰνδ. ια̅, καταλείψας βασιλέα τὸν υἱὸν αὐτοῦ Ἰωάννην τὸν Πορφυρογέννητον, ὃς ἐβασίλευσεν μηνὶ αὐγούστῳ ι̅ς Ἰνδ. ιβ̅ ἔτους ϛχκϛ̅.

_____

[1])..κημ. [2]) ἀπεκαίη η.

⊢⊣

Verwandte schriften.

Chron.
epitomon.

1. Der *Ἐκλογή* (E) am nächsten kommt das mit Johannes Komnenos † 1143 schliessende *Χρονικὸν ἐπίτομον* (K). aus einer Wiener hs. von *Klohe* edirt [1]). Die ära von K ist die syrische, 5506.

Die richterliste bis auf Sampson stimmt durchaus mit E, ebenso die könige bis Ozias; nur ist bei K ol. 1, 1 = Ozias 42 und bei E = Ozias 50. Ferner findet sich die vortreffliche anmerkung über die zweierlei berechnungsweisen der gefangenschaft gleicherweise in beiden auszügen, des weiteren decken sich die Perser- und die Ptolemäerlisten und so ziemlich der sturz der römischen könige 508 (509 K) v. Chr. Von den gleichzeitigkeiten sind gemeinsam bestimmt der Assyreranfang Abraham 69 (68), das auftreten der Sikyonier = Abraham 101, Inachos 1 = wj. 3651. die 545 j. der herrschaft der Argiver bis zum 15. j. der Ammoniter, Kekrops 1 = wj. 3951. Trojas fall = wj. 4325, Caesars beginn nach dem 4. j. der Kleopatra. Die dauer der Meder von 259 j. und der Ptolemäer von 295 j. entspricht den 258 und 294 j. bei E; die jüdischen könige herrschen nach beiden abrissen 515 j. [2])

K bringt mehr als E: die dauer der Egypter von 1663 j., die gründung Roms ol. 6, 3; die 674 j., die von Trojas fall bis zur einführung des consulates verlaufen. Diese ansätze stimmen zum system von E und sind wahrscheinlich einer ausführlichen, E und K gemeinsamen quelle entlehnt.

---

[1]) Die schrift von Klohe hat man mir auf den Wiener bibliotheken nicht finden können; ich benutze daher lediglich den auszug bei GELZER II 345—357.

[2]) Bezeugt bei K (GELZER II 350) und durch rechnung zu finden bei E. Denn Saul 1 = wj. 4403 bis Darius 2 = 520 v. Chr. wj. 4988 gibt 585 j., davon 70 j. der gefangenschaft, gibt 515.

Abweichend ist dagegen K's behandlung der urzeit, sodann das einschieben der anarchie zwischen Eli und Samuel, weiter der ansatz von Alexanders tod im wj. 5167, endlich die gleichung vom ende der römischen könige = Darius 10 und vor allem die ära 5506. Die abweichungen berühren sich ausser der ära sämmtlich mit den ansätzen des Nikephoros.

Die ungewöhnlichen zahlen der patriarchen und die Abrahamsepoche 3323 bei K (3322 E) kehren ihrerseits wieder im syrischen Eusebius um 640 (unten s. 51) und in der ‚Biene‘ des Mar Salomon von Forat-Maisan um 1220 n. Chr.[1]

Chron.
syalomon.

2. Die panodorische behandlung der Chaldäerdynastien, die E übernommen, findet sich auch im Χρον. σύντομον, das 854 n. Chr. aus einer etwa 50 j. älteren quelle ausgezogen wurde. Ferner betrifft man im Χρον. σύντομον den synchronismus Joseph-Inachus, die 515 j. der jüdischen könige und wahrscheinlich auch die 1663 j. der Egypter.[2]

Darius 10 gleicht die chronik mit wj. 4998, K mit 4999; andere ähnlichkeiten sind zweifelhaft. Die compilation, auf der E K beruhen, erschliesst sich demnach als eine wenig benutzte nebenquelle des Χρον. σύντομον.

Anonymus
in Venedig.

3. Im Marcianus 407 fol. 8 ist eine unten ausführlicher zu besprechende chronographie erhalten, die im vorchristlichen teil einige anklänge an K und an Johannes Siculus (No. 5) aufweist. Auszug — Saul = 637 j., ebenso Johannes[3]: tempeldauer 424 j. = K.

Μεταξύ ῆς Ἰσχρ κβ. ἐπὶ τούτου ἐπειδὴ ἡ δυναστεία τῶν Ἀιγυπτίων ἀρξαμένη ἀπὸ τοῦ τεσσαρεσκαίτου ἔτους Ἰακὼβ τοῦ πατριάρχου (= KSic.) ἤξασα δὲ τῷ δευτέρῳ ἔτει τούτου τοῦ Ἰσχρ, διαρκήσασα ἔτη ͵αχξ̅ (1663 KS.)

ἀπὸ δὲ τοῦ μη̅ ἔτους τῆς αὐτοῦ (Azarias — Ozias) βασιλείας ἐγένετο ἡ θέσις τῶν ὀλυμπίων [εἰς τιμὴν τοῦ Ἀπόλλωνος] (= E KS.) ausführung über die tetraëteris.

[1] GELZER II 347 nach ASSEMANI; es gibt auch eine deutsche übersetzung des Salomon von SCHÖNFELDER.
[2] GELZER II 341, 339, 354.
[3] 635 j. zählt Africanus, 630 das chron. paschale, 537 K. seit Moses' tod.

1. Auf der gemeinsamen quelle von E K beruht auch
Johannes Siculus [1]). Seine weltgeschichte beginnt im
Vaticanus 394. der bis 866 n. Chr. reicht, fast genau wie die
Pariser hs. von E: *Πολλοὶ τῶν ἔξω φιλόλογοι καὶ χρονο-
γράφοι.* Muralt [2]) spricht von einem Petrus Siculus, der über
die Paulicianer schrieb, und hält diesen für den verfasser des
Vaticanus; sodann erwähnt er eine andere recension, die bis
1222 gebe, und identifizirt deren verfasser Johannes Sikeliotes
mit dem patriarchen von Konstantinopel Joh. Veccus 1275—85.
Dieser und ähnlichen gleichungen widerspricht die vorrede
des Skylitzes (schrieb um 1080), worin derselbe einen chronisten jenes namens als seinen vorgänger erwähnt; dafür
spricht aber das schlussdatum des mit der überschrift *Τοῦ
Σικελιώτου* versehenen Vindobon. histor. 99, der mit
Theodor Laskaris ‹II› † 1258 endet [3]). Eine weitere frage
ist, ob der geschichtsschreiber mit dem rhetoriker Joh. Doxo-
patres aus Sicilien, der wahrscheinlich um 1060 lebte, identisch
ist. Jedenfalls aber müsste, wenn man die gleichung des
chronisten mit dem von Skylitzes angeführten Sicilier aufrecht erhalten will, die Wiener chronik als eine spätere, mit
zusätzen versehene recension betrachtet werden, eine annahme,
der viele beispiele zur seite stehen. Der Wiener codex,
papierhs. saec. XVI in 4°, sehr schlecht und klein geschrieben,
ist jedenfalls blos ein ganz kurzer auszug aus dem original-
werk, da er nur 16 blätter enthält, während der Vaticanus,
ebenfalls saec. XVI, deren 382 zählt. Ich gebe im folgenden
den inhalt der Wiener hs.:

*Σύνοψις χρονικὴ ἀπὸ Ἀδὰμ τὴν ἀρχὴν λαβοῦσα καὶ πάσας
διεξιοῦσα τὰς ἐπὶ γῆς μεγάλας βασιλείας τούς τε τῆς Κωνσταντινουπόλεως βασιλέας καὶ πατριάρχας ἀκριβῶς καταλέ-*

---

[1]) Krumbacher 190.

[2]) Chronol. byzantine I s. XIV.

[3]) Ich habe als schlussdatum ϛψξη̅ 1260 notirt, aber leider
nicht zugefügt, ob dadurch der tod Theodors bezeichnet ist. Wenn das
der fall, so müsste der schriftsteller, der ein so fehlerhaftes datum überliefert, beträchtlich später als Theodor angesetzt werden.

γονται[1]) ἕως τῶν χρόνων τῆς βασιλείας Κομνηνοῦ δεσπότου[2])
τοῦ Δούκασι .. κεφάω ιϛ.

Ἀδὰμ ὁ πρῶτος ὑπὸ θεοῦ πλασθεὶς ἄνθρωπος ἐν τῇ ἕκτῃ
τῆς κοσμοποιίας ἡμέρᾳ μετὰ τὸ γενέσθαι ἐτῶν διακοσίων
τριάκοντα ἐγέννησε τὸν Σήθ, τὸν Κάιν καὶ τὸν Ἀβέλ.

Urzeit, namentlich auch die angaben über Isis und Osiris
K, ebenso die summen: flut bis zur geburt Abrahams 1080,
seil Adam 3300 (so!)   K.

Assyrer. ἐν δὲ τῷ ἑβδομηκοστῷ ἐννάτῳ ἔτει τῆς ζωῆς Ἀβραὰμ πρὸ
τῆς εἰς Αἴγυπτον δηλονότι τούτου ἀφίξεως, ἀπὸ δὲ κτίσεως
κόσμου ἔτη γτε πρῶτος Ἀσσυρίων βασιλεύει Βῆλος καὶ διαμένει ἡ τούτων βασιλεία ἔτη ατ ἕως δηλονότι Ὀζίου τοῦ
τῶν Ἰουδαίων βασιλέως.

Sikyonier. τῷ ἑκατοστῷ πρώτῳ ἔτει πάλιν τοῦ αὐτοῦ Ἀβραὰμ πρώτῳ δὲ τῆς γεννήσεως Ἰσαὰκ, ἀπὸ δὲ κτίσεως κόσμου ἔτη
γτκβ (lies γτκβ) βασιλεύει Σικυωνίων πρῶτος Αἰγιαλεύς,
καὶ διαρκεῖ ἡ τούτων βασιλεία μέχρις ἐννάτου ἔτους τοῦ
προφήτου Σαμουήλ   K.

Egypter. τῷ ογ ἔτει τοῦ Ἰακώβ ἔγουν ογ τοῦ Ἰσαὰκ ἄρχεται ἡ
δυναστεία τῶν Αἰγυπτίων καὶ λήγει αὕτη τῷ δωδεκάτῳ ἔτει
Ὦχου τοῦ βασιλέως Περσῶν διαρκέσασα ἔτη αχζ.   K.

Jakob πε. Levi μτ (?).

Argiver. τῷ δὲ λη ἔτει τοῦ Κααθ πρῶτος βασιλεύει Ἴναχος καὶ
διαμένει ἡ τούτων βασιλεία ἕως ἔτους π τῆς τῶν Δαναῶν
κατὰ τοῦ Ἰσραὴλ ἐπικρατείας ἔτη ϙπ. (545 P und K) μετανα-
μένων δὲ τοῦ τῶν Ἀργείων κράτους μετατίθεται ἡ βασιλεία
ἐν Μυκήναις καὶ διαρκεῖ αὕτη ἐπὶ ἔτη σι μέχρι τῶν Ἡρα-
κλειδῶν καθόδου ἔτους τ τῆς βασιλείας Σισθά, καὶ οὐκέτι
ἐβασίλευσεν (lies ἐβασιλεύθη) οὔτε Ἄργης οὔτε Μυκήνη.

Moses. Κααθ ϛ Ἀμβρὰμ οι, ἐγέννησε τὸν Μωυσῆν, ὃν ἀπὸ τοῦ
ποταμοῦ Νείλου λαβοῦσα Θερμοῦθις, ἡ θυγάτηρ Φαραὼ τοῦ
βασιλέως Αἰγύπτου, ἀνέθρεψε καὶ διὰ παντὸς ἀναχθῆναι παι-
δείαν ἐποίησε τῶν ἐν Αἰγύπτῳ σοφῶν, αὐξηθεὶς δὲ τήν τε

---

[1]) FORSTER, De antiquit et libris mss. Constantinop. 1877 Rostock
liest κατελέγχονται.
[2]) FORSTER liest K. Θεοδώρου Δ.

μητέρα καὶ τὸ οἰκεῖον ἐννόαζε γένος. τοιοῦτον δὲ διέλαμπεν ἀρετῇ καὶ λόγῳ, ὥστε στρατηγὸν ὑπὸ τοῦ βασιλέως ἀποδειχθέντα ποτὲ τοὺς Αἰθίοπας καταγωνίσασθαι καὶ τὰς αὐτῶν πόλεις ὑποχείρια (ὑποχειρίους?), ποιήσασθαι.

Moses geb. 430 j. nach der ankunft Jakobs in Egypten.

Flut . . . . ,βαμβ
Abraham 1 . . . ,αχη [3330]
Exodus . . . . ητ
γτλτ (lies γωλτ).

Jesus κε. ὁ δὲ λεγόμενος ἐπὶ Ὠγύγου κατακλυσμὸς ἐγένετο τῷ δωδεκάτῳ ἔτει Μωσέως. ὁ δὲ Ὠγύγης οὗτος πρῶτος οἰκίσαι μνημονεύεται τῆς Ἀθηναίων χώρας καὶ ἄστυ κτίσαι. ἀπὸ γοῦν τοῦ Ὠγύγου κατακλυσμοῦ ἕως τοῦ Κέκροπος τοῦ δι' αὐτὸ ὕστερον βασιλεύσαντος Ἀθηνῶν ἔτη ̄σ, ἅτινα πάντα ἀβασίλευτος ἔμεινεν ἡ Ἀττική. Die fassung hält zwischen der bei E p. 176 und K fol. 252 die mitte.

Phinees 30, Chusarathom ἄρχων Συρίας 50 (jedenfalls verschrieben N für H), Gothoniel 40, τῷ τῇ ἔτει αὐτοῦ βασιλέων πρῶτος Ἀθηνῶν Κέκροψ δι' οὗς καὶ διήρκεσεν ἡ τούτου βασιλεία ἔτη ἕως συναψαμένη ἐν ἔτει ιε τῆς βασιλείας Μανασσῆ.

Χρ. ἔπτ.

τῷ δὲ λῃ ἔτει πάλιν τοῦ αὐτοῦ Γοθονιὴλ ὁ κατὰ Δευκαλίωντα κατακλυσμὸς ἐν Θετταλίᾳ συνέβη καὶ ὁ ἐπὶ Φαέθοντος ἐμπρησμὸς ἐν Αἰθιοπίᾳ καὶ ἄλλαι πολλαὶ ηθικαὶ τοπικαὶ γεγενῆσθαι ἱστόρηνται.

Oxyz.

Richter.

Eglom	18
Bud (Aod) und Semegar .	80
Jebussäer	20
Debora	80
Horeb und Zeb	8
Midianiter	7
Gedeon	40
Abimelech	3
Φωλά (Thola) ὁ τῆς Φωλά	23
Jair καὶ αὐτός	22 erschliesst auch für Thola 22

Jephtha . . . . 5 (undeutlich)
Bedon (Essebon?) . . . 10 (?)
Philister . . . . 40 Sibylle in Delphi
Sampson 20
Eli . . . . 40 nach dem LXX 20
Samuel 20
Exodus — Saul I . . . . 637 [in wahrheit 581]

Reich Juda. Saul 40. David 7 + 33   40. ἐπὶ τούτου ὁ Τρωικὸς πόλεμος ἐτελέσθη καὶ ἡ Ἴλιος ἑάλω. [so Joh. Antiochenus] ἐπὶ τούτου καὶ Ἡσίοδος ὁ ποιητὴς ἤκμασε.

Die könige bis Amos, sowie das lemma von der gründung Roms K.

	Siculus	Χρον. σύντ.
Josia	32	31
Ioachaz	— 3 mon.	— 3 mon.
Eljakim	11	12
Ioakim	— 3 mon.	— 3 mon.
Ναβδαναν Sedekias .	11	11

Zerstörung Jerusalems a) im 3. j. Eljakims, b) im 3. monat des Echonias   Nabuchodonosor 8 nach Daniel, c) im 10. j. des Sedekias   Nabuch. 19.

Reich Israel. Von David bis zur gefangenschaft 21 könige 400 j. (lies 475), darunter 9 gute könige und 12 böse, die Gotholia ausgeschlossen.

Jeroboam 21
Abad 2
Jambri 12
Achab 22
Ochozia 2
Joram 12
Jeroboam 41
Zacharia . . . . — 6 mon.
Sellum . . . . — — 30 tage
Eanakim 20

Phakee 14
Phakee II 20
Hosea 9

|175|

18 könige $\overline{ο\xi}$ j. (oder $\overline{ο\xi}$?) ἐκ διαφόρων γεννῶν καὶ τούτων ὀκτὼ ἐπὶ τὸ ἄρχειν ἀναβεβηκότες, πάντες πονηροί.

εἴρηται μὲν οὖν ὅτι οἱ συγγραψάμενοι τάς τε πράξεις καὶ τοὺς χρόνους τῶν βασιλέων εἰσὶν οἱ κατὰ καιροὺς ὄντες προφῆται, ἐπειδὴ δὲ τοῦ γενέσθαι ἐκ μέρους αὐτοὺς ἐσημειώσατο ταῦτα.

ἐκ τῶν παραλειπομένων τὰ περὶ Δαυὶδ ἔγραψεν Σαμουὴλ καὶ Ναθὰν καὶ Γὰδ οἱ προφῆται.

τὰ περὶ Σαλομῶντος Ναθὰν καὶ Ἀχὰ οἱ προφῆται.

τὰ περὶ Ἱεροβοάμ, Σαμαίας καὶ Ἀχδὼ οἱ προφῆται.

τὰ περὶ Ἀβιά, Ἀδδὼ ὁ προφήτης.

τὰ περὶ Ἀσὰ ἐν τῷ βιβλίῳ λόγων.

τὰ περὶ τῶν βασιλέων Ἰούδα τὰ περὶ Ἰωσαφάτ, Ἰηοῦ ὁ προφήτης ὁ τοῦ Ναυμή, ὃς κατέγραψεν βιβλίον λόγων βασιλέων Ἰούδα.

τὰ περὶ Ἰωὰς ἐσήμανῃ ᾗ τῶν βασιλέων.

τὰ περὶ Ἀμασία ἐκ βιβλίον βασιλέων Ἰούδα καὶ Ἰσραήλ.

τὰ περὶ Ἐζεκίου Ἡσαΐας υἱὸς Ἀμὼς ὁ προφήτης.

τὰ περὶ Μανασσῆ ἐπὶ λόγων τῶν ὁρώντων.

τὰ περὶ Ἰωσίου ἐπὶ βιβλίον Ἰούδα τὰ περὶ Ἰεσεκία ἐπὶ βιβλίον βασιλέων Ἰούδα καὶ Ἰσραήλ[1]).

Nabuchodonosor . . . . . 44 j.,
[nach Jerusalems fall . . 25 j., vgl. oben s. 28 unten]   Perser.
Marochad 6
Bartasar (so!) 4
Cyrus = Darius   Astyages 31
Kambyses . . . . 2 Judith. Pythagoras

¹) Die quelle von Joh. Siculus hat hier wörtlich aus dem hebräischen bibeltexte übersetzt. Das buch der reden zielt auf die ‚dibrê hajomim, die worte der zeiten', d. i. die chronica; mit den reden der sehenden aber sind die prophetischen bücher gemeint. Der prophet heisst oft geradezu ‚der sehende'.

Darius Hystaspis 36
[Nabuchod. 19 — Darius 2 . 70
Xerxes . . . . — Esdra
Artaxerxes Langhand . . 41 Esther
Xerxes 2
Bogdianos 7
Darius Nothus . . . . . 19 Demokrit und Sokrates (lies
Hippokrates) ὁ τὴν ἰατρικὴν ἐπιστήμην ἐκδεδωκώς.

Artaxerxes Mnemon 42.
Artaxerxes Ochus 22.

Egypter. ἐπὶ τούτου ἐπειδὴ ἡ δυναστεία τῶν Αἰγυπτίων ἀρξαμένη
μὲν ἀπὸ ιζ ἔτους Ἰακὼβ τοῦ πατριάρχου λήξασα δὲ τῷ ιβ
ἔτει τῆς τοῦ Ὤχου βασιλείας διαρκέσασα ἔτη αχξε. So des
Gleichklangs halber statt 1663, wie oben s. 28 steht.

Arses 4.
Darius Arsamu 6. Aristoteles. Speusippos. Xenokrates.

Alexander Ἀλέξανδρος ὁ Μακεδὼν μετὰ τὸ δεκάτῳ τελείως τὴν
d. Gr. ἀρχὴν τῶν Περσῶν ἐβασίλευσεν ἔτη ὀκτὼ καὶ πρὸ τούτου
γὰρ ἦν βασιλεύων καὶ ἐπαγόμενος τὴν Ἀσίαν ἔτη δ, ὡς εἶναι
καὶ τὰ τῆς βασιλείας αὐτοῦ πάντα ἔτη ιβ. ἐν οἷς ἐφ᾽ ὧν
ἐπετάξας καὶ δουλώσας[1] Ἑλλήνων μὲν ᾧ φυλὰς ιγ[2] βαρβάρων δὲ ἔθνη κβ καὶ ἁπλῶς ἐν παντὶ Ἀσίας καὶ Αἰγύπτου
ἐπὶ βραχύτων[3], ἐγκρατὴς[4] οὕτω πολέμων γενόμενος. ἐτελεύτησε δὲ ἐν Περσίδι κατ᾽ αὐτὴν τὴν Βαβυλῶνα ἐν ἔτει ἀπὸ
κτίσεως κόσμου πεντακισχιλιοστῷ ἑκατοστῷ ἑξηκοστῷ ἑβδόμῳ[5],
μετὰ δὲ τὴν τελευτὴν Ἀλεξάνδρου διετίμαντο οἱ ἐκείνου
στρατηγοὶ τὰς ἐπαχθείσας ἐκείνῳ πόλεις καὶ χώρας.

Ptolemäer. Πτολεμαῖος ὁ Λάγου ἔτη μ. οὗτος ἐκστρατεύσας πολλὴ
τὰ Ἱεροσόλυμα καὶ ἐπαιτήδειον δείξας.

Φιλάδελφος . . . λθ LXX Demetrios Poliorketes
Εὐεργέτης . . . κς Jesus Sirach
Φιλοπάτωρ. . . ιζ

[1] γωλά hs. [2] ebenso Malalas, während Pseudokallisthenes τὸ hat.
[3] lies ἐν βραχεῖ χρόνῳ. [4] ὅ ἐγκρατ hs. [5] Nikephoros.

ἐπὶ τούτου ὁ ἐν Αἰγύπτῳ αἰχμάλωτος Ἑβραϊκὸς λαός
τοιοῦτόν τι δρᾶσαι κατηναγκάσθη. προσέταξεν ὁ βασιλεὺς
ἅπαντα τὸν τῶν Ἑβραίων λαὸν ὑπὸ πεντακοσίων ἐλεγάντων
οἴνῳ λιβανωτῷ μεθυσθέντα ἀποφθαρῆναι, εὐξαμένου δὲ τοῦ
πλήθους πρὸς τὸν θεὸν οἱ ἐλέφαντες εἰς τοὺς ἰδίους σωμα-
τιώτας καὶ τὸν δῆμον ἐμποδίσαντες πολὺ πλῆθος αὐτῶν
ἐθανάτωσαν καὶ οὕτως αὐτοὶ σωθέντες ἀπελύθησαν εἰς τὰ ἴδια.

Ἐπιφανής	κδ
Φιλομήτωρ	ιε
Φύσκων	ιη
Ἀλέξανδρος	ι
ἀδελφὸς αὐτοῦ	η
Σωτῆρος (so)	κθ
Κλεοπάτρα	κβ

τῷ δὲ ō ἔτει τῆς βασιλείας αὐτῆς κατελύθη πάλιν ἐν
Ῥώμῃ ἡ ὑπατεία καὶ γέγονεν αὖθις μοναρχία Γαΐου Ἰουλίου
Καίσαρος πρώτου τὴν ἀρχὴν ἑαυτῷ περιθεμένου, ὅτε δὴ καὶ
Διόδωρος ὁ ἱστορικὸς ἤκμαζε. τῆς γοῦν Κλεοπάτρας τέσσαρα
ἔτη μόνον ἐπὶ τῆς βασιλείας καθαρῶς λογιστέον· τὰ δὲ ἐπί-
λοιπα ιη̄ τὰ ἀπὸ τῆς ἀνα⟨γο⟩ρήσεως τοῦ Ἰουλίου Καίσαρος,
εἰ καὶ αὐτὴ ἐν τῇ οἰκείᾳ χώρᾳ ἐβασίλευεν, ἀλλὰ τῇ μείζονι
βασιλείᾳ προσθετέον τῇ καθ' ὅλης τῆς οἰκουμένης ἐξαπλω-
θείσῃ καὶ αὐτὴν τὴν Αἴγυπτον καὶ πάντα ὑποτάξασι. λέγω δὲ
τῇ Ῥωμαϊκῇ πασῶν τῶν πόλεων τῶν ποτὲ βασιλειῶν ἐπι-
κρατεστέρᾳ καὶ μείζονι⟩ καὶ νῦν σὺν θεῷ διαρκούσῃ.

Aus der kaiserzeit ist wenig zu bemerken. Etwas ge-   Kaiserzeit.
nauer wird die darstellung bei den brittischen kriegen des
Severus, für die ein auszug aus Dio benutzt ist. ἔστιν δὲ τὸ
μῆκος Βρεττανίας στάδια ͵ζυλβ̄· τὸ δὲ πλάτος ͵βπ̄ berichtet
Siculus nach Dio LXXVII 13, der indes die breite genauer
angibt: τοῦ δὲ δὴ πλάτους τὸ μὲν πλεῖστον δέκα καὶ τριακόσιοι καὶ δισχίλιοι, τὸ δ' ἐλάχιστον τριακόσιοι.

Karakalla	6 j.	2 m.	3 t.	
Elagabal	3 .	9 .	2 .	
Maximus und Albinus —		22 .	ἡ μῆρας οὐχ ὅλους γ̄.	

Pompeianus.

Poplios.

Gordian ὃν οἱ στρατιῶται ἔτι ζῶντος τοῦ Μαξιμίνου ἀνηγόρευσαν, regiert 22 t., nach anderen 6 j. Origines von Mammäa nach Antiochien berufen.

Gordian besiegt die Perser und kommt nach Ktesiphon.

Philippus.

Marcus der philosoph.

Μετὰ δὲ τοῦτον Σίβαρον (Severus) τὸν Στυλιανὸν προσβάλλοντο, ἐπανελθὼν δὲ ἐκ Λιβύης ὁ ἡμέτης Φίλιππος ἐγκρατὴς ἐγένετο τῆς ἀρχῆς καὶ τὸν υἱὸν αὐτοῦ Φίλιππον κοινωνὸν τοῦ κράτους ἐποίησατο.

Die erzählung wird hinuntergeführt bis zum j. ͵ϛψϟδ 1260 n. Chr.

Die quellen der Ekloge.

Der Wiener und der Pariser auszug der 'Εκλογή sind zwei unabhängige, verstümmelte recensionen einer älteren compilation. Im eingang der Wiener hs. ist die rede von einer liste der Egypter und Römer, die uns nicht erhalten ist, ebenso ist das erneute versprechen s. 12, die alten könige der Römer zu verzeichnen, nicht gehalten worden; desgleichen fehlt die jüdische königsreihe, die wenigstens in der ersten hälfte im Parisinus noch vorliegt. Es kann weiter kein zweifel sein, dass in der einleitung des Vindobonensis die ursprüngliche ordnung nicht eingehalten ist und die verschiedensten ansätze und orientirenden bemerkungen durcheinander gewürfelt sind.

Die jüdische reihe ist gegeben im Χρον. ἐπίτομον und bei Siculus, ebendort haben sich andeutungen über die Egypter erhalten, dagegen finden sich daselbst mehrere notizen, die zum system von E nicht passen. Einige gleichzeitigkeiten, die E bietet, kehren wieder im Χρον. σύντομον, das jedoch in der hauptmasse seiner tradition einem anderen gewährsmanne folgt.

Die gemeinsame quelle, aus der E und KS und das Χρον. σύντ. unabhängig schöpften, scheint dem zeitalter des Anastasius † 518 anzugehören[1]) oder kurz darnach verfasst zu sein. Da auf die Antiochener besonders und mehrmals rücksicht genommen wird, da ferner die eusebianische olympiadenrechnung eine grosse rolle spielt, so mag man die urheberschaft einem Syrer, etwa dem Andronicus zuschreiben, der zur zeit Justinians den Eusebius umarbeitete[2].) Die urquellen für den vorchristlichen teil sind Africanus, Eusebius und Panodor; für den nachchristlichen teil compilirte der verfasser sich entweder

---

[1]) s. 3 anm. 1.
[2]) Elias von Nisibis fol. 6.

3*

selbst die nötigen notizen oder benutzte eine compilation der kirchengeschichte, von ähnlicher art wie jenes compendium, das aus Eusebius, Theodor dem vorleser, Gelasius, Philipp von Side, Joh. Diakrinomenos und der historia tripartita zusammengetragen war und in vier verschiedenen auszügen uns vorliegt. Jenes compendium wurde von Theophanes, Hamartolos, Nikephoros, Kallisthos und den kleinen chronographen wie Leo und Pollux benutzt[1]); ein ganz ähnliches wurde allem anscheine nach auch von E und wieder ein anderes von KS verwertet. Drei bis vier spätere recensionen aus den j. 886, 1119 und 1260 (1222? bei Sicul.) trugen das wichtigste aus den folgenden jahrhunderten in kürze nach. In diesen auszügen aus dritter hand wurden die vorlagen neuerdings umgearbeitet und wahrscheinlich wiederum verkürzt. Die spuren der textveränderung zeigt vor allem die fassung s. 10. derzufolge Alexander Chazarien und die Türkei eroberte; dieselbe kann nicht vor dem 7. jahrh. angesetzt werden, denn obgleich es sehr gut möglich ist, die etwa an den westabhängen des Pamir ansässigen Casiri des Plinius[2]) für Chazaren zu halten und obgleich schon Moses Chorenazi zum j. 198 von einem einfalle der Chazaren spricht[3]), so fällt doch die früheste erwähnung derselben bei byzantinischen schriftstellern erst ins j. 587 n. Chr. und der begriff des landes Chazarien und gar der Türkei taucht erst beträchtlich später auf[4]).

Widersprüche in der zeitrechnung der Ekloge.

Die ära der Ἐκλογή ist die byzantinische 5508. Die chronologie ist im ganzen eine einheitliche, jedoch mangelt es nicht an doppelansätzen und an auffallenden widersprüchen. So wird der anfang der Assyrer einmal in die zeit Jakobs[5]), dann aber ins 68. (Vind.) oder 69. (Par.) jahr Abrahams verlegt und Herakles wird gar dreifach, nämlich durch Aod um 4000, durch Jair um 4210 und durch Elon

---

[1]) De Boor in den untersuchungen zu ehren Schäfers 281.

[2]) VI. 20 § 55. vgl. meine Quaestiones Severianae 1888 Bonn, s. 36.

[3]) II 65.

[4]) Stritter, Memoriae popul. Danubium incolentium II. Zeuss, Die Deutschen 742.

[5]) Cramer II. 175.

um 4260 bestimmt. Olympiade 1, 1 ist einmal[1]   Ozias 50 wie im chronicon paschale, ein andermal[2]   Ozias 49, ein drittes mal in der recension Sic.   Ozias 48; dem entsprechend ist der ausgang der Assyrer, der 42 j. vor ol. 1 fällt[3], zuerst im 7. j. des Ozias, dann in dessen 9. j. angenommen werden. Von grösseren anstössen sind am wichtigsten folgende.

Wirrsal in der zeit Josephs und Sauls.

Joseph.

Zur führerschaft in Egypten gelangt Joseph nach der einen stelle mit 30, nach der anderen mit 38 j.[4]; das erste datum ist das richtige. Bis Kekrops 1   wj. 3950 verliefen 200 j. seit Ogyg 1   Moses 12   3758; also derselbe abstand um 8 j. wie bei der chronologie Josephs. Man kann vermuten, dass derselbe von einem abstand zwischen der ära der quelle 5500 und der von E 5508 abhängig war; und vielleicht hat die nach der syrischen ära 5506 rechnende quelle des Joh. Antiochenus einen ähnlichen zwiespalt dadurch verdecken wollen, dass sie jenen zwischenraum zwischen Kekrops und Ogygos auf 206 j. verlängerte. Viel befremden hat ferner die angabe gemacht, derzufolge die Argiver von Josephs 48. herrscherjahre   wj. 3650 bis zum 15. j. der ammonitischen obmacht   wj. 4238 während 545 j. sich behauptet hätten. So E und ganz ähnlich K., nur Siculus bietet 580 j., wobei der schon zweimal beobachtete abstand von 8 j. wiederum sich herausstellt.

Saul.

Schlimmer wird die geschichte bei Samuel und Saul, deren regierungszeit gehörig auseinanderzuhalten von jeher den chronisten die grösste sorge bereitet hatte.

	E	K	chr. pasch.
anarchie	[4332 4372]	Eli . 4335—4355	anarchie —4346
Eli . .	— 4392	anarchie — 4385	Eli . . —4386
Samuel .	—	— 4405	— 4406
Saul . .	4392—4432	— 4445	— 4426

[1] Cramer II 168, oben s. 8.
[2] Cramer II. 230.
[3] oben s. 8; nach den Assyrern herrscht Arbakes 28 j., dann Mandaukes 14 bis zur einführung der olympischen Spiele.
[4] zum folgenden vgl. Gelzer II. 305, 306, 254, 355.

E		KN

Sikyonier 3423 — Eli 11   4383. | 3429 — Samuel 9   4401.

Da beide gruppen für die Sikyonierherrschaft 961 j. angeben, so erhellt sofort daraus, dass die rechnung von E die richtige und ursprüngliche ist. Von den 40 j. der anarchie bei E sind daher 10 j. für Samuel auszuscheiden und 4392 als das anfangsjahr der jüdischen könige festzuhalten. K rechnet für die anarchie 10 j. weniger, für Samuel aber 20 j. besonders und erhält dadurch einen überschuss von 10 j., der sich auch bei der berechnung der Athener zeigt.[1]) Weil indessen K schon bei Abraham um 1 j. und durch die 30 j. des Phinees gegen die 28 bei E sich um weitere 2 j. von E entfernt hatte, so beträgt K's gesammtüberschuss, der sich durch die ganze königszeit hinzieht, 13 j.

Olympiadenrechnung.

	E	K	S	chr. pasch.
ol. 1	Ozias 49 (50)	Ozias 42	Ozias 49	Ozias 51
	wj. . . 4732	wj. 4738		wj. 4732

Die Osterchronik war bei Sauls ende noch 6 j. von E entfernt, hat aber durch abweichende zahlen bei Asa, Joram und Gotholia auf 2 j. den abstand von E beschränkt. Darnach können wir das ende Juda's, das in der Osterchronik 4905 verzeichnet ist, bei E auf 4907, bezw. wenn ol. 1 Ozias 48, auf 4908 bestimmen, zumal dieser zeitpunkt übereinstimmend mit obiger Beobachtung 13 j. früher als K's 4920 fällt. Freilich passt dies endjahr gar nicht zu der angabe oben s. 10, dass Sedekias 70 j. vor 520 — 590 v. Chr.

wj. 4918 geblendet wird. Wieder der obige fehler von 10 j.! Wahrscheinlich hat denn auch der ausschreiber blos deshalb die königsliste von Ozias an nicht mehr weiter geführt, weil er der doppelrechnung und der daraus erfolgten unbrauchbarkeit der liste gewahr wurde.

Die olympiadenrechnung, die den rückgrat der chronologie bei E wie beim chron. paschale bildet, ist dem Eusebius

---

[1]) GELZER II 355.

entnommen. Auf demselben autor gehen grosse excerpte in der vorrede, in der richterzeit, viele gleichzeitigkeiten und gründungsdaten, endlich mehrere königslisten bei E zurück. Einige notizen aus der griechischen geschichte scheinen uns Dexippus geschöpft zu sein [1]). Wesentlich von der olympiadenrechnung ist denn auch die chronologische übersicht abhängig, die E im eingang des Parisinus bietet [2]). Die folgende tabelle der epochen soll diese übersicht vervollständigen und einen bequemen vergleich mit anderen chroniken ermöglichen.

	E	K	weltjahre E	weltjahre K
Flut	2242	—	—	
Phalek	539	—	—	
Abraham	541	—·	—	--
Flut — Abrahams geburt	1080	1081	3322	3323
Auszug	505	—	3827	3828
Richter	565	577	4392	4405
Könige	[515]	515	[4907]	4920
			601 v.Chr.	588 v.Chr.
Cyrus seit 560 v. Chr. .	[41]	28	[4948]	—
Cyrus 18 — 542 v. Chr.	18	—	[4966]	--
Darius 2 520 v. Chr.	22	—	[4988]	4990
			520 v.Chr.	518 v.Chr.?
Alexanders tod	[197]	193	—	5183
Caesar's antritt	275	[277]	--	
Christus geb. in Augustus 42 j.	48	46	5506	5506
Caesar 1 — Konstantin 12				
317 n. Chr.	365	—	5825	—
Konstantinopel gegründet	—	—	5838	5836

E setzt die wj. blos bis zum ende der richter bei, nachher tritt die olympiadenrechnung ganz dafür ein. So wird Alexanders krönung im Vindobonensis oben s. 10 auf ol. 112,3 und sein tod im Parisinus (168) auf ol. 114,1 = 324 v. Chr. bestimmt. Von 323 v. Chr. aber 275 j. bis Caesar ergibt für dessen anfang 48 v. Chr., ein resultat, das durch die dauer

[1]) Gelzer II 306. 315.
[2]) Cramer II 168; Gelzer II 299.

Christi geb. des römischen reiches von 1460 j. seit 1508 bestätigt wird. Caesar herrschte sodann 4 j. und Augustus 42 bis Christi geburt, die demgemäss 2 v. Chr. fällt. E K bestimmen dieselbe durch das wj. 5506. Der zwiespalt in der rechnung wird aus folgender übersicht noch deutlicher erhellen.

		E			K	
Alexanders tod . . .	a) 324	b) 323	c)	wj. 5183	323
Ptolemäer	294	294			295
Kleopatra, die 22 j. herrscht †	a) 30 v.Chr.	b) 29 v.Chr.			
Kleopatra 22 Augustus 15			27 v.Chr.	wj. 5478	29 v.Chr.
Kleopatra 1 Caesar 1 . .	19 (18)	19 (18)	19 (18)		18
Augustus 42 + Caesar 4	a) 19 (18)v.Chr. b) 18, 17)v.Chr. c) 46 (45)				46 v.Chr.

Jesus. Augustus † 14 n. Chr. herrscht 57 j. nach E, folglich hätte Christi geburt in sein 43., statt 42. j. verlegt werden müssen. Schuld an all der verwirrung ist der wechsel der ären 5508 und 5506.

Ich wende mich zu einigen einzelheiten. Gutschmid sagt II 307, die 24 j., die eine glosse bei E dem Josua beilegt, seien sonst nicht nachweisbar, aber in seinem eigenen werke tauchen sie noch dreimal auf, bei Pseudo-Eusebius, im Parisinus 1773 und bei Abulfaradsch. Die 28 j., die laut E andere chronisten dem Josua geben, stammen aus dem Seder Olam.

Tempelbau. Wenn E die gründung von Tyros durch Jephtha 1242 – 1247 bestimmt und sie 240 j. vor den tempelbau setzt, so hat er höchst wahrscheinlich die vollendung des tempels im 11. j. Salomons (so K) 1483 vor augen, das stimmt sowohl zu E selbst wie zum datum 1242 des Hieronymus.

Assyrer.

Eine seltsame mischung der quellen hat bei der darstellung der chaldäisch-assyrischen geschichte stattgefunden. Die reductionen der berossischen zahlenungeheuer und die zwei ersten dynastien, wobei durch eine sonderbare rückspiegelung die könige des 747 v. Chr. beginnenden ptolemäischen Kanons plötzlich sich verdoppelt und ins 3. jahrtausend zurückgeworfen sehen, sind dem alexandriner Panodor entlehnt; dagegen

weist die Assyrerliste auf einen ganz verschiedenen ursprung
und zwar, wie ich glaube, auf Africanus hin. Im *Ngov.*
αὔτοχθον, das in der Flutepoche dem Africanus folgt und in
der olympiadenbestimmung sich ihm nähert, und bei dem
verwandten Pollux hören die Assyrer im 26. j. des Ozias auf,
das ist nach africanischer rechnung 42 j. vor ol. 1 [1]), also
genau wie bei E. Ebenso scheint der africanische anfang der
Assyrer sich mit E zu decken, denn nach der eigentümlichen
ära, die Africanus und wohl aus ihm Eusthatius aufgenommen [2]),

fällt Troja	. .	1198 v. Chr.	
Inachus	. . .	718 j. früher (Barbarus)	
Inachus	. . .	1916 v. Chr.	
Assyrer	. . .	200 j. früher (Afric. bei Sync. 236)	
Assyrer beginnen	2116 v. Chr.	wj. 3386	

Fehler d. 2 j. differenz berücks.   wj. 3384   bei der ära 5502
entspricht genau dem wj. 3390 von E.   . . . 5508

Das epochenjahr 3390 ist von E aus seiner unbekannten quelle ganz blindlings herübergenommen, da E's
rechnung ein völlig anderes jahr erforderte; dagegen lässt
sich jenes epochenjahr sehr bequem aus den wiederum abweichenden daten des Syncellus ableiten.

	Syne.	E
Araber . . . seit	wj. 3001	seit wj. 2897
herrschen 215 j.		3390 . . } 215
interregnum		175
	[Assyrer seit wj. 3287]	

Aus der zusammenstellung geht klar hervor, dass das
wj. 3390 als assyrerepoche lange vor Syncellus und E errechnet
war; der urheber der rechnung aber ist ein autor, der das
africanische epochenjahr der byzantinischen ära angepasst hat.

---

[1]) Die differenz 26 (Pollux) — 7 Ozias (E) ist gleich der differenz
zwischen ol. 1   Ozias 49 (E) und ol. 1   Achaz 1 (Afric.), denn Ozias
regiert 52, dann Jonathan 16 j., dann folgt Achaz.

[2]) Usara Manetho 225.

Meder.

Eusebius I. 67, II. 75 Scaoeni	series regum sec. Eus. Armen. n. Hieronymus	E (vielleicht nach Africanus)
Arbakes seit 1198 Abrahams = 818 v. Chr.		seit vor ol. 1 = 818 v. Chr.
Arbakes . . . 28		28
Mandaukes . . 20	Sosarmus 30	20 Mand.
Sosarmus . . . 30	Marmikos 40	29 Sos.
Artykas . . . 30	(Medidus: Hier.)	30
Dejokes . . . 54		53
Phraortes . . . 24		24
Kyaxares . . . 32		40
Astyages . . . 38		36

Meder 298 [in wahrheit 296 j.] bis ol. 55, 1 = 560/559 v. Chr. 298 j. bis 560 v. Chr.

Gefangenschaft.

Im folgenden unterscheidet sehr verständlig E und ganz ähnlich K zwischen dem 1. j. von Cyrus' persischer und dem 1. von dessen babylonischer herrschaft und bemisst den abstand auf 18 j. Darnach ergeben sich zwei berechnungen der gefangenschaft, einmal von Joakim 3 — 611 v. Chr. bis zu Cyrus' krönung in Babylon 542 und zweitens vom tempelbrand — 590 v. Chr. bis zum 2. j. des Darius d. i. nach E 520 v. Chr. Der abstand zwischen den beiden anfangsepochen von 21 j. ist der, den bereits Hippolytus bestimmt hat [1]), die 18 j. aber, welche die rechnung von E erfordert, sind bis zu Sedekias 9 gemeint, einem zeitpunkt, der nach der gewöhnlichen angabe 3 j. vor den tempelbrand fällt. Dass aber der letztgenannte zeitpunkt zum ausgang der gefangenschaftsberechnung von einigen chronisten gewählt worden ist, bezeugen ausdrücklich die hippolyteischen chronographen und eine bisher unerklärte stelle des Syncellus [2]), ja Hippolytus selbst scheint den anfang der wüsten jahre hinter das 9. j. des Sedekias verlegt zu haben.

	Hipp.		K		Nic.	
Joachim	11			12	11	
nach d. ersten gefangenschaft	8 (9?)			9	8	
Joachim II	3	20	21	3 mon. 18 — 3 mon.	18	
Sedekias bis zur zweiten gef.	9			9	10	
tempelbrand				[3 j. nach der zweiten gef.]		

[1]) Lagarde Hippolytus 156; Gelzer II 16.
[2]) 410 Bonn. Gelzer II 228.

Die schrulle des Hippolytus, die dreimonatliche regierung des Joachim II auf eine dreijährige zu erhöhen, erklärt sich am besten daraus, dass er den überlieferten zeitabstand zwischen den zwei gefangenschaften missverständlich nur bis Sedekias 9 sich erstrecken liess und darnach den beginn der danielinischen jahrwochen von Sedekias 10 d. i. genau der überlieferung gemäss vom 21 j. der ersten gefangenschaft aus berechnete. Die erste quelle jener doppelangaben und der aus ihnen entstandenen verwirrung ist wohl schon bei den jüdischen chronographen zu suchen. Übrigens geht auch das noch aus obiger übersicht, sowie aus den beiden, um 1 j. abweichenden, gefangenschaftssummen bei E hervor, dass es verlorene mühe ist, wie es oft geschieht, um den abstand eines jahres bei den Byzantinern sich ängstliche bedenken zu machen. Ob inclusive oder exclusive gerechnet wird, ob das aufhören einer herrschaft mit dem beginn einer anderen zusammenfällt oder nur eine jahresfrist getrennt wird, steht allermeist ganz im persönlichen belieben des jeweiligen chronisten, ja derselbe schriftsteller ist wohl kaum immer in seinem besonderen verfahren folgerecht geblieben.

Die moderne, orientalische forschung hat für den tempelbrand 587 v. Chr. und für Cyrus antritt in Babylon 538 festgesetzt; die angaben bei E 590 und 512 entfernen sich hiervon um ungefähr gleiche zeiträume. Der ausgangspunkt von E 590 geht durch Eusebius auf Clemens von Alexandrien zurück; verwandt ist der des Photeinos 592 v. Chr., der wahrscheinlich ebenfalls von Sedekias 9 aus gemeint war.

Die Perserliste ist wohl aus Eusebius geschöpft und dient vortrefflich zu dessen herstellung; es zeigen sich folgende abweichungen.

	Euseb.	K	E
Artaxerxes I . . .	41	40	40
Artaxerxes II . . .	40	41	41
Arses	4	—	2

Cyrus 560 v. Chr. bis Alexanders beginn 330 v. Chr. sind 230 j.

Die Ptolemäer herrschen 294 j. bei E, richtiger 295 bei K. Die um 8 j. zu geringen einzelposten bei K werden durch E

Die zeit der italischen könige beträgt eine Sothisperiode

ergänzt, wo noch Alexander's bruder Potheinos mit 8 j. hinzukommt. Im 15. j. des Augustus 28 v. Chr. wird Egypten römisch. Die könige Roms herrschen 1000 j. seit der grossen hauptepoche, die vom wj. 1000 anhebt. Darauf treten wie bei Eusebius 460 consuln auf den plan bis 48 v. Chr., dann herrscht Caesar 4 j. Die gesamtdauer des römischen reiches bis auf die umwälzung durch Caesar beträgt demnach 1460 j. oder eine Sothisperiode. Damit ist als quelle dieser rechnung Panodor aufgedeckt. Ähnliches hat derselbe vielleicht in seiner egyptischen chronologie angestrebt. E setzt nämlich die einführung des namens Egypten unter Aod wj. 3989—4068 und Syncellus, der von dem fälschenden Sothisbuche stark beeinflusst ist, erwähnt den beginn des Armaios-Danaos, den Africanus mit Aigyptos glich, unter dem wj. 4049, was mit den sonstigen angaben des Syncellus sehr schlecht stimmt, indessen ganz vortrefflich zu dem system von E. Denn E's ära 5508 zu grunde legend, zählt man gerade 1460 j. von der epoche 4049 bis zu Christi geburt.

Weltara.

Damit steht allerdings das datum im widerspruch, durch das einige zeilen später (s. 12) E die geburt Christi bestimmt. Zuerst gibt E die gleichzeitigkeiten des Eusebius, dann aber als geburtsjahr das wj. 5506 d. i. die zahl der syrischen ära. Eine polemik gegen die ära 5500 schliesst sich unmittelbar an. Die auferstehung wird 5539 angesetzt; später aber heisst es, Jerusalem sei 40 j. nach der auferstehung erobert worden, das setzt die africanische bestimmung voraus, der zufolge Christus 31jährig gelitten hat.

Kaiserzeit.

bis Philippus.

Im allgemeinen ist die kaiserchronologie ziemlich genau, doch fehlt es nicht an verstössen. Galba ist wohl durch zufall weggelassen worden. Bei Domitian, der vom 13. September 71 bis 18. September 86 regiert hat, rechnet unser verzeichnis 15 jahre 5 monate, soll 5 tage heissen. Für Pius, der vom 2. Juli 138 bis 7. März 161 regiert, werden fälschlich 22 jahre 3 monate angegeben; Verus, der schon 169 starb, erhält mit unrecht 12 jahre, nicht ganz genau

sind 19 jahre 1 monat für Marc Aurel, dessen herrschaft
bis 17. März 180 dauerte. Ferner sind die später üblichen
6 monate als pauschquantum für Pertinax und Didius Julianus
in die Ekloge eingedrungen. Bei Karakalla und Makrin fehlen
je 2 monate, bei Elagabal sind 3 monate zu viel. Gordian
fand seinen tod nicht in Afrika, sondern bei Circesium, blos
der jüngere Philippus fand seinen Untergang in Rom, Philippus
der vater fiel nach 5jährigem regiment bei Verona. Am
schlimmsten ist die kritiklose zusammenstellung berühmter
kirchenschriftsteller unter Severus. Von der weiteren chronologie der Ekloge seit Philippus, die den ergebnissen der
sonstigen, allerdings auch höchst ungewissen forschung [1],
meist zuwiderläuft, ist nach diesen proben wenig zu erwarten.

Die gleichzeitigkeilen zu den 12 j. Konstantins d. Gr. im   Konstantin d. Gr.
wj. 3820 sind eusebianisch; als ära Alexanders wird dabei
323 v. Chr., als antiochenische ära 48 v. Chr. angenommen.

Im 20. jahr Konstantins wj. 3833 ward das koncil
von Nicaen berufen. Abweichend von Eusebius ist die angabe, welche E mit Nikephoros gemein hat, dass das von
318 vätern besuchte koncil 318 n. Chr. stattgefunden; die
spielerei darin liegt klar am tage.

Überraschend ist das gründungsjahr von Byzanz. Während   Byzanz 1251 v. Chr. gegründet.
die chronisten gewöhnlich Byzas den erbauer der stadt, unter
Manasse's 7. jahr erwähnen, rechnet E 1550 j. bis zur neu-
gründung im j. 330 n. Chr. Der ansatz läuft wahrscheinlich
auf einen zusammenhang mit einer trojanischen ära hinaus.
Man vergegenwärtige sich, mit welcher vorliebe im altertum
und im mittelalter völker und städte an trojanische helden
ihre urgeschichte anknüpften. Die Franken erzählten von
einem stammvater Troyanus, Frankfurt will früher Helenopolis
geheissen haben nach Helenus, dem sohne des Priamus [2],
und die Venezianer glaubten, wie der Mainzer pilgrim
Breytenbach erzählt [3], dass ihre stadt 428 j. vor Rom (!)

[1] Vgl. jetzt Sadé, De imp. III p. Chr. saec. temporibus 1891 Bonn.

[2] Lersner'sche Chronik, Einleit.

[3] Fahrt nach dem heil. Lande, Frankf. Incunabeldruck s. 13.

oder 1183 v. Chr. von flüchtigen Trojanern erbaut worden sei. Ähnliches mögen denn auch die Byzantiner gefabelt haben.

Die byzantinische kaiserliste ist ein knapper, aber sorgfältiger auszug aus einem handbuch, das durch seine sachliche behandlung, durch den ausschluss von märchen und anekdoten und namentlich durch seine genaue zeitrechnung einen günstigen eindruck macht. Die kirchlichen notizen zeugen von strenger rechtgläubigkeit. Auf eine osterchronik als quelle weist die anmerkung s. 17, dass unter Justin ein osterkreis von 532 j. seit der passion abgelaufen sei. Die einzig ausführliche darstellung der herrschaft des Michael Kalaphates † 1042, sowie der tadel, mit dem der sonst lediglich zahlen verzeichnende chronist des Konstantin Monomachos † 1054 gedenkt (s. 21), lässt vermuten, dass das handbuch um 1060 abschloss und erst von dem verfasser der Ἐκλογή, einem zeitgenossen des Zonaras und Glykas (schliessen 1118), bis 1119 fortgesetzt worden ist.

DIE ORIENTALISCHEN AUSLÄUFER

DER

CHRISTLICHEN CHRONOGRAPHIE.

Nachstehende auszüge sollen für den einleitenden überblick der orientalischen chronistik belege liefern und aus schwer zugänglichen werken, wie den Armeniern und Michael dem Syrer [1]), den brauchbaren stoff zur allgemeinen kenntniss bringen. Das zerrissene, abgehackte dieses abschnittes darf nicht befremden: sind doch schliesslich die ausgezogenen schriftsteller selbst nur fragmente von fragmenten. Auch ist bei der anordnung des vielfältigen und oft sich wiederholenden stoffes weniger auf eine gleichmässige abrundung als auf eine gewisse innere zweckmässigkeit geachtet worden. Die übersicht zu erleichtern, sind die apocrypha besonders besprochen; die assyrischen listen jener späten chronisten habe ich in einer anderen schrift behandelt[2]). In den kritischen zusätzen verdanke ich viel dem scharfsinn und der lichtvollen klarheit der französischen gelehrten; hinter ihnen sind die recht fleissigen leistungen der armenischen kommentatoren, mit denen die französischen philologen sich so oft verbündeten, doch noch weit zurückgeblieben.

Ich ergreife mit vergnügen hier die gelegenheit, herrn Lamprecht für die besondere liebenswürdigkeit, mit der er mir die bücherschätze der Ecole orientale zur verfügung stellte, meinen herzlichsten dank auszusprechen.

[1]) Weder GELZER noch KRUMBACHER haben die 1866 gedruckte ausgabe Michaels gekannt; sie fehlt, wenn ich nicht irre, sogar in der bibliothek der Deutschen morgenländischen gesellschaft.

[2]) Beiträge zur christlichen chronographie. Frankf. 1892.

Christliche Syrer[1] und Araber.

Abgesehen von heidnischen schriften der ssabischen Nabatäer, die eines verdorbenen syrisch sich bedienen, ist die ganze syrische litteratur christlich. Wie das volk, so kennzeichnet sich auch das ganze schrifttum der Syrer durch eine gewisse mittelmässigkeit, die sehr empfänglich ist für fremde leistungen, aber unfähig ist, bedeutende eigene werke hervorzubringen. Immerhin hat die syrische kirche durch ihre ausdehnung und die von ihr ausgehende litteratur durch ihre masse einen gewaltigen einfluss im Orient gehabt. Ihre wirkungen erstrecken sich vom Nil bis an die Korimandel, ja bis nach China und Turkestan[2].

Bedeutung der syrischen litteratur.

Die litteratur begann mit und zog auch noch später ihre besten kräfte aus übersetzungen.

Die hierauf gerichtete thätigkeit begann im 2. jahrh. n. Chr., der vor allem die Peschito, die syrische bibel, angehört. Eine neue bibelübersetzung besorgte Polycarp im 6. jahrh. für Philoxenus, bischof von Hierapolis; Thomas Heracleensis und Jacob von Edessa verbesserten dieselbe im 7. jahrh. nach dem griechischen original. An zweiter stelle sind die zahlreichen übertragungen der concilsdekrete und kanone zu nennen, an dritter die bearbeitungen griechischer kirchenväter, die gelegentlich das original uns ersetzen müssen wie bei schriften des Eusebius Caesareensis, des Theodor von Mopsuesta, Diodor von Tarsus, Severus von Antiochien. Einen weiteren raum nehmen ferner in der syrischen litteratur die bearbeitungen griechischer legenden ein, wie denn auch umgekehrt syrische legenden häufig als quelle der griechischen

[1] Vgl. Wright, Syriac literature in der Encyclop. Britt., ein aufsatz, der über jedes lob erhaben ist.
[2] Man hat syrische grabschriften aus der zeit der mongolenherrschaft in Südrussland gefunden.

gedient haben. Von heidnischen autoren wurden Hippokrates,
Aristoteles und Galen seit dem 5. jahrh. fleissig übersetzt und
commentirt, so namentlich Aristoteles um 690 durch Jacob
von Edessa, der auf kirchlichem gebiete durch ein Hexaemeron
nach Basilius und eine chronik seine fruchtbarkeit bewährte.
Den grössten aufschwung aber nahm der syrische übersetzungs-
eifer unter den Abbasiden. Der Maronit Theophilus von
Edessa († 785), astronom und chronist, versuchte sich an
Homer, Pseudo-Kallisthenes erfuhr eine neue redaktion, am
geschätztesten waren aber stets die autoren der verstandes-
wissenschaften, man übersetzte mit vorliebe griechische ärzte,
philosophen und astronomen.

Syrische chronistik. Die reihe der syrischen weltchroniken wird durch die
übersetzung des Eusebius um 500 eingeleitet. Auf Eusebius
beruht das um 560 entstandene werk des Andronicus, eines
autors, dessen herkunft zwar unbekannt, der aber, da lediglich
in syrischen schriften genannt, mit fug als Syrer gelten
darf. Eusebius war ferner die grundlage für zwei Anonymi
der nächsten jahrhunderte, die unten folgen, weiter für Jacob
von Edessa † 708, vor allem aber für Dionysius von Telmahar
† 845, endlich noch für Elias † 1034 und Michael † 1199.
Ausser Eusebius wurden die mannichfachsten apocrypha, sowie
die constructionen der egyptischen mönche von den Syrern
benutzt. Bei Michael ist ausserdem noch die armenische
geschichtschreibung von einfluss gewesen.

Egyptische chronistik. Eng verwandt der christlichen chronistik bei den Syrern
ist die egyptische, welche der koptischen und arabischen
sprache sich bediente. Der zusammenhang, den zuerst dogma-
tische und später politische einheit beförderte, erhellt am
deutlichsten bei Johannes von Nikiu um 670, der den Antiochenern folgt. Etwas selbständiger steht Eutychius, aus dessen
werk später Elmacin und Petrus von Fostat geschöpft haben.

Die centrale stellung, welche die Syrer in den ländern
des Islams einnahmen, zeigt sich im hellsten lichte bei Abulfarag, der von Christen und Moslimen fast gleich geschätzt, um
dem weiten kreis seiner leser zu genügen, von seiner syrischen
chronik selber auch eine arabische ausgabe veranstaltete.

Syrische
geschicht-
schreiber.

Umgekehrt wie in der rein kirchlichen litteratur, in der
die übersetzerthätigkeit eigenem schaffen voranging, haben die
Syrer in der geschichtsschreibung zuerst eigene, der zeitgeschichte
gewidmete, werke von bedeutung hervorgebracht, ehe sie sich
der übertragung von Eusebius' chronik und daran anschliessend
der welthistorie zuwandten.

Die wichtigsten, später in den chroniken stark benutzten
annalisten sind Josua stylites, der den perserkrieg des
Anastasius 502—506 n. Chr. schilderte, Simeon von Bet-
Arsam's brief über die Himjariten 523 n. Chr., ferner das
anonyme, uns erhaltene Chronicon Edessenum 132 v. Chr.
bis 540 n. Chr., dem das archiv von Edessa viele nützliche
nachrichten geliefert und dessen confessionelle mässigung zu
rühmen, Zacharias rhetor von Mitylene, der eine griechische
kirchengeschichte bis 518 hinterlassen hat, die von einem Syrer
übersetzt und bis 569 fortgeführt wurde, endlich Johannes
von Asien oder Ephesus, der „lehrer der heiden", um 505
zu Amida geb. Derselbe übernahm im auftrage Justinians in
Kleinasien und Nubien missionsreisen und schrieb eine kirchengeschichte von Julius Caesar bis Justin II, deren dritter teil
erhalten ist.

Wir wenden uns zu den syrischen weltchroniken.

Verlorene
chroniken.

(Eusebius lieferte die grundlage der verlorenen chronik
des Diodor von Tarsus, die wie zahlreiche andere werke
des Diodor wohl früh ins syrische übertragen wurde.)

Aphrahat (Pharhad) von Nisibis um 340 n. Chr., der
persische weise, soll ausser 22 homilien eine chronik verfasst
haben, nach dem zeugnisse des Elias von Nisibis (s. 59).

Um 560 übersetzte Simeon beth Garmai die chronik
des Eusebius. Die übersetzung ist verloren.

Um 560 schrieb auch Andronicus, der sich eng an Eusebius anschloss. Ob er syrisch schrieb oder ein Grieche war,
dessen werk syrisch übersetzt wurde, ist schwer zu entscheiden.
Er wird für richterzeit, hohepriester und assyrerliste citirt.

Von seinen epochen gibt Michael 36 folgende:

Völkerteilung — Abraham . . 421 j.
flut — Abraham . . . . 1081 . *Nikephoros*
Adam — Abraham . . . . . 3035 .
demnach: flut im rj. *1951*
flut — völkerteilung . . . . *600.*

Die passion setzte er 342 der Griechen[1].

Elias erwähnt im j. 334 v. Chr. ein erdbeben nach Andronicus, dessen quelle hier wohl Sokrates war.

Um 591 entstand die chronik des **Simeon Barkayu**, bischofs von Karkha, im wenigsten zwei büchern. Elias citirt sie bei der persischen geschichte.

Bearbeitungen des Eusebius.

Eine **anonyme** bearbeitung und fortsetzung des Eusebius reicht von der schöpfung bis snc. VII[2]; die zweite hälfte hebt mit Constantin an. Wichtig sind einige genaue daten daraus.

a. 114. Eistreiben auf dem Euphrat.

a. 118. Bardesanes geb.[3]

a. 252. Die barbaren gehen über die Donau und verwüsten die inseln [*der Gothenzug ist gemeint, von dem Zonaras und Zosimus reden und auf den Sib. XIV anspielt*[4]].

a. 262. Manes.

a. 623. Die Slaven erobern Kreta, die Perser Rhodos.

Eine andere **anonyme** chronik geht von Adam bis 636 n. Chr. und ward von einem späteren fortgesetzt. Sie enthält eine überarbeitung des Eusebius und eine selbständige, aus unbekannter quelle stammende rechnung. Da in der hs. ohne überleitung der liber chalifarum des Thomas presbyter folgt, so ist diesem vermutlich die ganze compilation zuzuschreiben.

a) Nach **Eusebius**, mit interpolationen, wahrscheinlich aus Andronicus. Euseb. II 204, S. mosc.

---

[1] Abulfarag. chr. syr. 49.
[2] Land, Anecdota Syriaca I. 39.
[3] 154 nach dem chron. Edessen., 134 nach Elias.
[4] Vergl. meinen Aufsatz in den Wiener Studien 1892 s. 48.

```
flut  .  .    .  .  .   2242
Abraham  .  .  .  .  .   1081   3323 [  'Εκλογή. rec.K]
Abraham  - Tiberius 15  2046
—  Constantin 24         300
Constantin 20          2344  Abrahae    wj. 5526

Alexander beginnt  .  .  .  .  .  .  5180 ⎫
Christus geb. 310 Alexanders   .  .       ⎬ [ära 5490]
Himmelfahrt 342    .    .  .  .  5522 ⎭
```

Folgt der canon des Eusebius; hervorzuheben sind daraus die angaben auf s. 219 und 213 (vgl. 204).

Himmelfahrt 340 Alexanders   wj. 5520 [ära 5490]. Titus zerstört den tempel 42 j. nach der himmelfahrt, 238 nach der belagerung durch Antiochos, 590 seit Darius 2 und 1103 seit Salomons tempelbau.

Constantin 20 = 298 seit Tiber 15; 847 seit Darius 2; 1102 seit ol. 1; 1359 seit Salomon; 1007 (lies 1507) seit Iliums fall, 1437 (lies 1837) seit Kekrops, 2342 seit Abraham.

```
flut    Phaleg 1  .  .   442
flut — Phaleg 120   .   262 [lies 662] ⎫
Abraham  .  .  .  .  .   420            ⎬ 1082
himmelfahrt  .  .  .  .  5522          ⎭
```

20 Konstantins   5522, bezw. 5526 der welt, nach den Hebräern aber 86 jubiläen oder 4300 j. nach der schöpfung.

b) Nichteusebianischer teil, aus unbekannter quelle. Schoene I 52—57.

Die flut dauerte 12 mon. 10 tage.

```
flut — Abraham  .  .  .  .  .  .  .  292
auszug .  .  .  .  .  .  .  .  .  .  455
in der wüste  .  .  .  .  .  .  .  .   40 ⎫
Jesu  .  .  .  .  .  .  .  .  .  .  .   27 ⎬ 459
richter .  .  .  .  .  .  .  .  .  .  392 ⎭
[tempelbau  .  .  .  .  .  .  .  .  .   92] ⎫ [466]
gefangenschaft ol. 47,2    591 v. Chr. [743] ⎭
```

könige   485
Perser bis [ol.] 114 [2] — 323 v. Chr.   225
Ptolemäer   296,6

Aristobulos der könig 170 nach der gefangenschaft [lies
490   101 v. Chr.]

Alex. Janai 20, Selene 9, Aristobul 34. Herodes 37
101 j. [Christus unter Herodes 32 geb., 5 v. Chr.]

Herodes 7   Augustus 8.

Lxd 1 166: passion unter Tiber 18, Rufo cos. III oder
339 Alexanders, [342 oben s. 54 f].

Dynastien. Zuerst 12 Giganten zus.   140 j., der erste 17 j.
7 Babylonier   177
16 Araber   528
14 Perser   496
25 Babylonier   731
19 Assyrier   462

[1193]

Babylonier . . . . . .   —
14 Meder und Perser .   330

Jakob von Edessa. Jakob von Edessa, geb. 640 zu Endébha in der provinz
Antiochien, studirte in dem kloster von Kenneshre, besuchte
Alexandrien und war etwa 684—687 bischof in Edessa,
† 5. Juni 708.

In seiner verlorenen, 692 vollendeten chronik[1]) stützte er sich
im ersten teile auf Eusebius, dessen kanon er jedoch eines
fehlers von drei jahren zeiht, im zweiten gab er ein verzeichniss
der dynastien aus der römerzeit, die Eusebius ausgelassen hatte.
Der chronologische kanon begann mit ol. 276   Constantin 20,
wo Eusebius aufhört, und ging bis Heraklius und Abu Bekr.

Michael bez. Abulfarag citirt ihn für die völkerteilung und
für die griechischen philosophen und dichter, nach dem zweit-
genanoten gewährsmann soll er 5550 j. bis auf die passion
gezählt haben. Dazu stimmt schlecht die angabe, dass er die

[1]) Nur einige wenige blätter daraus sind in einer Londoner hs. erhalten: Wright, Catal. of the Syriac mss. 1062.

Seleukidenära durch wj. 5118 bestimmte [1]). Sehr oft wird die Edessenische chronik durch Jakobs vermittlung von den späteren benutzt.

Elias hat besonders bei den successionslisten der kaiser und bischöfe aus ihm geschöpft. In Elias geschichte zählt man von 372—609 n. Chr. an 30 daten aus Jakob. Sehr wertvoll ist namentlich der königskanon der Sassaniden.

Dionysius von Tel-Mahre, einem dorfe bei Rakkah (Callinicus), studirte im kloster zu Kenneshre und als dieses in flammen aufgegangen, im Jakobskloster zu Kaisum bei Samosata und widmete sich ganz der geschichtlichen forschung. Fast gegen seinen willen 818 zum patriarchen von Rakkah erhoben, hatte er mit vielen widerwärtigkeiten in seiner diöcese zu kämpfen und später die unterdrückung der christen durch die Moslemineu zu erdulden. Er begleitete den Khalifen Almamun nach Egypten und † den 22. august 845. Er hat ein grosses werk hinterlassen, die „Annalen", von denen er selber eine grosse, Johannes, bischof von Dara, gewidmete, und eine kleine ausgabe veranstaltet hat. In der älteren geschichte folgt er dem Eusebius und der chronik von Edessa und streut zahlreiche apokryphen ein. Im zweiten teil, von Konstantin bis Theodosius II, schreibt er den Sokrates aus, im dritten bis Justin II den Joh. von Ephesus und Josua, im vierten schöpft er aus documenten, mündlichen berichten und seiner eigenen erfahrung.

Dionysius v. Tel-Mahre.

Einige wichtigere, von Eusebius abweichende daten, folgen nach Gervenus (kl. schr. I 190).

jahr Abrahams 6 Ninus gründet Niniveh
        7 Zoroaster
      22 Semiramis
    252 Joseph geb.
    290 ankunft in Egypten
    305 Jacob †
    475 Chaldäer gegen die Phönizier.
    501 Moses erfreut sich des göttlichen anblicks
           (demnach 511 auszug)

[1]) Abulfarag, chron. syr. 37. 49. Der Barbarus setzt Alexanders tod 5137, mithin den beginn der Seleukiden [5148/49].

530 Lakedaemon gegründet

711 Ilium gegr.

744 Tyrus gegr.

802 Karthago gegr. Philistus, geschicht-schreiber

805 Ascanius gründet Alba

909 Samuel

971 Karthago gegr. 143 j. nach Ilium

1268 gefangenschaft I

1307 Ecbatana gegr.

1405 \
       } feldzüge des Nebukadnezar
1412 /

1449 Evilmarodach

1500 tempelbau II

Elias bar Shinaia von Nisibis[1]) geb. 11. shebat (juni) 1286 der griechen = 975 n. Chr.; von Nathaniel, dem bischof von Shenna am Tigris, der nachher als Johannes katholikus wurde, zum priester geweiht, wurde er presbyter im Simeonskloster bei Soba 994, nestorianischer bischof von Nahadra am Euphrat 1002, metropolit von Nisibis 1009 und † 1034. Erhalten sind von ihm hymnen, kirchliche entscheidungen, metrische und grammatische schriften und eine chronik, von der wahrscheinlich des autors eigene hs. uns in London vorliegt. Die nachchristliche hälfte der 1019 abgeschlossenen chronik ist von Baethgen und Lamy übersetzt worden; die chronologischen auszüge aus vorchristlicher zeit sind noch nicht veröffentlicht.

Von quellen benutzte Elias:

1. officielle chronologien
    a) der könige von Edessa,
    b) der Sassaniden, ähnlich der liste bei Mirkhond.
    c) der Khalifen,
2. officielle chroniken
    a) der jakobitischen patriarchen,
    b) der nestorianischen patriarchen.

[1]) Forshall, Codices Syriaci et Carshunici musei Brittanici 86. Lamy, Bulletin de l'acad. royale de Belgique LVIII série, 3 t.15, 563.

c) der metropolitane von Nisibis,

d) buch der märtyrer,

e) buch der concilien, aus den archiven,

f) geschichte der metropoliten von Nisibis, aus
den archiven,

3. Hippolytus von Portus (234), auch von seinem jüngeren zeitgenossen Jakob Barsalibi benutzt,

4. Aphrahat (um 340),

5. Diodor, bischof von Tarsus um 360 n. Chr.,

6. Apollonius eunuch des Jovian; das 22. buch seiner
geschichte der perserkriege wird für die mär von
den siebenschläfern, die 1000 j. nach Roms erbauung
sich zutrug, citirt,

7. Annian,

8. syrische übersetzung des Sokrates,

9. Andronicus schrieb unter Justinian und setzte den
Annian fort [*die von Andronicus überlieferten zahlen
stimmen eher zu Eusebius*],

10. Joh. von Ephesus † 585,

11. Simon Baracias (Barkaya), der dem Eusebius folgt,
902 der griechen = 591 n. Chr.,

12. Jacob von Edessa schrieb 1003 der gr. = 692 n. Chr.
annalen,

13. buch der geschichte der khalifen,

14. kirchengeschichte von Barsahde von Carea, nestorianer
des 8. jahrh., zeitgenossen des katholikus Phetion, und
kirchengeschichte von Mika (Micha) um 800,

15. Dionysius von Telmahre † 845,

16. kirchengeschichte des Alaha Zacheus, wie es scheint,
sehr wundersüchtig,

17. Jesu denah (Dena-Jesu), metropolit von Basora, für
die ereignisse nach der hegira. Ebedjesu citirt das
dritte buch seiner geschichte,

18. Hanan Jesu, bischof von Hiota um 900 für die zeit
nach der hegira,

19. kirchengeschichte des Elias von Aulær, zeilgenossen
des Elias, citirt für das j. 288.

Von den arabischen schriftstellern.

20. Mohammed bar Alchowaresmi, bibliothekar des Khalifen
Almamun, geograph, historiker und astronom, saec. IX.

21. Mohammed bar Jahia Al Suli, prophet und historiker
† vor 950,

22. Obeid Alah bar Ahmed, um 920,

23. Taban bar Senan, aristotelischer philosoph, mathematiker, geschichtschreiber.

24. Tabari † 923.

Inhalt von   Der inhalt des werkes ist folgender:
Elias'chronik.

Bei der jüdischen geschichte bis Seslekia ist jedesmal
das wj. und alter des betreffenden angemerkt. Die richter
beginnen wj. 3850. Den tabellen aus dem alten testament
schliessen sich die berechnung von Jakobs ankunft in Egypten
bis zur Seleukidenära nach Aphrahates Persa an. Dann
folgen neuerdings die jahre des hauses Adam nach Arius
(Annian).

Patriarchenlisten.

19—30 egyptische Dynastie.

Assyrer und Meder nach Eusebius Annian und
Andronicus.

Sicyonier Argiver Athener Latiner Makedonier nach
Eusebius und Andronicus.

Babylonier und Egypter von Nabonassar — Kleopatra
nach Ptolemaeus.

Eine übersicht von Caesar — 1330 der griechen (1019
n. Chr.) nach Ptolemaeus und Theon und anderen wahr-
haftigen schriftstellern.

Sassaniden.

Nestorianische patriarchen bis Johannes V.

Merkwürdige ereignisse seit 336 der griechen (= 25 n. Chr.), zu jeder notiz der gewährsmann beigeschrieben. Es fehlen 1096—1189 und 1283—1305 der griechen. Im ersten teil (bis zur hegira?) sind auf dem rand die olympiaden zugefügt, nach der hegira geht die rechnung nach der mondchronologie der moslimen, aber die syrischen monate sind auch dazu bemerkt.

Der zweite teil ist technischer art und behandelt zuerst die jahre der Griechen, Römer, Syrer, Alexandriner, Kopten und Perser.

Dierum triacontaeteridum computatio arabice 30—252 hegirae.

Fol. 6. Rechnung des Annian.

Makedonier und Römer.

In Alexander's 309. j. Christus geb., lebt 33 j. nach dem archiv von Edessa.

Petrus wird bischof am sonntag der himmelfahrt, dem 4. heziran (juni).

Passion unter Tiberius 18, Rufo cos. III [et Rubellio 29 n. Chr.] 339 der Griechen (vgl. oben s. 56).

Bisher war eine syrische chronographie die quelle. Hierauf neuer absatz: „Anfang der zeiten der kanone von Abraham und Ninus, dem Assyrerkönig." Der autor beginnt aber noch einmal mit Adam. Dieser zweite teil ist eine bearbeitung des Eusebius.

Folgen die jahres-, monats- und Htagsanfänge des Annian und die vollmondsberechnung nach syrischem kalender aus der chronik Georgs (des araberbischofs um 720).

Eine benutzung des Elias durch spätere lässt sich nicht nachweisen.

Jakob (Dionysius) bar Salibi 1145 bischof von Mar'asch, von seinem freunde Michael dem patriarchen nach Amida versetzt, † dort 1171. Er hat ausser einer grossen flut kirchlicher schriften einen commentar zu den sechs jahrhunderten des Euagrius und ein Compendium historiarum patrum et sanctorum et martyrum hinterlassen. Michael schreibt ihm eine chronik zu.

Jakob bar Salibi.

Michael Syrus

Michael Syrus (Asori) der Grosse, 1126 zu Melitene in Armenien geb. als sohn eines priesters Elias von der familie der Kindasi, ward abt im kloster Bar-Sauma bei Melitene und 1166 jakobitischer patriarch.

Als 1170 kaiser Manuel den Theorian an die häupter der armenischen und jakobitischen kirche absandte, um eine aussöhnung mit der griechischen kirche anzubahnen, lehnte der jakobitische patriarch es ab, selbst zu kommen, schickte aber Joh. von Kaisum und später seinen ehemaligen schüler Theodor bar Wahbon zu Theorianus. Die aussöhnungsversuche waren ohne erfolg. Zehn jahre später ward Theodor von einigen unzufriedenen bischöfen zu Amida als gegenpatriarch aufgestellt, allein Michael trat energisch auf, nahm den widerspenstigen gefangen, liess ihn absetzen und internirte ihn im kloster Bar-Sauma. Theodor entfloh nach Damaskus, wo er Saladin vergebens um hilfe ansprach, und weiter nach Jerusalem, nach dessen fall 1187 er sich an Gregor Degha, den armenischen katholikus anschloss und ihn nach Cilicien begleitete. Dort erhob ihn kaiser Leo zum jakobitischen patriarchen in den byzantinischen ländern, in welcher stellung er 1193 verstorben ist.

Michael schlug nach mancherlei wandlungen seine residenz in Maragha am Urmiasee auf. Die stadt, durch eine reiche bibliothek und ihre bedeutende sternwarte berühmt, war damals der sitz der Azbeken. Der gelehrte primas des ostens schrieb dort seine weltgeschichte, die bis 1196 reicht und starb ebenda 1199. Seine lebensnachrichten verdankt man zum teil seinem landsmanne Abulfarag, ferner besitzen wir eine lobrede auf den patriarchen aus der feder des Dionysius bar Salibi.

Michael revidirte das jakobitische ritual, veröffentlichte eine jakobitische bekenntnisschrift, bekämpfte in einer abhandlung den koptischen schismatiker, Mark ben Konbar, redigirte die biographie des Abhhai, bischofs von Nicaea, und dichtete verse bei gelegenheit einer verfolgung im j. 1159. Sein hauptwerk aber ist die chronik, deren originaltext in Paris der ausgabe harrt. Eine armenische übersetzung derselben ward vom vartabed David übernommen und 1248 vom priester

Ishok (Isaak) zu ende geführt; auch scheint Vartan dabei geholfen zu haben[1].

Die übersetzung[2] ist schlecht und nachlässig und verkürzt den echten text an sehr vielen stellen; immerhin bietet jedoch auch die verstümmelte chronik noch eine beträchtliche ausbeute.

Michael hat eine verhältnissmässig grosse zahl seiner vorgänger benutzt und hat, wie die meisten syrischen chronisten, die gewohnheit, seine jeweiligen gewährsmänner dem leser zu nennen. In der vorrede gibt er als seine hauptquellen an:

Die bibel in der redaktion der Hebräer, der LXX und der syrischen, im 2. jahrh. geschriebenen Peschito.   Quellen.

Eusebius von Caesarea † 310 n. Chr.

Enanus Annianos um 400.

Sokrates, führt die kirchengeschichte bis 439 hinab.

Theodoros der vorleser, für die zeit von Theodosius bis Justinian I.

Zacharias rhetor von Mityleue um 520, für dieselbe zeit.

Johannes Diakrinomenos.

Johannes von Asia oder Amid, meist Joh. von Ephesus genannt, syrischer Monophysit, erzählte die ereignisse von Theodosius dem jüngeren bis zum 10. j. Justins II.

Gorin (Cyrus) (edirt von Cureton), zeit von Justin bis Heraklius.

Jacob von Edessa (der alle genannten resümirt) † 708.

Dionysius von Telmahar † 845, schrieb bis 775. Nächst Eusebius wohl am meisten von Michael benutzt.

Johannes von Djebel (worunter wahrscheinlich Gabal in der Grafschaft Antiochien zu verstehen ist).

[1] Da Abulfarag von nachrichten einer kirchengeschichte Michaels spricht, die sich nicht in der chronik finden, glaubt Wright auf eine verlorene diesbezügliche schrift schliessen zu müssen. Es liegt näher, hier an die chronik selbst zu denken, von der ein vollständigerer text dem Abulfarag vorlag.

[2] Chronique de Michael le Grand, trad. sur la version arménienne du pretre Ischok, par V. Langlois. 1866 Venise, mit einem reichhaltigen Commentare.

Ignatius, bischof von Melitene † 1094
Salibā (Slivea) von Melitene
Johann von Kessua
Dionysius Alexander (so) Salibā † 1171

weltchroniken.

Ausserdem zitirt Michael im verlauf der alten geschichte Africanus, Methodius von Patara, Arat den Chananäer, Menander und Samadrus die Magier, Flavius Josephus und Josephus ben Gorion, Andronicus, chronist um 550, eine einzelschrift des Jacob von Edessa über die Magier und verschiedene kirchenväter; auch zeigen sich bei ihm spuren des Moses Chorenazi in der auslegung der völkertafel und sonst. Man hat den eindruck, als ob Michael die quellen, die er erwähnt, meistens wirklich selber eingesehen. Arabische geschichtsschreiber scheint er dagegen kaum benutzt zu haben. Für die letzte zeit schöpft er aus eigener erfahrung.

Benutzer
Michaels. Wie der gelehrte Syrer in der bildezeit des mittelalters eine art sammelbecken für die grosse flut der christlich orientalischen geschichtschreibung gewesen, so ward er wieder seinerseits die quelle für zwei hauptströmungen der späteren chronistik. In Syrien schrieb ihn ab und setzte ihn fort Abulfarag, von den Armeniern übertrug ihn Ishok um 1246 und epitomirten ihn, wahrscheinlich auf Ishok sich stützend, Vartan der grosse 1260 und M'chitar Airivankh 1290. Wo die benutzer Michaels mehr als er selbst bieten, da ist fast durchgängig mit sicherheit anzunehmen, dass solcher überschuss nicht auf anderweite quellen, sondern auf einen vollständigeren text des Syrers, als wir ihn besitzen, zurückzuführen ist.

Eigenart
Michaels. In seiner weltanschauung unterscheidet sich Michael kaum von seinen zeitgenossen, auch vermisst man höhere, beherrschende gesichtspunkte bei ihm, er bleibt eben doch wesentlich compilator. Nur in einigen geringfügigen anzeichen vermeint man den hauch einer neuen zeit zu spüren. Der autor verschliesst sich nicht den oft poetischen und reizvollen märchen, welche der orient vom paradies, von könig Salomon, von den anfängen Roms ersonnen hat, aber häufig blickt eine leise ironie bei dem nacherzähler durch und fast immer wird alle verant-

wortlichkeit den gewährsmännern zugeschoben. Überhaupt
ereifert sich Michael nicht mehr so unglaublich wie seine vorgänger darüber, ob Abraham 60 oder 75jährig nach Chanaan
gezogen, ob das danieloracel so oder so aufzufassen, und
er ist frei von dem wütenden zorne, der die Byzantiner
befiel, wenn sie nach jahrhunderten noch eines Mani oder eines
Paulus von Samosata gedachten. Mit einem gewissen gleichmut
schreitet der primas über chronologisches wie dogmatisches
gezänke immer seinen weg ruhig fort, thatsachen zu geben
scheint sein ganzes bestreben, um ihre auffassung kümmert
er sich wenig. Gelegentlich allerdings bricht sein selbstgefühl
durch, wenn er bei einer streitfrage erklärt: „Das allein ist
die wahre ansicht" und gelegentlich kommt auch sein jakobiten-
tum zum ausbruch, wie wenn er sich nachzuweisen bemüht,
dass Justinian ursprünglich den monophysiten geneigt war
und nur aus wankelmut später von ihnen sich abwandte.
Dagegen ist man fast verwundert, so wenig abneigung gegen
den islam bei Michael zu finden, und man gewahrt von
neuem, dass den Syrern die Araber eher noch lieber waren
als die orthodoxen Byzantiner.

Michaels vielseitigkeit, die er als sprachenkenner und
exeget, als theolog, als staatsmann und kirchenfürst bewiesen
hat, zeigt sich auch an seinem geschichtswerk. Es kam ihm
zu gut, dass er griechisch, syrisch, hebräisch, arabisch und
armenisch verstand; ferner brachte die bewegte zeit der
kreuzzüge vielfältige anregung, namentlich stand der rührige
Primas auch in regem verkehr mit Armenien. Seine chronik
berücksichtigt alle reiche des altertums, gibt die armenische
urgeschichte aus Moses von Khorni, verbreitet sich ausführlich
über die entwickelung des christentums, verfolgt sorgsam die
chronologie der Sassaniden und verzeichnet wie Theophanes
neben den kaisern von Byzanz die regierungen der khalifen. Von
selbständiger forschung kann freilich, wie nochmals zu betonen,
nirgends die rede sein. Den schluss bildet die zeit des autors,
die jedoch weniger gut beschrieben ist, als von einem manne,
der eine thätige rolle in ihr gespielt hat, zu erwarten stand [1]).

[1]) Vergl. Martin, Journal asiat. 1888, II, 475, anm. 1.

Die folgenden auszüge bieten einiges wenige aus der grossen fülle des materials. Die Egypter und das meiste von den griechischen listen fehlen darin, weil die namen und oft auch die zahlen, die dazu nach den hss. noch häufig verschieden lauten, stark verderbt sind und es daher gerathen schien, hierfür die ausgabe der syrischen urschrift abzuwarten. In der nachchristlichen zeit beschränkte ich mich darauf, specialforschern anzudeuten, wo für ihre zwecke etwas zu finden sein möchte.

1. Jüdische geschichte.

Patriarchen.   Die patriarchenjahre werden mit grosser ausführlichkeit nach den drei bibelversionen bestimmt und gelegentlich sogar die zahlen der Samaritaner beigezogen; die angaben darüber sind meist aus Abulfarag bekannt.

Abel wird 7 j. nach Kain geboren und † 53jährig, nach andern erst 13jährig. Mididiu (= Methodius) von Patara sagt, dass 30 j. nach der vertreibung aus dem paradies Kain und Climja zur welt kamen.

p. 22. Adam beherrscht die menschheit bis Mahel 135 oder bis 30 j. bez. (nach drei hss.) 100 j. vor Jared. *[Diese 100 j. lassen sich nur so erklären, dass die 70 paradieses-jahre, die Annian dem Adam beilegt, in seine lebenssumme eingerechnet wurden.]*

p. 23. Im wj. 1000 gaben sich die Kainiten einen könig namens Samiros. Damals entstand ein zwist bei den 200 kindern und brüdern des Enoch, die auf den Hermon sich zurückgezogen und auf die ehe verzichtet hatten.

p. 24. Enoch schrieb das leben seiner vorfahren. Er kam nach den einen ins paradies, nach den andern in den himmel über dem paradies und erst als letzteres ihm durch das kreuz offenbart wurde, stieg er zu ihm hinunter. „Wenn diese meinung dir gefällt, kannst du sie annehmen; es ist keine gefahr dabei."

Mathusala 187 nach den Syrern und den LXX *[die vielmehr 167 haben, 187 hat Africanus]*, 165 nach Euschius und

Annian, 62 bei den Samaritanern (82 andere hss.), lebt 962, nach andern 969 j. Alexander *[bar Salibi?]* fügt zu, dass er nach der geburt seines ersten sohnes noch 788 j. lebte und bei der flut starb. Lamech 188, Syrer: 182, Samaritaner: 53 j., lebte 773 und starb 29, nach andern 49 j. vor seinem vater.

In wj. 1666 Noah geb. *[ergäbe für die flut 2266, wie bei Hippolytus Thebanus]*, in seinem ⟨3⟩58 j. endet die zweite epoche [= wj. 2000, gibt für die flut 2242]. Seine frau war Nemzara.

p. 25. Die flut dauert 1 j., seit dem 27. jar *[Mai]*.

p. 26. Nach Joseph *[ben Gorion?]* liess sich die arche bei Euphin, einem pisidischen gebirge, nieder. *[Aehnlich lässt die armenische tradition bei Moses Chorenazi die arche in Pisidien gebaut werden¹); Abulfarag gibt Apamea in Pisidien].*

Noah hat einen sohn Maniton *[auch bei Pseudo-Methodius erwähnt]* und eine tochter Aster *[= Ishtar]²)*, von der die königin von Saba stammt. Noah lebt bis Heber 80 (Lxxxxxx; 83).

„Seit der flut geht die syrische rechnung mit der griechischen zusammen.“

p. 29.

	LXX	Hebräer	Peschito	Michael
Sem	100	100	102	100
Arphaxad . . .	135	100	102	135
Kainan	130	30	134	130
Eber	134	34	34	134
Phalek	130	30	134	133

p. 30. Turmbau 40 j. *Geschichte des Nemrod wie bei Moses Chorenazi und Sebeos.*

		Michael	Megilla³)	Eusthatius
Japhet	zählt	15 völker,	14 völker,	32 völker
Cham	„	38 „	30 „	15 „
Sem	„	19 „	26 „	25 „

¹) vgl. St. Martin, Mém. sur l'Arménie II 318 und Noeldeke, Zur kritik des alten testamentes.

²) Astchak bei M'chitar Airivank.

³) Steinschneider, Z. D. M. G. IV 150.

Geschichte der von Thogorma abstammenden Amazonen
[aus *Moses Khorenazi*].

Damaskus 20 j. vor Abraham von Maripos von Hyth
gegründet oder, wie Joseph sagt, von Osee, dem sohn Arams.
[*Nach Abulfarag: im 205. j. Terach's von Marpha, laut Joseph
aber von Utz.*]

Die drei
patriarchen. p. 40. Nachor stirbt, als Abraham geboren wird. Im 10. j.
Abrahams Sara geb. von Zemroth. Abraham sucht 15jährig
Gott zu erkennen. Fabel von seiner beschützung der äcker [
buch des gerechten]. 60jährig zieht Abraham aus Ur nach Haran,
75jährig aus Haran. Von einer anderen Frau hätte er einen
sohn Orestes gehabt, beide hätten ihm nicht folgen wollen.
Im 85 j. nach Egypten, geburt Ismaels von der Egypterin
Agar. Im 89. beschneidung, im 115. j. opferung Isaaks, nach
andern im 130 j. Im 148. j. heirat mit Kethura [*der tochter
des türkenkönigs: Abulfarag*], der 6 söhne entsprossten. Im
29. j. Isaaks zeugt Nachor Söhne und Töchter, im 35. stirbt
Sara [*ergäbe 125 j. lebenszeit*]; nach andern wäre durch die
geplante opferung Isaaks ihr tod herbeigeführt worden. 40jährig
heiratet Isaak. Im 135. j. Isaaks Jakob nach Haran, 80jährig
heiratet er die Lia. 89j. erzeugt er den Levi und kehrt 100j.
zu Isaak zurück.

p. 43. Esau von Jakob getötet [*buch des gerechten*].

Joseph wird 15jährig verkauft, herrscht 80 j. über Egypten:
das war die 15. dynastie, die der hirten. 145j. starb Jakob:
die Syrer geben ihm 70 personen zur begleitung. Levi 46.
Nach einigen damals Hiob. Knath 60. Amrat 70.

Kinder Israels in sklaverei seit Amram 6 = 286 seit der
verheissung. Nach dem tode Josephs Chebron 14 j., dann
Amenaphtis [= *Amenophis*] 43 j.; letzterer befahl die kinder
zu ertränken. Mosesroman.

350 der verheissung Moses gerettet, 10j. begann er zu
studiren, 22j. sah er, wie die Israeliten gezwungen wurden,
ziegelsteine zu schleppen, 28j. baute er Hermopolis, kriegte
10 j. gegen die Äthiopen und war 70j. als gott ihm erschien.
Adam — Moses — 28 geschlechter.

p. 47. Auszug 430 j. nach der verheissung. Seit Abraham
77 bis Jakobs ankunft in Egypten 205 j., aufenthalt dort
227 j., die 400 j. waren erfüllt (!), als Moses den Egypter
tötete. Damals verschob er es noch um 10 j. zu kommen,
weil die Juden nichts von ihm wissen wollten, obwohl ihre zeit
schon um war. Die knechtschaft dauerte 144 j. = *Eusebius*
(286 + 144 = 430, ebenso 350 + 80 = 430 seit Abraham
75). Exodus im wj. 3842 = LXX.

Die 10 plagen für die 10 versuchungen Abrahams.

Josua 27 j., starb 107jährig.

Othoniel 50 j. nach den Griechen. Africanus rechnet   Richter.
30 j. zwischen Josua und Othoniel.

Chusan 8.

Eglom 18, einzufügen den

80 j. des Ehud, wj. 4000 = Ehud 20 (*Εκλογη* = Aod 12).

Philister 20.

Samgar. (Die beiden posten sind verschoben).

Barak 40, in seinem 5. j. Ruth.

Midianiter 7.

Gedeon 40, fremdherrschaft inbegriffen.

Abimelech 3.

Thola 22.

Jair 23, Ilium erobert.

Ammoniter 8 (18).

Japhtha 6.

Abssan (= Essebon) 7.

Elion (Ahislon), nur bei den Hebräern, aber nicht bei
den LXX.

Abdon 8.

Philister 40.

Samson 20, Hebr. 40.

Nach Johannes, dem historiker [*Joh. Antiochenus*] folgte
Samegar mit 40 j., nach Africanus war damals friede.

Heli 20, bei den Syrern 40, lebte 78 j., in seinem 18. j.
Samuel geb.

Samuel 40 (ward demnach 100 j. alt).

Seit Samuel 20 herrschte Saul 40 j.

Im 11. j. Samuels David geb., im 23. j. zum könig ge-
salbt (so!) im 28. j. tötet er Goliath. 30 j. nach der geburt
Davids † Samuel, 7 j. später Saul †.

Salomo folgt 12jährig, baut seit seinem 4. j. am tempel
8 j. lang, 480 seit dem Exodus [*Eus.*], in seinem 30. einen
tempel dem Moloch und der Aphrodite. [**Abulfarag** 34: im
13. j. dem Chomosch der Moabiter und Milchos der Ammoniter.]

Langer Excurs über die gespräche Salomons mit Nessa,
der königin von Saba.

<table>
<tr><td>**Babylonier.**</td><td>

Phul 424 vor Alexander [= 747].

p. 63. Salmanassar 14 j. seit Achaz 8.

Israel endet nach 250 j.

Nachubalos.

Peghlat Phalasar 35.

Nakos.

Nabopolassar 33.

Nabuchodonosor 44.

</td></tr>
</table>

Sennaherib, der seine macht bis Mesopotamien, Kappadokien, Cilicien und Philippi [? *les Philippéens* übers. *Laxaeos*]
ausbreitete, liess in seinem 9. j. viele gefangene Juden töten,
um sich für den verlust seiner armee zu rächen.

Asortham 3.

Beltan 5, schickt dem Ezechias geschenke.

Im nächsten viel aus der bibel eingestreut.

Nespos [*Necho*] plündert Assyrien, kommt dann nach
Jerusalem und nimmt Ochozias nach Egypten.

Joachim 3 erste gefangenschaft durch Nabuchodonosor.

Nechao kommt zum zweiten mal nach Assyrien, zerstört
Memped [= *Mabug*, Βαμβύκη, *wovon das bombycinpapier*].
Nabuchodonosor vertreibt ihn, baut Memped wieder auf und
bringt die statue des Cainon hin und nennt die stadt Arapolis
[*Hieropolis*]. In seinem 7. und 8. j. nach Jerusalem, tribut
zu erzwingen. In seinem 8. nahm er Ekonia von Jerusalem
mit nach Babylon, wo derselbe 37 j. blieb.

Istikos [*Astyages*] 38 j. seit Sedekias 4.

Nach andern Nabuchodonosor in seinem 19 j. nach Jerusalem, tötet den Joachim, belagert Tyrus, bringt den Hiram
um, nachdem das Phönikierreich 500 j. gedauert. Zur be-
lohnung dafür, dass der grosse eroberer das heidnische Tyrus
zerstört, gibt ihm Gott auch Egypten in seine hand. Er †
25 j. nach dem fall Jerusalems.

Beltzar 3.

Bmarudak 2j. liess den Joachim los nach 35 j. [37 *Abulfarag und Michael oben s. 70*] der gefangenschaft.

Beltzar, sein bruder 2 j., 5 nach den Chaldäern, 26 j.
nach dem tempelbrand.

3 j. später Cyrus in Babylon. Tötet die Jüdin Amania,   Perser.
aber ihr kopf kehrte zum körper zurück. In seinem 2. j. =
60 der gefangenschaft gab er den Juden die freiheit. † durch
seine [*lies: eine*] frau [*Tomyris, königin der*] Magastie.

Cambyses 8; nach den Hebräern folgte Nabnatuatzar;
tötet den Meder Arpsat. Unter ihm erschlägt Judith Holo-
phernes, den mann aus Magog.

Magier 7 j. [*statt monate*].

Darius 36; in seinem 3. j. endet die gefangenschaft, die
unter Josias 13 begonnen. Seit dem tempelbau 536 j.

Darius 15 = wj. 5000 [*verschiebung um 7 j., vielleicht
infolge des falschen Magierunsatzes*].

Xerxes 21, hatte 120 provinzen.

Artaban 7 monate.

Artachshes Langhand 41, in seinem 7. j. Esdra, in seinem
20. j. Nehemia.

Artachshes II 2 monate.

Sogdian 7 monate.

p. 70. Darius 19; in seinem 15. j. gegen Egypten, wo
nach einem interregnum von 124 j. [*525—401 v. Chr.*] Dionysius [*Amyrtaios*] könig geworden.

Artachshes Mnemon 40; während seiner regierung:

In Egypten Umphietros [Ephirites] 6 j. [*Amyrtaios*] 1.
Dalamatos Hetris [*Achonis?*] 1.

Nectanebo 18 bis Artashshes 5 = Alexander 1, dann Ptolemaeus 3 j. Nach anderem ansatz war seit Artachshes 10 j. Dios [*Teos*] 2 j., dann Nectanebo 12 j.

Ochos 27 j., nach andern 36. Interregnum 42 j.

Die Perser dauern 231 j.

p. 76. Valé war einer der 35 könige, die durch Alexanders hand starben. [*Aus Moses Chorenazi.*]

Alexander baut das eiserne tor gegen die Hunnen, das 12 ellen lang, 8 breit ist. Er opferte in Jerusalem [*oft wiederholt im midrasch*], vernichtet die Samaritaner und besiedelt ihr land mit Makedoniern. † vergiftet in Babylon.

Diadochen.   Puthinos [*Ptolemaeus*] und nachfolger regieren 295 j. bis Actium.[1]) Diadochen. Seleukus herrscht 33 j. in Indien seit Ptolemaeus Lagi 13, baut Balu [*Palu*] und Marach [*Abulfar. Germanicia*].

12 j. nach Alexander beginnt die syrische ära.

Geschichte der Seleukiden nach Eusebius.

p. 85. 222 der Syrer [90 v. Chr.] ward Ptolemaeus, den das volk sammt seiner schwester Kleopatra verjagt hatte, wieder könig.

p. 86. Die 69 wochen Daniels gehen von Darius 6 bis zur verkündigung.

Ptolemäer.

Makkabäerzeit nach Eusebius.

p. 84. Ein Jude ward könig von Edessa 174 der syrischen ära (= 138 v. Chr.) und lebte bis zur zeit des vaters von Abgar. [*Das war Monobazes*[2]), *der 11. dynast von Osrhoene*].

Das buch des alten volkes hört auf mit der zeit, da die Römer sich Asiens bemächtigten, 5072 seit Adam, 124 bis auf Chr. [*Fehlen 2 j., um die ära des Eusebius zu erreichen*]. Die asiatischen fürsten herrschten 216 j. [? *seit Alexanders tod, also bis 108 v. Chr.*].

Welt ära.   p. 90. Adam — Christus = 5198 nach Eusebius, 5284 nach den LXX [*richtiger Abulfarag: 5586*], nach Enanus [*Annian*] 5091 (l. 5491), andere rechnen 5503, die Syrer 5026.

---

[1]) Ebenso der syrische anonymus, oben s. 56.

[2]) *Mavros* bei Josephus, jüd. altert. XX, 2. Munbas im talmud.

p. 100. Die eroberung Jerusalems 70 n. Chr. war 5492 seit Adam [wohl verwechslung mit der zeit Adam — Christus], 1103 seit dem tempelbau [aus Eusebius].

2. Griechische gleichzeitigkeiten.

Die ansätze des Michael sind nach dem jetzigen stande der überlieferung sehr ungenau, da meist ein nacktes „damals" von grossem umfang die gleichzeitigkeit bestimmt.

p. 41. Abraham † 175 j. verheirathete sich wieder 148-jährig. Damals Sicyon gegründet und Cres in Creta. Dem 85. j. Abraham wird Ismael geb. [Euseb. Sicyon im 15. j. des Belos (Gerzenius: 35) — d. i. 27, bez. 7 j. vor Abraham, Armenxes im 29. j. Jacobs 14 j. nach Abrahams tod. Am nächsten kommt die Ἐκλογή: Abraham 100 beginnt Sicyon.]

p. 43. Als Jakob 50 j. war (Euseb.: 19), ward Sparta gegründet und Zeus war könig in Argos, dem er gesetze gab. [Nach Euseb. wird Argos zugleich mit dem antritt Jakobs von Inachus gegründet.] Im 100. j. Jakobs kam Apis nach Argos.

p. 46. Zur zeit Moses' erfanden die Kureten und Korybanten die waffentänze. Deukalion. Kekrops, der zuerst in Egypten herrschte, eroberte die gegenden des mittelmeeres und benannte nach sich Kappadocien.

420 der verheissung Korinth gegründet. Chronos [Kranaos] hatte eine tochter Atis, von der Attica benannt wurde. [Agtis bei Euseb. Armen., Ατθίς bei Jos. Ανтохн. und Sync.; er herrschte 7 j. nach dem auszug über Athen und Kappadocien, das früher Akia hiess. [Akria, Aegyptos.]

p. 49. 68 nach dem Exodus entstand der Areopag.

p. 50. Josua 6 verliess Danaus Egypten. Josua 18 ging Kekrops von Memphis nach Athen; derselbe erfand die buchstaben. Ehud 20 = wj. 4000. Ehud 38 wird Acalmon [= Lakedaimon] gebaut. [Hieronymus: 4020.]

Barak 15 Ilion erbaut. [Euseb. 709 Abrahams.]

Gedeon 11 Kyzikos und Tyrus gegründet. [Unter Jephta, der seit 1242 die Ἐκλογή, 4235 Eus. Armen.]

Unter Thola ist Herakles in Ilium, Theseus herrscht über Athen (1273 Eus. und Ἐκλογή); Thola 21 baut Brisus (= Perseus) Tarsus.

Unter Esebon entführung der Helena. Herakles bekam im trojanischen kriege eine schwertwunde und liess sich verbrennen. (Dazu stimmt der ansatz des Aeneas unter Abdon.)

p. 54. Samson 19 stirbt Zeus in Creta 880 jährig. Lybische seeherrschaft 32 j.

Unter Eli von den nachkommen Hectors Ilium wieder aufgebaut. Sicyon gestürzt.

p. 57. Karthago gegen das ende Davids gegründet. [*Euseb. 143 nach Troja, aber später: 1001 Abrahams.*]

p. 66. Achaz 11 — wj. 4730 (s. oben) Samaria erobert. Damals die olympischen spiele [*bei Arrucasus = Achaz 1*]; Eusebius, auf Africanus sich stützend (!), verlegt sie unter Jonathan [*vielmehr unter Ozias 50*].

p. 66. Unter Ezechias fing das königreich Lakedaemon an und dauerte 340 j. Der erste könig war Apios (Arios andere hs.)

p. 70. Unter Manasse (wie es scheint, vor seinem 44. j.) Charkedon gegründet. Ferner Byzanz, 979 j. vor seiner vergrösserung durch Konstantin [= 649 v. Chr.]

Zu Josias' zeit herrschte Nechavo 6 j.

p. 72. Sedekias 11 = Ephros [*Uaphres*] 1.

3. Römer.

p. 52. In Rom wurden von 100 philosophen 7 sonnen in einer nacht erblickt; die Sibylle erklärte, das bedeute 7 könige und 7 jahrhunderte für die stadt; die 6. sonne aber, die vor allen anderen strahlte und die nicht unterging, ziele auf Christus [*verwechslung von jahrhunderten Roms und jahrtausenden der chronographen*].

Carpanthus 13 j. und Agrippa 41 j. werden wie bei Eusebius bestimmt, folglich werden auch die anderen, in der übersetzung verlorenen posten auf ihn zurückgehen.

p. 67 wird die zahl der latinerkönige auf 15 angegeben.

p. 62. Elisa † unter Josia 37; damals begann Acropanes und herrschte 42 j., damals trat Romelos auf [*von 818 v. Chr. + Sardanapal 20 + Acropanes 42 gelangt man zum j. 880 für Roms gründung oder zur ära des Ennius*[1])]. Er verbrannte in seinem palast wegen seines hochmutes[2]).

p. 63. Arinos [= *Arentinos*] 37 j. seit Amesia 10.

p. 64. Phoycos [= *Procas*] seit Ozias 10.

p. 66. Während Ezechias'[3]) regierung gründete Romulus Rom, das laut einigen nach seiner tochter Rome benannt ist.

In Rom gab es 24 tempel, 324 strassen, 80 goldene idole, 64 elfenbeinerne statuen, 46,000 häuser, 1795 paläste, 1352 aquädukte, 2074 bäckereien, 3785 talismane in bronce, 2 areopage. 40 milien hat die stadt im umfange, jede seite hat im innern 12 milien ausdehnung = 12 odjs [*ackerfurchen*]. Der einwohner [*zu verstehen: römische bürger*] waren zuerst 120,000, bei der zweiten schätzung aber 160,000, der dritten 270,000, der vierten 470,000, der fünften 4,160,000, unter Claudius endlich 6,940,000 [*geht gleich Zacharias und Olympiodor auf die römische stadtchronik zurück*[4]), *gibt aber einige daten mehr als seine zwei vorgänger*].

p. 69. Seit Manasse 10 herrschte Taclius [*Titus Tatius*] 33 j.; er brachte den purpur und goldene szepter für die könige in gebrauch. Andere nennen ihn Tullus.

p. 70. Unter Manasse fügte Numa Bulimos zwei monate zum römischen jahr.

Seit Josias 10 war Marcus Ancus 24 j. könig.

p. 75. Unter Darius 10 war Aristos [*Orestes*] in Makedonien. Damals waren die Römer in einen verderblichen krieg verwickelt, weil Calorion mit den Galliern kämpfte und Cellus mit den Celten. Nach 100 j. wurden die Römer geschlagen, ihre stadt erobert und zerstört, ausser dem königspalast.

---

[1]) Ennius um 187 v. Chr. rechnet 700 j. seit Roms gründung.

[2]) Vgl. Aristobul's *Traiana* bei Plutarch (MÜLLER F. H. G. IV 328) und Joh. Antioch. (F. H. G. IV 552).

[3]) Livius I 16 Dionys. Halic. II 14.

[4]) Vergl. JORDAN, Topographie der stadt Rom 1871 Berlin II.

Zur zeit des Artaxerxes Mnemon zerstörten die Römer Karthago (!).

p. 88. Vertreibung der könige — Augustus = 162 j. [*Eusebius gibt 460 und 461*]. Der titel der könige war Babios. Seit Roms gründung waren bis dahin 702 j. verflossen. [*Euseb. 701, Caesar als ersten kaiser zählend*].

Caius, dessen name durch Cainon sich übersetzt (?) oder nach anderen Andronicus (!) [*vielleicht falsche übersetzung eines citates aus dem chronisten Andronicus*], herrscht 5 j.

4. Anfänge des christentums.

Damals [*die erwähnung des Caius ging vorher*] schickten die Römer den L. Romanus nach Syrien, um alles merkwürdige von dort nach Rom zu melden. Er zeichnete die geburt des heilands und die ankunft der magier auf: „Deine majestät soll wissen, dass einige erlauchte Perser durch ein himmlisches zeichen veranlasst, in dein reich gekommen sind und ein kind angebetet haben, das in Judaea geboren. Ich werde mich unterrichten, wer das kind ist und wessen sohn." Man antwortete ihm: „Herodes, von uns mit der regierung Judaeas betraut, wird sich danach erkundigen."

Christus geb. im 23. j. des Augustus [= seit Actium, *wahrscheinlich = 6 v. Chr., sodass die syrische ära 5506 sich herausstellte*].

Am 1. nisan, montags, ward Quirinus geschickt [*in wahrheit erst 10 n. Chr.*], weil Theudas und Judas einen aufruhr erregt hatten.

p. 87. Christus geb. unter Augustus 43, Herodes 42 [*lies 32*] Abgar 1.

p. 91. Herodes liess seine frau Marie töten. Er hatte 9 weiber und 8 söhne. Docie [*Doris*] hiess eine seiner frauen. Wurmzerfressen und in ein bad siedenden öls getaucht, tötete er sich schliesslich selbst, da er die schmerzen nicht ertragen konnte, nach 35 j. [*vielmehr 37*] der regierung.

5. Aus den nachchristlichen jahrhunderten.

p. 100. Tiberius 15 = wj. 5537 [ära 5508]. Cakapos [Galba] 7 mon.

Suratal, kaiser in Germanien, und Uthman [Otho] in Rom 3 mon.

Chitalios [Vitellius] 8 mon.

Vespasian 9 j. 10 mon. In seinem 3. j. wird Jerusalem zerstört. 3 millionen Juden † [Tacitus: 600,000].

Unter Domitian sprach Apollonius von Tyana: „Wie unglücklich bin ich, dass der sohn der Maria mir zuvorgekommen. Ich hätte sonst die ganze welt erobert."

p. 104. Justus von Tiberias war unter Arnion [Nerva auch Euseb. und Syr. 276], ferner Secundus der schweigsame.

Hadrian 21 war das concil von Nicaea [wichtiges datum, fehlt Eusebius]. Valentinian, von 43 bischöfen, die blos eine person in der trinität annahmen, verbannt. Sabellius von Libyen.

p. 107. Marc Aniel begann 475 der Syrer [= 164 n. Chr.] Unter den Antoninen Aquila, Cerdon, Marcion und Marcus.

p. 108. Surinus [Severus] 1 war krieg zwischen Juden und Samaritanern [ebenso Abulfar., die wichtige notiz fehlt sonst. Die Samaritaner waren gegen Severus, da aber die Juden ebenfalls n. 196 gegen Severus standen, so folgt daraus, dass Samaritaner und Juden gegen den gemeinsamen feind sich wieder vereinigten. Der kaiser triumphirte 198 über die verbündeten und verbot den Juden, proselyten zu machen; wenige jahre darauf verzieh er ihnen aber wieder, höchst wahrscheinlich auf verbitte des Caracalla, den der Talmud als grossen judenfreund feiert [1]].

Severus.

-----

[1] Meine Quaest. Severianae 1888 Bonn s. 30. Ich folgte damals Graetz, der für den bösen Caracalla den guten Alexander Severus einsetzt, allein Nöldeke belehrte mich brieflich, dass Graetz dies lediglich aus schönfärberei gethan. Ebenso wolle ja auch Graetz nichts davon wissen, dass der bei Dio LXXV 2 erwähnte räuber Claudius ein Jude sei, was doch deutlich aus Dio's text erhelle.

p. 108. Surina 9 christenverfolgung. Tertullian und Minutius Felix wurden darin bekenner [*Lavaron* = *199 n. Chr.* *vielmehr* = *201 n. Chr., wie auch aus der osterchronik hervorgeht*[1]).

Caracalla rief die von seinem vater verbannten zurück[2], darunter Alexander, bischof von Jerusalem.

Drittes
Jahrhundert.

p. 109. Artachir Babekan seit 542 der Syrer [= *231 n.Chr.*]. 27 Sassaniden herrschen 418 j.[3] bis Mahomet. Die geschichtschreiber [*arabische wie Hamza und Tabari*] erzählen, dass Sassan von Juden stammte.

Seit Philipp 1 herrscht Schapur 31 j. [*nach den westlichen geschichtschreibern kriegt er schon 241 n. Chr. mit Gordian.*]

p. 110. Burita [*Trebonius, Lavaron*].

Baros, Burinos [?], Galus und Balos [*Volusian*] 1 j. Julian und Galeros [*Valerian und Gallien*] 15 j. Schapur nach Cilicien und Kappadokien.

Galatius [*Claudius*]. Aluris [*Aurelian*] wird vom blitz erschlagen, durch den zorn Gottes.

Tatianos [*Tacitus*] † am Pontus [*ebenso Moses Khor. II 76, nach andern bei Tyana, vgl. Schulze I 875*].

Bulirinos [*Florian*] wenig später † in Tarsus.

583 der Syrer [*lies 583 = 272*] Constantin geb.

Carus † in Mesopotamien. Carinus † auf dem zuge gegen Kappadokien. Numerian † in Africa[4].

p. 111. Diocletian seit 592 der Syrer [= *281 n. Chr.*].

Unter Diocletian 19 war eine hungersnot, der scheffel gerste kostete 2500 tahegan silber [*2500 obolen, Abulfar.*].

p. 112. Diocletian 19 christenverfolgung.

Constantin.

Constantin regiert 3 j. mit seinem vater, Dioclita, Constantins frau, war die tochter Diocletians. Nach Johannes von Asien

---

[1] Ich halte meine diesbezüglichen aufstellungen gegen die zweifel bei Neumann, staat und kirche 162, aufrecht.

[2] Vgl. Dio LXXVII 9, 9.

[3] Andere geben 25 oder 30 oder 31 könige mit 424 j.

[4] Carinus † in Mösien, Numerian in Kleinasien: Schulze I 884.

war sie die frau des Constantius [*Chlorus*], der, vom aussatz
geheilt, christ geworden sei [*verwechslung mit der Constantin-
Silvesterlegende.*]

p. 115. Beim concil von Nicaea werden die freunde des
Arius aufgezählt.

p. 116. Zur selben zeit erdbeben in Egypten.

p. 117. Seitdem auf dem concil der gesunde glaube über
die weisheit der philosophen triumphirte [*diesbezügliche legende
bei Michael, zu der Sokrates 1 7 Sozom. 1 17 zu vgl.*], wurden
die lehrstühle der philosophen unterdrückt.

p. 118. Einige der anwesenden wurden vom concil ausgeschlossen wegen ihrer opposition und um die mysteriöse
zahl [318] zu erreichen. Das concil dauerte 22. yar — 19. heziran
[*19. juni — 25. august*].

p. 121. Constantin herrschte 32 j., ward 65 j. alt, † 22. yar,
gerade, wie der heil. Jakob sagt, als er nach Persien auf-
brechen wollte. Bekehrung der Inder und Armenier. Auf dem
tempel des Ormuzd bei Metzkheta errichtete könig Mihran
eine kreuzeskirche.

p. 123. Constantius 6 ward Magnentius in Sirmius [*Sirmium*]
kaiser mit Ophilos [?], † durch Constantin.

p. 125. Constantin II † 48jährig [*2. nov. 361; Ammian:
14jährig*] herrschte 25 j.

p. 126. [*Michael ist ungünstig gegen Constantin, den er
fälschlich des Arianismus anklagt, und sehr abgeneigt dem
Julian*].

Julian lässt sich von seiner frau scheiden. Sein heid- Julian
nischer lehrer war Melanus. Justinian.

Asclepios und Licianos, brüder, heiraten zwei schwestern
Constantin's. Aus diesen verbindungen stammen Julian und
Eluthra [*Eleuthera*]. Folgt der Julianosroman [*der im 6. jahrh.,
vermutlich in Edessa, entstanden ist[1]*]. Dem Julian verspricht der Satan ein jahrhundertlanges leben. Der kaiser
verstümmelt sich und opfert dem Geschick [*der Fortuna*] in
Harran.

---

[1]) Michael ist jedenfalls noch nicht benutzt von Hoffmann, Julianus
der abtrünnige, vergl. Nöldeke, Z. D. M. G. XXVIII 660.

Viele anecdoten über Julian. Er verabschiedet 22,000 christliche soldaten, weil sie ihm unglück brachten; er hatte im ganzen 395,000 krieger mit. Zerstört Dispon. [*Ktesiphon. Ammian sagt im gegenteil, dass er daran vorbeigegangen.*]

p. 133. Jovian 7 mon., † durch nierenkrankheit [*ermordet nach Ammian XXV 10*].

Erdbeben und grosse flut, als Valens in die egyptische stadt Marcianopolis einzog.

p. 135. Valentinian † 54jährig [*Ammian: 55*]; er lebte in bigamie mit Civira Severa [*mutter des Gratian nach Joh. xxvi*] und Justina, der tochter des Justus [*des gouverneurs von Picenum. Justinas tochter Galla ward die frau des Theodosius*].

Märtyrer von Raitha.

p. 143. Theodosius † 60 j. [*= Sokrates, während Victor 50 j.*]

p. 144. Chrysostomos sprach das griechische zuerst nicht rein, weil sein vater ein Syrer war. Deshalb waren einige nicht dafür, dass er bischof von Konstantinopel wurde. Er war es aber 7 j., blieb dann 3 j. im exil [*seit 404 n. Chr.*] und † 50 j. [*407 n. Chr.*] zu Comana in Armenien. 800 werke und 12,000 reden hat er dem schatz der kirche hinzugefügt. Er trank keinen wein, verlangte kein kleid etc.

Der autor ist gegen Nestorius. Brief des kaisers an Dioskoros.

p. 153. Lob des Petrus, bischofs von Gaza [*um 450*], der der sohn des königs von Georgien gewesen sein soll. Sein brief an die Armenier wird mitgeteilt. Sein schüler Johannes schrieb 72 erzählungen, deren quintessenz stets gegen das concil von Chalcedon gerichtet war. [*Folgen in extenso; es sind kindische mönchsanekdoten.*]

p. 167. Marcian † fluchbeladen. Darauf Murinos [*Maiorian*] von Leo ernannt, dann Racmios [*Ricimer*] und Anthimos Lucaros [*Glycerius*].

p. 170. Zenon lässt den Basiliscus und seinen sohn im turme von Limnes bei Cucususi in Kappadokien einmauern. Sein general Artemis [*Artemius*] ward Caesar.

p. 171. Ein erdbeben stürzt zum 6. male Nikomedien um.

Lob des Anastasios. Derselbe liess katecheten von Konstantinopel töten, weil er scheussliche laster bei ihnen entdeckt hatte. [*Anelaur. weil sie ihn verspottet hatten.*]

p. 173. Jacob von Serug hinterliess 800 reden.

Bei der belagerung von Amida 5. oct. 502 — 10. januar 503 starben 80,000 in der stadt.

Anastasius 14 [501,5 *n. Chr.*] = wj. 6000.

† 87 j. am 9. tamuz 832 der Syrer [*Eruaeurs IV 1: am 9. juli 518*].

Justin war der erste kaiser griechischen ursprungs.

p. 176. Als der heil. patriarch Severus Antiochien verlassen hatte, fiel feuer vom himmel und zerstörte den palast [*sc. des kaisers Justin, dem als verteidiger des Chalcedamense Michael abgeneigt sein musste*] und brannte ein halbes jahr fort, bis ganz Antiochien zerstört war.

p. 178. Das kloster von Macon in Harran war das grösste kloster, das der apostel Thomas auf dem gebirge (?) gegründet.

p. 179. Cut [*Cobad*] verlangte von Justin 5500 [*Abulfur. 550*] centner goldes für die wache am Albanerthor [*vielmehr. Hanenthor, der s. Han, jetzt darial; über die verwechslung der Alanen und Albaner siehe meine ausführlichen belege in den Quaest. Ser. 38*]. Da er diese nicht erhielt, bekriegte er Mesopotamien und Antiochien und opferte 400 jungfrauen seiner göttin Cuzia [*einer verwandten der Astarte Konkabhthâ*].

p. 181. In Antiochien zum 5. male erdbeben, nach dem blos 1250 menschen in der stadt übrig blieben.

p. 182. Ausführliche geschichte der homeriten [*wahrsch. aus Joh. von Asien*].

p. 187. Justinian hörte auf einer gesandtschaftsreise nach Membedj [*Mabug*], die er für Justin ausführte, von Theodora, der schönen tochter eines priesters, sprechen. Sie sehen und um ihre hand werben war eins. Indess der priester erreichte von ihm, dass er den glauben seiner frau zu schonen versprach und dass sie orthodoxe bischöfe an ihrer seite haben dürfte, ja dass er womöglich die ganze welt zu ihrem [*dem monophysitischen*] glauben bekehren würde. 3 monate nach der

Justinian.

6

ankunft Theodoras † Justin. Da ward Justinian kaiser und
liess sich von den anhängern des Chalcedonense beschwatzen.

p. 191. Justinian schlug den syrischen säulenheiligen
Mar Zora, aber auf den fluch des heiligen hin ward der kaiser
vom blitz getroffen und ward besinnungslos. [*Anezlakos sagt,
dass er den aussatz im gesicht bekam, den durch ein wunder
Mar Zonra heilte.*] Der kaiser warf sich vor dem heiligen
nieder und erlangte so seine genesung. Aber die Chalcedonianer
gewannen dennoch wieder die oberhand, jedoch einem aus
ihrer schar, dem Agathon [*Agapet?*] schwoll die zunge dergestalt, dass er †.

p. 193. Andere chalcedonianische bischöfe wurden der
sodomie überführt [*ähnlich Hamartol.*].

818 der Syrer geschah ein so grosses wunder, dass ich
es nicht erzählen würde, wenn ich es nicht bei allen schriftstellern gefunden hätte. 18 monate lang schien die sonne
täglich nur 3 stunden.

Bei der pest in Konstantinopel † 18—300,000 täglich,
wie die statistiker des kaisers berichten.

p. 197. Unter Justinian gab es folgende ketzereien:

1. Manichäer; sie opfern kinder.

2. Stephan von Edessa, setzte für die sünder eine bestimmte
zeit zur busse an.

3. Joh. von Apamea; die essenz gottes ist eine materie
wie jedes andere element.

4. Julian von Halicarnass; Christus besass den unschul-
digen leib, den Adam vor dem falle hatte.

5. Joh. von Harêlb, ward von Justinian angehört, aber
von ihm verjagt. Er schrieb Gott drei naturen zu und verfasste viel schriften [*Assemani Bibl. orient. II*]. Sein schüler
war Sammelos von Raslain.

6. Photinus von Antiochia [*vielmehr schon um 370*] zer-
legte die gottheit in drei substanzen.

7. Theodor von Kappadokien, wollte Christus nicht dieselbe
göttlichkeit wie dem vater zuerkennen.

8. Athanasius, oheim der kaiserin Theodora, Joh. [von *Harith wahrscheinlich*], Conon von Tarsus und Eugen von Seleucia nahmen 3 naturen in Christo an.

9. Ambitos [*Anthimos*] von Konstantinopel trennte deutlich die drei naturen.

p. 199. 871 der Syrer — 34 Justinians = 1 der Armenier [*561 n. Chr.*], als Narses hohepriester war und Chosru der perser regierte. Andere setzen die epoche unter den Katholikos Moses, 40 j. nach der verfolgung wegen des Chalcedonense.

p. 201. Die vision Justinians von dem höllischen feuer, das für ihn bestimmt war, und seine wohlthätigkeit und frömmigkeit hinderten ihn daran, in der haeresie zu sterben. Sein andenken wird in den orthodoxen [*jakobitischen*] kirchen gefeiert. [*In der that war die rechtgläubigkeit des Justinian zweifelhaft. Papst Agatho lobt seinen glauben in einem brief, der von 115 bischöfen unterschrieben ist, dagegen erklärt Evagrius, der kaiser sei in der haeresie gestorben — d. h. in der orthodoxie, nach dem sinne Michaels.*]

p. 206. Treulosigkeit Justinians gegen den christlichen Mentur [*Mundir* Ἀλαμούνδαρος; *vgl.* ANCYRANUS, *fehlt bei den byzantinern*].

p. 208. Seit Caesar 50 fränkische [*lateinische*] herrscher, vorher die Griechen, nämlich 38 Makedonier von Chronos — Prasor [*Kronos* — *Perseus*; ANCYRANUS: *während 602 j.*] Seit 886 der Syrer [*richtiger* ANCYRANUS *890*] 15 der Armenier [*578 n. Chr.*] die Griechen zum zweiten male, von Tiberius dem Thraker an.

p. 224. Mohammed trat auf 956 der Syrer, 62 der Armenier, 12 des Heraklius am 19. april. [*933 = 6130 Adams = 604 n. Chr.* ANCYRANUS; *das wahre datum ist 16. juli 622 n. Chr. = 1 der hegira.*] Islam.

p. 227. Heraklius berief nach Membedj zu sich den Athanasius [*von Antiochien?*], den Thomas von Thermur [*Thadmor*], Basilius von Hama, Sarukis [*Sergius*] von Aris, Johannes von Giris [*Cyrrhus*], Thomas von Arapolis [*Hierap.*], Daniel von Harran, Severus von Genschri [*Kenneschrin*], Athanasius von

6*

Arabis, Kosmas von Epiphancia in Cicilien und Severus von
Samosata [*Assemani II 334*] und untersuchte ihren glauben.
Er urteilte: „Wir finden keine ketzerei an ihnen, aber wir
behalten unsern glauben.“

p. 230.   Omar [*seit 23. aug. 634*] erobert Dara von
einem syrischen fürsten [*fehlt sonst. Auerxxxxx sagt irrthümlich,
dass Omar gegen Busra zog, das schon 633 erobert war*].

Heraklius vertrieb die Araber aus Kappadokien, aber seine
christlichen soldaten schändeten die weiber vor den augen
ihrer ehemänner. So kehrte der kaiser nach Konstantinopel
zurück: er wolle so unselige soldaten nicht weiter befehligen.

p. 238.   Cypern ward durch Pelghar [*Ibu al Hawar,
Tursuxx. Aβωx̃αϑῳς*] eingenommen, Rhodos durch Moawija
und der koloss an einen juden von Hems verkauft.

p. 245.   1006 der Syrer [*691 n. Chr.*] ward Antiochia
erobert und 40,000 christen dabei von den Arabern erschlagen.
[*Michaels liste der Sassaniden s. unten s. 111.*]

Gregorius Abulfarag geb. 1226 zu Melitina [*Malatia oder
Maraz*]. Sein vater, der arzt Aaron, hatte vom judentum zum
christentum sich bekehrt, daher der beiname des sohnes Ibu al
Ibri oder Barhebraeus[1]). Derselbe studirte philosophie, theologie
und medizin, begab sich 1244 mit seinen eltern nach Antiochia
und ward 20jährig bischof von Gubas, im nächsten jahre von
Lakhabin [*Lecabene*] und 1253 von Aleppo. Nach den wechsel-
fällen eines schismas, das seine zeitweilige absetzung verur-
sachte, ward er maphrian 1264 und starb in dieser würde
am 30. juli 1286 zu Maragha in Adherbaigan, der residenz
Hulagus des tataren, dem Gregors vater zeitweilig gedient hatte.

Abulfarag schrieb über Hippokrates Ptolemaeus Porphyrius,
trat in die fussstapfen des Ibn Sina in der erklärung des
Aristoteles, verfasste unter fleissiger benutzung Jakobs von
Edessa eine syrische grammatik und textkritische arbeiten
über das neue testament, ferner einen Nomokanon der jakobitischen kirche und gedichte, die selbst Rxxxx beifall fanden.

[1]) Assemani II 244.

Seine syrische chronik[1]) hat er bis zum ende des 12. jahrh. fast gänzlich aus dem werk seines landsmannes Michael geschöpft; die vielen syrischen, saracenischen und persischen handschriften, die Abulfarag benutzt zu haben erklärt, beziehen sich wohl grösstenteils auf die 90 j. bis 1286, womit die chronik abschliesst. Gelegentlich allerdings, wie bei dem bunde der Byzantiner und Araber gegen die Slaven (p. 179) stellt er den worten Michaels arabische berichte gegenüber und gibt letzteren, wie es scheint, den vorzug. Auch hat man den eindruck, dass er für die gelehrtengeschichte aus einer besonderen, wahrscheinlich arabischen quelle, geschöpft habe.

Aus seiner chronik fertigte sodann Abulfarag auf bitten seiner freunde von Maragha einen arabischen auszug, das Abulkhtar fi'd Duwal Ausführliche geschichte der dynastien[2]). In der that ist sie nicht ausführlicher, sondern kärglicher als die chronik, was die daten der äusseren ereignisse anlangt, hingegen viel reicher an mitteilungen aus der gelehrtenwelt. Überall herrscht auch in letzteren die fabel vor, nur selten wird gegen die üblichen confusionen einspruch erhoben wie bei Galen, den die legende mit Maria Magdalena zusammenbringt, mithin in Christi zeit versetzt. Als gewährsmann wird Michael ausdrücklich citirt im anfang der chronik, ferner beim bunde der Byzantiner und Araber, zum auftreten der Seldschukken, die der patriarch für die von Hesekiel genannten söhne Magogs erklärt und über deren herkunft Abulfarag auch das persische Moloc nama vergleicht[3]), weiter für einen betrug, den die Araber an den von Damaskus abziehenden Franken verübten und von dem die arabischen historiker schweigen, endlich für ein erdbeben, so im j. 565 der hegira am tage Peter und Paul (29. juni) geschehen und 25 tage angedauert[4]). Als

---

[1]) Ed. Bruns et Kirsch; text und lateinische übersetzung sind schlecht nach dem urteil Wrights. Deutsch übersetzt von Bauer 1783, sehr dürftig.

[2]) Ed. Pocock.

[3]) Chron. 234 zum j. 1347 der griechen.

[4]) Chron. 341 und 354.

quelle für die eroberung von Edessa durch die Franken nennt
er drei gedichte des Dionysius bar Zalibi, die wahrscheinlich
keine andern waren als die drei kurz darauf angeführten,
worin Dionysius seine eigenen schicksale, seine gefangenschaft
bei den Armeniern, die flucht nach dem kloster Thalasiora
und die verwüstung seiner diöcese, der von Mar'asch beschreibt [1]). Von Arabern lobt Abulfarag ausserordentlich den
Albîrunî. Andere gewährsmänner, wie Africanus, Hippolytus,
Eusebius, Andronicus wird er blos durch Michaels vermittlung
gekannt, nur Jakob von Edessa mag er vielleicht noch selbst
eingesehen haben.

Zeitrechnung.   In der chronologie weicht der syrische polyhistor einerseits
sehr häufig von Michael ab, andrerseits widersprechen sich
oft die zahlen seiner eigenen schriften. Was hiervon auf den
immerhin beträchtlichen unterschied der hss. und was auf
verschiedene quellen zurückzuführen ist, kann bis jetzt selten
festgestellt werden.

Seine rechnung ist

Flut	2226	= Annian
Auszug		3841
Tempelbau	634	4445
Zerstörung Jerusalems	433	4878
Babylonier	30	
Perser	45	4953
Vom ersten — zweiten tempelbau	508	
Alexander	194	5147
Ptolemäer	293	5440
Christus	[27]	[5467]
Passion		5500
h. dyn. 72. Bis zum messias rech-		
nen die juden		4220
die LXX		5586
chr. syr. 49. Passion		5539
nach Hippolytus, Joannes [von		
Ephesus?] und Mar Jakob [von		
Edessa]		5550

[1]) Chron. 335, 353. Über Zalibi oben s. 61.

Eusebius [*bearb. v. Andronicus*]   5532
Syrer   4156
Africanus   5532
Andere   5320
Die tradition von vielen [*Byzan-
tiner*].   5509

Chr. p. 48 und hist. 70. Christus geb. 309 Alexanders
unter Augustus 43, Herodes 33.

Hist. 28. Unter Thola ward Troia zerstört.

Chr. 28. Salomo regierte von seinem 12. bis zum 52. j.;
er begann im vierten Regierungsjahre den tempel und vollendete ihn in 7 j. Dagegen hist. 47 Bxeu: Er kam 24jährig
auf den thron. s. 50: Er starb unbussfertig.

Gefangenschaft.

hist. 52 Bxeu. Darius Nabonedos 4 oder 9 j.

hist. 77 B. Nach Clemens Eusebius und Andronicus nehmen
die 70 j. mit Cyrus 4 ihr ende, 4. 6 j. vor dem zweiten
tempelbau. s. 66. Der tempel dauerte 442 j.; nach der meinung
derer, welche die herrschaft des Sedekias auf 69 j. ausdehnen,
stand er 500 j.

Gefangenschaft unter Joakim 3 und 8 — 1 und 5 Nabu-
chodonosors und unter Sedekia 11 — Nabuch. 19.

Chron. 29. Clemens zählt die 70 j. der gef. bis Darius 2,
andere von Eliakim 3 — Cyrus 19 ['Εκλογή], Daniel von
Josia 13 oder vom anfang der prophezeiung Jeremiae. African
seit der erhebung des Zedekia.

23 könige der juden 525 j. bis 4516 [*l. 4916, darnach
Saul 1 — 4391, 'Εκλογή: 4392*].

37 der gef. — 26 des tempelbrandes [*africanisch*].

Darius Nabonnedos 16
Belsarzar 1
Cyrus . . . . 31, nach andern 39
Cambyses 8
Magier . . . . — 14 monate.

Der tempelbau ward 46 j. verhindert bis Darius 6
[= African].

Von Artaxerxes 20 sind 400 j. (440 hist. Bern) bis 366
der Griechen = Nero 2, unter dem Jerusalem erobert wurde
[16 j. zu früh], wie solches alles Africanus berichtet (!).
Unter Artaxerxes 3 ist Sokrates geb.

Chr. 37. Die Seleukidenära entspricht dem wj. 5180
nach Annian und den LXX,

4926 nach Georg dem Araberbischof,

4889 bei Eusebius,

5083 bei Andronicus und Africanus,

5085, wie Georgius, presbyter Reglensis, überliefert,

5149 laut Jakob von Edessa,

5197 laut Theophilus [der wohl Christus durch 303
Alexanders bestimmte].

Eine wichtige epoche der späteren geschichte
ist die hist. 100 B. erwähnte. 1262 nach Alexander
wurden die statthalter zu Rom mächtig, sammelten viele
truppen und legten sich den königlichen titel bei, als ob sie
schon Herren von Konstantinopel wären. Zu Konstantinopel
liess man es sich gefallen. [Zielt auf Ottos d. Gr. kaiser-
krönung.]

Salomon von Forat-Maisan, 1222 n. Chr. bringt in seinem
sammelwerk „die Biene" auch einen abriss der weltgeschichte,
der wahrscheinlich auf den zweiten syrischen Anonymus zurückgeht [1]).

---

[1]) Oben s. 26 und 55. Welcher art die syrische chronographie aus
saec. XIII sei, die in Puil's repertorium I 42 abgedruckt ist (erwähnt
bei Noeldeke, untersuchungen zur kritik des alten test. 149, 3), weiss
ich nicht.

Arabische chroniken.

Said Ibn Batrik, genannt **Eutychius**, 876—940, geb. zu Fostat, melchitischer patriarch von Alexandrien seit 932, schrieb arabisch das leben von fünf alexandrinischen patriarchen und die perlenschnur[1]   annalen, von Adams zeit — 937. Das werk kennzeichnet sich durch eine fülle genauer tagesdaten, die jedoch meist dem reiche der einbildung entstammen. Besondere sorgfalt verwendet der autor auf die schicksale der alexandrinischen kirche. Über seine vorchristliche chronologie hat Gelzer, über seine patriarchenliste Gutschmid gehandelt. Viel wert kann man seinen daten nicht zuerkennen.

flut	2256
turmbau	531
Abraham	541	1072
Abraham	3328
auszug	507
David	605
gefangenschaft	477
Alexander	263
Christus	319
Diocletian	276

Die könige Israels 261 j.

Von der verworrenheit des Eutychius mag folgende liste ein ausreichend zeugnis ablegen:

Gefangenschaft.

Bochtanasser	26
Evil-Mardoch	23
Beltazar	3

[1] Gerade so heisst ‚Die perlenschnur des unterrichts‘, ein werk des Hadschi Khalfa.

Darios Medus, Asriri, 61.　　1　[vgl. Abulfar. oben s. 85]
Cyrus . . . . . .　　3　] Michael, oben s. 71]
Achashaviros . . .　11　[68 seit der gefang.]
Cyrus, qui et Darios .　30
In seinem 2. j. Jerusalem wieder aufgebaut.
Cambysus . . . . .　9
Samardius . . . . .　1
Dara I . . . . . .　20
Artachshast . . . .　24　etc.

Christus wird geb. unter Augustus 42, Herodes 33 am 25. canun I (dezbr.) laut s. 308, am 29. caluae (χοτις, dezbr.) laut s. 311.

side**Verkehrte chronologie der kaiserzeit.** Die kaiserliste verkürzt sich allmählich bis auf Diocletian um 4 j. gegen die wirklichen daten. Diocletians erhebung fällt nach des Entychius einzelposten 280 n. Chr., nach seiner eigenen angabe hingegen 276 n. Chr. In späteren epochenzahlen zeigt sich ein irrtum von 8 j., den wohl der abstand der alexandrinischen ära 5492 von der gewöhnlichen 5500 j. verschuldet hat. Die hegira soll 614 statt 622 beginnen, sein geburtsjahr setzt der autor 868 statt 876 n. Chr. an.

Völlig verrenkt sind die gleichzeitigkeiten der römerkaiser mit den Sassaniden. Azdashir (so) beginnt unter Commodus 10, Sabur I unter Severus 12. Die Sassaniden sind nun wenigstens 30 j. zu früh angesetzt, erst seit Ardashir II kehrt die ordnung einigermassen zurück.

Seit Omar wird der rahmen der erzählung aus den regierungen der khalifen gebildet. Ein jahrhundert später erklärt der autor (II 400): Im 1. j. Almansurs ward Theodor patriarch von Konstantinopel. Seit dieser zeit bis zur gegenwart habe ich die namen der Konstantinopolitanischen patriarchen nicht weiter erfahren können, ebenso verlässt mich die kunde von den römischen seit Agabius.

Von kirchengeschichtlichen nachrichten ist hervorzuheben, dass Petrus 22 j. nach der passion gekreuzigt wurde. Er schrieb unter Nero ein evangelium in lateinischer sprache und diktirte solches dem Marcus zu Rom (I 335).

Dschersches Ibn Alamid al Makin **[Elmacin]** 1223 in Egypten geb., christ und sekretär des khalifen von Egypten, † 1275 zu Damaskus, fortgesetzt im 15. jahrh. von einem anonymus, benutzte namentlich Tabari und Gemaleddin und für die kirchengeschichte Eutychius. Veröffentlicht ist bis jetzt nur die geschichte der khalifen[1]).

Petrus Abushiaker Ibn Arraheb **Abulcara** von Fostat (bei Kairo) diakonus an einer kirche in Altkahira schrieb 1281 das sog. chronicon orientale[2]) nach Eutychius.

```
flut  .  .  .  .  2256  [= Eutych.: 2257 Hilario]
Phalek geb.  .  540  |
Abraham  .  .  541  | 1081   [3337]
auszug  .  .  505        3842 [ Michael, ob.s.69]
```

Dass Amram 80j. den Moses zeugt, stammt aus Eutychius.

```
Josua und Phinees .  .  .  .  .  .  .  31
Richter bis ausschliesslich Samuel  .  .[458]
[soviel ergibt die summe der einzelposten]
Richter mit Josua .  .  .  .  .  .  .  .  489
```

Die summe der könige seit der reichsteilung ergibt 356 j. bis zur gefangenschaft unter Eljakim 11 und 367[3]) bis zum tempelbrand, rechnet man dagegen vom überlieferten datum jenes brandes aus, dem wj. 1905 mesori (august) 16, so erhält man 514 j.[4]) für die könige wie bei Josephus.

Gefangenschaft.

```
Nabuchodonosor .  .  .  .  .  .  .  26
Evilmerodach .  .  .  .  .  .  .  .  23
Balthasar .  .  .  .  .  .  .  .  .  20
Darius Assueri .  .  .  .  .  .  .   1
                                    70
```

[1]) Lateinisch durch Erpenius.

[2]) Übersetzt vom maroniten Abraham Ecchellensis 1685 Paris.

[3]) 367 + Salomon 40 + David 40 + Saul 39 wäre 477 wie bei Eutych.

[4]) Eli † 3842 + 40 + 489 [4371], davon die überlieferten 20 j. Samuels [4391] + 514 = 4905. Vgl. *Ἐκλογή* s. 39 und Abulfarag s. 87.

Cyrus 3
Kambyses 5
Smerdis 1
Assuerus, gatte der Esther . . . 20
Die summenzahl der Perser ergibt 176 (?)
Alexander bicornis . . . . . . 16 [- Eutych.]
Ptolemaeus, bruder Alexanders . 7
Ptolemaeus, qui et Alexander . . 21
Λάγος 29

Die übrigen posten dieser erbaulichen liste — Eutychius.

Herodes begann seine herrschaft 17. tammuz (juli), regierte 31 j.

Christus geb. 29. χοιάκ $\overline{xq.}$ im 25. j. des Herodes.

[Das gewöhnliche ist das 32 j. des Herodes. Die verschiebung erklärt sich durch den wechsel der ären 5500 und 5506.]

Kaiserzeit. Augustus herrscht von der unterdrückung des senats

bis Pompeius † . . . . 4 j.
„ Cleopatra † . . . 12 „
„ Christus geb. . . . 25 „
„ August 15 n. Chr. . . 56 . 6 mon.
Herodes † . . . . 6 n. Chr.
Archelaus . . . . 7 j.
Antipas 21
Agrippa 23
Agrippa II 20

Matthaeusevangelium unter Claudius.

Jerusalem zerstört 25. epiphi (9. august) 2577 (l. 5577) am selben tage, da Nabuchodonosor den tempel verbrannt.

Manahem, der thorhüter sagt, er hätte aus seinem thore 125,800 menschen heraustragen sehen.

Joseph ben Gorion sagt, es seien 1,100,000 gestorben und 9000 gefangen genommen worden.

Titus 4 j.

Traian tötet den Simon Kleopa; herrscht seit 10 j. vor der zerstörung Jerusalems bis 32 nachher (?). Johannesevangelium.

Hadrian schrieb Urbs Aelia auf eine säule, die jetzt Davidssäule heisst, und liess einen kanal mit süsswasser zum roten meer ausbrechen.

Das Perserreich entstand unter Commodus [*entspricht der zeitverschiebung unter Trajan — EUTYCHIUS, oben s. 90*].

Alexander (Severus) 13 j.; in seinem 9. erhob sich Ardashir [*MICHAEL, oben s. 78, die offiziellen angaben sind entweder 224 n. Chr. = Alex. 3 oder 227 — Alex. 6*[1])].

Maximin 3
Pupien . . . . — 3 m.
Gordian 4
   Manes und Gregor der thau-
   maturg [*30 j. zu früh*]
Philipp 7
   in seinem 1. begann Shapur I [— *MICHAEL, ob. s. 78*]
Decius 1
Gallus 2
Valerian 14
Claudius 1
   Paulus, patriarch von An-
   tiochien [*vielmehr bischof von
   Samosata*], urheber der Pau-
   licianer
Aurelian 6
   In seinem 6. j. Konstantin geb.
Tacitus . . . . — 6 m.
Probus 6
Carus . . . . 2 etc.

Jakobitischer standpunkt in den dogmenkämpfen der folgenden jahrhunderte. Leo II wird als Jakobit bezeichnet.

Hegira 1 beginnt im muhamedanischen moharram 1 tammuz 15 = 21 epiphi 933 Alexanders [*622*]. Seitdem rechnet der autor nach den mondjahren der hegira.

---

[1]) NÖLDEKE, Aufsätze zur pers. gesch. 89; GUTSCHMID, geschichte Irans 162.

Mahomet geb. um sonnenaufgang 12. rab des ersten elephantenjahres, † 63 j. am 12. rab; verlebte 10 j. in Medina.

Kaiser Heraklius † sonntag 9. febr.   15. mechir 954 Alexanders [*641 n. Chr.*].

Mit s. 74 beginnt die liste der alexandrinischen patriarchen, die äusserst genaue, natürlich in der ältesten zeit ganz imaginäre daten liefert.

Makrizi [1] 1540 benutzt den Eutychius.

Christus geb. 29. kihak 319 nach Alexander.

Anfänge Christi und der christlichen kirche nach Hippolytus Thebanus. Himmelfahrtsüra wie im Chron. pasch.

Jacobus geht nach Indien (!), † in Jerusalem.

Matthaeus schreibt sein evangelium 9 j. nach der auferstehung.

Marcus (Johannes) der evangelist verstand latein, griechisch, hebräisch, schrieb sein evangelium 12 j. nach der auferstehung; bereiste Rom, Egypten, Nubien und Abessynien und kam nach Bareath, als Hananias in Alexandrien bischof geworden. Märtyrer in Alexandrien um osterfest.

Lucas schrieb sein evangelium in Alexandria 20 j. nach der auferstehung, getötet 22 j. darnach.

Johannes † mehr als 100jährig.

p. 27. Als Severianus [*Sept. Severus*] nach Egypten kam, tötete er die christen und zerstörte ihre kirchen und befahl seine idole in den alexandrinischen tempeln zu errichten. Damals war Demetrius 30 j. bischof.

Die siebenschläfer schlummern 309 j.

Am besten schliesst sich hier an **Johannes von Nikiu** [2] in Unteregypten, jakobitischer generalverwalter der egyptischen klöster um *691*, schrieb eine weltchronik nach **Johannes Antiochenus** und **Malalas**. Ihr besonderer wert besteht in der genauen schilderung, die er von dem egyptischen aufstand des Heraklius gegen Phokas entworfen hat. Der originaltext war griechisch, nur einige abschnitte über speziell egyptische

[1] Makrizi historia Coptorum ed. Wetzer 1828.
[2] Zotenberg, Notes et extraits XXIV 1.   Kirchen??? 153.

verhältnisse waren koptisch, vielleicht nach dem vorbild der
bibel, wo in einigen büchern verschiedene sprachen angewandt
werden [1]), oder wahrscheinlicher, weil Johannes die hauptmasse
seines stoffes aus griechischen quellen, die zeitgenössische
geschichte Egyptens aber aus mündlichen berichten schöpfte.
Nöldeke hält dagegen die ganze urschrift für koptisch. Das
original ward ins arabische und daraus 1602 ins äthiopische
übertragen, letzteres durch einen abyssinischen gelehrten und
den egyptischen diakon Gabriel.

Der arabische übersetzer hat viel missverstanden und oft   Mythische
urgeschichte.
abgekürzt. Abweichungen von Malalas trifft man bei den
berichten von Perseus Melchisedek Petisonius Palamedes,
Jerusalems gründung, bei den nymphen, den LXX und bei
Herodes; mehr als bei Malalas die geschichten von Heber, die
erfindung der medizin und der akademien durch Salomon, die
kreuzeslegende, die zerstörung von Palmyra und Tyrus durch
Nabuchodonosor, die erklärungen von Alba und Karthago.

Mit besonderem eifer wird die fabelhafte urgeschichte
vorgeführt. Kainan II verfasste ἀστρολαβία. Die arche blieb
in einer höhle. Nimrod soll Afröd, sohn des chamitischen
Cantor sein. Hermes (Tot) hinkt, weil vom pferd gefallen.
Melchisedek war von der familie des Sidus von Sidon, eines
königsohnes, der von Egypten und Nubien gekommen war
[*geht auf das Adambuch zurück; ähnlich Michael Asori, wohl
auch Anania*]. Dido stammt von Chartinas, einem ort zwischen
Sidon und Tyrus.

Von urgeschichtlichen, auf Johannes zurückgehenden zahlen
wäre etwa die 53jähr. herrschaft des Perseus hervorzuheben
und der 206jährige zeitraum von Josua bis Ogyg, die Attica
unbewohnt blieb [2]).

----

[1]) Am häufigsten ist dies in indischen und javanischen dramen,
kommt aber auch in der mittelalterlichen litteratur Latein und moderne
sprache nicht selten vor.

[2]) Zotenberg 360, 370, 373, 385, 397.

Armenier.

Die
urgeschichte.
Die einheimischen quellen versagen bei der alten geschichte
Armeniens. Von den oft siegreichen zusammenstössen der
armenischen könige mit den Assyrern wissen wir durch die
keilinschriften vom Vansee, von den ereignissen während
der partherzeit aus klassischen quellen: ob die griechischen
geschichtswerke des königs Artavasdes[1], den Antonius im
triumph in Alexandria aufführte, mit der einheimischen überlieferung sich befassten, ist zweifelhaft. Im allgemeinen heisst
es ausdrücklich, dass die armenischen fürsten und herren
weder für die anfertigung von annalen sorge trugen, noch
überhaupt sich um gelehrte bildung bekümmerten[2]. Die erste
geschichte Armeniens soll denn auch von einem fremden, von
dem Syrer Bardesanes um 180 n. Chr. herrühren, eine zweite
wird dem Mar Apas Catina von Medsbin oder Nisibis zugeschrieben, der um 383 n. Chr.[3] in syrischer sprache auszüge
aus den archiven von Edessa und Sinope machte und sie mit
vielen fabulosen elementen verschmolz.

Christliche
litteratur.
Ein umschwung kam erst mit der einführung des christentums; im anfange des 4. jahrh. war die schriftsprache der
priester und der gebildeten in Armenien das persische oder
das syrische. Seitdem aber Mesrob sein volk mit einer nationalen
bibel beschenkt hatte, regte sich die eigene litterarische thätigkeit, deren vornehmster quell zunächst übersetzungen aus dem
griechischen, syrischen und pehlewi waren. Eine ganze flut

[1] Plutarch. Crass. 33.
[2] Moses I 1, 3.
[3] So Gutschmid, nach Moses selbst um 150 v. Chr.

morgenländischer und abendländischer kirchenschriftsteller ward so den Armeniern zugänglich gemacht, von profanen aber wurden Homer, Euripides (?) Aristoteles und Pseudo-Kallisthenes, sowie mehrere grammatiken und rhetoriken übertragen.

Den festen grund legt die chronik des Eusebius, die zuerst wahrscheinlich durch Moses von Khorni um 450 und ein zweites mal von einem unbekannten um 500 ins armenische übertragen wurde, und weiter die kirchengeschichte des Eusebius, die gleichfalls schon um 440 ein armenisch gewand erhielt. Vielleicht ist auch Africanus, der freund Abgars VIII von Edessa, von Moses, der die bücherei von Edessa eifrig durchstöberte, benutzt worden [1]; nach einigen gelehrten hat ihn jedoch Moses lediglich durch die vermittlung des Eusebius gekannt [2].

Eusebius.

Die verschmelzung alter einheimischer heldensagen und moderner heiligenlegenden mit der festgefügten überlieferung des Eusebius, dazu noch syrische apokrypha, stücke aus dem alexanderroman, und später sassanidensagen, dieser mischmasch hat den grundstock der armenischen geschichte und den kanon für die folgezeit abgegeben, bis mit dem 13. jahrh. durch den vordrängenden einfluss Michaels des Syrers dem bilde des altertums wieder einige neue farben aufgetragen wurden.

Armenische chronisten.

Bedeutender ist die darstellung der christlichen zeit von seiten der armenischen chronisten; nicht selten verdankt man ihnen gute und reichliche nachrichten über sonst spärlich erhellte zeiträume und muss ihnen im alter der kreuzzüge sogar einen hervorragenden quellenwert zuerkennen. Ihre wichtigsten gewährsmänner sind ausschliesslich einheimische geschichtschreiber, so Agathangelos um 390, Faustus von Byzanz um 450 und Lazarus von Pharb † 484 für die Sassanidenherrschaft, Johann Mamiguni von Daron und Schéos, beide um 650 für den einbruch der Araber, der priester Ghewond, gegen 800, für die zeit von 632—788 [3], Matthaeus von Edessa im 12. jahrh. für die ersten kreuzzüge. Alle armenischen geschicht-

---

[1] So BAUMGARTEN und CARRIÈRE
[2] So GUTSCHMID und GELZER.
[3] F. MÜLLER, Wiener Zschr. f. d. K. des Morgenl. II, 176.

7

schreiber sind von regem patriotismus, aber auch von starker
nationaleitelkeit erfüllt. Sie prahlen mit zahlen und rechnen
zu gern ihrem volke als verdienst an, was günstige zufälle
oder gar fremde beschützer für es bewirkt haben. Ihre auffassung ist kirchlich gebunden und ihr blick reicht nicht weit
über die engen grenzen der heimat; an wundern, sagen und
legenden haben sie ein grosses wohlgefallen. Ein kühner, frischer
ton durchdringt ihre schildereien, doch thut ihnen oft das
bestreben nach rhetorischem, allzu gewähltem stile bedeutenden
abbruch. In den späteren jahrhunderten wird ihre sprache
nüchterner und ihre kraft erlahmt, aber stets belebt sie die
warme liebe für das vaterland.

Moses Khorenatzi. [1])

Moses Khorenatzi (von Khorni?), empfing seinen unter-
richt von den beiden vätern des armenischen schriftwesens,
vom vartabed Mesröb und dem katholikos Sahak (Isaak) d. Gr.
Er studirte kurz nach 431 zu Alexandrien, besuchte Rom,
Athen und Konstantinopel und starb hochgeehrt um 480, der
sage nach im gleichen alter wie Moses der prophet. Damals
war Armenien den siegreichen waffen der Sassaniden erlegen,
die aufstände gegen die fremdherrschaft 460 und 481 n. Chr.
erwiesen sich als vergeblich. Umso eifriger suchten patriotische
männer durch die litteratur den sinkenden geist ihres volkes
neu zu beleben und zu grossen thaten anzuspornen.

Werke.
Moses schrieb eine rhetorik nach griechischen mustern,
worin die berühmten bruchstücke von Euripides' Peliaden vor-
kommen, ferner eine schrift ‚über weisheit' d. i. über grammatik [2]), eine homilie über die verklärung Christi, endlich die
chronik oder ‚geschlechterfolge von Grossarmenien', deren
abfassung um 480 angesetzt wird.

Zweifelhaft ist seine urheberschaft an der ‚geographie
Armeniens', an der, falls sie auf ihn zurückgeht, jedenfalls

[1]) GUTSCHMID, kleine schriften III. Für Moses' genealogien siehe
CARRIÈRE, Moyse de Khorene, 1891 Paris.
[2]) Vielleicht hat in betreff des urhebers hier eine verwechslung mit
Moses von Siunik (7. jahrh.) stattgefunden.

starke interpolationen angenommen werden müssen; unecht ist die seinen namen führende ‚wanderung der heil. Rhipsime‘.

Die chronik geht in drei büchern von der schöpfung bis zum j. 440 n. Chr. und ist Sahag Bagratuni gewidmet. In ihrer jetzigen gestalt kann sie nicht von Moses selbst herrühren, es ist vielmehr eine überarbeitung aus der zeit von 634—642 n. Chr. Denn das werk berichtet von einem vordringen Shapurs II nach Bithynien, vermutlich in erinnerung an den bithynischen streifzug der Neuperser im j. 608[1]); ferner ist von Chazaren als nachbarn der Armenier die rede, obwohl die wanderung der Chazaren erst 587 zuerst erwähnt wird[2]); endlich ist die chronologie gerade der zeit des Moses selbst heillos verwirrt. Es wäre unerklärlich, dass ein zeitgenosse von Bahram V (seit 420) diesem die 22 j. seines vorgängers Jesdegerds I und letzterem die 11 j. Bahrams' IV beigemessen hätte, wie es in der that die chronik bietet. Durch die annahme einer späteren überarbeitung versteht man auch, wie Thomas Ardsruni ein viertes buch der chronik aufzählen und davon berichten konnte, dass Moses seinen eigenen tod beschrieben habe[3]).

Die chronik ist stark überarbeitet.

Vielleicht rührt die redaction des geschichtwerkes von der hand des chronologen Anania Shirakatzi (von Shirag) her, dem Patkanov die urheberschaft der geographie Armeniens zugewiesen hat. Denn auch die geographie führt zu unrecht Moses' namen. Sie kennt die einteilung des Sassanidenreiches in vier spahedschaften, die erst in der frühzeit Khosrau's I (531—579) eingeführt wurde, sie erwähnt den frieden von Basra (635) und die 651 beginnende herrschaft der Araber und spielt vielleicht auf den einfall der Slaven an, durch den im j. 657 Konstans II von den armenischen grenzen weggerufen ward[4]).

Moses' geographie.

---

[1]) Jedoch ist daran zu erinnern, dass schon 258 n. Chr. streifzügler des Shapur I bis Kappadokien kamen.

[2]) S. oben s. 36.

[3]) Allerdings ist es auch möglich, dass Thomas wie bei den 120 j. seines landsmannes auch hier Moses den mann Gottes vor augen hatte.

[4]) Vergl. über diese frage jetzt Gutschmid, kleine schriften III 332—338.

Geist der chronik.

Die chronik gibt sich vorzugsweise als adelsgeschichte, für die Bagratunis, gegen die Mamikonis, sie ist eine tendenzschrift. Da sie jedoch zum ersten male die vaterländische geschichte bis zur unterwerfung Armeniens durch die Sassaniden zusammenfasste und weil ein vaterländischer geist und der hass gegen die fremdherrschaft den verfasser beseelte, so erlangte das werk des armenischen Herodot kanonisches ansehen unter dessen landsleuten und grosse verbreitung im auslande, wo es namentlich von den Syrern eifrig benutzt wurde. In der neuzeit ist es ins lateinische, italienische, deutsche, französische und neuarmenische übersetzt worden.

Quellen der chronik.

Die zeitrechnung der chronik fusst ganz auf Eusebius, mit dessen königslisten Moses die einheimischen genealogien recht unglücklich zu verschweissen trachtet. Weitere quellen waren Agathangelos und Faustos, die apokryphe lehre des Addai (Thaddaeus), der jüdische krieg des Josephus, Mar Iba Katina, Hippolytus und eine reihe kleinerer autoren wie Arius [*von Pentapolis, schrieb über egyptisches altertum*], Camadrus [*Skamandros?*], Polykrates, endlich volkssagen und balladen, aus denen ein mattes licht über religion und mythologie der Armenier sich verbreitet, und andere mündliche überlieferungen.

Für die thaten der Parther und die anfänge der Sassaniden lieferte Bar Sauma, der unter Julian als kriegsgefangener nach Rom kam, reichhaltige nachrichten, die Khorohbut, schreiber Shapurs II, oder mit anderem namen Eleazar, ins griechische übersetzt haben soll. Was Moses aus ihm erzählt, stimmt mit Firdusi überein. Verfänglicher klingt, was Moses über den priester Olyp von Ani berichtet, der eine geschichte der (armenischen) tempel geschrieben habe und von Bardesanes fortgesetzt worden sei. Andere quellen wie Phlegon, Palaiphatos, Philemon, Porphyrios und Firmilian, bischof von Kappadokien, der die christenverfolgungen von Maximin bis Diokletian beschrieb, hat Moses wohl nur durch vermittlung des Eusebius gekannt, den der vorsichtige mann übrigens niemals nennt.

Die patriarchenliste bis Arphaxad stimmt mit den LXX, ihre fortsetzung aber bis Abraham stimmt zu keiner sonst bekannten quelle.

		LXX
Kainan II [fehlt African. und Euseb.]	120	130
Sala	130	130
Eber	130	130
Phalek	134	134
Ragav	133	130
Seruch	130	132
Nachor	79	179
Thara	70	70
[Abraham seit der flut . . . . . 1061 j.]		

Bei nachstehender übersicht sind die der bibel fehlenden namen in kurrent gedruckt.

Allgemeine genealogie

Sem	Cham	Japhet
Arphaxat	Kush	Gomer
	Mestrim	Thiras
	Nabroth	Bel	Thorgom

Nationale genealogie

	Bab	Hayk
aus Abyden	Anebis	Armenak
	Arbel I	Aramais
	Chayal	Amasia
	Arbel II	Gmelam
	Ninus	Harma
	Ninyas	Ara
		Ara der schöne

In widerspruch zur bibel setzt sich Moses durch die herleitung Mestraim's.

Bibel	Moses
Cham	Cham
|	|
Kush Mestraim	Kush
|	|
Nebroth	Mestraim

Den Alexandrinern entlehnt Moses, wie er selbst eingesteht, die gleichsetzungen:

Ephestos	-- Cham
Helios	Kush
Krannos	Nebroth

Für einen seltsamen stammbaum Japhet's gibt er Mar Iba
als gewährsmann an.

Japhet   Japetosthe [*Ἰάπετός τε*]
|
Merog   [= *anagramm von Gomer*]
|
Sirath   [=   „   „ *Thiras*]
|
Thaklad [*erinnert an Thiklad Pilesor*]

Nach dem sieg Hayk's über Bel den titanen und der
herrschaft der Schamiram [*Semiramis*] in Armenien wird Ara,
der sohn Ara's, könig der Armenier.

Hebräer	Chaldäer	Armenier
Isahak	Arios	Ara
Jakob	Aralios	
Lewi	Susaris	Anuschavan
Kahat	Xesxer	Paret
Anram	Galeos	Arbak
Moses	Armamithreos	Savan
Jesu	Belokhos	Pharnas
Gothoniel	Altagos	Sur
Avod	Mamithos	Havanak
Barak	Maskhaleos	Waschtak
Gedeon	Spharos	Haikak † in den tagen
		des Belokhos
	Mamilos	
	Sparethos	
	Skatades	
	Amintes	
	Belokhos	
Abimelekh	Balotores	Ampak
Thola	Lamparites	Arnak
Jair	Susaris	Sebavarsch
Ephthaji	Lamparis	Novair
Esebon	Panias	Wstaskar
Elon	Sosarmos	Gorak

Labdon	Mithreos	Hraut
Samphson	Teutamos	Eudsakh
Heli		Geghak
Samuel		Horo
Saul		Sarmair
David		

Willkürliche u. sagenhafte behandlung d. älteren zeit.

Sarmair wird mit dem äthiopischen heere von seinem oberherrn Teutamos dem Priamus zu hilfe geschickt. Er stirbt „von den tapferen Hellenen überwältigt, aber, ich will es, durch Achilles und keinen anderen der helden". (I 32.)

Man sieht, der genealogische faden ist einmal zu lang, ein andermal zu kurz; um sich zu bewähren, muss er von gummi gemacht sein. Überall treten noch mythische züge ganz offen zu tage, bis tief hinein in die Mederzeit. Die am ende des ersten buches ausführlich erörterte gleichsetzung Piurasp == Aschdahak [*Astyages*] und die ungeheuerlichen fabeln von Piurasp beweisen bekanntschaft mit dem persischen heldenbuche. Die erklärung des namens Piurasp durch den bei Ovid[1]) erwähnten centauren Pyretes (Piurida bei Moses) geht laut Moses auf ein chaldäisches buch d. i. auf Mar Iba zurück, der demnach der vater der ganzen episode gewesen sein wird.

Von dem Meder Warbakes wird Paroir als erster selbständiger könig in Armenien eingesetzt.

Ihm folgt Hratschia, der ein leuchtendes angesicht und flammende augen hatte [*deutet auf einen alten sonnengott*]. Damals führte Nabuchodonosor die Juden in die gefangenschaft und siedelte den jüdischen fürsten Schambath in Armenien an. Von diesem stammen die Bagratunier[2]). Dagegen stammen die Ardounier und Gennier und der fürst der Aghdsenier von den vatermörderischen söhnen des Senekherim, der 80 j. vor Nabuchodonosor gelebt hat. Durch die freundschaft des

---

[1]) Metamorph. XII.

[2]) Mit welchen kniffen Moses die thatsache, dass zu geschichtlicher zeit die Bagratuni's dem jüdischen glauben nicht zugethan waren, zu erklären sucht, hat Gutschmid sehr ergötzlich dargethan.

armenischen Tigran mit Cyrus wird Aschdahag gestürzt. Von
Anuisch aber, der ersten frau des Aschdahag, und zehntausend
medischen gefangenen, die laut Ptolemaeus [!] in der gegend
Ostan angesiedelt wurden, stammen die bewohner des kantons
Goghthen.

Von der zwischenzeit bis auf Alexander ist nichts zu
vermelden. Alexander, der 24. von Achilles an [1]), herrscht über
die ganze welt; 60 j. nach ihm erhebt sich Arschak in der
stadt Bahgh [*Balkh*] Aravatin im lande der Kluschatuier.

Arsakiden. Moses zählt blos 14 Arsakiden statt 32, die wir aus
münzen und schriftstellernachrichten kennen, und gibt ihnen
155 j. statt der 475, die sich von 248 v. Chr. — 227 n. Chr.[2])
herausstellen.

	Moses II 68 f.	Agoghig
1. Arschak	31	
2. Artasches[3])	26	
3. Arschak d. Gr.. . . .	53	57
gab den Armeniern den könig Vagharsch		
4. Arschakan	30	
5. Arschanak[4])	31	32
6. Arsches	20	Artasches 20
7. Arschawir	46	20
8. Artasches	34	
9. Darech	30	
10. Arschak	19	
11. Artasches	20	
12. Herus	34	33
13. Vagharsch	50	Vakshak 50
14. Artawan	31	36

[455]

Dass im Makkabäerbuche (I. 15, 22) Arsakes als bundes-
genosse der Römer erwähnt wird, ist grund genug für Moses.

[1]) Stimmt nicht zu Velleius I 6, wo Alexander als 28. von Herakles
aufgeführt wird.
[2]) Vgl. Geisenaup, gesch. Irans 162.
[3]) Artashir bei Sebeos.
[4]) Fehlt Sebeos.

die sage von Judas Makkabäus auf den Partherkönig Arschak I zu übertragen.

Ganz ähnlich stachelt die eifersucht den tendenziösen autor im späteren, die heldenthaten des Mamikoniers Mamuel totzuschweigen und die durch jenen vollführte vernichtung des renegaten Mehrujan dem Bagratunier Sembat zuzuschreiben. Dies war nur möglich, indem sieben volle jahre aus der armenischen geschichte ausgemerzt wurden.

Den synchronismus von Christus und Abgar I fand Moses jedesfalls schon vor. Er will ausserdem, dass Abgar gegen Herodes Antipas gezogen sei, um die hinrichtung Johannes des täufers an ihm zu rächen. Einen gleichen zug mit der nämlichen absicht schreiben die Neuperser Shapur dem Ashaganiden zu.

Die römischen kaiser sind alle um 18 j. zu hoch angesetzt, wie um 16 j. bei den Syrern seit Dionysius, der vielleicht von den Armeniern beeinflusst war [1]. Die kaisernamen, die seinem system sich nicht einfügten, hat Moses kein bedenken getragen zweckentsprechend zu verändern. Den Judenaufstand unter Trajan verwechselt er infolge seiner falschen zeitrechnung mit dem unter Hadrian. Derselbe irrtum findet sich bei den Syrern.

Kaiserzeit.

Die 88tägige regierung Florian's rührt aus einer quelle her, die aus der römischen stadtchronik schöpft. Dieselbe zahl hat Hippolytus.

Das zweite buch schliesst mit der einführung des christentums durch Gregor den Erleuchter. Das dritte geht bis 480 und gibt die kirchlichen ereignisse wohl nach Sokrates, die armenisch-persischen kämpfe dagegen nach mündlicher überlieferung.

Thomas Ardsruni [2] begann auf verlangen Kakig's, des armenischen fürsten, gegen 908 eine geschichte von Armenien, die er in 5 büchern von Noah bis 936 hinabführte. Das geschlecht der Ardsrunier ist dabei vornehmlich berücksichtigt. Thomas hält sich mit der urzeit nur ganz kurz auf und von seinen kärglichen angaben, die wohl aus Moses herstammen, ist keine einzige besonders zu verzeichnen.

[1] Oben s. 92.
[2] Russ. übersetz, wenn ich nicht irre, v. Emin, gedruckt zu Moscau.

Johannes VI katholikos[1] 835—925, geb. in Truschanagerd bei der hauptstadt Tovin, im distrikt Schirag, patriarch seit 897, verfasste einen abriss der armenischen geschichte, deren schluss die liste der armenischen katholici bildet, beginnt mit der flut, glaubt aber, weil jene urereignisse so sehr bekannt, sich förmlich deshalb entschuldigen zu müssen: er folge dem beispiel seiner vorgänger. Er schreibt den Moses aus, erwähnt chaldäische werke, die unter Tiber in Niniveh und Edessa niedergelegt worden seien, zitirt eine geschichte Armeniens und der dynastie der Haiganier (nachkommen des mythischen Haig), benutzt Agathangelus und Shapur Pagratides. Sein stil ist meist elegant, aber oft gelehrt und schwer, zu pomphaft und blumig und auch durch zu viel bibelzitate durchbrochen; besonders sein brief an Constantin Porphyrogennetos, den er dem geschichtswerke einverleibte, zeigt jene fehler.

Aus der älteren zeit, die ganz aus Moses geschöpft ist, ist gar nichts neues zu bemerken, es sei denn der abstand von 2295 j. zwischen Haig, dem zeitgenossen Bel's, und Vagharsch, der 125 v. Chr. begann: ergäbe 2420 v. Chr. für den beginn der Assyrer. In der überlieferung, dass die stadt Amasia von Amasia, einem neffen des Nectanebo, erbaut worden sei, zeigen sich die spuren von Pseudo-Kallisthenes.

Moses Kaghankatwatzi[2] (Kalankatvaçi), 10. jahrh., bearbeitet eine quelle aus saec. VII, wird benutzt von Stephan Asoghig und Gandsakenzi's armenischer geschichte saec. XIII[3].

Die alte zeit ist sehr kurz behandelt. Der bruderkrieg der kinder Noah geht wohl auf Methodios zurück. Die namen sind oft recht entstellt, Gigeron ist aus Gideon verballhornt, Bjeki Dylata (?) überkam Babylon von den Medern.

Japhet—Tigranes waren 44 könige.

Arshak—Artavan waren 14 könige 450 j.

Die Parther begannen 252 v. Chr. 270 nach der rückkehr der Juden aus der gefangenschaft [die demnach 522 v. Chr. wie bei Africanus fällt]. 26 armenische könige regierten 620 j.

---

[1] Trad. par Sr Martin 1841 Paris.
[2] Russisch von Patkanian (Patkanov) 1861 Petersburg.
[3] Russisch von Emin, Moskau. Habe ich nicht erlangen können.

Stephan **Açoghig**[1]) (Açochig, Asolik[2]) von Daron[3]) 928
— c. 1019[4]), erklärt für seine quellen die bibel, Eusebius,
Sokrates, Agathangelus, Moses Chorenatzi,
Eghische, den sekretär und geschichtschreiber Vartans
(5. jahrh.), den rhetor Lazarus von Ph'arb (zeitgeschichte
— 485), Faustus von Byzanz, Sebéos, Ghevond's geschichte
der Araber in Armenien, endlich Shapur (Schapucha) Bagratuni.

Açoghig beginnt mit der verheissung, die dem 75jährigen   *Jüdische*
Abraham geworden. Bis zum auszug 430 j.   *geschichte.*

Abraham	100
Isaak (Sahag)	60
Jakob	86
Levi	46
Kaath	63
Amran	70
Moses	80
auszug	505 seit Abraham, wj.3809.

Das zweimal wiederholte datum kommt zunächst dem des
Annian 3812.

Moses	40
Jesus	25 [- *Moses und Annian*] war
	44jährig beim auszug
Gothoniel	40
Aod und Semegar	80 (40 Dul.)
Deborah	40 (80 Dul.)
Gedeon	40
Abimelech	3
Thola	22

[1]) Trad. par Dulaurier 1883 Paris; mit vortrefflichem commentar;
die russische übersetzung von Emin 1864 Moskau, benutzte vermutlich
eine andere hs., sie weicht des öftern vom französischen texte ab.

[2]) Vgl. Lebubna (richtiger als Lerubna) n. Gh'epupna: Dulaurier 84.

[3]) Deshalb auch Tarönetsbi. Nach F. Müller a. a. o. 178, von dem
ich nachträglich lerne, dass man jenen mittelbuchstaben zwischen gh
und l neuerdings durch *y* ausdrückt, bedeutet Asoyik 'der sänger'.

[4]) Nach anderer überlieferung gar —1045.

Jair 22
Jephtha . . . . 6 (10 mit fremdherrschaft. Dul.)
Abesan 7
Ahialon 10
Abdoni (Labdon) 8. Hluns fall
Samson 20
Eli . . . . . . 40 (6 Dul.)
Samuel und Saul . 40
Isboseth, sohn Sauls   die schrift spricht nicht von ihm
David 40
Salomon 40

Origenes und Annania Schirakatzi [*von Schirag*] rechnen bis zum tempel 490 j. [*Eusebius 480 j.*].

Abraham [*1*]—Salomo   997
Adam—David . . . 1299

[*Der erste ansatz ergäbe für die zeit exodus Salomo 492 j. Die armenische bibel rechnet 4410 j. vom auszug bis Davids ende.*]

Der tempelbau dauert 7 j. Salomon 3 [*l. 10*]—gefangenschaft bez. tempelbrand   444 j. [*die einzelposten ergeben 443,3*]. Salomon nach dem bau noch 35 (Dul. 36) j.

Die jüdischen könige so ziemlich nach Eusebius. Amos bekommt 12 statt 2, Eljakim 1 12 statt 11 j.

Gefangenschaft.

1. Josias 13 —tempelbrand . . 40
          Cyrus 1 70
2. Joachim 2 — . . . . . . 50 = 1 jubiläum
3. Tempelruin — 30
     .   —Darius 2 . .   70
Der tempel dauert bis Darius 511
bis Christus † im 19. j. Tiber's 501

[*Vielmehr bis Christi geburt. Im χρον. ἐπίτομον ist der zweite tempelbau ωj. 4999 vollendet,   501 vor 5500.*]

Daniels jahrwochen beginnen mit Darius 1.

Assyrer und Meder nach Eusebius. Zahlreiche schreibfehler. Meder.

Warbakes 28
Madokes 20
Hagatimos (?? der Akade-
    mische nach Dul., statt
    Sosarmos) 30
[Artyeus . . . . 30 fehlt]
Dekos 54
Phraortes . . . . . . 24 (44 Dul.)
Kuarksares 32
Ashdahak (Astyages) . . 38
                        [256 j. seit 816 v. Chr.]
Kresa (Krösus).

Perser mit 250 [*Hippolyt.*] und hohepriester mit 483 j., Perser nach
letztere ohne einzelzahlen bis Judas, und die fehlerhafte Ptole- Hippolytus.
mäerliste [seit 312] mit 282,6 j.

Alexander, herrscht 6, 7 [5 *Euseb.*] und lebt 32 j.
Seleucus   herrscht 31, lebt 75 j.
Antiochus Soter   „   19, „ 64 . etc.
Arsaciden 457 j.

Unter Antiochus 11   60 nach Alexander   Philadelphos Arsaciden.
30 nahm der parther Arschag [*Arsakes*] den Makedoniern
Babylon und herrschte 57 j.

Arschag II . . . 26
Arschag III . . . 57 gab den Armeniern den
                        könig Vagharsch
Arschagan . . . 30 etc.

Augustus 8 wird Herodes könig [*in wahrheit schon 39 v. Chr.*], Augustus.
herrscht 37 j.

Augustus 42   Herodes 32 wird Christus geb., unter Tiber
15   Herodes II 15 getauft und Tiber 19 †. Tiber noch 4 j.
Bis zur passion seit Darius 2 . . 501
            —Salomon . . . 1012
            - Moses 80 . . . 1504
            —Abraham . . . 2006
            —Flut 3068
            —Adam 5310

Römerkaiser.	Caesar	. . . .	4,7
	Augustus	. . . .	56,6
	Archelaus	. . . .	9
	Herodes	. . . .	4
	Agrippa	. . . .	7
	Agrippa II	. . . .	26

Passion – Constantin   291 j. [*Das concil von Nicaea 325 ist wohl gemeint.*]

Das zweite buch geht von Gregor dem erleuchter bis 863. Die byzantinischen kaiser dienen im anfang als basis der chronologie; seit Justinian 14 (p. 168) aber die armenische ära.

Sassaniden[1]).

				Agathias		Açoghig
seit 225 n. Chr.	Ardashir	558	Alexanders.			
		6 des Alexander Mammaeae		16 10 mon.		40
. 240 .	Sapor	. . . .	31			53
. 271 .	Hormisdates	. . . . .	1	10 tage		16
. 272 .	Vararanes	. . . . . .	3			3
. 275 .		. . . .	17	Segansaa (Vahram Sakan Schah)		58
		. . . .	—	6 mon.		
. 294 .	Narses	. . . .	7 5 .			
. 301 .	Hormisdates	. . . . .	7 5 .			
. 316 .	Sapores	. . . . .	70			
. 386 .	Artaxerxes	. . . . .	4			
. 391 .	Sapor	. . . . .	5			3
. 396 .	Vararanes	. . . . . .	11	Kermansan	Vr'am Sner . — 11 mon.	
. 407 .	Isdigerdes	. . . . .	21		Yazguerd . . 1	
. 428 .	Vararanes	. . . . . .	20		Vr'am . . . 2	
. 448 .	Jezdegerd	. . . . .	17		Dchakb . . 20	
. 465 .	Perozes	. . . . .	24		Beroz . . 27	
. 488 .	Balas	. . . . .	4	Valarsch	Vagharsch . 4	
. 493 .	Cabades	. . . . .	11		Gavad . . . 11	
. 504 .	Zamasphes	. . . . .	4		Dchamasb . 2	
. 508 .	Cabades	. . . . .	30	(zum zweitenmal)	Gavad . . 41	
. 528—580	Chosroes	. . . . .	48		Khosrov . 47	
					Ormizt . . 12	
					Gavad . . . 6 (Schirven)	
					Peporn . . . 8 (Parkhach)	
					11	

[1]) Andere listen siehe in Nöldeke's Tabari.

Michael.

542 der Syrer Artashir | *231 n. Chr.*].

Philipp I |*247 n. Chr.*| Shapur I 31
                                    Ormizd
                                    Vahuram 3
                                    Vahra 17
Diocletian 11   Nerseh 7
                                    Shapur II . . . 60
                                    Ardashir II
                                    Shapur III
Urharon Kirmansha 11
Jesdegerd
Ahoharan 22
Firuz, Cut etc., vergl. Abulfaraǧ.

Mirchond	Michael	Theophanes
Cabad (Schirujeh)		
a. 634	Shirine . . — 9 m.	Siroes . . 1
Ardashir	— 2 .	Adeser . — 7 m.
Schahar Baz	Scharbaz . 1	Σαρβαρίξας — 2 .
Djevanschir		
Purandocht a. 636	Barane, tochter des	
	Khosru[1]), einige tage	Βοράνη . — 7 .
Tchaschinemdch[2])		
Azermidocht	Zarmantoukht, ihre	
	schwester . . .	
	Scharori	
Kesra	Dapuran Khosrov .	
Perokhzad	Beroz	2 j.
	Zervantukht . . .	
	Ormezd	Ὁρμίσδας
Jezdedjerd	Azladjad	

Der priester **Samuel von Ani**, schüler Georg Melvig's und
schützling des patriarchen Gregor IV, schrieb von Gregor auf-
gemuntert eine weltgeschichte, die bis 1177 reicht. Der erste
teil ist ein auszug aus Eusebius und Moses mit einem zusatz

---

[1]) Syr. Chesrōn   Chosrau.
[2]) lies Gusnasptadah (*Γουσναρααταδης* Prokop I 33, 11) nach
Sprenger, The chronology of ancient nations of Albirûnî p. 403.

alttestamentlicher apokryphen, der zweite teil fasst lediglich
auf armenischen geschichtschreibern. Samuel hebt die christliche ära 2 j. früher an als jetzt gebrauch ist.

Vartan der Grosse[1]), zu Parserpert in Cilicien geb., † 1271,
patriarch, fruchtbarer kirchenschriftsteller, nachahmer des Aesop,
zog den Michael Asori aus und setzte ihn durch die geschichte des Mongolensturmes fort. In einigen seltenen fällen
gibt er mehr als Michael, ohne zweifel, weil er ein vollstän-
digeres exemplar desselben benutzte, und an einigen wenigen
orten scheint er noch eine zweite quelle, wahrscheinlich den
armenischen Eusebius zugezogen zu haben.

Reue des Hiob ben Sarech ben Ragnel ben Esau 500 j.
vor Moses, er kämpft 38 j. mit dem satan.

Zur zeit Saheron's baut Aram ben Seth Damaskus.

Michael		Vartan	
Jair 23		22	
Eselon 7 raub d. Helena	Eselon 7	Alexander nahm Ilion	
		Dionysins v. Telmahré,	
		der d' *Hâitardgor* falsch	
		übersetzte[2]).	
Zeus lebt 880 j.	850		
fehlt		nach dem apostel [*Paulus*]	
		sind 450 j. bis Samuel	
	Samuel 20	nach den LXX	
Saul 11 wird David geb.	40	nach den LXX	
fehlt	p. 33 seit wj. 4380 Roboam		
p. 62 Joas 37 Elisa †	35		
Joas herrscht 40 j.	fälschlich 20		
Jezekia 8 gefangensch. 1	13		
p. 23 dasselbe ohne zahl	Jezekia 13	tötet Romulus d. Remus	
		13 + *Achaz 16 seit*	
		d. I 717 v. Chr. für	
		die ära Roms.	

Vartan 35: Jechonia 7 -- Cyrus 1 30 j.

[1]) Russische übersetzung von Emin, 1862 Moskau.
[2]) Gutschmid, kl. schr. II 486.

1) gefangenschaft II seit Josia 18.   2)

Joakim 11	25 der gef.	Nabuchod. . 32
Heiden 5 (cf. Daniel X 13) . 30		Mar Dariech 2
Nabuchodonosor . 34 . . 64		Kir u. sohn 38
Ilmaro 3		72
Balthasar . . . 1		
Dariech 2		Dariech . . 2

70,000 kehren heim.

70   74

Kambyses . . . 8	
Magier . . . . —	5 mon.
Weschtasp Dariech 36	
3) Josaia 31	
Joachaz 3	
Eljakim 11	
Jechonias . . . . —	3 mon., im 8. j. Nabuch.'s, von diesem weggeführt
Sedekias 11	bleibt 37 j. (einige zeilen weiter 34) gefangen

tempel dauert . 432 j. ÷ Eusebius 442 j. seit dem bau.

Nabuch. und sein sohn Nabopallasar . 42
Ilmarudach 3
Balthasar 1

Dariech 36 über Meder, 2 über Chaldäer, wurde von Cyrus getötet.

Die Meder heissen bei den Armeniern markh mit anspielung auf mar teufel.

Xerxes 41		
Ardashesh langhand . . 41	Esdra	
	50	
Ardashesh 40	Esther	
Ochus 4		
Dariech Arsamu 6		

171 (!)

8

	Michael	Vartan
Ptol. Philadelphus	18	38
Energetes . . .	—	24
Philopator . . .	15	21
Epiphanes . . .	21 (ebenso Abulfar.)	22 (Euseb. 24)
Philopator . . .	—	33

Sehr verderbt ist der rest der hohenpriester.

p. 37. Judas 3	Aristobul . . . 1
Jonathan . . . 10	Jannes Alexander 27
Simon 5	Alexander . . . 10
Hyrcan Johannes 26	Hyrcan 34
Zorobabel Judas 332	
Judas- Christus . 151	

[*183 Euseb.*]

Die urgeschichte Armeniens und die sagen vom Abgar berühren sich mit Moses.

| LXX rechnen bis Christus . . 5198 |
| Eunani (— Annian) . . . . . . 5091 (l. 5491) |
| die Syrer . . . . 5026 |

Abgar † 33 j. unter Arschavir.

p. 49. Gordian soll an den herrn geglaubt haben [*wohl verwechslung mit Philipp*].

Aus derselben zeit hat man vom Vartaped Cyriacus aus Kanzag, mönch des klosters Kedig, eine armenische chronik von 300 (1260 n. Chr. und eine reimchronik von Vahram von Edessa[1]).

M'chitar Airivank[2]) verfasste einen knappen, bis 1289 reichenden auszug aus Michael Asori und Samuel von Ani.

Im anfang viel apokryphe elemente. Gute bemerkung, dass Moses die schöpfung unter drei bedingungen auffasste, ohne bestimmung der zeit, der grenzen und des ortes.

---

[1]) Gregor, Allg. Literaturgesch. II 3, 1256.

[2]) Brosset, Mélanges Asiatiques IV April 1865 p. 319; die gauze epitome umfasst nur 69 s.

Flut 2262 (margo 2242).

Wie Africanus lässt er Kainan II aus.

Chaldäer herrschen 1180 j.

Dädalus 4 jahrh. früher als gewöhnlich.

Philatos (Philaros) hätte 3768 die sitten aller lebewesen beschrieben. Brosset denkt an Palaiphatos, vielleicht eher — Φαλάίδης (später Φιλάλέης), rationalistischer mythenerklärer in der Ekloge.

Eligi, tochter Jephthas, stammt aus dem ὑπομνηστικόν Joseph's.

Seit Salomo rechnet M'chitar 36 j. zu wenig, weil er den anfang des tempelbaus irrtümlich für die epoche seines todes hielt. In den synchronismen sind zahlreiche fehler. Bis Christus entfernt er sich von Eusebius um 118 j., setzt aber als summe aufs geratewohl 5198 hin.

32 könige herrschen über die Römer.

Galien's zeitgenosse war Philo [1]).

Joseph ist 41 j., als Christus geb.

Gründung von Erzerum (Theodosiopolis oder Carin) falsch 452 statt 416 n. Chr. Martyrium der Homeriten von Negra falsch 565 statt 523.

Häufiger bezug auf die diözesen der jakobitischen maphriane, auf ereignisse von Edessa und Antiochia. Zuletzt nennt der autor noch den Abulfarag † 1286 und es ist sehr gut möglich [2]) bei dem regen verkehr, der damals gerade zwischen den syrischen und armenischen geistlichen sich wieder aufgethan hatte, dass M'chitar die chronik des Abulfarag noch zu gesichte bekam.

Der untergang der Arsaciden wird kaum erwähnt, von den persischen gouverneuren Armeniens kein wort. Schliesst mit dem tod, den könig Georg Dimitri II, der fromme, durch Arghun Khan erlitt.

[1]) Vielleicht verwechslung mit Galen, dem arzte, der nach der legende mit Maria Magdalena in Ephesus zusammentraf, also zur zeit Philo's lebte.

[2]) Brosset bezweifelt es.

N*

M'chitar „n'est remarquable que par quelques faits nou-
veaux ou peu connus et par les fautes que la critique y fait
découvrir".

Im anschluss hieran ist der georgischen annalen zu
gedenken, die nach flüchtigem rückblick auf die sintflut und
die völkerteilung mit Pharnabazus ihre erzählung anheben.
Eine sammlung derselben ward vom könig Wahtang im
18. jahrh. zusammengestellt. Grosses ansehen genoss auch
die geschichte der georgischen landschaft Siuni (Sünnik) von
Stephan Orbelian[1]). Spuren der Byzantiner zeigen sich
fast nur in missions-legenden und apokryphen, namentlich ist
von den prophezeiungen des Methodios ein grosses stück bei
Orbelian (s. 94) zu finden. Für die chronologie war wohl
Samuel von Ani die grundlage.

Slawen[2]).

Der Slawenapostel Methodios war 885 gestorben. Bis
nach Polen und Böhmen hin hatte er mit der religion und
dem schriftwesen der Griechen griechische sitte und kultur
zu verbreiten begonnen. Die gewaltigen fortschritte des byzantinischen patriarchates hatten indess sofort die eifersucht der
päpste wachgerufen und Nicolaus I hatte 880 n. Chr. Boris-
Michael, den Bulgarenfürsten, der in Konstantinopel schon
die taufe empfangen hatte, dazu vermocht, sich und sein
volk der römischen kirche anzuvertrauen. Den folgenden
päpsten gelang es denn auch, den byzantinischen einfluss aus

---

[1]) Brosset, Hist. de la Siounie.

[2]) Pypin und Spasovic, Gesch. der slavischen literatur.

Polen und Böhmen zu verdrängen, dafür gerieten die Bulgaren
wieder ganz unter seine macht. Der hof der „zaren aller
Bulgaren und Griechen" war eine miniaturkopie des byzantinischen; verwaltung, ceremoniell, kunst und litteratur, alle
lebensäusserungen waren von oströmischem geiste getragen.

Mit dem einströmen christlicher legenden, predigten, ka-
techismen und exegesen stellten sich auch die christlichen
chroniken ein. „Die auslegungen über die jahre der welt"
(Vzlože nie o lětech mirn) des Malalas erschien saec. X von
der hand des popen Gregor, der eine vollständigere hs. als
die Oxforder benutzte und der in seiner bulgarischen bearbeitung zusätze aus der palaea (altes testament) und Pseudo-
kallisthenes eingewebt hat. Es folgten übersetzungen des Hamar-
tolus in verschiedenen redaktionen, des Symeon Metaphrastes
„beschreibung der welt von ihrer erschaffung an und jahr-
buch" (Spisanie mira ot bytija i lětovnik), des Nikephoros
und im 14. jahrh. des Manasse.

Die siegreiche einkehr, die byzantinische kultur und litteratur bei den Bulgaren gehalten hatte, wiederholte sich bei
den Serben, Slowenen und Russen, wobei die Byzantiner teils
unmittelbar, teils durch vermittlung der Bulgaren ihren civili-
sirenden einfluss ausgeübt haben. So haben die Serben die
oströmischen jahrbücher erst aus zweiter hand, nämlich aus
den bulgarischen bearbeitungen geschöpft. Die erwähnten
autoren finden sich so ziemlich alle in serbischem gewande
wieder, dazu zwei anonyme weltgeschichten, die eine bis 867,
die andere bis 920 reichend[1]). Von den Serben haben wieder
ihrerseits die Russen gelernt, deren gefeierter fürst Wladimir
988 sich zum christentum bekehrt hat. In der slawischen
chronistik hat es eigentlich allein die russische zur selbstän-
digkeit gebracht, dadurch, dass sie ihre heldensage und ihre
eigenen geschichtlichen erinnerungen, die auf mündlicher kunde
beruhten, in den vordergrund schob und den dürren zahlen der
oströmischen chronographen nur ein kleines plätzchen freiliess.
Sie feiert ihr haupt in **Nestor**, wahrscheinlich einem mönche

[1]) Jagić, archiv für slavische philologie II 18.

um 1100, dessen persönliche verhältnisse ganz im dunkeln liegen. Nicht einmal der name ist richtig; man hat ihn von einem mönche, der 1091 einige slowenisch-russische biographien schrieb, übernommen. In der hs. des 12. jahrh. heisst die subscriptio: „Ich, Sylvester, beginnen des klosters St. Michael, habe diese annalen geschrieben anno 6624 [*1116 n. Chr.*] die das buch lesen, mögen für mich beten!" In der hs. des Laurentiusklosters vom j. 1377 nennt der schreiber sich Suzdal.

Nestors werk, das bis 1115 n. Chr. geht, wurde durch Niphontes, beginnen des Wolin'schen klosters bis 1157, von einem anonymus bis 1208, weiter durch Simeon, bischof von Dustal in Westrussland † 1226, und durch Johann, popen von Nowgorod, fortgesetzt; einige wertlose anschlüsse reichen gar bis 1676 [1].

Nestor [2]) gibt zuerst die ursprungssagen und die urgeschichte der Russen. Im anfang der regierung Michaels wj. 6360 ind. XV begann man zuerst Russland zu sagen. „Wir wissen das, weil dieser kaiser Konstantinopel angriff, wie die griechischen annalen vermelden." Als Wladimir vor der bekehrung stand (988 n. Chr.), liess er sich die biblische geschichte von den byzantinischen 'abgesandten vortragen bei gelegenheit eines religionsgespräches, das im wj. 6493 — 985 n. Chr. zwischen Muhammedanern, römischen mönchen, chazarischen Juden und griechischen philosophen vor dem fürsten abgehalten worden sei.

Kain erschlägt den Abel mit einem stein und lernt von vögeln, ihn zu begraben. Diese jüdisch-arabische fabel (bei Tabari u. a.) taucht von griechischen chronisten erst bei Glycas und ausführlicher bei Dorotheos von Monemlasia auf, vielleicht war ein vollständigerer Methodios, den Nestor auch sonst benutzt, die mittelquelle.

Bau der arche 100 j.

Flut 2242.

[1]) Gualske, Allg. Literaturgesch. II 1, 718.

[2]) Trad. par Leger, 1884 Paris.

Völkerzerstreuung 529.

Die ruinen des durch den sturm zerstörten turmes von Babel sind 5403 ellen hoch und ebenso breit. Unter den 72 nationen waren Jectan und Norin, davon stammen die Slaven.

Abraham 1082. Dem 80jähr. Abraham wird Ismael geb.

Exodus 430, Mosesroman. Moses erfuhr in Midian von Gabriel die ganze weltgeschichte bis auf ihn und wie viel jahre jeder gelebt hätte[1]. Nach Josua herrschen Judas und 14 andere richter bis ausschliesslich Eli.

David	601
Salomo-gefangenschaft	448
Alexander	318
Christus	333 [5454] $\overline{\mathit{vp}}$
Constantin	318
Michael	542

Die zahlen stimmen mit Nikephoros ausser beim abstand Exodus David, wo der bearbeiter des Nikephoros 630 j. gibt.

Nestor (31) citirt die orthodoxen Acta magica des Manethon, worin Apollonius von Tyana als pseudo-philosoph durchgehechelt wird.

14,000 kinder in Bethlehem †

Michael—Oleg 1	29
bis zu Oleg's niederlassung in Kiew und	
zur regierung Igor's	31
Swiatoslaw herrscht	33
bis Jaropolk	28
derselbe herrscht	8
Wladimir	37
Jaroslaw	40

Seitdem rechnet Nestor nach wj., erwähnt immer die regierungen der griechischen kaiser.

---

[1] Vgl. Apocalypse des Moses.

Weltchroniken des Islams[1].

Die elemente der arabischen chroniken, deren urheber meist Perser waren, sind: 1. arabische stammes- und familien- geschichte; 2. chronologie des altertums nach: a) Eusebius und anderen griechischen vorlagen, b) nach dem Seder olam, c) nach parsischen quellen[2]; 3) thaten der Sassaniden nach dem Chodāi-nāmuk[3]; 4) geschichte des Islams. Selbständig- keit ist hier selten zu finden, meist stellen die arabischen chroniken nur grosse sammelbecken der früheren tradition dar. Die quellen werden meist gewissenhaft angegeben.

Ibn Kotaiba † 889 n. Chr., verfasste zuerst ein kurzes lehr- buch der weltgeschichte. Er gibt darin zuerst den schöpfungs- bericht der bibel, dann die geschicke der patriarchen nach den gangbaren orientalischen legenden, darnach aber wendet er sich gleich zu den vorgeschichtlichen anfängen und genea- logien der Araber und bahnt sich so den weg zum propheten und den khalifen. Zuletzt zählt er allerdings noch die helden der ausserislamitischen geschichte auf und endet mit der himjaritischen und der persischen dynastie.

Ein arabischer **anonymus** um 900 n. Chr.[4] folgt dem Ahmad ibn 'Abdallah al Ingili (der evangelist), der die jüdischen und christlichen angaben (LXX) getrennt darlege.

Nach Josua folgt Kaleb, Simeon und Judas. Vor Sampson ist 10 j. interregnum.

[1] HAMMER-PURGSTALL, Literaturgesch. der Araber; WÜSTENFELD, die geschichtschreiber der Araber; einzelne artikel der GRAESE ENCY- CLOPÄDIE.

[2] darüber vergl. GUTSCHMID Z. D. M. G. XIX und bei EWERS und GIRGERS, Gotarzes (jetzt kleine Schriften III 43—124).

[3] NOELDEKE Tabari, einleitung.

[4] ROTHSTEIN, de chronogr. arabe anonymo Sprengeriano 1877, Bonn.

Eli 21. Damals wj. 3000 [*passt blos zu Hamza's ära 1042, unten s. 123*].

Esther heiratet Ahasver, den Vater des Cyrus.

Alexander 14 j. Ihm folgt sein sohn gleichen namens (!), dann die Ptolemäer.

Christus geb. 303 seit Alexander, in Augustus 42 j. und † Tiberius 18.

Ein babylonischer könig [*vielmehr Goderz der Ashakanier*] kam nach Palaestina, um das blut Johannes des täufers zu rächen.

Flucht des propheten 617 n. Chr.

p. 16. Nach Hermes sind die einzelnen klimas 700 parasangen breit und lang.

In den büchern der magier finden sich zwei verschiedene ansichten über das alter der Ashakanier. Gajomart nach den einen Adam, nach den andern ein enkel des Noah. Gajomarts sohn Ushähang hatte zuerst den beinamen Pêsdâdh etc. Kai Bistasp 30 war Zoroaster.

Gewährsmann für die Kajaniden ist Abu Gafar Zarâdusht. Ihre letzten könige waren:

Bahman Longimanus.

Chomâni, zeugt mit ihrem vater den

Dârâ ibn Bahman.

Dârâ ibn Dârâ, grausam.

Alexander, liess medizinische und astrologische schriften übersetzen. In Alexandria begraben, „wo seine mutter war".

Ašak, in Ispahan von Alexander eingesetzt.

Ašacanidae 266 j., in ihrem 51. j. Christus geb.

Ardashir (*seit 225 n. Chr.*) 14 j.; sein vater und grossvater waren feuerpriester in Istachr.

Sabur 1 erobert Nisibis und Antiochien 30 j. 15 t.

Hormuzd „e filia cuiusdam regis, quem vicerat Ardashir" schneidet sich die rechte hand ab [*um zu zeigen, dass er nicht nach der herrschaft strebe*].

Bahram lässt den Manes schinden und bringt dessen haut nach Gundisabur.

Shapur II vertrieb 16 j. zahlreiche feinde, eroberte Arabien bis Medina und siedelte indische ärzte an; herrscht 72 j.

Julian (Apostata) von den Arabern gegen die Perser unterstützt.

Ardashir II 4 j.

Shapur III 5 j.

Jezdegerd war ein böser mensch, den sein vezir nicht bekehren konnte; starb durch ein pferd nach einer regierung von 22 j. 5 m. 16 t.

Bahram Gor schlug den usurpator Kesra.

Kesra Anoshirwan.

Sassaniden herrschen 402 j. 5 m. 29 t.

Der autor zitirt des öfteren eine jüdische chronik. die dem Seder Olam ähnlich war, ferner den chronisten Asaph.

Die umfangreichste orientalische chronik stammt von Abu Gafar Mohammed ibn Garir ibn Jezid **elTabari** aus Tabaristan, † 923 n. Chr. in Bagdad. Der arabische urtext umfasst, obwohl noch nicht abgeschlossen, bereits elf bände, indess mit der ausdehnung des werkes steht der innere wert häufig in umgekehrtem verhältnis. Lauter fabel und phrase, oft allerdings sehr poetisch, aber nirgends mass, nirgends kritik. Ein persischer auszug der gewaltigen compilation wurde auf veranlassung des vezieres Belami hergestellt, den Zotenberg ins französische übertragen hat. Eigentümliche angaben aus der alten geschichte trifft man bei Tabari ausserordentlich wenige, wert hat keine einzige.

I. 109. Die arche sei in 40 tagen gebaut worden.

I. 193. Sarah soll 70 jährig den Isaak geboren haben und 130 jährig gestorben sein.

I. 197. Abraham starb 200 jährig.

I. 343. Das grab Josephs sei in der mitte des Nils gewesen, wie Maria, die tochter des Nanus, angezeigt.

I. 412. In Israel herrschen 20 könige (lies richter) 460 j. bis auf Samuel.

Hâf (Eli)¹)		Ammoniter . .	18
Kushan . . .	8	Jephta	6
Otoniel . . .	40	Jachsûn²) . . .	7
'Aglûn (Eglon) .	18	Elon	10
Abod	80	Kirûn od. 'Akrûn³)	8
Jafîn (Jabin) .	20	Philister . . .	40
Baraq (Debora) .	40	Samson . . .	20
kinder Lots . .	7	anarchie . . .	10
Gedeon . . .	40	Eli	40
Abimelek . . .	3	Samuel . . .	10
Tola	23		[170]
Jair	22	Talut (Saul) etc.	

I. 516. Die magier kommen zu Christus 10 tage nach dessen geburt.

I. 545. 550. Christus verlässt 30jährig Egypten⁴).

Jonas und Sampson werden als zeitgenossen Christi erwähnt, die siebenschläfer [unter Decius] verlegt Tabarí einmal in die Diadochenzeit, ein andermal 1000 j. nach der erbauung Roms.

Hamza⁵) ibn alhasan alisfahani, † 936, schrieb den ‚Tarich al omam, zeitgeschichte der völker'.

p. 8. Die Juden rechnen bis zur flut (vielmehr bis Christus) . . . . 4012,3 j.
die Christen . . . . . . 5490,3 j.

p. 67. Tempelbau bis Alexander . . 717 j.,
tempelzerstörung bis Alexanders tod . . . 269 j.,

der unterschied . . . [448] ist der des Eusebius.

---

¹) Tab. (text) I 544, 16.
²) so l. Tab. I 547 (d. i. יכן statt אבצן).
³) d. i. עברן für עכרן.
⁴) [anders im arab. text I 731 M.]
⁵) Ed. Gottwaldt.

Samson . . 20	Eli . . . 40	
Ohna richter 10	Eli . . . 21	wj. 2000!
	Samuel . . 20	
	Saul . . . 40	

bis zur gefangenschaft . . . . 394,6 j.
Saul mit 20 j. verrechnet, ergäbe 374 Hippolytus.

p. 66. Phaleks tod   Abraham . . . 850 j.
     bis zur ankunft in Egypten . . 290
     in Egypten 210
     bis zum tempelbau 480
     könige 440
     gefangenschaft 70

p. 70. Phineas, sohn des Bata, rechnet:

Josua . . 27	Midianiter . 7	Abdon . 8
richter. 450 [451 Hilario]	Gedeon . . 40	Philister 40
Cuschan . 8	Amalec . . 3	
friede . . 40	Thola . . 23	
Eglon . . 18	Jair . . . 22	
friede . . 80	Ammoniter . 18	
Jabin (Na-	Jephtha . . 6	
kisch) . 20	Jochsun . . 7	
friede . . 40	Elon . . . 10	

Abul Hassan Ali ibn el Husein ibn Ali el Masûdî¹), geb. in Bagdad, bereiste Indien, Madagaskar, Syrien und Egypten, nach Resex der Pausanias der Araber, † 956. Schrieb eine geographie, ein leben des propheten, der ‚alten könige' und die ‚verschiedenen ansichten der völker über die ersten zeiten', die annalen (Achbär ez-zemän), endlich eine sehr ausfürliche bis 943 reichende chronik, von der die erhaltenen ‚Goldwiesen' einen auszug bilden. Über 60 geschichtschreiber figuriren im anfang als gewährsmänner, darunter Obeidallah ibn Chordâdhbeh, Abu Isa, Tabari, Ibn al Mokaffa, dessen sekiseran aus dem pehlewi übersetzt sei²). Die samm-

¹) éd. Barbier de Meynard et Pavet de Courteille, 1861 Paris.
²) [Der titel dieses werkes ist an den stellen, wo es genannt wird, Mas. II 44 118 und 120 ganz unsicher überliefert.]

lung Masudi's ist einem ungeheuren schutthaufen vergleichbar, wenig goldkörner werden von unendlichem wuste von fabeln und theologischen digressionen bedeckt.

Persische und jüdische urgeschichte sehr breit behandelt. Manôščîhr sei zeitgenosse von Moses gewesen.

I. 101. Eine tradition sagt, dass die bücher Moses in einen koffer gepackt und in einer höhle verborgen wurden; die höhle schloss sich, um erst nach dem tode des Fenhas (Phineas) sich wieder zu eröffnen [*vgl. Aristoteles*].

fremdherrschaft	. . .	8
Othoniel	. . . . .	40
Eglon	. . . . . .	18
Aod	. . . .	35 Aod 35 — wj. 4000,
Shamegar	. . . . .	25 [aber das wird
Jabin, Kananäer	. . .	20 [angefochten
Debora, seine tochter (?)		40
Oreb und Zawib	. . .	7,3
Gedeon	. . . . . .	40
Abimelech	. . . . .	3,3
Thola	. . . . . .	23
Jair	. . . . . .	22
Ammoniter	. . . .	18
Abesan	. . . . . .	7
Sampson	. . . .	20
Amlah	. . . . .	10
Adjran	. . . . . .	8
Philister	. . . . .	40
Eli	. . . .	40 [*zusammen 444*]
Saul	. . . . . .	20

Manasse 20 (nach andern 30) gefangenschaft I.

Samaritanische tradition, dass der pentateuch verbrannt und der gegenwärtig gebrauchte von Zorobabel herstamme, der ihn aus der mündlichen überlieferung geschöpft. Sie, die Samaritaner, hätten allein den authentischen text [*vgl. Abulfat.*]. Zorobabel führt 42 j.

I. 123. Theon (um 200 n. Chr.) beginnt seinen astronomischen kanon mit dem reiche Alexanders d. Gr.

Dara regiert 12 j. über Babylon.

Dara, sein bruder 30 j., † durch Alexander.

I. 135. Alexander — Ardashir = 517 j.

I. 122. Christus geb. mittwoch 24. dezember [*jedesfalls aus Annian*].

I. 124. Elisabeth, schwester der Maria, floh mit ihrem kinde nach Egypten, um den zorn des königs (Herodes) zu vermeiden.

Herodes rächt des Johannes blut, indem er viele schuldige töten liess.

Maria empfängt 17 jährig [*das gewöhnliche ist 15 j.*]

Abu Raihan Muhammed ben Ahmed **alBiruni**, philosoph, astronom und geschichtschreiber, 973 in Khwarizm geb., begleitete die sultane Mahmud und Masudi nach Indien, † 75 jährig in Ghazni 1048. Er verfasste ums j. 1020 eine arabische chronologie der alten völker[1], ferner einen persischen traktat über astronomie, den AlKanun alMasudi um 1031, sein grösstes werk, endlich 6 schriften über hinduphilosophie und indische geschichte. Seine chronologie enthält wertvolle technische abhandlungen, eine kalendersammlung, astronomische berechnungen und mehrere alte königslisten. Albiruni spricht indessen selber seine wohlbegründeten zweifel über die glaubwürdigkeit der stammbäume und der zahlen der könige aus. Gelegentlich kritischer sinn und stets scharfe genauigkeit mischt sich bei ihm seltsam mit der bei den Arabern gewohnten urteils- und kritiklosigkeit. Der autor benutzt griechische, persische und indische quellen.

p. 100. Babylonische dynastie des Nimrod 211 j.

Abraham — Alexander 2096 j. [*c. 2126 c. Chr.*], wie in einer „geschichte der Assyrer, Kopten und Ptolemäer“ zu lesen ist.

p. 102. 34 koptische könige von der dynastie der Diospoliten — Nectanebos 894 j.

[1] Translated by Sachau, 1879 London.

p. 85.   **Christen (= LXX)**   **Juden**

flut 2242   1656

Arfaxad geb. 2 j. nach der flut   [292]

Abraham . . 3189   1948

1 Abraham — 1 Moses   420 [*also — Exodus 500
Seder Olam*]. Israeliten 210 j. in Egypten. Wie man auf 430 j.
kam, weiss Gott am besten.

Auszug — Alexander = 1000 j. nach den Juden [*womit
die einzelposten nicht stimmen*].

	Thora	**Seder Olam**
Auszug—Saul =	549	440 (442) [*die wahre rechnung*
Tempel	612	485 *des Seder Olam*].

p. 17. Perser und Magier sagen: die welt dauert 12
jahrtausende, wovon laut Zoroaster 3 bis zu ihm verflossen
sind, und bis Alexander seien 285 j., in wahrheit sind es
3354 (= weltära e. 3684); bis Jezdegerd 943 j., da aber 415
abzuziehen sind 528 j.

Nach andern sind 6 jahrtausende des stillstands und 3
für Gajómart, den ersten menschen, zu zählen.

Die Juden [*Seder Olam*] rechnen bis Alexander 3448 j.,
bis Christus 5180 [*Eusebius, verwechselt mit der christlichen
rechnung 5198*], bis zu ihrem Messias 7000 j. oder 1335 nach
Alexander. Nach anderen dauert es noch 1290 j. bis man
Jerusalem wieder besuchen darf.

Juden und Christen setzen die geburt Christi in Alexander
304 oder 344 nach Daniel [= *Seder Olam*] und bis zu Christi
tod noch 4½ wochen, also zusammen 49 wochen [— *343*].

p. 21. Cyrus — Alexander = . . 222 = Hippolytus
bis Christus 326

p. 27. Juden: flut — Alexander . 1792 [*Seder Olam*]
bis Christus . . . . . . 2938 [?]

Astrologen: flut — Nabuchodon. 2604
bis Alexander [*Seleukidenära*] 436 [— *bis Christus*]
[*die den Nabonassars 747 v. Chr. ist gemeint, ebenso im folgenden*].

Abu Mashar: die ära Nebukadnezars oder Bukhtnarsi's ist 143 vor der zerstörung Jerusalems [*die demnach 604 v. Chr. fallen würde*].

Albiruni teilt den kanon des Ptolemaeus, mehrere listen des Eusebius und die rechnung des Seder Olam mit.

Izzeddin Ali ibn **alAthir**[1]) 1160 n. Chr. zu Gezireh am Tigris geb. als sohn eines emirs, der im dienste der fürsten von Mossul stand. Er machte die züge Saladins gegen die kreuzfahrer bis zum frieden mit Richard Löwenherz mit und † 1232. Ausser dem „beispiel für die klugen leute" ('Ibrat ülî al abçâr), einer geschichte der Atabekiden, hinterliess er das Kâmil[4]) „vollständigkeit" in 23 büchern von der schöpfung bis 1230. Schreibt in der alten geschichte den Tabari aus und wird stark benuzt von Abulfeda.

Abulfida. geograph. geschichtschreiber, theolog, rechtsgelehrter, arzt und mathematiker, prinz von Hamâ, aus einer seitenlinie der Aijubiden, geb. 1273 zu Damaskus, wohin seine familie vor den Mongolen geflüchtet war, folgte erst 12jährig seinem vater in die schlacht und wurde der günstling des sultans Almalik-an-Nasir, der ihm die verwaltung des fürstentums Hamâ und später sogar die sultanswürde übertrug. Er verfasste das „Almochtaçar fi achbâr al baśar', compendium der geschichte des menschengeschlechtes von Adam—1328.

Die quellen von Abulfida's Annales anteislamici [ed. Fleischer] sind namentlich Ibn elAthir, Abu Maschar, der astronom, und Abu Isa: auch hat er Hamza und Shahrastani benutzt. Für die richterliste nahm er sich eigens einen dolmetsch, der arabisch und hebräisch konnte.

Abu Maschar rechnete von der flut bis zur flucht des propheten 3725 oder „genauer" . . . . 3974 j., dazu
die zeit bis zur flut . . . . . 1556 j., ergibt
nach den Hebräern 5510
und als ära Christi . . . . — 621 = 4889.

---

[1]) Graesse, allg. literaturgesch. II 3, 1264.
[2]) Arabisch edirt von Tornberg zu Upsala um 1850.

Samaritaner	Hebräer	Griechen
flut . . . 1307	1556	2242
Abraham . 937	292	1081 (1082 hat Nikeph.)
Moses' tod . 545	545	545
flucht . . 5035	4741 Nabuchod.	978, 248 t.

die astronomen 249 j.

weniger . . . . 4492 [4847]

flucht . . 1369

1475 seit Adam 6216
weniger
als die Griechen.

Nach dem el Kamil des Ibn el Athir war:

Phaleg . . . . 540 j. nach der flut geb.
Abraham . . . 1081
bis Moses' tod . 545

Nach einigen war Abraham 90 j. als Ismael und 120 j. als Isaak geboren wurde.

p. 34. Joseph 39jährig nach Egypten, † 64 j. vor Moses (71 + 64 + 80 = 215 j. in Egypten) = Ἐχίoχή.

Moses starb 1626 nach der flut am 7. adar, 11 monate nach Aaron [= *rj.* 3868]. Er war 425 nach Abraham geb. [= *Euseb. bei Cyrill.*, *vgl.* GELZER II 98].

Josua † 110jährig, 28 nach Moses [= *Seder Olam*], begraben, wie Ibn Said sagt, zu Maarra. Die ära nach dem tode Moses wird durch einige jahrhunderte durchgeführt.

Phinehas 17 u. s. w. 58jährig wird Eli Richter, 40 j. Eli 1 wird Samuel geb.

Eli † 482 nach Mose.

Eli (lies Samuel) 23 David geboren, darnach wird aber Samuel 40 = David 11 gesetzt.

Taloth (= Saul) 40 j. bis 535 nach Mose.

David 38jährig zur regierung, regiert 40 j., † 70jährig. 58jährig heiratet er Uria's weib.

Salomo 12jährig auf den thron, baut seit dem 4. j. monat Ajar 539 nach Mose bis zum 11. j. oder 546 n. Mose.

17 könige des zehnstämmereichs 261 j. von 576—837 n. Mose.

9

Gefangenschaft im 4. j. Joachims 952 n. Mose, wie aber
die chronologen sagen, 978 j. 248 tage. Letztere zahl deutet
auf eine tempeldauer von 432 j. = Eusebius, während die
erste, wohl des Abulfeda eigene rechnung, eine dauer von
406 j. ergäbe. Die könig-herrschaft würde 496 j. be-
tragen, bis 952 nach Mose, wenn man vom tempelbau 546
n. Mose 90 j. zurückrechnet bis 456 Mose — 496 rechnet der
Vind. med. — dagegen 457 j., wenn man von 495 n. Mose =
Saul 1 ausgeht.

Den fall Jerusalems setzt der kautschukmann Abulfeda,
wiederum seine rechnung verlassend, ins j. 999 n. Mose —
den drei neuerern zu liebe — und bestimmt die tempeldauer
auf 453 j.

Nabuchodonosor — Alexander . . 135 j. [= 306 v. Chr.]
bis zur (zweiten) eroberung Jerusalems 376 j. — 811 nach
Nabuchodonosor [= Nabuchod. 741 v. Chr.]

Das el Azizi des Achmed el Mohelleli, ein geographisches
handbuch, gibt 453 j. bis Nabuchodonosor, 70 j. für die öde
zeit und 721 bis Titus = 651 v. Chr. für die gefangenschaft.

Christus 303 nach Alexander (p. 59: 304), aber nach
aussage der Magier 65.

Taufe 7. Canun II 333 nach Alexander.

Himmelfahrt 236 nach Alexander.

p. 63. Christus geb. 21 nach Cleopatra, 33 nach Augustus' beginn, 545 vor der geburt des propheten.

Zacharias † 100jährig.

Maria empfing 13jährig, lebte mit ihrem sohn 33 j., starb
6 j. darauf 53jährig (eigentlich 52j.) [= Hippolyt. v. Theben].

In Christi 10. j. † Augustus, Christus † 33 j. 3 m. alt,
23 j. nach Augustus' tod unter Gaius 1 oder Tiberius 22.

Nachdem noch der ungedruckten chroniken des Nowaïri
† 1331, des Ibn Ferat † 1405 und des Ahmed al Mokri
al Fasi (aus Fez) † 1450 erwähnung geschehen, beschliessen
wir unsere übersicht mit der, soviel das altertum angeht,
ebenfalls noch ungedruckten weltgeschichte des

Abd arRahman ibn Mohammed ibn **Chaldun** al Hadrami [= *aus Hadramaut*]. 1331 zu Tunis geb., studierte er dort und gieng 1382 nach Alexandrien und später nach Kairo, wo er oberster kadi der sekte der Malekiten ward. Bei der eroberung von Damascus durch Tamerlan gefangen genommen, kehrte er, nachdem ihn dieser die freiheit geschenkt, nach Kairo zurück und † dort 1405. Er ist ein pragmatischer geschichtschreiber und der erste Araber, der über die gesetze historischer composition nachdachte und der in die geschichte den grundsatz der zweckverknüpfung einzuführen versuchte. Ihm zufolge soll die geschichte, die schwester der philosophie, die socialen zustände und die entwickelung der civilisation vorführen, sie soll auf die erscheinungen des geselligen lebens achten, soll politik, landwirtschaft, industrie und gewerbe gleichermassen behandeln, endlich soll sie das gewebe der lüge, der parteilichkeit, der anmassung und der schmeichelei, des irrtums und der nachlässigkeit durch scharfe kritik zerstören und weder durch analogien noch durch die tradition befangen, allein nach der wahrheit trachten. Ibn Chaldun, den Hammer den Montesquieu der Araber nennt, hat sein grosses programm auch wirklich selber ausgeführt, die prolegomena (Mokaddemet) zu seiner aus 17 büchern bestehenden universalgeschichte bilden ein gesammtgemälde der islamitischen kultur ersten ranges, auch gelten sie jetzt noch den diplomaten am goldenen horn als die quintessenz politischer weisheit.

So ist Ibn Chaldun ein vorläufer der neuzeit.

Perser[1].

Die älteste geschichte der Perser bis auf Darius ist bei den einheimischen rein sagenhaft, die darstellung der Ashakanier (Arsakiden) ist bedenklich. Festen boden betritt man erst recht bei den Sassaniden. Die hauptquelle ist die

---

[1] Gutschmid, kleine schriften III, und Malcolm, hist. of Persia.

sammlung des persischen königsbuches, des Chodäi-nämak,
das auf veranlassung des Chosrau Anoshirwan entstand[1]).

Die wichtigsten persischen chroniken sind:

das Mefâtih el ulûm des Chowârezmi,
das Nizâm el Tawârich des Baidâwi 1275,
die chronik des Nowaïri,
Târich i Guzideh des Hamdullah Mustaufi 1330,
Târich i Ġafari des Hâfiz Abrû 1426,
Lubb el Tawârich und
Ġihân Arâ.

Das Zinet el Tewârich, das Malcolm in seinem grundlegenden werke hist. of Persia benutzte, ist erst im anfang
des 19. jahrhunderts entstanden.

Die persischen geschichtschreiber sind meist noch nicht
übersetzt und daher einem laien unzugänglich. Auch sind die
bestandtheile christlicher chronographie darin sehr gering, nur
dienen die verkehrtheiten der persischen chronisten vortrefflich
dazu, um die methode ihrer christlichen collegen zu illustriren.

Für die chronologische verwirrung mögen folgende fälle
zeugnis ablegen.

Godarz [*Godarzes*] = Bucht-ul-Naser [*Nebukadnezar*],
statthalter des Lohrasp in Irak, bezwang für ihn die Israeliten.

Gushtasp (= Hystaspes), der als fremder im westen
die schöne kaiserstochter Katâyun errungen. Unter ihm trat
Zoroaster auf und bekehrte zuerst Isfendiar, den sohn des
Gushtasp. Der Tatare Arġasp bricht herein und tötet die
anhänger Zoroasters. Krieg zwischen Isfendiar und Rustem,
der bereits vier geschlechter durchdauert; die feueranbeter
breiten sich aus.

Bahman oder Ardeshir Dirâzdast [*Artaxerxes longhand*],
von seinem zu tode getroffenen vater Isfendiar dem sieger
Rustem zur erziehung anvertraut, folgt auf den throne. Er
richtet eine streng geordnete verwaltung ein. Wegen der un-
thaten Bucht-al-Nasers nimmt er dessen sohne die statthalter-

[1]) Näheres in Nöldeke's Tabari, einleitung.

schaft über Babylon und gibt sie dem Koresch. Behandelt
die Juden gütig, da seine favoritin eine Jüdin war.

Homai, Bahmans tochter, herrschte 32 j. und errichtete
die halle der 40 säulen zu Istachr. Von ihrem eigenen vater
hatte sie einen sohn Darab, der ausgesetzt, aber von einem
bauer gefunden und erzogen wurde.

Darab I war 12 j. könig. Er kriegte glücklich gegen
Philippus von Rum [*von Makedonien*] und zwang ihn tausend
goldene eier jährlich als tribut zu zahlen und seine tochter
ihm, dem überwinder, zur ehe zu geben.

Darab II [*Codomannus*] bereitete durch seine schlechte
verwaltung den weg

Alexander, dem sohne Darabs I, der, von den Persern
selbst unterstützt, die ihm rechtmässig zustehende krone mit
leichter mühe gewann. Die Kajaniden hören auf, nachdem
9 könige 990 j. geherrscht haben[1]).

Nach dem Zinet-al-Tawarich erschlägt Kuloos den Philipp
von Makedonien, weil er dessen frau liebte. Alexander rächt
die ermordung seines vaters und wendet sich gegen einige
rebellische Griechenstaaten. Darauf eroberte er Persien und
besiegte die indischen fürsten Keyd und Por und schloss einen
vertrag mit dem kaiser von China, der ihm juwelen, gold und
schöne frauen schickte. Alexander herrschte 6 j. vor und
6 nach der eroberung Persiens und starb 36jährig in Zur
[*Sohrazôr in Kurdistan, Siazuros bei den Byzantinern*], nach
andern in Babel. Sein sohn Askanderus [*Alexander*] folgte
ihm nicht auf dem thron, da er unter Aristoteles' leitung sich
den studien ergeben hatte.

In Persien bildeten sich nach des grossen eroberers tode
unabhängige feudalherrschaften, die sich 300 j. behaupteten.
Von dem joch der Seleukiden ward Persien befreit durch
Ashak, einen abkömmling der alten einheimischen dynastie.
Seine regierung dauert 15 j. Ihm folgte Ashak II, dann Shapur,
der durch einen vertrag mit Antiochus d. gr. seine macht
auf Parthien und Hyrkanien sicher stellte. Hierauf ward Gu-

[1]) So Hamza.

darz erhoben, der die ermordung Johannes des täufers an
den Juden rächte [*lücke von 200 j.*]. Folgen

Volas oder Balas [*Vologases*].

Hormuz,

Narsi, sein bruder,

Firuz, sein zweiter bruder,

Khosrau, verlor Ktesiphon gegen Trajan,

Volas,

Volasin,

Arduan [*Artaban*] † durch Ardeshir.

Nach andern ward der letzte Ashakanide von Arduan ben
Ashag, einem abkömmling des Kaikaus, erschlagen. Unter dem
sohne Arduan's Khosrau sei aber Christus geb. Das Zinet
ul Tawarich zählt als Ashaganier:

Arduan	23
Khosrau, unter ihm Christus geb.	19
Balas ben Ashr	12
Gudarz	30
Narsi	30
Arduan	18

Seit Alexander 600 j. Ardashir stammte in der 6. geschlechterfolge von Isfendiar [*Alexander!*] ab.

Mirchond klagt, dass alle von ihm durchforschten geschichtsbücher dermassen über die schicksale der Ashakanier
sich widersprächen, dass nirgends zwei miteinander überein-
stimmten. Für die mythische dynastie der Pischdadier und
Kajanier war durch die tradition, für die Sassaniden durch
bestimmte geschichtliche erinnerungen eine schranke gezogen.
Jüdische und syrische chronisten rechneten von Alexander bis
Artashir 500 und einige jahre, in den persischen annalen der
Sassanidenzeit waren blos elf könige mit 270 j. verzeichnet
und indem die späteren durch nahe verwandtschaft Artashir
mit den letzten Achämeniden verbanden, beschränkten sie gar
den zwischenraum seit Alexanders tode auf nur 72 j.

Wollten nun aber die mittelpersischen chronisten die gewöhnliche zahl von 270 j. verwerten, so mussten sie bald

bemerken, dass sich die heimische chronologie mit der klassischen und jüdischen, vor der sie doch auch respekt hatten, schlechterdings nicht vereinigen lasse und so erfanden sie, wahrscheinlich auf den vorgang des mobed Bahram ben Merdanshah hin eine zweite königslinie, die Ashaganier.

Türken.

Die arabischen und persischen weltchroniken wurden übersetzt und weiter geführt von den Türken. So ist noch im j. 1876 Muneǧǧim Baschy (9. jahrh. der flucht) durch den Effendy Ismail ins türkische übertragen und zu Konstantinopel gedruckt worden. Da weder stoff noch auffassung irgend welche veränderung in den türkischen chroniken erlitten haben, so wird die art derselben durch zwei beispiele hinreichend gekennzeichnet sein.

In einem Tubingensis, der im ungarischen orte Villek 1585 von den Österreichern erbeutet wurde, ist eine halb türkische, halb arabische chronik erhalten, die den typus der später gangbaren historischen handbücher des Islams gut darstellt [1]. Ihr inhalt ist folgender:

1) patriarchen bis zur flut, ohne jahreszahlen.
2) bis Moses.
3) Adherbaidjan. Gajomart—Zabus. Assyrier.
4) Perser, die auch den Griechen bekannt waren.
5) stammbaum Christi.
6) Sassaniden.
7) stammbaum Muhammeds.
8) Omaijaden.
9) Abbasiden.
10) Samaniden.
11) Buiden in Bagdad.

[1] Edirt mit commentar von Schickard, 1628 Tübingen.

12) Ghasnawiden in Indien — Sebuktakinen in Chorasan.

13) Chowaresmier.

14) Saljuky (Seldschukken).

15) Turci Mahaneuses, von Bulchasch, dem sohne Japhets, abstammend, bis Othman.

16) Çingiskan und die Tataren.

17) Osmanen.

Die Griechen begannen 568 nach Moses' tod, 345 vor Alexander (776 — ol. 12) berühmt zu werden.

Als feldherr Alexanders wird Barakus genannt.

Homay ist das weib des Bahman oder Darasdast [*Longimanus*], der bei den Magiern Ardashir heisst. Sie errichtet 1000 pyramiden, die Alexander d. gr. aus eifersucht für ihre grösse zerstört. Ihr nachgeborener sohn war Darab, der auf befehl der astronomen im Gihon (Oxus) ausgesetzt wird.

Sehr genau und vielleicht historisch brauchbar ist die liste der Sassaniden.

Abulgasi Bagadur Chan schrieb 1663 in türkischer sprache das geschlechterbuch der mongolischen chane [1]. Das wenige, was darin über die urzeit steht, berührt sich eng mit Tabari. Gott schuf 7 himmel und 7 erden, 18,000 welten liess er werden.

Adam, auf syrisch Torf, sein zuname Sophi Jula, lebt 1000 j. und hinterlässt 40,000 kindeskinder.

Schiss, der prophet, lebt 219 j., kam nach Aray — paradies.

Anus 912.

Schinan 840.

Mehahil baute eine stadt im lande Babil und nannte sie Suss und erfand das säen und ernten, lebt 920 j.

Berdy 960.

Achnuch auf junanisch, der Idris heisst im arabischen, kam 82jährig ins paradies.

Lamech.

---

[1] Übersetzt von Messerschmid, 1775.

Nui ward 150jährig ein prophet, aber wandte blos 80 seelen Gott zu, die er auch in die arche aufnahm. Die arche blieb auf dem berg Dsudi bei Scham bei der stadt Musel [*Mosul*] 6 monate und 10 tage. Alle insassen waren krank geworden und starben ausser Noah und seinen 3 söhnen und schwiegertöchtern.

Japhis [*Japheth*] hatte 8 söhne: Türk, dem die herrschaft zufiel, Chars, Cacklap, Russ, Maminaïk, Zin, Kamari und Tarich. Türk, mit dem beinamen Japhis Oglani, lebte 240 j.; er war ein sehr verständiger mann und wohnte beim see Issyk göl. Seine söhne waren Tannack, Sackal, Berzarzer, Amlack. Von Tannack, der könig ward und der das salz erfand, stammen die chane bis Zingischan.

— · —

ANHANG.

Die Samaritaner.

—

Abgetrennt von den grossen welthändeln, führten die Samaritaner ein verkümmertes, fast geschichtloses dasein und der sinn für den zusammenhang der weltbegebenheiten war fast in ihnen erstorben. Sie vermochten es nicht, eine anschauliche erinnerung an ihre eigenen schicksale festzuhalten und noch viel weniger, dieselben zeitlich einzuordnen. Spärliche trümmer, zufällig erhalten aus dem schatze der alten überlieferung und verdeckt fast von den wuchernden ranken der sage, lieferten die bausteine für die nationalen chroniken. Man kennt deren drei: das Çadaq, den liber Josuae und Abulfatach. Das erste kennzeichen aller ist der gegensatz gegen die Juden. Die samaritanischen chronisten bemühen sich, lehre und geschlechterfolge ihres volkes als die allein unverfälschten darzustellen. Als Josuah ins gelobte land einrückte, geschah die grosse trennung. Man unterschied seitdem drei parteien unter den einst so einigen söhnen Israels, die gesetzestreuen Samaritaner, die abtrünnigen Juden unter Eli und die rebellen, so die idole Firul verehrten. Fortan hatten die gerechten Samaritaner sehr zu leiden, nur der grosse weltherrscher Alexander war ihnen günstig. Nach bitteren anfechtungen durch die römischen kaiser kehrte etwas ruhe wieder durch die herrschaft der Araber, aber erst im wj. 6000, wenn der Messias kommen wird, erblüht die goldene zeit. Dann werden alle an die thora glauben und Taëb als schüler und nachfolger Mosis und als ihren könig anerkennen. Taëb wird die kenntnis Gottes auf den ganzen erdkreis ausbreiten, wird 110 jahre auf der erde wandeln und am Garizim begraben werden.

Die wirkliche kunde von ihrer vorzeit war den Samaritanern völlig erloschen. Dies deuten die einheimischen geschichtschreiber gelegentlich selber an. Abulfatach erzählt, die chroniken des landes seien von Commodus verbrannt worden, ein andermal, bei der verherrlichung des nationalen helden Baba, fügt er eigens zu, die überlieferung sei hier nicht so ganz glaubwürdig. Verwechslungen sind häufig und die zeitrechnung liegt gar im argen. Vereinzelte notizen, wie die sonst nicht überlieferten erzählungen aus der zeit der severischen dynastie oder der bericht von dem aufstand der Samaritaner unter Marcian, können auf wahrheit beruhen, ein kriterium fehlt indessen. Im allgemeinen haben die samaritanischen chroniken keinen andern wert als den eines stimmungsbildes.

Abulfatach [1] um 1350, benutzte Josua, arabische chroniken wie namentlich Eutychius und eine samaritanische geschlechterreihe, die mit Nehemia begann. Er bestimmt die dauer der welt auf 6000 j. und teilt davon 3000 dem goldenen zeitalter, dem Ridhwan's [2] und 3000 dem dunklen zeitalter,

---

[1] Ed. Vilmar; vgl. Appel, De rebus Samarit. 1874 Göttingen.

[2] Ridhwan ist der himmelspförtner. In der arabischen sage tritt er z. B. auf bei dem streit zwischen Idris und dem engel des todes: Tabari 1 c. 36.

dem Panutha's zu. Abulfatachs rechnung ist künstlich und
dabei höchst ungenau; aus seinen eigenen angaben kann man
zum mindesten fünf weltären herausrechnen.

Christus geb. 1300 Panuthae . . . = [wj. 1300]

bei Abulfatach . . . . = wj. 1350

Sassaniden seit 545 nach Alexander = wj. 1650
[das ergäbe, als Sassanidenepoche 221 n. Chr. zu
grunde gelegt, das . . . . wj. 1426]

Muhammed geboren 2000 Panuthae = 5017
[5017 – 621 ergibt für Christi geburt . . . . . 1426]

Christus—Muhammed sind 700 j. [also Christus
geboren . . . . wj. 1317]

Hadrian † in der mitte des Panutha wj. 1513
[erschliesst als christliche ära . . . . 1375]

Alexander † in der mitte zwischen dem anfang
des Panutha u. Muhammed, nemlich 1046 Panuthae
oder wj. 1100 [stimmt zur ära . . . . 1426]

Die zahl der ären lässt sich noch vermehren, wenn man
die samaritanischen erwartungen des weltendes berücksichtigt,
wie solche schon in der zeit Abulfatachs laut wurden und
zweimal in unserem jahrhundert, 1810 und 1858, zu tage
traten. Sie setzen als ära: a) etwa 4650, b) 4190, c) 4142
voraus. Nun aber zählte man in wirklichkeit 1810 das wj.
6246, das würde auf einen weltanfang 4436 v. Chr. führen.

Wo die grundlage des gebäudes dergestalt wankt, können
die übrigen stockwerke auch nicht fest stehen. So kann man
mit leichter mühe drei ansätze für Alexander finden.

4350 (Christus)   — 4100   (Alexander) = 250 v. Chr.

5017 (Mohammed) – 4100   . = 947 j.

621 n. Chr. .   — 326 v. Chr. .   = 947 j.

dagegen gibt:

4650 (Sassaniden) — 545 (nach Alex.) = 4105 für A.

und 221 n. Chr.   — 324 v. Chr. (Alex. †) = 545 j.

Wir gehen zu den einzelheiten über.

Flut 1307.

Auszug Abrahams 1017 [= 2324]. Die biblischen 430 j.
müssen auch auf das nomadenleben der erzväter bezogen werden.

Exodus 2751.

Ankunft in Palaestina 2791.

Die göttliche gnade dauert 60 j.

Schisma der Juden, die den hohenpriester nicht aus dem hause Eleazars nahmen, sondern Eli aus dem hause Ithamars erwählten. Nur Joseph und Pinhas blieben der väter bräuche treu und hielten fest am heiligen berge Garizim. Der pseudoprophet Samuel aus dem aufrührerischen hause Qorach salbte den schismatischen könig Saul. 900 Pamthae änderten die Juden die wahre ordnung der feste.

Der tempel wird vollendet unter Salomon 1) = 185 [lies 985] Pamthae. Salomo ist lobenswerth.

Gefangenschaft 3718,

endet . . . . . 3788. Damals waren 1000 j. seit der ankunft Israels in Chanaan verflossen [die doch 2791 gewesen].

Während des exils war Hillel hohepriester 40 j.,

dann Sheraja . . . . 40 j.,

rückkehr aus der gefangenschaft in seinem . . 30. j.

Nach einem zweiten ansatz war die rückkehr aus der gefangenschaft in den tagen Esras und Nehemias im wj. 3965 oder 135 j. vor Alexander.

Perserkönig war nach Kesra [Cyrus] Süsli Zaradusht [Zoroaster], dann Ahashvarush, Artahast [Longimanus] und Darius.

Damit man nicht ihren geheimnissen auf die spur komme, wandelten die Samaritaner die hebräischen buchstaben in kabbalistische um, die Juden ersannen dann aus hass die quadratgestalt der buchstaben.

Alexander wird durch Hizkia, den hohepriester, den Samaritanern freundlich gestimmt und überzeugt sich von der heiligkeit des Garizim. Alexander † durch Antipater vergiftet.

Zur zahl der LXX gehörten auch Samaritaner und siegten in einem kampfgespräche gegen die Juden.

Kleopatra wollte mit einer mauer Egypten von Nubien aus umgeben, aus furcht vor Augustus.

---

1) Falsche auslegung von I regnor. VI 37.

In den tagen Simons des magiers war der ketzer Dusis, dem auch Levi [?] anhing [*ceryl. Dositheorum secta*].

Hadrian unterwarf die Juden den Samaritanern, auch Antoninus wollte den Samaritanern wohl [*wohl verwechslung mit Antoninus Karakalla*].

Commodus aber war ihnen feindlich, da der Samaritaner Levi behauptete, die welt sei geschaffen, während Alexander von Aphrodisias behauptete, sie sei von ewigkeit her, und liess die weisen der Samaritaner, da er sie nicht zu widerlegen vermochte, martern und die heiligen bücher des volkes und die chroniken verbrennen. In Commodus' 10. j. erhob sich Ardashir Babek. Zwei Samaritaner, die zu ihm nach Irak gesandt wurden, erlangten ein diplom über die freiheit ihres landes.

Severus versuchte durch geschenke den hohepriester Aqbun, der bis zum beginn des Alexander Severus 23 j. lang amtirte, zum abfall von seinem gesetz zu verlocken, allein vergebens [1]).

Alexander Severus war unfreundlich, aber Baba rabba, enkel Aqbun's besiegte den kaiser in zwei schlachten; seitdem entzünden die samaritanischen jünglinge an jedem 7. tage ein freudenfeuer in den bergen. Baba siegte auch über die arabischen Ismaeliten und alle bewohner Palaestina's trugen ihm grossen dank. Gordian gestattete den Juden Jerusalem wieder aufzubauen, aber ein erdbeben und andere wunder verhinderten die absicht [*verwechselt mit Julian*]. Baba fiel christliche soldaten und mönche an und zerstörte die magischen vögel, stellte den reinen dienst auf dem Garizim wieder her [2]) und schlug ungeheure truppen der feinde durch eine kriegslist.

[1]) Severus triumphirte 198 über Juden und Samaritaner; wohl im anschluss hieran beraubte er Neapolis (Samaria; Nabulus syrisch) des bürgerrechts, was aber bald widerrufen ward (Spartian. Sev. 9 und 14). Neapolis heisst auf den münzen colonia L. Septimi Sebaste (Eckhel III 438, V 515). Das gespräch mit Aqbun, das kurz nach 200 fallen müsste, reiht sich in diese verhältnisse ganz gut ein.

[2]) Aus der zeit Diocletians berichtet der Talmud von götzendienst der Samaritaner und ihrer taubenverehrung (Appel 70), was auf Astartendienst zu deuten scheint.

Von Philipp Arabs ward er veranlasst, nach Konstantinopel
zu gehen und ward dort betrüglich gefangen genommen.
Früher schon war sein bruder Levi nach Konstantinopel gekommen und war christlicher bischof geworden, indess im
herzen doch dem väterlichen glauben treu geblieben [1]). Allein
diese erzählung ist nicht gewiss.

Decius und Tahüs [*Tacitus oder Constantius?*] wüteten
gegen die Samaritaner und verboten ihren cult, aber Garmun,
der treffliche prokurator des kaisers, erlaubte dem Aqbun,
seinen sohn in einer höhle zu beschneiden; darum wird Gar-
muns name im gebet genannt.

Maria, die tochter Eleazars II, wollte ihr vormund heiraten, ihres reichen erbes halber, aber die jungfrau entfloh
nach dem Karmel und kaiser Balsamis [*Valens, Vuszas*]
zwang den vormund, das erbe herauszugeben [2]).

Thldis [*Theodosius*] war friedlich gesinnt.

Unter Marcian wollte der präfekt von Caesarea die patri-
archengräber wegnehmen, aber die Samaritaner zogen gegen
die christen und brachten ihnen zwei entscheidende nieder-
lagen bei.

Zeno, der letzte Byzantiner [?!], wollte in Samaria das
christentum einführen und quälte das volk. Nach ihm wurden die zeiten immer schlechter und die verwaltung immer
verrotteter, bis endlich die Muslimen kamen und den Samaritanern ihre freiheiten bestätigten.

[1]) Vergl. Prokop, hist. arcana 27.
[2]) Erinnert an die geschichte der Athenais und den Julianusroman.

RELIGIONSGESPRÄCH

AM HOF DER SASSANIDEN.

In jüngeren hss. findet sich eine durch ihre mythologischen und gnostischen anklänge beachtenswerte wundererzählung von den zeichen, welche im Perserland bei der geburt des heilands geschehen sein und die absendung der drei magier veranlasst haben sollen. Sie trägt den titel Ἀφήγησις περὶ τῶν ἐν Περσίδι γενομένων διὰ τῆς ἐνανθρωπήσεως τοῦ κυρίου καὶ θεοῦ καὶ σωτῆρος ἡμῶν Ἰησοῦ Χριστοῦ. Lambek war meines wissens der erste, der diese schrift als bestandteil einer Wiener hs. cod. Gr. theol. 48 chartac. f. 26 erwähnte (commentariorum de bibl. Caesarea Vindob. t. V p. 297 p. 623 Koll., vgl. Nessel cat. I p. 131). Niemand beachtete diese nachricht, erst der bibliothekar Fr. Xaver Berger gab aus zwei Münchener hss. n. 61 und 299 die schrift heraus mit lat. übersetzung und unbedeutenden, vorwiegend kritischen noten in des freiherrn J. Chr. v. Arctin's beyträgen zur geschichte und litteratur vom j. 1804 st. IV p. 52–69.

Es ist dem herausgeber entgangen, dass seine narratio noch in einer anderen Münchner hs. des XI. jahrh. und zwar als abschnitt eines umfänglicheren buchs vorkomme. Es ist die aus Augsburg stammende hs. Mon Gr. n. 467, aus der die nachstehende ἐξήγησις περὶ τῶν ἐν Περσίδι πραχθέντων abgeschrieben ist. Der von Berger edierte abschnitt steht dort f. 153ʳ–157ʳ d. h. p. 10,11–18,03 der abschrift; abgesehen von unwillkürlichen abweichungen oder verderbnissen ist die Bergersche ἐξήγησις nichts als eine blosse abschrift dieses abschnitts (selbst das ἄρξε p. 10,14 ist beibehalten), der nur die schlussphrase angehängt ist:

> ἰδοὺ οὖν ταῦτα περὶ Χριστοῦ ἐλέξαμεν ὑμῖν καὶ εἴπομεν Χριστὸν σωτῆρα ἡμῶν, ὅταν καὶ ἀνθρωπον γενώμεθα· αὐτῷ ἡ δόξα καὶ τὸ κράτος εἰς τοὺς αἰῶνας τῶν αἰώνων. ἀμήν.

In dem original wird dieser abschnitt dem königlichen oberküchenmeister Ἀγγοδενατός in den mund gelegt; das ist der vermeintliche Ἀγγσκατός.

Das vollständige buch war schon dem Jesuiten Jakob Gretser in Ingolstadt bekannt. Als dieser aus derselben Augsburger hs. (f. 1—127) den ὁδηγός des Anastasios Sinaïta (Ingolst. 1606, 4°) herausgab, hatte er um so mehr veranlassung, auch von unserer schrift zu berichten, als diese den namen des antiochenischen erzbischofs Anastasios trägt. Er sagt in der vorrede ad lectorem: „In codice Augustano, quem supra laudavi et in quo ὁδηγός inest, continetur etiam sub Anastasii episcopi Theopolitani seu Antiocheni nomine εξήγησις περὶ τῶν ἐν Περσίδι πραχθέντων, nimirum de disceptatione Christianorum praesulum cum ethnicis Graecis et Iudaeis, iudice Aphrodisiano regis Persarum archimagiro; cui etiam se Anastasius interfuisse dicit et quidem solum ex Romani imperii episcopis, sed oratio olet nescio quid fabularum, ut difficile creditu sit ex Anastasii nostri officina prodiisse, exscribendum quidem Graecum contextum ex Augustano exemplari curaueram et ad uersionem me accinxeram, sed multitudine mendorum et fabularum offensus retuli pedem; neque ulli puto hanc διήγησιν fore perniam, nisi emendatiorem aut plures manuscriptos codices acquirat."

Später erwähnte Leo Allatius das buch unter den nicht von Symeon metaphr. stammenden heiligengeschichten, diatr. de Symeonibus Par. 1664 p. 83: „Βασιλεύοντος Ἀρρινάτου τῆς Περσικῆς χώρας γέγονε φιλονεικία. Anastasii episcopi Theopolitani περὶ τῶν ἐν Περσίδι πραχθέντων." Es muss also noch im Vatican hss. mit dem gleichen titel wie der Augustanus geben.

Die Bollandisten, welche AA. ss. april. t. II p. 854 auch von diesen acta sprechen, kennen sie offenbar nicht aus eigner anschauung; sie beschränken sich darauf, sie nach Gretser als unecht zu bezeichnen.

Vgl. Casimir Oudin, Comm. de herr. eccl. I p. 1489 n. 1.

Der nachfolgende, vollständige text beruht auf dem Monacensis graec. 467 fol. 150 saec. XI, pergament in 4°. (Mardt, Catal. IV 449).

Keine hs. der disputation ist unbedingt vorzuziehen, die Münchner ist jedoch durch ihre durchgängige correctheit noch am ersten berechtigt, die grundlage der edition zu bilden. Die erwähnung der Buddhisten, die wohl schwerlich auf spätere interpolation zurückgeht, fehlt dieser hs. (c.)

Gleichwertig ist der Vaticanus 866 fol. 175 saec. XI exeuntis, pergament in grossfolio, eine fundgrube für inedita, sorgfältig geschrieben, nur durch zahlreiche iotacismen entstellt; den eingang der einzelnen stücke zieren farbige vignetten. Näheres in meinen Acta ss. Nerei et Achillei 14. (V).

Eine wenig abweichende recension repräsentirt der Parisinus 1084 fol. 206 saec. X (a. DCCCCLXII). Die überschrift ist: *ἐξήγησις τῶν πραχθέντων ἐν περσίδι* (P).

Auf derselben recension wie P. jedoch mit vielen stark individuellen und oft willkürlichen textveränderungen untermischt, beruht der Parisinus 1173 fol. 31 saec. XII, beginnt: *ἐξήγησις πατέρων περὶ τῶν πραχθέντων ἐν περσίδι ἐν ἀρχῇ τῇ πολλῇ· τό°. Βασιλεύοντος.* Am rand: haec narratio tribuitur Anastasio Theopolitano, sive Antiocheno, quem eundem credunt cum Sinaita in M⁰° Augustano LXVI. Eine besondere seltsamkeit des codex ist die ungemessene vorliebe für den spiritus asper. (R).

Eine dritte gruppe wird dargestellt durch den Palatinus 364 saec. XIV. Er ist aus der ersten recension hervorgegangen und dient gelegentlich zu ihrer wiederherstellung, er nähert sich indessen bereits einer paraphrase. Ungewohnte worte und wendungen werden meist durch gangbare ersetzt, lücken sind häufig (p).

Ähnlicher art wie p sind die jüngeren und geringerwertigen hss. Vaticanus 687 und der ihm eng verwandte Ottobonianus 267. Am schluss findet sich eine merkwürdige subscription, die allen anderen hss. fehlt: *Λετὰ οὖν ἐγὼ*

10*

φίλιππος πολλὰς τῶν ἀναγκαίων φίλων ἐξηγησάμενος ὑποκάτως καὶ ἀριθμήσας αὐτοὺς εἴπον εἰς τὴν ⟨Τι⟩βεριάδα ὅτι εἰς ἱερὰς καταφυγὰς οἷς ἀπεφύγει ἐν τῷ κόσμῳ. Der anfang lautet: Ἀντιρρησις Ἰουδαίων καὶ Χριστιανῶν τε καὶ ἄλλων περὶ τῆς ἀρχῆντος σαρκώσεως τοῦ κυ ἡμῶν ιυ χυ πραχθεῖσα ἐν τῇ Περσίδι ἐπὶ τῶν χρόνων Ἀρρεναρταρνοῦ. (Ο).

Stark interpolirt und wenig brauchbar sind der Parisinus 1538 fol. 7, früher Colbertinus, membran. 0,27 × 0,19 m. saec. XII, beginnend: ἀναστάσιος ἐπίσκοπ. θεσσαλ. τὰ ἐν περσίδι γενόμενα μεταξὺ χριστιανῶν ἑλλήνων καὶ Ἰουδαίων. Βασιλ. (C) und

der Parisinus 2299 fol. 219, wahrscheinlich früher eigentum des cardinals Ridulphus, 1604 von Heinrich IV angekauft; papier 0,21 × 0,15 m. saec. XIV, beginnend: ἀναστασίου πρώην ἀντιοχίας διήγησις περὶ τῆς ἐν περσίδι γενομένης ἀντιθέσεως τῶν ἀνατολικῶν ἐπισκόπων, ἐν ᾗ καὶ περὶ τῶν ἐν τῇ αὐτῇ χώρᾳ γεγονότων τερατείων κατὰ τὴν τοῦ χυ γέννησιν. Βασιλ. (τ).

Im Monac. 61 und 299 ist ein abschnitt der disputation enthalten (oben s. 145) mit der überschrift: Ἀρρεναροῦ διήγησις περὶ τῶν ἐν Περσίδι γενομένων διὰ τῆς ἐνανθρωπήσεως τοῦ κυρίου καὶ θεοῦ καὶ σωτῆρος ἡμῶν Ἰησοῦ Χριστοῦ.

Denselben abschnitt überliefert der Vindob. theol. 48, fol. 26–28 mit der gleichen überschrift.

Cod. Vindob. theol. 307 fol. 80–92, kleine sorgfältige schrift, Randbem. descriptum et Bongiovanni (dem berühmten humanisten) Vanabias (?) missum anno 1461.

Τὰ γενόμενα ἐν περσίδι μεταξὺ χριστιανῶν ἑλλήνων τε καὶ Ἰουδαίων. φίλιππος πρεσβύτερος καὶ σύγκελλος γενόμενος Ἰῶ ἀρχιεπισκόπου κωνσταντινουπόλεως τοῦ χρυσοστόμου ἀντίθετο ἱστορίας περὶ τοῦ χριστοῦ καὶ τῶν μάγων.

Βασιλεύοντος ἀρρεναῖου τῆς περσικῆς χώρας καὶ ἀρχιδιατρεψοῦ τὴν τοῦ ἀρχιμάγων διέποντος ἀξίαν γέγονε φιλονεικία κτλ.

Pitra, Analecta sacra III gibt noch etwa 15 weitere hss. und teilt daraus einige stellen mit, die mit der art sibyllinischer orakel ähnlichkeit haben.

Archetypus

| |A| | |B redigirt| | paraphrasirt u. interpolirt |C| |

| | paraphrasirt | | willkürlich individuell | | |
| e V | p | P | R | O | r C. Pitra. |

Ich habe V im frühling 1890 abgeschrieben und mit anderen römischen hss. verglichen. Später erfuhr ich, dass Herr Geheimrat Usener vor 15 jahren bereits eine abschrift von dem Monacensis genommen; auch war er im besitz von collationen der oben genannten vier Pariser hss., die Bonnet mit grosser vollständigkeit angefertigt. Usener stellte mir nun mit freundlicher bereitwilligkeit, für die ich ihm zu lebhaftestem danke verpflichtet bin, seinen ganzen apparat zur verfügung. Die vorstehenden bibliographischen angaben, sowie zahlreiche bemerkungen in dem unten folgenden commentare, von denen einige bereits in den religionsgeschichtlichen untersuchungen mitgeteilt waren, rühren ebenfalls von Usener her.

Vaticanus 866 . . . . = V

Parisinus 1084 . . . . P

Parisinus 1173 . . . . = R

Palatinus 364 . . . . p

Parisinus 1531 (Colbertinus) . . C

Parisinus 2299 (Ridolphi) . . . r

Vaticanus   687

Ottobonianus 267 . . . . . . — O

Monacensis 61 . . . . = M.

⊢┼⊣

Ἀναστασίου πατριάρχου Θεουπόλεως ἐξήγησις
περὶ τῶν ἐν Περσίδι πραχθέντων.

Βασιλεύοντος Ἀμαρᾶτου[1] τῆς Περσικῆς χώρας καὶ δεύτερος αὐτοῦ Ὑπαφόηγραφος[2] ὁ τῶν ὑπάτων τὰς ὑπατίας ἐπι-
ξουσίας[3] ἔχων, καὶ τρίτος Ἰωκλῆς[4] ὁ καὶ τὰς σατραπίας
καὶ τὰς στρατηγίας χειρίζων[5], καὶ Ἀφρολατικῶς τὴν ἀρχι-
ιατρίαν[6] διέπων[7] ἀξίαν[8]· γέγονε φιλονεικία[9] κατ' αὐτὴν
τὴν χώραν μεταξὺ Ἑλλήνων καὶ Χριστιανῶν[10] περὶ ....
σίμου[11] καὶ Φιλίππου τῶν ἱστοριογράφων· καὶ οἱ μὲν Ἕλληνες
.....μον ἠσπάσαντο[12], οἱ δὲ χριστιανοὶ Φιλίππου. καὶ
πολλῶν ...... συνῆξεν ὁ βασιλεὺς πάντας τοὺς τῆς χώρας[13] ἐπισκόπους ὑπὲρ[14] ἑκατὸν γενομένους[15] καὶ ἀρχι-
ιατρῶν[16], ἐν οἷς κἀμὲ προετρέψαντο ἐπιστῆσαι μόνον
ὄντα ἐκ Ῥωμαίων· οἱ γὰρ πάντες[17] τῶν μερῶν ἐκείνων ἦσαν.
καὶ συναθροισθέντες[18]· ἤγαγεν[19] ὁ βασιλεὺς τοὺς ἱαμβάς[20]
τῶν Ἰουδαίων καὶ εἶπεν[21] αὐτοῖς· ἐπειδὴ τινὲς ἐγὼ ἦσαν τὰς
Ἑλλήνων εὐγλωττίας εἰκόναι[22] περὶ Χριστοῦ καὶ τινὲς ἕτεραι

1) r. ἀσμράτου, R ἀσμάτου, P ἀσμιράτου, V ἀσμμράτου Ξ.
2) αὐτοῦ (αὐτῷ R) ὧν ὑπάργραφος (ebenso c selbst unten RP
πλασγάρῳ V ἐπὶ πυσάγρου τοῦ — ἔχοντος O, πυσαργράφον C, δευ-
τέρων ὄντες ἀνωπάργον τοῦ ρ, ἀνωπάργαιον τ. 3) fehlt PR ἐπι-
ξουσίας Ξ. ἐπ' ἐξουσίας τ. 4) καὶ τρίτον δεωκλέος ρ, δεωκλήρου O.
5) χειρίζοντος Ξ. 6) τοῦ ἀρχ. PRV. 7) διέποντος Ξ. 8) ἀξίαν
διαλέκτου παρῆκε φελδωκε ἡ ἐξουσία δίκας καθ.... καὶ γέγονε V.
9) φιλονεικεία C. 10) καὶ Ἰουδαίων καὶ χρ. P. 11) ἀνοστασίμου V.
11) πυσαστίμενον PRVΞ. 13) ἐπὶ τῶν χωρῶν PVΞ, χώρων R.
14) ὑπὲρ R. 15) γενομένους PR. 16) d. οὐκ ἄλλως PRVΞ.
17) λοιποὶ πάντες V. 18) ἀθροισθέντων ἡμῶν V. d. ἡμῶν ὁμοῦ C.
αὐτῶν ὁμοῦ PR, συναθρ. αὐτῶν ἐπὶ τὸ αὐτὸ Ξ. 19) συνῆξεν PRV.
20) ὄμβρους V. σαββᾶς VΞ τοὺς πρώτους R. 21) λέγων PRV. λέ-
ξας Ξ. 22) γλῶσσας περὶ χρ. κηρύττειν (κ. fehlt R) καὶ τ. PR.
γλώττης εἰρηκέναι VΞ.

ἀηχφύλλωσαν, δικασταὶ ἁμφστίμων γνώματος¹) τὴν ἀκρί-
βαίν²) μοι εἴπατε³)· οὔτε γὰρ Ἑλληνι μοναχικὸς πιστεύω
οὔτε Χριστιανοῖς μηδʼ ἑαυτῶν ἀπολογουμένους· πᾶν οὖν νομισαθὶς δικαίως³) ἐμπόσως ἀναπτέξαντς καὶ τὴν ἐνοῦσαν πᾶσαν⁵)
εἶκεν ἁπασχολίσαντες⁶) μήτε τούτων μήτε ἐκείνων ἐχόμενοι⁷)
τὰ εἴλα ἐπʼ ἐμὲ ἀναγάγητε⁸)· εἰδότες ὡς εἰ ἄλλη τινὶ ἐμπο-
σωθῶσιν τάξει, πάντας ἐμῆς ἀναγωῖ⁹). εἶπον οὖν· οὐκ ἄλλο
λέξομεν βασιλεῦ¹⁰) εἰ μὴ ἃ μοναχικι ἀκούσαι ἡ αὐτῶντὸς σοῦ
ἐπιότης¹¹)· ἀλλʼ εἰ¹²) δοκεῖ ὑμῖν, ἄχραντα διοπότω¹³), ἀπ-
ωχοτέρως τὰς μέγιστα κρατήρ δότε τῶν πάμφωνα καὶ γνῶμαι
Ἀχεωδετατῶν, καὶ αὐτίκα ὁ βασιλεὺς¹⁴) ἐτέγκας αὐτῶν ἐκβα-

----

¹) γνώματα R.   ²) ἀλήθειαν PV.   ³) ἀκριβῶς μοι εἶπ. P,
εἰ εἴπατέ μοι V.   ⁴) νομισαθὶς ἐμπ. P, νομισαθὶς διʼ ἄτον C,
νομισθείης διʼάτον ξ, νόμω ἰθὺς διʼάτον PR   ⁵) ἅπασαν PR.
⁶) ἀπασχολ. Vξ.   ⁷) ξ, ἐχόμενα P, wohl aus ἐχόμενοι verderbt.
αἱρούμενοι V, παρίημι R.   ⁸) ἐπὶ τὰς ἀρχτήρως PRVξ τίς [f.207 r]
χειρὸς μου ἀνάγετε ἀκριπτωχίας εἰδότης Vξ, τῶν χειρῶν μου
ἀναγάγετε ἀκριπτωχίας εἰδότες R, ἡμῶν τὰς χειρὸς ἀνάγετε
ἀκριπτωχίας V.   ⁹) αἰθῶμαι P, αἰθῶμωσε V, αἰθῶμωσε R, αἰθῶμω ξ.
πάντων ἡμῶν τὴν ἀπολλύειν PRVξ, ποιήσω PR, ποιήσωμαι Vξ. οἱ
δὲ ἐπαΐως ποιοῦντες ἐπὶ τὸν χαρασμόσεων αὐτοῦ μετάσασι εἶπον
PRVξ. διόποτα μετοιμάτου P, ὁ ὁ ἰθὺς R, ὁ ἰθὺς VC, ὁ πάσης
ἐξουσίας καὶ βασιλείας πρώτης ἰθὺς (ὁ.fehlt V)· γνῶμαι ἀπολογίας
δὸς ἡμῖν PRVC, ἐξ ἐπικρίσεων ἀνεστάθμησις ξ. ὁ δὲ δέδωκέ τι εἶπόν·
τὴν θηρσκείαν, ἦν σέβεσθε ἁμετρὰς (ἁμετρίας R) τὰς ἁμερὰς
κατατιμῶσατε. οἱ δὲ εἶπον (εἶπον R)· μὴ ἐνέσπει μοναχοὶ γενέ-
μεθα τῆς πάσης ἁμετρᾶς σοῦ χειρὸς P, γενηθῶμεν RVξ. τῆς
πάσης ἀνοήμης κατακρατούσης σοῦ χειρὸς Vξ, χ. τοῦ σοῦ κράτους R.   ¹⁰) β. fehlt PRVξ.   ¹¹) ὁ κρατεῖς σοῦ βασιλεία R, θεότης.
οὔτε γὰρ Ἑλληνων δυναίμεθα ἀκούσασθαι· πόμπω γὰρ τῆς
ἡμετέρας θηρσκείας εἰδὼς· οὔτε τὰς φωνάς καὶ μωρὰς (ἁμω-
ρὰς P) χριστιανὸς πιστεύχειν ὅλως τὰς τεμνετήρσαι πὰν γένος
ἀνθρώπων καὶ πάντα τὰ δίκαια [f. 207 r] τῆς θεικῆς μοναρχίας
καθηρπάσασαι (- ἄντων R) ἀνθρώπων ἐπὶ πάντα προσεύξωτα-
τας τὰ ὁμολογημένα (ὁμολογούμενα RVξ) ὃν καλῶς συνεῖδαν
οἱ σωτήρος ἡμῶν ἀπολέσαι τὸν θανέντα (καὶ τὸν θανέντα· VS,
θανόντα ξ, ἀπόλεσαν καὶ τὸν θανόντα R) ὡς ζῶντα ἔχειναι· καὶ
ὃν οὐκ εἶδον, ὡς ἰδόντες ἐπικαλεῖται (ἐπικαλοῦσαι RV) τῇ γὰρ
νεκρικῇ χμ̄ι σοῦ πάσαι φιλῇ ὡς θεῷ ὑπόκειται.   ¹²) ἀλλʼ εἰ PRV
υ. ganz ähnl. ξ.   ¹³) ὁ ἐμὴ, διόποτα R.   ¹⁴) ὁ β. εἰπὼν· μὴ τὸν (fehlt P)
διὰ (διὰ R) θεόλμιπον (θεόλεκτον R) φ εντὸν ἐμεξέσαθε ἀρμυτον
(ἐξημέξεσθαι α. R) καὶ ταχὺ τὸν Ἀχεωδετατὸν ἐτέγκας PRVξ.

λέων τε ἐκείνοις εἶπεν αὐτῷ· οἱ σοί¹) κατήρξαντο τῆς κατὰ Φιλίππου τοῦ ἱερέως τῶν Χριστιανῶν ἀμφισβητήσεως²)· εἰδὼς οὖν ἐγώ, ὅτι οὔτε τραπέζῃ τέρπῃ οὔτε οἴνῳ ἥδῃ, ἀλλὰ καὶ συνουσίας³) ἀπεῖδησαι⁴) καὶ δόξαν μακρὰς καὶ χρήματα ἀποσείῃ, μόνῃ τῇ φιλοσοφίᾳ σχολάζων, ἀπήντησα⁵) μόνος τῷ τῶν ἀρχαίων χρόνῳ πᾶσαν ἀρέσασαν τῇ ἀληθείᾳ δεικνύς⁶), ὅπως καὶ ἐν τούτῳ τὸ τῆς ἡμετέρας βασιλείας ἐπιφανθήσεται κράτος. οἱ δὲ Ἰουδαῖοι δόλῳ τοῦτον περιεβάλοντο, ἵνα τὸ τῶν Χριστιανῶν ὄνομα καταπατήσῃ. οὗτος δὲ ὁ Ἀφροδιτιανὸς Ἕλλην ἦν, ᾧ πᾶν στόμα συνελθεῖν λόγον οὐκ ἠδύνατο. ἦν δὲ ἡμῖν οὐκ ὀλίγος ἀγὼν ἐπικείμενος τὸ μὴ ἡττηθῆναι τούτου⁷)· πᾶσαι γὰρ αἱ τρίχες ἡμῶν ἕνεκα τί ἐγένοντο, ἐν φιλίᾳ αὐτοῦ ἐνδεδεμέναι⁸) λέγειν οὐκ ἠδύναντο⁹)· πάντων οὖν πρὸ τοῦ συνεδρίου πτηξάντων ἀπὸ προσώπου αὐτοῦ καὶ εἰς τὸ φεύγειν ὄντων τὰς ἀλόγους αὐτοῦ μηχανὰς¹⁰) πρὸ τοῦ παρεῖναι αὐτόν, εἶπον τοῖς παροῦσι¹¹) μου ἐπισκόποις· οὐκ οἴδατε ὅτι ἐνταῦθα ἡ ἄσοφος τὴν πάνσοφον¹²) ἐνίκησε τέχνην¹³); τοσαύτας ἑαυτοῖς ἐλπίδας δεδώκατε τὸ¹⁴) πάντως ἡττᾶσθαι ὑπ' αὐτοῦ; πᾶσα σοφία Χαλδαίων καὶ Βαβυλωνίων ἥττηται τῇ τοῦ ἁγίου πνεύματος¹⁴) ἐκείνου Δανιὴλ¹⁵) θείᾳ ἐνεργείᾳ· αὐτὸν¹⁶) μιμούμενοι εἴπωμεν· ἔστι θεὸς ἐν οὐρανῷ ἀποκαλύπτων βαθέα καὶ ἀπόκρυφα. συμπαραλάβωμεν ἑαυτοῖς Καστηλᾶν¹⁷) τὸν πρεσβύτερον¹⁸) τῶν ἱερέων καὶ πάντες ἀήττητοι διαμένομεν· καὶ ποιήσαντες νηστείας καὶ λιτανείας ἤλθαν¹⁹) ἐπὶ τὸ αὐτὸ²⁰) καὶ σὺν αὐτοῖς ὁ τῇ δικαιοσύνῃ ἐγγηράσας Καστηλᾶς²¹)· καὶ κατασφραγισάμενοι οἱ ἐπίσκοποι τὸ ὄνομα τοῦ κυρίου Ἰησοῦ κατέχοντες τῇ διανοίᾳ· καὶ δὴ παρῆν²²) ὁ Ἀφροδιτιανὸς καὶ

¹) οἱ σύνεδροί σου R. ²) ἀμφισβητήσεων V. ³) συνουσίαν VRξ. ⁴) ἀποσείσαι R, ἀποθῇ p. ⁵) κἀκεῖνο ἀπ. P. ⁶) δεδοὺς. ⁷) fehlt R, τούτῳ PV. ⁸) νόμον R. ⁹) Die ganze stelle weicht ab bei ξ. ¹⁰) ἀλόγους αὐτῶν RVξ, μ. οἰκτείροντο B, ἱκετεύειν Vp, τοῦτον πρὸ τοῦ παρ. V. ¹¹) προσοῦσι Vp, συνοῦσι PR. ¹²) πολύσοφον V. ¹³) τοῦ V. ¹⁴) ἥττηται τῆς τοῦ μεγαλείου ἐκείνου θείᾳ ἐνεργείᾳ PV. ¹⁵) ἐκ. δ. fehlt R. ¹⁶) αὐτὸν τοίνυν P. ¹⁷) Καστηλᾶν P, Καστελᾶν R. ¹⁸) τὸν πρέσβυν P, τὸν πρέσβυτον Rp, τὸν πρεσβύτερον τὸν ἱερέα R, τῶν ἱερέων Vp. ¹⁹) ἤλθομεν R, ἤλθομεν V. ²⁰) αὐτὸ ἡμεῖς τε καὶ ἐκεῖνοι RV, ἐκεῖνοί τε καὶ ὁ P. ²¹) λέγω δὴ κ. R. ²²) παρῆν PV, παρῆν R.

αὐτὸς γηράσας ὀγδοηκοστὸν ἄγων ἔτος · καθίσαντος δὲ αὐτοῦ
ἐπὶ θρόνου χρυσοῦ[1]) ἐκ λίθου ἀτιμήτου[2]), πάντων τὰ πρόσω-
ωπα ἐπὶ γῆς δοθέντων[3]) ἤρετο αὐτοὺς ὁ Ἀφραάτης μηδαμῶς δύνασθαι προσφέρεσθαι[4]) αὐτῷ, ὡς λέγει αὐτοὺς ὡς
ςἀπὰ θεοῦ κατανεγεὶς[5]) · ἠρετε ἡμέραι, ἵνα τί ταμιάσασθε[6]);
οὐκ ἦλθον οὐδαμῶς[7]) λεπῆσαι ὑμᾶς · ἀλλὰ μᾶλλον παρακα-
λέσαι δύναται[8]) ἡ φιλοστοργία ἀλήθως[9]) δαμάται[10]) · δαμ-
φθέντες τῇ[11]) ἀληθείᾳ προσέλθετε[12]) ὁσίως τῷ πράγματι[13])
καὶ ἕξετε νίκην, καὶ ταῦτα ἀκούσαντες οἱ ἐπίσκοποι ἰσχυρῶς[14])
ωἀνέγερμε.

Εἰρηναῖος[15]) ἐπίσκοπος[16]) εἶπε ·

Πῶς τίνα ἀμφιβάλλει τὸ θειμρόφον[17]) σου νέημε[18]), εἰς
κοντόαμον ἢ εἰς Φίλιππον; εἰ μὲν γὰρ εἰς κοντόαμον διατά-
ξεις, ὑμέτεως ἐστι καὶ[19]) μετ' αὐτοῦ κρίναι ἐμετίλει · εἰ
ιιδὲ εἰς Φίλιππον, δι' ἡμᾶς ἀπολογίαν[20]) ποιήσασθαι ὡς[21])
Χριστιανοῦ.

Ἀφραάτης εἶπε ·

Καλῶς μοι ἐγετὸ[22]) ὥσπερ ἤρξω, καὶ ἐπετέλεσας[23]),
ὁ αὐτός[24]) · ἐπὶ στόματος μὲν[25]) φέρει τὰ περὶ[26]) Φιλίππου ·
εἶνα δὲ μὴ δόξῃ γέ με προσθήκας τινὰς[27]) ποιήσασθαι[28]),
αὐτὰ τὰ καλούμενα βιβλία ἐνέγκαντες[29]) ἀνάγνωτε τῷ
κοινῷ.

---

[1]) ἐγγιλοῦ χρ. V.   [2]) ἀτ. παρέντα PV, ἐτιμήτων παρέντος p,
τιμίων παρέν· ἐπίγει πάντων τὰ πρόσωπα ἐπὶ τῇ αὐτοῦ ἰδίᾳ
ἐδάθηααν⟩ ὁ δὲ ἐγγεικὸς αὐτοὺς μὴ δύνασθαι R.   [3]) fehlt P.
ἐχώντων V. κλιθέντων p.   [4]) προσκομίσασθαι. [5]) ἐκ θνεατογε-
γράφεις.   [6]) ταμιάττσθε P.   [7]) οὐδαμοῦ P.   [8]) δύν. οὖν p, δ. γὰρ RV.
[9]) ἀλέπως PVp.   [10]) δαμβήναι PRV.   [11]) θ. οὖν PRV.   [12])   ἐλ-
θατε PV.   [13]) προστάγματι V.   [14]) ἱκανῶς PR.   [15])   p, εἰρῆνος P,
εἰρηνος R, εἰρηναῖς V, εἰρηναῖς Ο.   [16]) ἐκ. βασιλογίης V, βασια-
γένης R, βασιλογένης V, βασιλογένης p.   [17]) ἐτίηγεσε R.   [18]) ἐσήμα
P, κράτος V.   [19]) καὶ fehlt PR, καὶ — ἐμ εἴλει fehlt V.   [20]) μετὰ
αὐτοῦ ἀπ. PV.   [21]) ὡς περὶ V, ὥσπερ εἰ Ο, ἐπὶ ἐπὶ p.   [22]) κ. σοι
ἐγετὸ εἴπω ὡς ἤρξω P, κ. σὺ ἐγετὸ εἴπω ὡς ἤρξω R, καλῶς σὺ
εἰ εἴπω V, καλῶς σὺ, εἰρητε τ. εἴπω ὡς ἐτήρεξω p.   [23]) ἐπετέλεσας
Pp, — τις VΣ. πληρώσας · ὁ δὲ R.   [24]) ἔφη fügt R, χι.   [25]) μὲν
γὰρ Pp.   [26]) παρὰ PRVΣ.   [27]) προσθήκην τινὰ R.   [28]) εἶναι VΣ.
[29]) ἐνέγκοντες Σ.

Ἰωάννης[1] ἐπίσκοπος εἶπεν·

Καὶ τί παραγγείλας βιβλίον καὶ ἀντεῖπεν αὐτῷ ὡς παραγγείλαντι, τί[2]);

Ἀγαθάγγελος εἶπεν·

Ἐν γνώσει[3] ἔχω εἴ τι παραλέλειπται καὶ εἴ τι προστέθειται[4].

Καὶ ἐτύχη ἡ παραγγελικὴ αὐτοῦ βίβλος, ἐν ᾗ χαραμμα δία Ἑλληνικὰ ἔκειτο, καὶ προστάττει τῷ παρασημῶτι αὐτῷ παιδί[5] ἀναγνῶναι[6]· ὁ δὲ προσσχὼν τῷ βιβλίῳ ταχέως αὐτὸ ἐξῆπε, καὶ λέγει αὐτῷ· ἐκ τοῦ λόγου τοῦ περὶ Κασάνδρου ἀνάγνωθι, καὶ ἀνέγνω οὕτως·

Κάσανδρος[7] τελευτᾷ καταλείψας ἀδελφὴν Λωΐδα[8] καλουμένην, θυγατέρα[9] οὖσαν Πελάδαν[10] τοῦ τῆς Ἑλλάδα[11] ἀναιρεθέντος· ἤπειτα ἐπόθησεν Ἄτταλος[12] ὁ τῶν Λακεδαιμονίων βασιλεύς, καὶ εἰσελθόντων αὐτὸν ἐπ' αὐτὴν ἐγκατα εἶδον μάχαιραν ἐνέπηξεν[13] αὐτὴν εἰς τὴν καρδίαν αὐτοῦ, καὶ κατέσχε τῆς βασιλείας, καὶ τούτων γενομένων φόβῳ ἐκτήσατο[14] πολὺν, ὁ δὲ ἀδελφὸς αὐτοῦ Φίλιππος τοὺς Ἀχαιοὺς κατέλαβε κἀκεῖ λαβὼν γυναῖκα τὴν ἀδελφὴν Καλλιόπην[15] τοῦ στρατηγοῦ αὐτὸν καλουμένην Ἀλασβίδα[16], ἐξήτουν ἐπι ποιήσαι τὴν Λωΐδα[17] καὶ τὸ ἔθνος καὶ ἐφοβεῖτο· πάντα γὰρ τὰ κύκλῳ αὐτῆς ἔθνη ἀρπακόμενα[18] τοῦ κάλλους αὐτῆς συνεπόρευσεν αὐτῇ· οὐ γὰρ τῷ τεχόντι παιγράδων ἑαυτήν[19] εἰς γάμον, πάντων δὲ φοβουμένων ἀπὸ προσώπου αὐτῆς· ἦν

---

[1] ἰωάνδης P, ἰωάνδης VΞ. ἐλάδδωρος p. [2] παραγγίθαρ ἔμαρ τι V, παραγγίλαρ, τί P, παραγγίλαρτι τί γίνεται R. παραγγίλάν, τί ἔχι τέλος p. [3] γνώσιν ἔχω ᾖτι R. [4] προστέθτγεται R. [5] παιδίον VΞ. [6] folgt Φ 1/C, E. διαστιρκτικόν P, Φ 1/C, EK. διαστιρκτα R. διαστιξάτω V, διόστια ἔικτι τουτέστιν C, ἀναγνωσκάτω ὁ (ὁ fehlt V) παρασητός PRVC, ὁ δὲ μὴ (μηδὲ πω p) προσχὼν PRVΞ. [7] κ. δὲ R. [8] λωΐδα P, λωμίδα R, λωμίδα(?) C, λόων V, λωμάδα pr, λωμιδα O. [9] θυγατέραν PVΞ. [10] πεκάδας V. [11] λάδα P. [12] ἄταλος C. [13] ἐπηξε V. [14] γιναμ. q. ἐκτήσαντο R. [15] καλλίου P, καλλιόπων RVΞ. [16] ἀλασβίδα P, λασβίδα R, ἀλασμίδα VC, ἀλασβίνδα p, ἀλασβίδα r. [17] λωΐδα P, λωμίδα R, λόων V, λωμίδα p, λωμίδα r. [18] ἐρπακόμενα RV, ἐρπακόμενα P. [19] οὕτως τὸ τυχ. παιγραδὸ αὐτὴν VΞ.

γὰρ πολλοὺς[1] προσβαλοῦσι[2] καὶ πάντας ἁλώσειν · ἔδοξε τότε τοῖς Ἕλλησι[3] πέμψαι εἰς Δελφοὺς κἀκεῖ λαβεῖν Χρησμὸν περὶ τούτου · ἀπελθόντες δὲ ἐκεῖνοι πρὸς Εὐπατίαν[4] τὴν ἱέρειαν εἰς Κάστελλον[5] ἔδεην ἠρώτων[6] γνῶναι αὐτοὺς εἴπερ ὁ συμβήσεται, ἥτις γενομένη τοῦ ἁγίου ὕδατος ἀπεκρίθη οὕτως[7].

Φίλιππος ὀλωπιωθεὶς[8], πόλλεσς ὀλέσπαω πάντας ἀπασίας[9]· ὑπέρτερον γένων ἅπαντα κεκλέϊοντα · ὀλαίῃ[10] παναθενῇ[11] τύχει.

οἱ δὲ καταγελάσαντες καὶ καταμωμήσαντο αὐτὴν εἶπον · ἐμωκωτάματτε, περὶ γυναικὸς ἡμακήσαμεν · μὴ γὰρ περὶ ἀνδρὸς ἐκ Μακεδονίας ἠξάντος[12]; ἡ[13] λέγει αὐτούς · ὅτι ἀήττητοι καιρῷ ἤρξαντο ἀνίστασθαι · καὶ αὐτῇ γὰρ κάκεἴνως καὶ οἱ μετ' αὐτοῦ ἄνδρες πάντας εὐτάρασαν, καὶ ἀπάντησιν ἀτρωϊεσσαντες τὴν παραμένειν[14] · καὶ μετήλθον εἰς τὸ τῆς Ἀθήνης[15] ἱερόν[16] · ἰσταῦ δὲ ἐν αὐτῷ φυλλομένης ἀστερολήσαντες εἰστπήδησαν

---

[1] πολλοὺς R.   [2] προσβαλοῦσι R. προσβάλλουσι V.   [3] Χαλδαίως R.   [4] τὴν ἱερείαν P. εὐπατίαν R. εὐπατίαν V. εὐπατίαν p. εὐπατίαν O.   [5] εἰς τὸ καστέλλον P. κάσταλον V. κασταλον VE. κασταλον p.   [6] ἠρώτων R.   [7] bei r folgt (vgl. Pitra 302): χηράσις περὶ χρησμοῦ περὶ τῆς ᾗ ὥρα ἐπὶ τὴν πολυπαθῆ ταύτην ἔδωσε γῆν καὶ δίχα σαρκὸς μερίζεται σαρξ, ἀκαμπέως δὲ θεότητος ὅπως (ἁπλῶς Pitra ἀπώλετο σαρκὸς λέξει ᾗ θεϊαν καὶ τούτῳ ᾗ θείας μερίζεται ὑπὸ ἀπίστου (Pitra λαοῦ) καὶ πρὸς ὕψος κυριωθήσεται εἰς θανάτου κατώδυνος, οὕτως δὲ πάντα ἰδὼν προνοεῖται γένων. θανατου δὲ εἰς πόλον ἀρθήσεται.   [8] ᾗ ὀλυμπιωσάμενος πάλλος νίον πόλεμοῦ R, ὁ πατὴρ ὀλυμπιάζεται ἀπάτουῶν πόλεμου p, ὁ πατὰ ὁλύμπια πίστεα πόλεμος, τὰ οὖν πόλεμου VO, ᾗ ἀλμπωμρ ὀλύμπιαπεντοῦ, πηλεϊάδων πόλεμου C.   [9] ἀπαστία VE.   [10] ὀλαίη R, ἀλλανη παναθένῃ τι V, ὀλεν εἶπον δι εν τύχη p.   [11] παναθένετι. Das Orakel ist etwa folgendermassen herzustellen:

Πᾶς οὐλυμπιωσάμενος Φίλιππος ἀναστὰς
Πελλαίων πόλεσς ὑπέρτερον γένων ἅπαντα
Κεκλείοντα στρατῷ ὀλαϊτῷ παναθενεῖ τύχει.

[12] so p, ἠξάντος C, ἠξαντα V, ἠξαντες R, ἠξαντος P.   [13] ἡ δὲ PR.   [14] παραμενειτιν C, παραμενειτιν RVE.   [15] ἀθηνᾶς PR.   [16] i. ἐν τοῦδε γενομένων R.

δήμας ἑαυτῷ ἀναπλάττων[1] οὔνομα δὴ αὐτῆς δίς[2] ἑβδομή
κοντα ἓξ· ὃς τὰς κοινωνίας καὶ πᾶν ἐπώνυμον καθελὼν σέβας
ἐπὶ τὴν ἄκραν τῆς πανόλβου σοφίης[3] μετάξει παντὸς κλέους
τὸ γένος[4].

5   Ἀγχωδιμαῖος[5] εἶπεν·

Ὡς μεγάλα τινὰ ἔστε[6] διδάξαντες· ἅπερ μὴ φησὶ καθ᾽
ἡμᾶς[7] λανθάνουσιν· ὅπως[8] περὶ τοῦ Μακεδόνος καὶ τοῦ
Χριστοῦ ἡμῶν[9] εἴρηται· ἀλλ᾽ ὁ μὲν Μακεδὼν ἄκαιρος ταῖς
ἐπαρχίαις Περσῶν ἐπιβὰς εὐκαίρως αὐτῶν ἀφίστημεν[10]· ὁ δὲ
10   Χριστὸς ἠττηθεὶς ἐνίκησε τῶν[11] ἐπιβούλων κατασχόντας τὰ
ἐπιχειρήματα[12].

Οἱ ἐπίσκοποι[13] εἶπον·

Οὐδὲν παρὰ λόγον γνώσεως ἢ σὴ ἔγκειται[14] φιλοσοφία·
περὶ δὲ τῶν ὑπὸ Φιλίππου χωρίων ἐδίσταξεν[15]· ὅθεν εἴτι
15   ἐπιλήψεως καὶ ὀφειλίας ἐστὶν[16] ἐχόμενον, μετάδος ἡμῖν τὰς
πρωτοτωτάτων τῇ γαληνότητι τῆς σωτηρίας[17].

Ἀγχωδιμαῖος εἶπεν·

Νομίζετε ἀγνοεῖτε με τὰς εἰρημένας περὶ Χριστοῦ δό
ξης[18]· ἀλλὰ τὸ μὴ εἶναι φωνὴν μίαν[19] καὶ γέλως ἐν ᾗ
20   καλοτωτάζειν τὸ περὶ[20] αὐτῶν[21] μέρος ἢ καὶ αὐτὸ τὸ μέρος

---

[1] ἀναπλάττων VΞ.   [2] ῥηθὲν δὶς R. Die verse mögen etwa so
gelautet haben:

Νῦν δὲ σοφίης εἰς ὁ τρόπος τριτάτην στοιχήν πυθέσθε·
Ταῦτά τε γὰρ τούτων τῆς ἑβδομάδος οὐρανομετρίης.
Τῆς παιδείας σοφίης ἔλαιον ηδὲν κότρῳς
Οἶκτ᾽ ῥίζον αὐτοῦ τὸ δήμας ἀναπλάττων
Οὔνομα δ᾽ ἑβδομήκοντα καὶ ἓξ δὶς ἔστι ἀφ᾽ αὐτῆς.
Ὡς τὰς κοινωνίας τιμὰς καὶ πᾶν σέβας ἡμῖν
Ὑφθλὸς καθελὼν ἐπ᾽ ἄκραν σοφίης τε πανόλβου
Πάντων τε κλέους γένος ἀνθρώπων μεταγάγῃ.

[3] σοφίης R.   [4] γένος PR.   [5] ταῦτα ἀκούσας ἅ. R.   [6] so V,
ἔσται C, ἔσται R, οὗτοι p.   [7] ἡμᾶς PRV.   [8] πῶς fehlt R.   [9] ἡμῶν K.
[10] ἀφίσ. RV.   [11] τὸν ἐπιβουλῶν R.   [12] ἐπιχειρήματα C.   [13] οἱ
δὲ ἐπ. R.   [14] fehlt P.   [15] ἐδίσταξεν P, ἐδίσταξε R, ἐδίσταξεν V.
[16] φιλοσοφίας ἐστὶν R.   [17] πρωτοτάτων σωτ τῇ γαληρότατῃ σωτ.
V, πρωτρισότ Rp, ὅτρτὰ σωτ σωτ. R,   ρτι σωτ. p.   [18] δόξης· οὐκ ἀγνοεῖ p.   [19] φωνή μία V.   [20] π. fehlt R.   [21] αὐτῶν P.

πρὸς ἑαυτὸ μὴ διαιρεῖσθαι ἢ διαστασιάζειν[1] μεμερισμένας καὶ αὐτῷ δόξας εἰσηγεῖσθαι[2] Ἰουδαίων ἄλλως λεγόντων περὶ αὐτοῦ· καὶ γὰρ ταῖς γυναιξὶν αὐτῶν προυτύχον καὶ τὰς[3] ἡμῶν ἔγνων· καὶ αἱ μὲν γυναικαὶ ἀσύστατοι[4], οἱ δὲ χλευάζοντες[5] αὐτὰς[6] ἀσύμφωνοι· διὰ τοῦτο ἅπαντα μένει[7] τὰ τῶν 5 Χριστιανῶν ὑπὸ ἰδίας ἀμφιβολίας καταπαυόμενα[8], ὡς ἀσύστατοι καὶ ἀβουλοι[9] ὄντες.

Οἱ ἐπίσκοποι·

Καὶ πᾶον ἔθνος οὐ διαμάχεται ἑαυτῷ ἐκ προόψς καὶ δεήσῃς[10]; Ἰουδαῖοι γὰρ διαμάχονται Σαμαρείταις. Ἕλληνες 10 ἑαυτοῖς ἀπειροθρήσκως ζῶντες[11]· καὶ[12] γὰρ Ἰουδαῖοι καὶ Σαμαρεῖται λέγουσι μὲν Χριστόν, μηδέπω[13] δὲ ἐλθόντα[14]. Ἕλληνες δὲ καὶ ἄκοντες τὰς περὶ αὐτοῦ δόξας ἐκήρυξαν, καθάπερ καὶ οἱ πάλιν[15] πρᾶξη ἦται ἐδίδαξαν[16].

Ἀφροδιτιανός· 15

Ἀλλ' οὐχ ὡς ὑμεῖς ἐφείλετε διαβάλλεσθαι οἱ πᾶν ἔθνος ὑπεραναβεβηκότας[17] λεγόμενοι· πλὴν ἐὰν ἀνέχησθε[18]. λέγω ἐστὶν περὶ Χριστοῦ μεγαπλασίως χρήσας[19]· τὸ δὲ οὕτως ἀντιλέγεσθαι τὰ κατ' αὐτὸν[20] ἀπὸ τῶν αὐτοῦ μαξῆ[21] μοι τὸν ἐνὸν· καὶ οὐ μόνον τοῦτο ἀλλ' ὅτι καὶ τὸ ἔθνος αὐτοῦ 20 παντὶ σθένει φρόνοντι[22] ἀλήθειαν ποτὲ[23] ἐπ' ἔννοιαν[24] μὴ λαμβάνοντες καὶ ἀδιδακτοι καὶ μεναμῶς[25] μίξεις[26] ἀγαπῶσι καὶ μυθώδεις[27] εἰσὶ καὶ ἄλλος ἄλλον[28] σπεύδει ἀπολλῦσαι, ἕκαστος ὡς δοκεῖ πιστεύων[29] τὸ βούλημα τῆς παρα-

---

[1] διαστασιάζειν PRp, διαστάζειν V. [2] εἰσηγεῖσθαι P. [3] καὶ τ. PR. [4] εὐσύστατοι PRV. [5] δ' ἐνχειρ. P. [6] αὐτ. fehlt R. [7] μὲν εἰσὶν R. [8] κατεύμενα VΣ. [9] ἀσύμβουλοι jüngere hand bei C. [10] αὐτῷ ἐκ πρὸψ R. καὶ δενιτίμον. [11] Ἰουδ. σαμ. ἕλλ. ἀκ. ξ. P; bei V folgt: τὰς περὶ αὐτῶν δόξας ἐκήρυξαν. [12] καὶ οἱ τοῦ βασιλέ (βασιλεῖ R) παῖδες καὶ γὰρ VPRpO, ἑκαστέρως ζῶντες καὶ τοῦ βασιλέα παῖδες καὶ C. [13] μήπω V, μηδέποτε R. [14] ἐλθόντα R, ἡλθόντα p. [15] πᾶν fehlt P. [16] ἐκήρυξαν Rp, καθάπερ — ἐκ. fehlt V. [17] ὑπεραναβεβηκεν PRV. [18] ἀνέχησθαι V, ἀνέχησθε O. [19] χωρήσας R. [20] αὐτῶν RV. [21] μάχεσθε V. [22] φρονεῖται V. [23] ἀλ. μηδέποτε εἰπεῖν δυνάμενοι μηδ' ἔννοιαν λαβόντες ἀλλὰ καὶ R. [24] ἔννοιαν O. [25] μεναιμῶς RV. [26] δόξας P. [27] θηρώδεις RVP, ϑ. ἄλλος ἄλλως δοκεῖ πιστ. R. [28] καὶ ἀλληγόρως ἀπολλύουσιν. [29] ἕκαστος τὸν πλησίον ἕκαστος ὡς δ. π. P.

δώσεις προκρίναντες, ἅπαντα[1]) ταῦτα[2]) ἀνάκειαι τῆς
ἀληθοῦς θρησκείας. διὸ παρακαλῶ ὑπομονητικῶς ἀκοῦσαι[3])
μου· καὶ πιστεύω ὑφελῆσαι[4]) καὶ ὠφελῆθῆναι· εἰ γὰρ ὑφελήσω ἐμᾶς, ὑπὸ ὑφελήθην[5])· ὅτι δὲ[6]) παρασιωπᾶτέ μοι εὐσηφαίας, οὐ καταδέχομαι· οὐδὲν γὰρ εἰμι· πάντα γὰρ[7]) τὰ πρὸς χάριν μισῶ, καὶ πᾶσαν[8]) ἀνθρωπίνην δόξαν παραιτοῦμαι· εἰ τι δὲ πρὸς ἀλήθειαν ἐμοί. τούτῳ ἥδομαι καὶ εἰ τι[9]) πρὸς δικαιοσύνην, τούτῳ χαίρω· καὶ οὐ φιλόδοξων ταῦτα λέγω[10]) μή μοι[11]) γένοιτο πρὸς ἀρέσκειαν ἀνθρώπων πρᾶξαί ποτε· ἀλλ' εἴ τι τοῖς θεαρέστας δοκεῖ ταῦτα λέγειν[12]). ταῦτα πράττει[13])· πλὴν ἴστε ἀγαθοί· οὐ γὰρ Χριστιανῶν λέγω ἐμᾶς ἴστε ἀλλὰ θείας δυνάμεως λειτουργούς· προσέχετέ μοι τὰς λόγους, ὡς πρέπει τῇ ἱερότητι ἡμῶν[14]).

Ἐκ Περσίδος ἐγεννήθη Χριστὸς[15]) ἀπ' ἀρχῆς· οὐδὲν[16]) γὰρ λανθάνει τοὺς ἐν αὐτῇ[17]) νομομαθεῖς. ἅπαντα[18]) φιλοπονούντων· ὡς[19]) γὰρ ἐν ταῖς χρυσαῖς[20]) ἀρκλαμίαις[21]) κεκόλλυπται καὶ κεῖται ἐν ταῖς ἱεραῖς βασιλείας[22]) δόξει, ὅτι πρῶτον[23]) ἐκ τῶν ἐνταῦθα ἱερῶν[24]) ἡκούσθη[25]) ὄνομα Χριστοῦ. τὸ γὰρ ἱερὸν[26]) τῆς Ἥρας[27]), ὅ ἐστιν ἐπέκεινα τῶν βασιλικῶν σαμαλίησων[28]). ὅπερ Κόρης ὁ βασιλεὺς ὁ πάσης εὐσεβείας γινώσκων κατεσκεύασε καὶ ἀνέθηκεν ἐν[29]) αὐτῷ θεῶν ἀνδριάντας χρυσοῦς καὶ ἀργυροῦς[30]) καὶ ἐκόσμησεν αὐτοὺς[31]) λίθοις κυανέα λίθου. ἵνα μὴ τὰ τῆς[32]) κοσμήσεως λέγων διαδίδω[33]) τὸν λόγον[34])· κατ' ἐκείνας δὲ τὰς ἡμέρας[35]). ὡς αἱ γεγραμμέναι ἀπέχει[36]) διδάσκουσιν, εἰσελθόντος τοῦ βασιλέως ἐν τῷ

---

[1]) ἅπερ PR, ὅσπερ V. [2]) ἅπερ ἅπαντα p. [3]) ἀκούσατε R.
[4]) ὑφελῆσαι R. [5]) ὑφελῆθην R, ὑφελώσωμαι p. [6]) ὡς p. [7]) π. γ.
fehlt V. [8]) καὶ τὴν PR. [9]) καὶ τοῦτο εἴδομαι ὅτι πρὸς. [10]) καὶ
- λέγω fehlt P. [11]) μοι γὰρ P. [12]) λαλεῖν PV. [13]) πραττεῖν RP.
[14]) hier beginnt der Monac. 61. [15]) ἅ χ̅ς̅. VM. [16]) οὐδὲ R. [17]) αὐτῶ R.
[18]) ἅπαντας R. [19]) ὅσα M. [20]) fehlt M. [21]) ἀρκλάρσκαις p, ἀλκλαρίαις M. [22]) βιβλίαις Rp. [23]) πρῶτος θ, πρῶτος R. [24]) ἱερῶν καὶ
τῶν ἐν αὐτοῖς ἱερῶν PR, ἱερῶν - ἱερῶν M. [25]) ἡκούσατα PVp,
ἀκούσασατε R. [26]) τοῦ γὰρ ἱεροῦ PRV. [27]) ἥρας ε, ἥρας R. [28]) σαμαλίησων VM. [29]) ἐν fehlt R. [30]) χρυσᾶς καὶ ἀργυρᾶς M. [31]) αὐτὸ
Pp, fehlt R, αὐτῶ V. [32]) ταύτης VMp. [33]) διακρύω R. [34]) fehlt
RV. [35]) κατ' ἐκείνας δὲ τὰς ἡμ. R. [36]) δι ἀπέχει R, ἀπέχη M,
πέεται p.

ἱερῷ λέναι[1] ὀνειράτων[2] δέξασθαι. ἔφη αὐτῷ ὁ ἱερεὺς
Προσέκπιος[3]· συγχώρει σοι δέσποτα· ἡ Ἥρα[4] ἐν γαστρὶ
ἔλαβεν[5]. ὁ δὲ βασιλεὺς μειδιάσας λέγει αὐτῷ· ἡ δυνατὸν
ἐν γαστρὶ ἔχει; ὃς ἔφη[6]· Ναί[7], ἡ δυνατὸν ἀντίξησι καὶ
ζωὴν γεννᾷ. ὁ δὲ βασιλεὺς· Τί τοῦτο; σαφήνισόν μοι. 5
Ἀληθῶς δέσποτα· καιρὸς ἐψήσας τὰ ἐνταῦθα· πᾶσαν γὰρ
τὴν νύκτα ταύτην τὰ ἀγάλματα ἔμειναν χορεύοντα τά τε
ἀνδρικὰ τά τε γυναικεῖα. λέγοντα ἀλλήλοις· δεῦτε συγχα-
ρῶμεν[8] τῇ Ἥρᾳ· καὶ λέγουσί μοι· πμηι ἥρα, ὅπερ. σύγχαιρε[9]
τῇ Ἥρᾳ, ὅτι ἐνελήφθη[10]. ἐγὼ δὲ εἶπον· τίς εἰπ[11] φιλαφθῆναι 10
ἡ μὴ οὖσαι; ἄτινα λέγουσιν[12]· ἀντίξησι[13], καὶ οὐκέτι λέγεται
Ἥρα ἀλλ' Οὐρανία· ὁ[14] μέγας γὰρ Ἥλιος ἐγάλησεν αὐτήν.
αἱ δὲ θήλειαι πρὸς τοὺς ἄνδρας ἔλεγον δῆθεν τὸ πρᾶγμα
εὐτελίζουσαι· Πηγή ἐστιν ἡ φιληθεῖσα· μὴ γὰρ Ἥρα; τέκτονι
ἐμνηστεύσατο ἡ Ἥρα[15]· καὶ λέγουσιν οἱ ἄνδρες· ὅτι μὲν 15
Πηγή δικαίως εἴρηται. ἀποδεχόμεθα· Μηχία δὲ αὐτῆς τοῦ-
νομα, ἡ τις ἐν μήτρᾳ ὡς ἐν πελάγει μεγάλα γεννῶν[16] ὁλκάδα
φέρει. τί δὲ καὶ Πηγή αὐτή, οὕτω νοείσθω· πηγή γὰρ ὕδατος
πηγὴν πνεύματος ἀνναΐζει· ἵνα μόνον ἰχθὺν ἔχουσα τῇ τῆς
θεότητος ἀγκίστρῳ περιλαμβανόμενον[17], τὸν πάντα κόσμον 20
ὡς ἐν θαλάσσῃ θηρεύόμενον[18] ἰδίᾳ σαρκὶ τρέφοντα[19]. καλῶς ἔφητε· τέκτονι ἐμνηστεύσατο[20]· τέκτονα γὰρ ἐκείνη
ἔχει[21], ἀλλ' οὐκ ἐκ λέχους ὃν τίκτει τέκτονα· οὗτος γὰρ ὁ
γεννώμενος[22] τέκτων ὁ τοῦ τεκτονάρχου παῖς τὸν τιμιώτα-
τον οὐρανοῦ ὄροφον[23] ἐτεκτόνησε πανσόφοις τέχναις τὴν 25
τιμιώτικον ταύτην στεγανότητα[24] λόγῳ πήξας· ἔμειναν οὖν
τὰ ἀγάλματα φιλονεικοῦντα περὶ Ἥρας καὶ[25] Πηγῆς. καὶ
ὁμοφώνως εἶπον· πληρουμένης τῆς ἡμέρας τὸ σαφὲς ἅπαντες

---

[1] λέναι C. [2] p. ὄν. R. ὀνειράτων P, ὀνειράτων V, ὀντι-
ρατειον τινῶν M. [3] προσέκτος P, προσέκποος R, προσποσπιος M.
[4] ἥρα C. ὅτι ἡ ὥρα R. [5] ἐλάμβανεν V. [6] ὁ δὲ ἱερεὺς ἔφη·
ἀντίξησεν R. [7] fehlt P. καὶ V. [8] συγχαίρωμεν M. [9] σύγχαιρον
PV, σύγχαιρηθι Mp. [10] ὅτι ἐψ. fehlt P. [11] πῶς ἔχει M. [12] ἀντι-
λέγουσιν ἐκεῖνα R. ἀ. μοι p. [13] ὅτι ἄν. M. [14] ὁ fehlt PR. [15] ἡ
ἥρα fehlt PM. [16] μεγάλανον R, μεγάλγοσον V. [17] λαμβ. PRVMΞ,
λαμβ. καὶ p. [18] διαγόμενον R. [19] τρέφον PRV. [20] τίκτ. ἐμν.
fehlt PVM. [21] ἔχει ἐκείνη PVM, ἔχειν ταύτην R. [22] τίκτ. γεννν.
fehlt R. [23] ὅρ. R. [24] στεγανότητα PR, στέγνας p. [25] ἡ V.

11

καὶ ἅπασαι γενέσθαι· νῦν οὖν δέσποτα κηρύματων τὸ λοιπὸν τῆς ἡμέρας· πάντως γὰρ ἕξει τὸ πρᾶγμα τέλειον δήλωσιν[1]·

μείναντος δὲ τοῦ βασιλέως ἐκεῖ καὶ θεασαμένου τὰ ἀγάλματα, αὐτομάτως αἱ κινεδόγραι[2] ἤρξαντο κρούειν τὰς σκηνίκας καὶ αἱ Μοῦσαι ᾄδειν· καὶ ὅσα ἦν ἔνδον τετράποδα καὶ πετεινὰ ἀργυρᾶ[3] καὶ χρυσᾶ, ἕκαστον τὴν ἰδίαν ἀπετέλει φωνήν· τοῦ δὲ βασιλέως φοβηθέντος καὶ ὅλως[4] φόβου πλησθεὶς ἐπῆλθεν ἀναχωρεῖν· οὐκ ἔφερε γὰρ τοῦ αὐτοματισμοῦ τὸν τάραχον. λέγει αὐτῷ ὁ ἱερεύς· ἀνάμεινον βασιλεῦ· πάντως γὰρ τέλεια ἀποκάλυψις, ἣν θεὸς συγκρῖναι ἡμῖν ἐποίησατο[5].

τούτων δὲ οὕτως λεχθέντων διηνοίχθη[6] ὁ ὄροφος[7], καὶ κατῆλθεν ἀστὴρ λαμπρὸς καὶ ἔστη ἐπάνω τῆς στήλης τῆς Πηγῆς· καὶ φωνὴ ἠκούσθη τοιαύτη· δέσποινα Πηγή, ὁ μέγας Ἥλιος ἀπέστειλεν με μηνῦσαι σοι ἅμα καὶ διακονῆσαι τὰ πρὸς τόκον[8] ἀπίαντον, τόκον[9] ποιούμενος πρὸς σέ, ὦ μῆτερ τοῦ πρώτου πάντων τῶν ταγμάτων γενομένη, νύμφη τριωνύμου μοναδικῆς οὖσα· καλεῖται δὲ τὸ ἄπορον βάθος Ἀρχὴ καὶ τέλος, ἀρχὴ μὲν σωτηρίας, τέλος δὲ ἀπωλείας.

καὶ ταύτης τῆς φωνῆς δοθείσης ἅπαντα τὰ ἀγάλματα ἔπεσον ἐπὶ πρόσωπον, μόνης τῆς Πηγῆς ἱσταμένης· ἐν ᾗ εὑρέθη[10] πρὶν διάδημα βασιλικὸν ἔχον ἐπάνω αὐτοῦ ἐξ ἄνθρακος[11] καὶ σμαράγδου λιθοκόλλητον ἀστέρα· ἐπεράνω δὲ αὐτῆς ἵστατο ὁ ἀστήρ.

ταῦτα[12] θεασάμενος ὁ βασιλεὺς ἐκάλεσεν εὐθὺ[13] τοὺς[14] σοφοὺς ἀστρολόγους[15], ὅσοι ἦσαν[16] ὑπὸ τὴν βασιλείαν αὐτοῦ· τῶν δὲ κηρύκων ταῖς σάλπιγξὶν ὑποσημάντων συνήγετο πάντες[17] εἰς τὸ ἱερόν. ὡς δὲ εἶδον τὸν ἀστέρα ἐπάνω τῆς Πηγῆς καὶ τὸ διάδημα ἅμα τῷ ἀστερωπῷ λίθῳ

---

[1] τὸ γὰρ ἀνακέφαν οὐκ ἔστιν τοῦ τεχνίτος R, τὰ τεχνὸ PMC, ὡς τὸ τεχνὶ Vpr, ἀλλ' οὐγατίαν θεοῦ ἐστιν αὐτοματι, μείναν δὲ τοῦ β. κτλ. R. [2] κινε. Kr. [3] ἀργυρόχρυσα PRp. [4] ὅλου RV. ὅλεως P. [5] fehlt R, φο. P, ἐμιήσατο V. [6] διηνοίκτο VM. [7] ἡ ὀροφή p, ὀφ. τοῦ ναοῦ. [8] τόν τ. R. [9] ἀμ. γάμον MVξPitra. [10] γέγατι τὸ R. ὄθηται V. [11] ἀνθράκων R. [12] ταχὺ δὲ παραταύτα ὁ βασιλεὺς PRVMξ. [13] εἰσπείρεται M. [14] πάντας ε.PRVMξ. [15] σοφ. κ, σοφ. M und mit umstellung V. [16] εἴσιν P. [17] κ. ὁμοθυμαδὸν R, θεαηδὸν p 36.

τὰ τ' ἀγάλματα τὰ ἐπ' ἐδάφους κείμενα, εἶπον · βασιλεῦ, μίξα
ἔνθεος καὶ βασιλικὴ ἀνέκυψεν οὐράνιον καὶ ἐπιγείου βασιλέως
χαρακτῆρα φέρουσα · ἡ γὰρ Πηγὴ Μαρίας[1] τῆς Βηθλεεμίτιδός
ἐστι θυγάτηρ · τὸ δὲ διάδημα βασιλικῶς τέμπη · ὁ δὲ ἀστὴρ
οὐράνιος[2] ἐστὶ μήνυμα ἐπὶ γῆς τερατευόμενον[3] . ἐξ Ἰούδα 5
ἀνέστη βασιλεία, ἥτις πάντα τὸν Ἰουδαίων ἐξαρεῖ[4] μεμνώ-
σατο · τὸ δὲ τοὺς θεοὺς ἐλαφισθῆναι[5] τέλος τῆς τιμῆς αὐτῶν
ἐφθασεν[6] · ὁ γὰρ ἐλθὼν καταβιετίσας ἀξίας ἄν τοὺς[7] τελέ-
ζοντας ἐν αὐτῇ[8] αὐλίσει[9] · τὸν οὖν βασιλέα πέμψον εἰς Ἱεροσόλυμα · εὑρήσεις γὰρ τὸν υἱὸν τοῦ παντοκράτορος σωματικῶς 10
σωματικαῖς ἀγκάλαις γυναικείας βασταζόμενον·

ἔμεινε δὲ ὁ ἀστὴρ ἐπάνω τῆς Πηγῆς κεκλημένης Οὐρα-
νίας, ἄχρις ἄν[10] ἐξῆλθον οἱ μάγοι, καὶ τότε μετ' αὐτῶν ἐπο-
ρεύθη . ἐσπέρας δὲ βαθείας ἐφάνη ἐν τῷ αὐτῷ[11] ἱερῷ Διο-
νύσος[12] οὗ μετὰ τῶν Σατύρων, λέγων τοῖς ἀναθήμασιν · 15
Πηγή[13] οὐκέτι μία ἐξ ἡμῶν[14], ἀλλ' ὑπὲρ ἡμᾶς[15] τινα
γεννᾷ[16] ἄνθρωπον θείας τύχης ὄντα σύλλημμα[17] . ἱερεῦ
Προκόππιε[18], τί καθίζει ἐνταῦθα πράττων[19]; πρᾶξίς τις
ἔγγραφος ἐφάνη καθ' ἡμῶν, καὶ μέλλομεν ὑπ'[20] εὐπράκτου
προσώπου ἐλέγχεσθαι ψευδεῖς[21] . ἃ ἐφαντάσαμεν, ἐφαντάσα- 20
μεν · ἃ ἤρξαμεν, ἤρξαμεν · οὐκέτι χρησμοὺς δίδομεν[22] · ἡμῶν
ἀφ' ἡμῶν ἡ τιμή[23] · ἄδοξοι καὶ ἀγέραστοι γεγόναμεν · εἷς
μόνος ἐκ πάντων τὴν ἰδίαν ἀνέλαβεν τιμήν · εἶπον Μιθρα-
βαδῇ[24] · οὐκέτι Πέρσαι[25] γῆς καὶ ἀέρος φόρους ἀπαιτοῦσιν[26] ·
ὁ γὰρ κτίσας[27] αὐτὰ πάρεστι πρακτικοῖς φόροις τῷ πέμψαντι 25
προσκομίζων, ὁ τὴν παλαιὰν εἰκόνα ἀνακτίζων καὶ τὴν εἰκόνα

---

[1] καρίας cP, μηρίας Pitra, μυρίας M. [2] οὐράνιον PRVM.
[3] τερατογραφούμενον Pitra. [4] ἄρει P, ἐξαιρεῖ V. [5] ἐλ. P. [6] τὸ
φθάσαι τέλος τ. τ. αὐτ. ὑποσημαίνει Pitra. [7] πῶς τ. V. [8] ἀνα-
οίρσει r. [9] εὐσει VM. [10] ἄχρις οὗ R. [11] fehlt M. [12] διονύσιος P.
[13] π. γὰρ R. [14] ὑμῶν PR. [15] ἡμῶν χαρματίζει ὑπὲρ ἡμᾶς PR.
[16] γεννῶσα PV, ὑπὲρ ἡμ. χαρμ. τινὰ γεννῶσα M, ὑπὲρ ἡμ. γὰρ
δοξασθήσεται γεννῶσα; ἀνθρώπων γὰρ θείας τύχης τὸ σύλλημμα R.
[17] θ. ὄντα σύλλημμα τέχμη P. [18] προκόππιε R, προκοπούντι M.
[19] π. οὐδὲν R. [20] μὲν ὑπὲρ P, μέλλομεν ὑπὲρ R, μέλλομεν
ὑπὲρ V. [21] ὡς ψ. PRV. [22] διδόαμεν PV, διδώκαμεν R. [23] der
satz fehlt R. [24] μὴ θροηθῆτε PΣ, μὴ θροηθεῖτε M, μηθεχθῆφη V.
[25] π. τιμῶσιν αὐτὰ p. [26] ἀπαιτοῦσιν P. [27] P, στίσας PRV.

11*

ἠρώτων[1] ἡμᾶς οἱ πρῶτοι τῶν Ἰουδαίων· τί τὸ ἐσόμενον[2] καὶ δι' ὃ πάρεστε· καὶ εἴπομεν αὐτοῖς· ὃν λέγετε Μεσσίαν[3]. ἐτύχθη, οἱ ἐθορυβοῦντο καὶ ἀντιστῆναι ἡμῖν οὐκ ἐτόλμων· εἴπατε δὲ ἡμῖν· τὴν ὑψαίαν δίκην. εἴπατε ἡμῖν, τί ἔγνωτε. καὶ εἴπομεν αὐτοῖς· ἀπιστίαν νοεῖτε καὶ οὔτε χωρὶς ὅρκου οὔτε μεθ' ὅρκου[4] πιστεύετε. ἀλλὰ τῷ ἀβούλῳ ἑαυτῶν σκοπῷ ἐξακολουθεῖτε[5]· ὁ γὰρ Χριστὸς ὁ τοῦ ὑψίστου πῶς ἐγεννήθη κατελύσων[6] τὸν εὔμον ἡμῶν καὶ τὰς συναγωγάς. καὶ διὰ τοῦτο ὡς ὑπὸ μανίας[7] ἀφώτης κατατοξευόμενοι[8] οὐχ ἡδέως ἀκούετε τὸ ὄνομα τοῦτο, ὅπερ αἰφνιδίων ἀπάτη καθ' ἡμῶν[9]. οἱ δὲ καθ' ἑαυτῶν[10] βουλευσάμενοι παρεκάλεσαν ἡμᾶς, δεξαμένους δόσιν σιωπῆσαι[11] ἐπὶ[12] ταύτης τῆς χώρας τὸ τοιοῦτον κεφάλαιον, ἵνα μὴ ἀποστασία εἰς ἡμᾶς γένηται. ἡμεῖς δὲ εἴπαμεν· δόσιν ἡμεῖς πρὸς[13] τιμὴν αὐτοῦ ἠνέγκαμεν πρὸς τὸ κηρῦξαι ὅπερ γέγονεν[14] ἐν τῇ χώρᾳ ἡμῶν μεγάλῃ ἐν τῷ γενέσθαι αὐτόν. καὶ λέγετε λαβόντας ἡμᾶς δόσιν τὰ ἐπερωτώμενα ἡσύχως δημοσιευθέντα κρύψαι καὶ τὰ τοῦ ἰδίου βασιλέως ἐντάλματα παραβῆτε; ἢ οὐκ ἔστε[15] ὅσην Ἀσσυρίων[16] ἐδέξασθε πεῖραν[17]; οἱ δὲ φοβηθέντες καὶ πάμπολλα παρακαλέσαντες ἀπέλυσαν ἡμᾶς. τοῦ δὲ βασιλεύοντος τῆς Ἰουδαίας μεταστειλαμένου ἡμᾶς καὶ λαλήσαντος ἡμῖν τινα καὶ ἐρωτήσαντος, ἅτινα εἴπαμεν αὐτῷ· εἰς ὅπερ καὶ ἐχολέσθη[18] ὅλος· καὶ ἀπέστημεν ἀπ' αὐτοῦ μὴ προσέχοντες αὐτῷ τι μὴ ὡς ἐπὶ εὐτελεῖ.

ἤλθομεν εἰς[19] ὃ ἀπεστάλημεν· καὶ εἴδομεν τὴν γεννή- σασαν καὶ τὸ γεννηθέν[20]. τοῦ[21] ἀστέρος δεικνύοντος ἡμῖν τὸ δεσποτικὸν βρέφος. εἴπομεν[22] δὲ τῇ μητρί· τί καλεῖ[23], κεκλημένη μήτηρ; ἡ τις[24] λέγει· Μαριάμ[25], δέσποτα. καὶ

---

[1] ἠρώτουν R. [2] ἐσόμ. M. [3] μεσίαν P. [4] οὔτε μεθόρκον R. [5] καὶ οὔτε — ἐξ. fehlt P. [6] - λύσων PRVM. [7] μαντείας PR, ὡς ἀπὸ μαντίας V, ὥσπερ μαντίας M. [8] κατατοξευόμενοι RM. [9] ἐπίση καθημῶν R, ἐπίστη VM, καθ' ἡμῶν V. [10] ἑαυτῶν PRV. [11] σ. τὸ τοιοῦτον κεφάλαιον ἐκ πάσης τῆς χώρας R. [12] ἐκ PV. [13] εἰς M. [14] γ. μεγάλετον κτλ. R. [15] ἐσχύνθητε V, ᾐσθήτε p. [16] ἀσσυρίων P, vgl. ob. s. 8 zu ende. [17] d. satz fehlt M. [18] ἐδολεώθη V. [19] δὲ εἰς PR, δὲ ἐνὰ VM. [20] τὸν γεννηθέντα RM. [21] καὶ τ. R. die stelle ist durch die genealogie der Maria interpolirt bei r. [22] εἴπα- μεν r RM. [23] τίς καλεῖ PMΞ, τίς καλεῖσαι V. [24] ἡ δὲ R. [25] μαριὰμ R.

εἴπομεν αὐτῇ· πόθεν ὡρμημένη; καὶ ἐν ᾗ· ἐκ ταύτης, φησὶ τῆς
βιβλιεμένης[1] χώρας, οὐκ ἔσχε ἄνδρα τινά; ἡ[2] φησὶ·
μεμνήστευμαι μόνον, πνευματικόν[3] γενομένον[4] συμβόλων·
μιαζομένης δέ μου τῆς διανοίας· οὐκ ἐβουλόμην[5] γὰρ εἰς
5 τοῦτο ὅλως ἐλθεῖν· πάνυ δὲ ὀλιγωρούσης μου, σαββάτου[6]
διαφαύοντος[7] καὶ ἡλίου εὐθὺς ἀνατέλλοντος ἐπέστη μοι
ἄγγελος εὐαγγελιζόμενός μοι τόκον τινὰ ἐξαίφνης· καὶ ὥσπερ
βεβλῆσθαι ἀνέκραξα· μηδαμῶς μοι τοῦτο κύριε· ἄνδρα γὰρ οὐκ
ἔχω. καὶ ἐπιστώσατό μ[8] βουλήσει τοῦ θεοῦ τὸν τόκον τοῦ-
10 τον ἔχειν.

ἡμεῖς δὴ εἴπομεν αὐτῇ· μήτηρ μητέρων, ἅπαντες οἱ ἀπὸ
Περσῶν ἐπαινέσομέν σε· τὸ κατόχημά σου μέγα· ὑπερήρας
γὰρ πάσας τὰς ἐνδόξους γυναῖκας, καὶ πασῶν βασιλίδων
βασιλικωτέρα ἐφάνης. τὸ δὲ παιδίον ἐπὶ γῆς[9] ἐκάθητο, δεύ-
15 τερον, ὡς ἔλεγεν αὐτή, παρὰ[10] μικρὸν χρόνον ἄγον, μειρακίον
τινὰ τῆς τεκούσης χαρακτῆρα ἔχον[11]· ἦν γὰρ αὕτη μικρὸν[12]
τῷ μήκει[13] ἀνατείνουσα· τὸ δὲ σῶμα τραχεῖαν ἔχουσα, στρογγυλοῦσθαι[14] πως, τμηχύματι καλλίστῳ[15] τὴν κεφαλὴν δεδεμένην[16]. ἔχοντες δὲ μεθ᾽ ἑαυτῶν εὐφυῆ παῖδα ζωγράφον
20 ἐδιψσατόμεν τὴν ὁμοίωσιν[17] τῇ χώρᾳ[18] ἀπεγράψαμεν, καὶ
ἀνετίθη ἐν τῷ ἱερῷ ἐν ᾧ[19] ἐχρηματίσθη· γεγίγονεν οὕτως·
Ἐν τῷ Διοπετεῖ[20] ἱερῷ[21] Δὶ Ἡλίῳ θεῷ μεγάλῳ βασιλεῖ
Ἰησοῦ[22] τὸ Περσικὸν κράτος ἀνέθηκε.

ἅπαντες δὲ τὸ παιδίον καὶ ἕκαστος ἡμῶν ἐπ᾽ ἀγκάλαις
25 βαστάσαντες ἀσπασάμενα τε[23] αὐτό[24] καὶ προσκυνήσαντες
διδώκαμεν αὐτῷ χρυσὸν λίβανον καὶ σμύρναν[25] εἰπόντες

---

[1]) Βιβλιόστεων M. [2]) ἡ δέ M. [3]) πνεῦ γ. M. [4]) fehlt RM.
[5]) καὶ μὴ βουλομένης R. [6]) σαββάτου PVM. [7]) διαφέοντος R.
[8]) ἐπίστευσεν P, ἐπίστευσέν με τοῦτο β. V, ἐπίστευσε β. M. [9]) ἐν
τῇ γῇ M. [10]) ἔτος π. PRV, ἔτος αὐτῶ μεγ. τῆς τ. ἔχον τὸν χ. M.
[11]) ἔχον P, φ ἄγον μ. [12]) μικρά PM. [13]) μικρὰ τὸ μῆχει μικρὰν
τὴν χεῖρα ἔχουσα, τὸ σῶμα τραχεοστερον στρόχρως, στρογγυλο-
ειδῶσσως ἔχουσα τὴν χαίτην δεδεμένην M. [14]) στρογγυλοῦσθαι c,
χρωῦσαι V, χρωτῶσαι Pρξ, στρόχρων R. [15]) ἁπλῶς τρ. τὴν P,
ἁπλῶς τρυχ. κάλλιστα τ. R. [16]) χαίτην δεδεμένην PRV. [17]) ὁμοίω-
τέρα P. [18]) χ. ἡμῶν RVM. [19]) ἐυ R, ἐν τῇ χειρὶ ἡμῶν ᾗ ἐχρη-
ματίζομεν M, τῇ χειρὶ ἡμῶν καὶ ἐχρηματίσθη γεγ ᾗ οὕτως Pitra
γεγιγόντες. [20]) Διοπετεῖ V, [21]) fehlt R. [22]) βασιλεῖ βασιλεύς· τὸ R.
[23]) τε fehlt VM. [24]) αὐτὸν R. [25]) λ. α. σ. fehlt P, umgestellt bei Mp.

αὐτῷ· καὶ τὰ σά¹), φιλοτιμούμέν αν, οὐφανωθέναι Ἰησοῦ· οὐκ ἄλλως ἐδιδασκοντο τὰ ἀδιδακτα, εἰ μὴ παρῆς²)· οὐχ³) ἐτέρως ἐμίσγετο⁴) τὰ ἄνω τοῖς κάτω, εἰ μὴ αὐτὸς κατέβης³)· οὐ⁶) τοιοῦτον ἀνύεται διακονία, εἰ γε⁷) δοῦλον ἀποστείλαι⁸) τις, ὡς⁹) ὅσον τὰ δι' αὐτοῦ¹⁰) παραγενέσθαι, οὐδὲ βασιλεὺς πέμπων ἐπὶ πόλεμον σατραπας, ὡς ὅσον¹¹) τὰ ἑαυτόν¹²) ἐκδημῆσαι¹³)· ἔπρεπε τοῦτο τῇ σοφῇ σου μελῳδίᾳ τοῖς ἀντάρτοις τοιούτως¹⁴) μελῳδῆσαι.

τὰ δὲ παιδίον ἐσκίρτα¹⁵) τῇ κολακείᾳ καὶ τοῖς λόγοις ἡμῶν· καὶ συνταξάμενα τῇ μητρὶ καὶ αὐτῇ¹⁶) ἡμᾶς τιμήσασα καὶ ἡμεῖς αὐτὴν δοξάσαντες ὡς ἔδει, ἤλθομεν ἐν τῷ τόπῳ ἐν ᾧ κατελύσαμεν¹⁷). καὶ ἑσπέρας γενομένης ἐπέστη ἡμῖν τις φοβερός¹⁸) ἄγγελος καὶ ἔλεγεν ἡμῖν· τὸ τάχος ἐξέλθετε¹⁹), μή τινα ἐπιβουλὴν ὑποστῆτε. ἡμεῖς δὲ²⁰) εἴπαμεν· καὶ τίς²¹) ὁ ἐπιβουλεύων τῇ τηλικαύτῃ πρεσβείᾳ, ἄνωθ σατραπᾳ²²); ὃς δὲ εἶπεν, Ἡρῴδης· ἀλλὰ παραυτὰ²³) ἀναστάντες παράδητε ἐν εἰρήνῃ διασωζόμενοι.

ἡμεῖς δὲ ταχύναντες καὶ τοῖς εὐαθενέσιν ἵπποις ἐπιβάντες ἀπήραμεν ἐκεῖθεν πάσῃ σπουδῇ· καὶ πάντα ἀπηγγείλαμεν ἃ εἴδαμεν ἐν Ἱερουσαλήμ.

Ἰδοὺ μὲν περὶ Χριστοῦ τοιαῦτα ἐλέξαμεν ὑμῖν· καὶ εἴδαμεν²⁴) Χριστὸν σωτῆρα ἡμῶν²⁵) γενόμενον²⁶)· ἀλλ' ὑμεῖς τοῖς τρόποις ἀντιτάσσεσθε²⁷) αὐτῷ κίσσαν ὅραν τὸν ἀνάλιον αὐτοῦ διαβάλλοντες· τὸ γὰρ λαλεῖν ἀνάξαι καὶ τὸ²⁸) πραττειν ἀναξιότερα μίσους ἐστὶ σημεῖον²⁹), καὶ ταῦτα μὲν τέως

---

¹) τὰ τῆς φιλοτιμίας δοξαζεσθαι οὖν. P. ²) παρῆς P, παρῴης M. ³) οὐκ R. ⁴) ἐμίγετο P, ἐμρετο R. ⁵) εἰ μὴ ἀπεστάλης R. ⁶) οὐ γὰρ P. ⁷) ἢ γε R, εἰ τόν τι M. ⁸) ἀποστείλαι P, ἀποστέλλει R, ἀποστείλαι VM. ⁹) fehlt V, ὥσπερ τό P. ¹⁰) τὰ ἑαυτοῦ R, ἑαυτόν PM, τὰ δι' ἑαυτοῦ V. ¹¹) ὥσπερ P. ¹²) τὰ δι' ἑαυτοῦ V. ¹³) ἐκδημῆσαι R, ἐνδ. M. ¹⁴) τ. fehlt R; umstellungen bei RM μελ. τοῖς πάντας οὕτω μελ. P. ¹⁵) ἐσκίλα καὶ ἐ. PR und umgestellt dasselbe M. ¹⁶) αὐτῇ M. ¹⁷) ἐν ᾧ τ. κατελάβομεν PMV, umgestellt dasselbe R. ¹⁸) φ. καὶ ἐκπλήξεως λέγων PMV, — ὃς εἶπεν R. ¹⁹) ἐξέλθετε PM. — ἄνωθ R. ²⁰) δὲ μετὰ δειλίας PRM. ²¹) τ. ἐστιν M. ²²) ἄνωθ σ. V, ἀνασρώτερος PR, ἄνω σ. M. ²³) παραυτὰ R. ²⁴) εἴδαμεν V. ²⁵) ἡμῶν PV. ²⁶) γενόμενον R. ²⁷) ἀντιτάσσεσθε e, ἀντισθασθαι R, ἀνθίστασθε p. ²⁸) τό fehlt V. ²⁹) λ. καὶ πρ. ἀν. παντὸς μίσους ἐ. σ. R.

θεασάμενον μᾶλλον τὰ φθαρτὰ δοξάσματα, τὰ δὲ ἡμέτερα[1] ἐγὼ[2]
τιμῶ ἥλιον τὸν πᾶσι χρειώδη[3], τὸν φωτὸς[4] βολάς[5] ἀπο-
στέλλοντα. αἶμα ὡσαύτως ἐθαύμασα τὸν τὰ σώματα εὐτόνῳ
κύκλῳ περιστρέφοντα[6] καὶ τὴν γῆν θατέρᾳς συμπλέξας[7] καλ-
λωπίζοντα· πρὸ τὸ ἀνυπόστατον, ὡς πᾶσα σωμάτων φύσις δεδούλευται[8], τὰ πάσης δοκιμώτερον δοκιμῆς[9] ἔδωκ ἡ[10] ζωὴ
τῶν βροτῶν, οὗ μὴ παρόντος οὐ ζῆσεται[11] πᾶσα σάρξ. καὶ[12]
ταῦτα τιμῶν τὸν χρισάμενον αὐτὰ τιμῶ, ᾧ τις τοῦ[13] παντὸς
αἴτιος[14] καθίσταικεν. ἐκεῖνος ὑπὸ μόνων τῶν ἀχειρῶτον[15]
ἀρχῶν, ὧν αἱ εὐχαραστίαι ἅπασαν καὶ ἱμᾶσατον[16], προσκυ-
νεῖσθαι ὠφειλεν[17], ᾧ[18] ἐνταῦθα ἀσχολία οὐ κινεῖται[19] ποτέ·
ὧν ἡ παράστασις[20] ἀκλινὴς καὶ ἡ θεραπεία φυσικὴ· οἱ γὰρ
ἄνθρωποι μάταιοι καὶ τῶν ἰδίων ἱδρώτων δοῦλοι γενόμενοι[21].

Καὶ τούτων λεχθέντων παρὰ τοῦ[22] Ἀφροδιτιανοῦ πᾶσαι
ἡ σύνοδος ἐσιώπησαν, μηδὲν[23] ἔχοντα τι[24] ἀποκρίνασθαι[25].
μόνον δὲ[26] εἶπον· δόξα σοι, Χριστέ, ὃ πᾶν στόμα τὰς χά-
ριτας ἐξομολογεῖται.[27]

Ἀφροδιτιανὸς εἶπε·

Γεγόνασι[28] Χριστιανοί τινες[29] τῷ πράγματι, γεγόνασι
δὲ καὶ Ἕλληνες ἄκμην ἀποφήναντες ἀωτήρ. Κῦρος γὰρ[30] ὁ
βασιλεὺς σωματοφύλακας[31] δύο εἶχεν λίαν[32] εὐώπους[33],
ἔνθα ἐκαθεύδεν, ἄξιον μὲν τὴν ἐπιθυμίαν, κολάζειν δὲ αὐτὴν τοῖς ἄγουσι· πᾶσαν δόξαν[34] τῆς οὐρανίων δυνάμεως
μόνης[35] ἀξίαν[36] ἔλεγεν εἶναι· τοσοῦτον δὲ[37] ἦν φιλάνθρωπος.

---

[1] μὲν — ἡμ. fehlt R, καὶ τ. μ. τ. — ἡμ. fehlt PVp. [2] ἐγὼ τούτῳ p. [3] θεσπιώδη PR. [4] τοῦ q. R. [5] τὰς βολάς PRV. [6] περι-
στρέφον τα cPRV. [7] εὐφυᾶς PRp, εὐπλείας V. [8] ὁ πᾶν φύσις
δεδούλευται R. [9] π. ὅλης δοκιμώτερον δοκίμων cPRV. [10] ἐν ᾧ
ἡ R. [11] ζῇ R. [12] ἀλλά p. [13] ὅτι τῆς τοῦ R. [14] περὶ ἀγαθοῦ
αἴτιος R. [15] fehlt R. [16] ἡμέτρητα P. [17] ὠφειλεν R, ὠφείλει V.
[18] ᾧ c, ὃν PV, ὧν Rp. [19] κινεῖσαι RV. [20] ἡ πᾶσα στάσις P,
ἡ πᾶσα στάσης R. [21] γενεία. R, γεν. ἐγκυλιάθησαν P, πάντοτε γε-
νόμε. p. [22] τοῦ fehlt PRV. [23] μή V. [24] τι fehlt PR. [25] ἀποκρι-
θῆναι R. [26] τοῦτο δὲ p. PRV. [27] χ. ὃ πᾶν p, χ. οὗ RV, χ. ὁ ὑπὸ P.
[28] — οὔπτος P, ἐξηγεῖται R. [29] γεγόναν PRV. [30] τ. fehlt PRV.
[31] γὰρ fehlt PRV. [32] σωματοφ. ὑλακίδας Rp. — φυλάκισαν P,
φυλάκισας V, — ἴσας C. [33] ὁ. ὁλολάϊαν εὐώπτων εἶχ. καὶ ἐκ. P.
[34] πᾶσι τοῖς ἄγουσι δόξαν R. [35] μόνη P. [36] ἀξίους R. [37] δὲ
fehlt R.

ὡς μήτε πτωχὸν μήτε ἔσχατον[1]) αἰχμάλωτον εἶναι ἐν τῇ Περσῶν χώρᾳ διὰ τὸ πάντας[2]) αἰχμαλώτως ἐνεργεῖσθαι ἐπ᾽ αὐτοῦ. Κογκεγκράτης[3]) δὲ ὁ ὄντως φιλόσοφος ἓν καὶ μόνον τεμάχι[4]) ἱμάτιον ἐκέκτητο περὶ τὴν Μαγγαβλίων[5]) σκοπῶν οἶκον, ὑπὸ χιόνος καὶ ψύχους δεινῶς καταδαμαζόμενος· καὶ ἔλεγεν αὐτῷ Νεοκτήτος[6]) ὁ σοφὸς· ἀπόλλῃ[7]). ὁ σοφέ, ὑπὸ καυμάτων καὶ ψύχους θνήσκων· καὶ ἔλεγεν· εἰ θνήσκων[8]) ἐνθάδε, πάντως τῇ μελλούσῃ ἐλπίδι ζήσω. καὶ ἔλεγεν αὐτῷ[9])· μὴ ταύτῃ· ὁ δὲ φησὶν[10])· ἀληθῶς ἕτεραν τινὰ φρὴν στοχάζομαι καὶ ταύτην[11]) ἑαυτῷ[12]) καρατίθημι[13])· οὐ γὰρ αἰσθήσει ὑπὸ πρώτοις τοὺς τὴν ἡμέραν κομίσαντας, μὴ[14]) ἐν τῇ[15]) ἑσπέρᾳ[16]) καὶ μισθοῦ καὶ ἀναπαύσεως ἀξιώσῃ[17])· ὅμως[18]) καθ᾽ ἑκάστην τὸν οὐρανὸν καὶ τὰ δοκοῦντα τῆς γῆς χρηστὰ εἶναι[19]) μετιόντα καὶ ἀπαιρόντα· ταῦτα δὲ γίνονται ἐκ παρεξευσμῶν ἱματίων προδηλοῦνται[20]) ὡς πάντα τὰ ἐνταῦθα ἀπόλλυνται[21])· οἱ δὲ κεκτημένοι τὰς ἄνω ἀρετάς[22]) οὐ θνήσκουσιν, καθ᾽ ὃ[23]) ὑπ᾽ αὐτῶν ἀειμνήστως λαλοῦνται καὶ ἀμείβονται[24])· οὗτος ἀκριώδικα μόνον ἤσθιεν καὶ ὕδωρ μικρῷ[25]) ἅπαξ τῆς ἡμέρας ἔπινεν, μηδὲ ἕτερον τὸν[26]) κατὰ[27]) κόσμον γνῶναι θέλων, καθ᾽[28]) ἑκάστην[29]) θάνατον μελετῶν, καὶ περὶ τούτων[30]) ἀρκεῖ. Ἀφροδισίως[31]) δὲ ὁ τοιαῦτα περὶ θεοῦ ἐκθύμως ἔλεγε[32]) τούτοις τε τρέφεσθαι καὶ οὐχὶ τοῖς τὸ σῶμα βλάπτουσιν. ἐνενηκοστὸν ἔτος καὶ σώματος καὶ φρονήματος[33]) ἀπάθειαν ἀποδώσας[34])· καὶ[35])

---

[1]) ἔσχ. fehlt V. [2]) πάντως R. [3]) p. κοκεκράτης R, κογκοκράτης V, κατοκωκμάτης O, εὐεργ. καὶ γὰρ ἐγκρατὴς ἦν ὁ P. [4]) τεμάχει PR. [5]) π. τῶν μασχαβλίων R, π. τοῖς μασχαβλίοις κωπᾶν οἶκον P. [6]) νεοκλήτως VΞ, νεόκτιστος PR, νεοκτήσως r. [7]) ἀπόλλει ὁ R. [8]) εἰ θνήσκω τοῖς PRV, [9]) καὶ αὐτῷ fehlt PRV. [10]) φ. ὁ δὲ (ἔφη Rp) ἀλλ. PRVΞ. [11]) ταύτην P, ταύτῃ R. [12]) ἑαυτὸν PR. [13]) καρατίθημαι R, καρατίθεται p. [14]) μὴ fehlt V. [15]) fehlt P. [16]) κοι. μία ἑσπ. R. [17]) ἀξιώσει cRV, ἀξιώσαι p. [18]) ὁμῶς γὰρ R. [19]) εἶναι fehlt PV, χρώματα R. [20]) προδηλοῦντα p. [21]) ἀπόλλυνται C. [22]) ἀνωτέρας R. [23]) καθὼς, [24]) λαλοῦντές τε καὶ ἀμείβοντες V. [25]) μικρὸν PRVΞ. [26]) τὸ V. [27]) τὸν κατὰ fehlt R. [28]) ἀλλὰ καθ᾽ R. [29]) τὸν fehlt RPV. [30]) π. τ. fehlt PV, μελ. ἐμέκετο R. [31]) δοχιμανός R, δοχιμανὸς ὁ P. [32]) ὃς ἔλ. PV, ὡς ἔλ. R. [33]) φυχῆς R, φρονήσεως Ξ. [34]) ἀποδωσάσθαι κατηξιώθη καὶ R. [35]) fehlt PΞ.

ἀποθνήσκων¹) εἶπε· δόξα σοι, δικαία δίκη²), ἥτις με περὶ τὰ
τίμια³) μετέστησας⁴), καὶ ἄλλα πολλὰ εἶπεν, οὓς περὶ οἱ
φιλοψυχήματα εἶδον⁵) καὶ Χριστιανοὺς καὶ ὄντας⁶) φιλοψύ-
χως ἀληθῶς· καταπαύσωμεν⁷) δὲ καὶ⁸) σήμερον τὸν λόγον⁹)
ἐκαὶ αὔριον τὰ λοιπὰ¹⁰) ζητήσωμεν¹¹), εἰ θέλητόν¹²) τῇ σῇ
γνώμῃ ἐπιτροπῇ ᾖ θήσαι¹³) ἡμᾶς¹⁴) τὰ ἐνταῦθα, ἕτερον πάλιν
ζητημάτων αἰτούμενα¹⁵) λέγειν.

Πάντων δὲ ἀναχωρησάντων διαβαλὼν¹⁶) τις ἀρχιμαν-
δρίτης¹⁷) τῷ βασιλεῖ τὸν Ἀφροδιτιανὸν ὡς τοῖς Χριστιανοῖς
10 ζῴγχοντα¹⁸) καὶ κατὰ πάντα αὐτοῖς συνηγορήσαντα¹⁹) καὶ τῆς
ἀληθοῦς τῶν Ἑλλήνων θρησκείας μηδαμῶς²⁰) λόγον ποιησά-
μενον, ἀλλὰ καὶ τοὐναντίον καταφρονήσαντα Ἑλλήνων, περὶ²¹)
μόνον Χριστὸν²²) τὴν φημισίαν ποιημάμενον· ὁ δὲ βασιλεὺς
θυμωθεὶς κατ’ αὐτὸν²³) καὶ τὸν Χριστιανὸν εἶπεν αὐτοῖς·
15 Χριστιανοὶ λεγόμενοι καὶ ἐπιστάται μοναστηρίων, τί θέλετε
ἐστὲ²⁴) τὰ Ἑλλήνων ἀνώτατα ὄντες²⁵) καὶ οὐχ ὡς μοντα-
χαὶ²⁶) ἡσύχαι ἐστέ;

καὶ παραυτὰ²⁷) εἰσῆλθεν ὁ Ἀφροδιτιανὸς καὶ εἶπεν τῷ
βασιλεῖ πάντα· καὶ λέγει αὐτῷ ὁ βασιλεύς· μὰ τὴν ἡμετέραν
20 ἔνθεον²⁸) τύχην, οὐδαμῶς ἀμφιβάλλω περὶ²⁹) σέ³⁰)· οἶδα
γὰρ τὸ ἄδολόν σου καὶ ἀληθές· καὶ εἴθε εἶχεν ἡ βασιλεία
μου ἄλλον ἕνα κατὰ σέ· πλὴν καλῶς ποιεῖς καὶ Χριστιανοὺς
καὶ Ἑλλήνων τὸ ἀληθὲς φροντίζων· ὅθεν λαβὼν τοὺς συκο-
φάντας τούτους εὐθὺς αὐτοὺς τραχηλοκόπησον. καὶ λαβὼν
25 αὐτοὺς ὁ Ἀφροδιτιανὸς ἐν τῷ οἴκῳ αὐτοῦ πάσης θεραπείας
ἠξίωσε μηδαμῶς αὐτοὺς κακοποιήσας. καὶ τοὺς Χριστιανοὺς
τῆς κατ’ αὐτῶν ἐπιβουλῆς ἀπέστησε³¹).

¹) θν. PRVξ. ²) εἴκη P. ³) τὸ σὰ τιμιᾶτα p. ⁴) ἴστ. P.
⁵) οἶδαν R, οἴδων V, οἴδωσιν p. ⁶) fehlt P, ὄντας RVξ. ⁷) παύ-
σομεν R. ⁸) καὶ fehlt PRV. ⁹) τ. λ. fehlt PRV. ¹⁰) τὸ λοιπον R.
¹¹) ζητοῦμεν PRV. ¹²) θέλον V, θέλει τις R. ¹³) ᾖ θᾶσαι C.
¹⁴) fehlt R. ¹⁵) ποιούμεθα Rp, ποιούμενοι V. ¹⁶) διαβαλὼν PRVξ.
¹⁷) ἀρχ. ποστιμανδ p. ¹⁸) τζύφωντα R, ζεύοντι P. συνηγό-
χοντα p. ¹⁹) συνηγορούντα Rξ. ²⁰) μηδαμῶς R. ²¹) καὶ π. R.
²²) θν P. ²³) αὐτοῦ P. ²⁴) fehlt V, ἐστὶς PR. ²⁵) ἀναστιτε PR,
ἀναστατοῦντες V. ²⁶) οἱ μοναχμς καὶ παρ. V. ²⁷) πόραντα R.
²⁸) ἐνθ. fehlt R. ²⁹) τί περὶ P. ³⁰) σοῦ PRV. ³¹) ἀπέστησε V.
ἀπεκατέστησε, darauf in roter tinte ὅροι καὶ Τέλο P.

τῇ δὲ ἐπαύρῃ[1]) προσῆλθε τῷ βασιλεῖ[2]) Ἐρίκατος[3]) ὁ πρῶτος τῶν ἐπαοιδῶν λέγων αὐτῷ· δέσποτα πάσης τῆς ἐφ᾽ ἡλίῳ, δίξασόν μι, ἵνα προκαθίσωμαι[4]) ἐν τῷ συλλόγῳ τούτῳ ᾧ με τινὰ διαπράττεσθαι ἀνάγκη[5]). ὁ δὲ βασιλεὺς λέγει· σὺ ἐπάνω τοῦ θαυμασίου Ἀφροδιτιανοῦ ἐπάρχεις; Ἐρίκατος εἶπε· s ἐὰν μὴ δείξω ἐκεῖ σαύτοῦ, ὃ οὐδεὶς ἔδειξε[6]), σημείοις μεγάλοις πείσας αὐτούς[7]). σπουδῇ με παρείδῃς[8]). ὁ δὲ βασιλεὺς οὐκ ἤθελε[9]) λυπῆσαι τὸν Ἀφροδιτιανὸν καὶ ἐξεῖπεν αὐτῷ τὸ[10]) ὅλον. Ἀφροδιτιανὸς λέγει· ἃ μέλλει ποιεῖν, οὐκ ἰσχύσει[11]) μᾶσον ἐκείνων, καὶ ἀστοχήσει[12])· ὡς δὲ δοκεῖ[13]) τῷ βασιλεῖ, ποιησάτω. καὶ πάλιν ἅμα[14]) ἄλλως ὀχλεῖ[15]) τῷ βασιλεῖ ἀσφάλειαν δούς[16]) τῆς κτίσεως[17]) ἑαυτοῦ[18]) τὸ[19]) πάντας[20]) εὐλόγους[21]) Χριστιανοὺς[22]) καταλύσαι[23])· λέγει αὐτῷ ὁ βασιλεύς· ἐπιχειρήσιμον ἐν τῷ βουλευτηρίῳ ἢ πείθων ἢ πειθόμενος, καὶ ἐὰν εὖ δαιμήσῃ[24]) τὸ πρᾶγμα δίχα πάσης 15 ἀνάγκης πείσας, τιμῶν ἀξιοῦσαι· εἰ δὲ τἀναντία ἀστοχήσῃς, ἀπὸ κτίσεως[25]) καὶ ζωῆς γένῃ[26])· καὶ πέμπεται[27]) πρὸς τὴν σύνοδον μετ᾽ ἐπιστολῆς περιεχούσης ταῦτα·

Βασιλεὺς μέγας πάσης[28]) δύξης ἀνώτερος, ἔθνεσι καὶ εἴρησιν καὶ φυλαῖς νόμους ταῖς τῶν Χριστιανῶν ἐνιοῦσαν ἐπὶ so τὸ αὐτὸ συνελθοῦσι χαίρειν· χαίρω δὲ καὶ αὐτός· ἀπεστείλαμεν ὑμῖν Ἐρίκατον προστοστάτην[29]) τῶν ἐπαοιδῶν τῆς βασιλείας μου, οὐδαμῶς ὑμᾶς ἀναγκάζοντι, ἀλλ᾽ ἢ πείθων[30]) ἢ πείθεσθαι[31]) μανθάνοντα[32]), εἰ δὲ πειρατέον[33]) χρήσηται[34]).

---

[1]) ἐπαύριον R. [2]) αὐτῷ R. [3]) ὁρίκα(α?)τος P, ὁρικάτος R, ὑρίκατος p. [4]) προκαθίσω RV, ἵσω P. [5]) ἔχον τί διαπράξασθαι (ἄττε V) ἀνάγκην (bir V) RV, ἔχοντι τινὰ δ. P. [6]) οὐδεὶς ἄλλος ἐπαίησεν. [7]) αὐτοὺς P. [8]) παρείδῃς R. [9]) ἠθέλησε V. [10]) τὸ fehlt R. [11]) ἰσχύει VΣ, ἰσχύουσι P. [12]) ἀστοχεῖ VP. [13]) ἐκείνων καὶ τάχα ὡς δοκεῖ R. [14]) ὁ αὐτὸς ἐμίκ. ἅμα ἑτέρως R. [15]) ὀχλεῖ P, ὀχλῶν R. [16]) δαδοὺς R. [17]) κτίσεως PRΣ. [18]) αὐτοῦ PRVΣ. [19]) τοῦ V. [20]) πάντας V, παντὶ R. [21]) εὐλόγῳ R. [22]) οἷς C, τοὺς χρ. Σ. [23]) λῦσαι P, λύσαι VR. [24]) διαβῇσαι PV, διαβῇσαι R. [25]) κτίσεως VP. [26]) γένῃ V, γίνῃ P. [27]) πέμπει οὖν ὁρικάτον αμ. R. [28]) μέγας τῆς ἐγκάλου π. R. [29]) τὸν μείγων πρῶτον ὄντα ἐπὶ τὴν ἐμὴν βασ. R, τὸν πρῶτον τ. μήγων τῶν ἐν τῇ βασ. V. [30]) πείθων V. [31]) ἠπείθων ἢ πείθοντι R. [32]) λανθ. c. [33]) πειρατέως V, ὡς p. [34]) χρήσηται Vp, ὑπ᾽ ἄλλως χρήσεται γενέσθαι R, πρὸς ἑτέρως χρήσηται P.

γενέσθαι σὺν[1] ἰσχύει κράτος βασιλέως[2] · τὸν δὲ ἡμέτερον
σύνθρονον Ἀγαθάγγελον μετὰ τὴν[3] τοῦ προκειμένου διήγησιν ἀποστέλλει[4] πρὸς ὑμᾶς καὶ ἐλλείψεις ἐπέχωμα
ἀναπληροῦντα[5]). ΛΒΛΛΝΛ ΤΡΛΗ ΤΕΧΡΩ ΚΛΤΕΛΛΟΥΤΕΡ
ΤΩΝ ΕΡΛΤΤΟΙ[6]) · ἅπερ εἰσὶ ταῦτα · ἡ οὐρανοῦ τῆς ἐξουσία
διαλαλῆσαι κατηξίωσε τοῖς βροτοῖς.

πάλιν δὲ αὐτὸς ὁ Ὑλάκατος[7]) μετὰ ἑτέρων εἰκοστό-
λων, ἱμάτιον[8]) φοροῦν τυρ?χανον[9]) τιμῶν ἡμῶν ἄξιον εἶδος ·
ἦν ἰδὼν ὁ ἅγιος Κασπλλης[10]) πραγματικῷ ῥήματι πραγικὸν
 κελ?σαν · οὕτως πάκρατιν ἑαυτόν κατιλέσαν[11]).

καθισάντων[12]) δὲ πάντων εἶπεν ὁ αὐτὸς Ὑλάκατος τῇ
συνόδῳ · ἐκούσαμεν ὅτι πρὸ ταύτης τὸ πρακτικὸν τοῦ λογι-
κοῦ προετιμήσατε[13]) · τί οὖν βούλεται ἡ ἡμῶν σύνταξις, λέγων[14]) ἢ πράττειν; πάντες δὲ ἐσιώπησαν ἀπλῶς αὐτὸν ἔχοντες·
πῶς εἶπεν αὐτοῖς · τί σιωπᾶτε, ἀνάγκη[15]) μοι[16]) εἶπεῖν τοῦτο
ὥστε κατὰ τὴν ἡμετέραν γραφήν, ἵνα δώτε ἡμῖν σημεῖον ἢ
τιμῆς, ἢ ἐγὼ δώσω ὑμῖν. οἱ ἐπίσκοποι ἅμα τῷ ἁγίῳ Κασπη-
λλῳ[17]) εἶπον · πρακτικά δὲ τον[18]) προβαλόντι ὑμῖν καὶ προ-
ταθῶντα πρῶτον ποιῆσαι αὐτό · οἱ αὐτοὶ πάλιν εἶπον · οὐκ
κόσμιον ἄξιον ἐπὶ παράδοξα ἐλθεῖν, ἀλλ᾽ αὐτὸς ὡς μέγαν ὧν
τοιοῦτον δεῖξον σου τὴν δύναμιν, ὅτι δύσαι, εἰ μάλιστα ἐκ
θείας τυγχάνει χωρηγίας τὰ σὰ τερ?τια.

ὁ δὲ εἶπε πρακτά[19]) · ποιεῖν · καὶ λαβὼν πηλὸν ἔπλασεν
ἔφικα, καὶ ἀνεπτερωσεν εὐθέως · παραχρῆν δὲ αὐτ?α ὁ ἅγιος[20])
εἶμα τοῖς ἐπισκόποις, πρακτά ἐπεῖν[21]) γενόμενος πηλὸς καὶ
συνετρίβη. Ὑλάκατος εἶπε · πέντε μοι λύσεις χιλιάδ᾽ δι᾽ ὧν
πείσω, ὅτι θεὸν εἶμι τέκνον καὶ πάντα μοι ὑπακούει ὡς δυ-

[1] ποιε R. [2] βασιλέως Rp. [3] τὴν fehlt R. [4] εἴρημ. ἑηκοί-
τον διηγούσιν ἀποστέλλωμεν R. [5] τὰς R. [6] O. ἁ. τρωτε-
χαρικαττελουτερ τιμωρ?ται V. ἀβανα τρωτηττιχωρικα τελλουτερα
τν τατοε P. ἀναβτραμκη τι χωι κατιλλη τερπημ?να τον R. [7] ὁ
ὑρακατος in τασοε, scheint Ὑρ?κωστος gewesen zu sein. [8] καθημα-
τιον V, καθημάτιον R, καὶ θιμάτιον P. [9] τυρ?χαρ?χον PRp. τυρ-
χρτον O. [10] κασπέλλος P, κωστελές V, καίστηρος R. [11] κατα-
λόσαι PV, καταλύσαι R. [12] καθιστάντων V, καθισάντων P.
[13] προετιμήσατω. [14] ἢ ἁ. PR. [15] ἀναγκάζομαι R. [16] μτ PV,
fehlt R. [17] κασπηλλι V, κασπελλωι P, κασπηλαι R. [18] μετὰ τόν
προαββαλλοντα R. [19] πράκρατι R. [20] ἅρ. κωστελλης P, κωστηρ-
λος R. [21] ἐπὶ γῆς ἐγαγχαν γενόμενον πάλιν πηλὸς μ.

νατῷ. Ἡ σύνοδος εἶπεν· ἔχει[1], εἶπεν Ὑρίκατος· εἰσὶν ὧδε
Ἰνδοὶ Αἰθίοπες ἐπὶ πραγματείαν ἐλθόντες[2], καὶ τούτους ὁμοῦ
λόγων τάχιον λευκανῶ. Οἱ ἐπίσκοποι ἅμα τῷ ἁγίῳ εἶπον· εἴ τι
οἶδας συμβαλλόμενόν σοι, ποίησον, καὶ ἐνέγκας τοὺς Ἰνδοὺς
εἶπε· δύναμαι ὑμᾶς λευκᾶναι καὶ σὺν δόξης πολλοῖς ἀπο-
στεῖλαι εἰς τὰ ἴδια, οἱ δὲ ἡράχησαν τοῦτο. ἐνέγκας δὲ λεκά-
νην ἀργυρᾶν καὶ βαλὼν ἐν αὐτῇ κρατον ὕδωρ ἐπεκαλέσατο
ἅσπερ ἠπίστατο ἐνεργείας δαιμόνων[3]. ὡς δὲ ἐποίησε τὴν
ἐπωδήν, πλήρωσας[4] κατέχετε ἀμφότερον. καὶ παραυτὰ ὅλον
τὸ σῶμα αὐτῶν ἐλοκτιδωθη. καὶ αἱ βολαὶ αὐτῶν ἀνήρχοντο
εἰς τὸν οὐρανὸν ἐκκαιομένων[5] ὑπὸ τῶν φλοκτίδων. καὶ αὐτὸς ἠπείλει ὡς ἐπεκαλεῖτο δυνάμεσι τάξον κατ᾽ αὐτοὺς καὶ
θυμούμενος· ἡ σύνοδος ἅμα τῷ ἁγίῳ εἶπον τοῖς Αἰθίοψιν·
ἰδοὺ τοῦ Σατανᾶ τὰ χαρίσματα· οὐδὲν ὑμᾶς ὠφέλησαν[6]·
ἀλλὰ πιστεύσατε ἐπὶ τὸν θεόν, καὶ αὐτὸς δι᾽ ὕδατος καὶ
πνεύματος ἰάσαι ὑμᾶς. οἱ δὲ εἶπον· πιστεύομεν εἰς ὃν σέβεσθε θεόν, ὅστις καὶ σωματικῶς καὶ πνευματικῶς ἀνακτᾶται
ἡμᾶς· καὶ παραυτὰ ἀφροκίσαντες αὐτοὺς (ἦν γὰρ τὸ πάθος
κοχλάζον[7] κατήργησαν[8] εἰς τὴν κολυμβήθραν λέγοντες· τὴν
γεύσασθε τὴν δύναμιν τοῦ θεοῦ καὶ σωτῆρος Χριστοῦ· καὶ
ἐβάπτισαν αὐτοὺς εἰς τὸ ὄνομα τοῦ πατρὸς καὶ υἱοῦ καὶ ἁγίου
πνεύματος[9]· ὡς δὲ ἀνῆλθον ἐκ τοῦ ὕδατος, εὑρέθησαν[10] τὰ
σώματα[11] αὐτῶν ὁλόκληρα[12] ἐκ πάσης αἰκίας[13] καὶ λευκά[14].
εἶπε δὲ Ὑρίκατος· σὺ δι᾽ ὕδατος ἐπλήξας ἡμᾶς, ὁ θεὸς δὲ
δι᾽ ὕδατος ἰάσατο ἡμᾶς. διὸ πορευσόμεθα[15] λέγοντες τῷ
βασιλεῖ ἡμῶν[16] τὰ δυνάμια τοῦ κυρίου καὶ τὰς ἐνεργείας
τῶν στρατευομένων αὐτῷ[17].

ὁ δὲ Ὑρίκατος ἔπεμπε λέγων[18], ὅτι[19] τρία ἔχω ἐγκα-
σασθαι[20]. καὶ ἐάν εἰς ἐν ἐπιτύχω, ἐνίκησα, καὶ πάλιν οἱ
ἐπίσκοποι· τῷ κράματί σου ὃ βούλει ποίησον· ὁ δὲ ἔφη·
Φίλιππον τὸν πλεσβότερον, περὶ οὗ ἡ ἀμφιβολία ἐστίν, ἐξ

[1] ἔχ᾽ P. ἔχε RV, πόσει p. [2] ἐνκαιρήσαντες PR. [3] δ. fehlt PR. [4] καὶ π. K. [5] ἐκκαιόμενον PR, ἐκκαιόμενοι δέ p. [6] der satz fehlt PR. [7] κοχλ. P. [8] κ. αὐτοὺς p. [9] τῆς πν. fehlt PRV. [10] εὑ-ρέθη PRV. [11] τὰ σῶμα RV. [12] ον RV. [13] αἰτίας RV. [14] fehlt PRV. [15] πορευσόμεθα PV, ὁμοίθα K. [16] ἡμῶν PR. [17] καὶ τὰς — αὐτ. fehlt V. [18] ἀναγράφειν καὶ ἄ. P, ἀναγράπτειν κ. R, ἀνατράπειον κ. V, ἐγράφειν p. [19] ἔτι PR. [20] σώματα ἐ. PR.

Ἀιδὸν ᾐτίωι μέσον[1] λέγοντα μὴ εἶναι αὐτοῦ τὴν ἱστορίαν.
Οἱ ἐπίσκοποι εἶπον· καὶ πάλιν σοι λέγομεν· τῷ κινδύνῳ σου[2]
δ[3] θέλης ποίει[4]. Ἐνέγκας δὲ ἀρουλὰν[5] πεπληρωμένην
ἀνθράκων πρῶτον μὲν μόσχους ἐπετίθη[6], εἶτα δὲ καὶ βασιλ[7]
5 ἔριψπτεν εἰς τὸ πῦρ, ὥστε πολλοὺς ὑποχωρεῖν διὰ τὸ μὴ
ἀδικηθῆναι· αὐτὸς δὲ ἀφόβως καιμένας βαστάζων πάλιν ἐπεκαλεῖτο τὰς συνήθεις τῶν δαιμόνων ὑπομνήσεις. ἡ δὲ σύνοδος
μεγάλως[8] αὐτοῦ κατεγέλα· ἐγίνωσκε γὰρ αὐτὸν ἐφ᾽ ἑαυτοῦ
μᾶλλον ἀνατρέπεσθαι. καὶ δὴ διωρίας[9] παρελθούσης, ἐμπο-
10 διζομένης αὐτοῦ τῆς κατασκευῆς καὶ ἐκβιαζομένης τῆς[10]
ἐνεργείας ἔκδηλον ἑαυτὴν[11] ποιῆσαι, εἰσῆλθεν τις[12] μέσον
ἡμῶν ὡς μοναχός τις· ᾧ τινι εἶπον οἱ ἐπίσκοποι ἅμα τῷ
ἁγίῳ Καστηλίᾳ[13]· καὶ λέγοντος μοναχός· ὃς κατασχεθεὶς
μετεστράφη καὶ μετεμορφώθη[14] εἰς γυναῖκα πενθοῦσαν. καὶ
15 ὁμοθυμαδὸν εἶπον αὐτῇ οἱ ἐπίσκοποι· τίνα πενθεῖς; ἡ λέγει·
τὸν ἐνέγκαντά με οὐδέν. ὁ δὲ ἅγιος λέγει αὐτῇ· εἰπὲ ἐπὶ πάντων, τίς εἶ, ἵνα μὴ δόξῃ ὁ ἐνέγκας σε μεγαλουργεῖν ὡς γεν-
ναῖόν τι κατασκευάσας. ἡ δὲ εἶπεν· ἀγγελικῶς εἰμι, καὶ[15]
αἰσχυνθεὶς[16] ἀπὸ προσώπου ὑμῶν συνετάλην[17] διὰ τὴν
20 ἐλευσίαν τούτων τοῦ μὴ δυνηθῆναι αὐτὴν ποιῆσαι. Ἡ σύνοδος ἅμα Καστηλίᾳ[18] εἶπον τῷ Ὀριγένει· ἰδοὺ τρίτη ἀρχαῖς
ἀστοχεῖς καὶ ἐμμένεις τῇ ἀστοχίᾳ· λοιπὸν ἡττήθης[19]· δὸς
χώραν τοῖς ἀνθρώποις τοῦ θεοῦ, μὴ ἐπ᾽ αὐτῶν ἀναλωθῇς.
Ὁ δὲ εἶπε· τρία ἡττήματα, τὰ δὲ λοιπὰ πάντεύω εἰκών. Τότε
25 ἔλεγον οἱ ἐπίσκοποι τῷ δαίμονι· δαίμονα σεαυτὸν ὁμολογεῖς
ἢ ἄνθρωπον; ὁ δὲ λέγει ἑαυτὸν δαίμονα[20] εἶναι παραγενό-
μενον ἀπατῆσαι, εἰ ἐδυνάμην[21]. καὶ ἐπερωτήσαντες αὐτῷ[22]
ἀφετὴ ἐποίησαν. αὐτὸς δὲ τοῦ βρύχειν[23] καὶ βλασφημεῖν[24]

---

[1] εἰς τὴν μάσην p. [2] σοι P. [3] p. ὡς PRV. [4] ποίησον P.
[5] ἀρουλλὰν RΧ, ἀρουσαν Pp, βασέλαν V. [6] ἀπετίθει P, ἀπετίθη
RV, καὶ θεωμάριατα (lies θυμ.) p. [7] βασία V. [8] μεγάλως PR.
[9] διωρίας PR. [10] κ. ἐκβ. τε R. [11] ἑαυτὸν R. [12] fehlt VPR.
[13] καστηλλίον P, κασατηλάῖο R, καστηλεῖ V. [14] κατ. ἐστράφη q V.
[15] ἀποστάτης κ. R. [16] αἰσχρινθῆσαι R, εἰσα P. [17] ἐσσάλην R.
[18] wie 13. [19] οὐδὲν λ. ἡττηθεὶς VR. [20] δαίμων corr. δαίμων R.
[21] εἰ συνεχρημάμην P, εἰ συνεχρησάμην R, εἰ παρεχρήσαμεν μα p,
fehlt V. [22] κατ᾽ αὐτοῦ PRV. [23] βρ. τοὺς ἀδόντας PRV. [24] καὶ
τοῦ β. PR.

οὐκ ἐπαίνετο. Ὁρίκατος λέγει· κάμινον καύσας[1] ἐγγύλην
εἰσέρχομαι μέσον τοῦ πυρὸς καὶ ἐξέρχομαι· Ἡ σύνοδος εἶπεν·
ἐν τῷ τελευταίῳ σου σημεῖον[2] τοῦτο ποίησον[3]· πάντες γὰρ
εἰσερχόμενος ἵνα οὐ μὴ ἐξέλθῃς[4]. Εἶτα πάλιν λέγει ὁ Ὁρί-
κατος· γυνὴ τέθηκε πρὸ τῶν πυλῶν· ἐν ᾧ ἂν[5] ὀνόματι
ἀναστῇ, οὗτος θεός. Καὶ χαίροντες ἔστυξαν πάντες· ὁ δὲ
πάλιν τῇ τῶν θυμιαμάτων χρισάμενος εὐωδίᾳ ἐν αἵμασιν
αὐτοῖς[6] ἤρξατο ῥαντίζειν τὴν νεκράν· πάλιν βοωθεῖσαν[7]
ἐργασάμενος λέγει μετὰ ἀπειλῆς ἀποκτενῶν[8] τῇ παρεστηκότι
αὐτῷ παραδίδους· ὀκτὼ ψυχὰς δώσω[9] σοι, καὶ μίαν χρήσαί
μοι τὴν ψυχὴν τοῦ Ναζωραίου[10], ὅτι ἀπὸ σοῦ. καὶ
ᾔδεε φωνὴ· ἀντιδίκους ἔχεις εἰς[11] πάντα σε νικῶντας λοιπόν·
δὶς χώραν ἥττας[12]· οἱ γὰρ ἄγγελοι τοῦ Ἰησοῦ μετὰ ῥομφαίων
ἵστανται καθ' ἡμῶν σὺν τοῖς ἑπομένοις αὐτοῖς ἁγίοις[13]. Ὁ
δὲ ὀργῆς ἅμα τοῖς ἑκατὸν βοωσῖν[14] ἔσφαξε μηδὲν χρησά-
μενος· πιστευθεὶς δὲ ὅλως, μάλιστα καὶ διὰ τὸ θαυμβεν-
θῆναι αὐτῷ[15], λέγει τοῖς ὑπηκόοις· ἐν τούτῳ τῷ μάγει
πιστεύσω ὑμῖν, ἵνα ἐν ᾧ πυρ[16] ἐγὼ ἐδόξησα, ὑμεῖς αὐτὸ
ἐκτελέσητε. Καὶ ψάξαντες ἑαυτοὺς χαμαὶ οἱ ἐπίσκοποι σὺν
τῷ ἁγίῳ ἐδεήθησαν τοῦ θεοῦ ἐν πόνῳ καὶ ἐν ταπεινώσει
καρδίας. καὶ πάντες ἐπὶ τὴν νεκρὰν μίαν[17] φωνὴν ἅμαν
λέγοντες· κύριε. μὴ νικησάτω ἡ ἀσέβεια τὴν εὐσέβειαν, ἀλλὰ
δείξασόν σου τὸ ὄνομα, ἵνα[18], ἐν μέσῳ τῶν ἀπίστων τούτων
τῶν προσερχόντων ματαίους. καὶ τελεσάντων[19] αὐτῶν τὴν
εὐχὴν ἀνεκάθισεν ἡ γυνὴ καὶ ἔστη ἐπὶ πόδας ὀρθή· ὁ δὲ
Ὁρίκατος λέγει· μὰ τὴν Ἥραν καὶ τὴν μεγάλην δύναμιν αὐτῆς[20], εἰ μὴ τοῦ πέμπτον σημεῖον πίῃ[21] μὲ ἡ τελειότης[22],
οὐ πείθομαι· καὶ τω σὺν κάματος, καὶ ἕκαστος ἐν ᾧ σέβει[23]

---

[1]) ἐκκαύσας R. [2]) σημεῖον R. [3]) π. καὶ δοξασθήσεται ὁ θεὸς
πάντας R. [4]) ὅλως P. σόως R, ἐξ. [5]) ἂν οὖν P. [6]) αὐχλαις PRV
[7]) V. βοωθεῖσαν P. βοωθεῖσῇ R. [8]) ἀποκτενῶν V. [9]) δίδωμί
σοι PR. [10]) ναζωραῖον V. [11]) τοὺς εἰς p. [12]) ἡττᾶσαι V. ὡς νε-
κρωθεὶς p. [13]) αὐτ. ἁγ. fehlt PR. [14]) βοῶς P. ταῖς ἐκβοαῖς R. βοσῖ
V. ἑκατὸμβας πάλιν p. [15]) αὐτὸν PRVΞ. [16]) ὥσπερ V. ὅπερ PR.
[17]) ταπ. καὶ π. ἀπίστες (ἀναστάντες p) ἐπὶ τὸ σῶμα ὁμοθυμαδὸν
μίαν PRVp. [18]) ἵνα fehlt V. [19]) αὐτ. fehlt PR. [20]) ἥραν μεγάλη
ἡ δύναμις αὕτη πλὴν τοῦ PR. ähnlich V. [21]) ἥτω ἡ τ. R. [22]) τε-
λείωσας V. [23]) σέβεται PRp.

τῷ εἰσελθόντος[1] ἐκεῖ, καὶ τότε τοῦ ἀληθινοῦ[2] θεοῦ φανή-
σεται ἡ ἀλήθεια· πλὴν ὃν θέλω ἐξ ἐμῶν ἐπιλέξομαι[3] εἰσελθεῖν εἰς τὸ πῦρ. Καὶ ἐξελέξατο Σχιβαρτανίαν[4] τὸν ἐπίσκο-
πον Ὁμοβέμμα[5]· ἐκεῖνος δὲ ἀποδυσάμενος τὰ ἱμάτια καὶ
5 ἐνδυσάμενος τὸ ὄνομα κυρίου Ἰησοῦ εἰσῆλθεν εἰς τὴν κάμινον
καὶ ἵστατο μέσον[6] ὁμιλῶν τοῖς καιομένοις. οἱ δὲ ἐπίσκοποι
εἶπον αὐτῷ· διὰ τῳ ἔξω, ὁμολογητά, ὅπως καὶ οὕτως πληρώσῃ
τὴν ἰδίαν ἐπαγγελίαν· καὶ ἐξῆλθεν ὁ ἅγιος μηδὲ κακοῦ ὅλως
μετασχών[7]. ζητῶν οὖν ὁ Ἰράκατος μὴ ἀδοξῆσαι σὺν ταῖς
10 ἱματίας εἰσελθεῖν ὅλως ἐκλογίσθη· καὶ ἐπασκασάμενοι αὐτοῦ
ἑλκεῖν[8] αὐτὸν οἱ ἐπίσκοποι ἔξω ἱμάτιον[9] ὄντα· καὶ σὺ-
ξάμενοι αὐτῷ ἐποίησαν αὐτὸν ὑγιῆ. ἰδόντες δὲ οἱ σὺν αὐτῷ[10]
τὰ γενόμενα εἶπον· ταύτῃ τῇ δυνάμει οὐκ ἔσεσθαι πᾶσα θεὸν
δύναμις[11].

15 Μαθὼν δὲ ταῦτα ὁ βασιλεὺς κατὰ μὲν πάσης τῆς οὐσίας
αὐτοῦ ἐχρῆματο[12] παραδοὺς αὐτὸν Ἀγεασδητανῷ[13] ἀναιρε-
θῆναι. ὁ δὲ λαβὼν αὐτὸν καὶ ἐν τῷ οἴκῳ αὐτοῦ ἀγαγὼν
αὐτὸν παρακηκότος[14] τε θεραπεύσας μεθ' ἡμέρας ἔπεισε
τὸν βασιλέα δέξασθαι αὐτόν. καὶ εἶπεν αὐτῷ ὁ βασιλεύς· οὐ-
20 δένα τῶν ἀνθρώπων εἶδον βοηθοῦντα τῷ ἐχθρῷ αὐτοῦ, εἰ μὴ
σέ. Ὁ δὲ εἶπε· βοηθεῖτε ἡμάθησεν παρὰ τοῦ πᾶσι[15] βοη-
θοῦντος· τοὺς[16] γὰρ ἐχθροὺς εὐεργετοῦντες ἐχθροὺς οὐκ ἂν
ἔτι χρηματίσαιμεν, ἀλλὰ ἔσται φίλη ἡ εἰρήνη ἐπὶ πᾶσι χα-
ριζομένη.

25 Ἰδόντες[17] οὖν οἱ τῶν Ἰουδαίων συμωιαλεῖς[18] τοὺς
Χριστιανοὺς νικῶντας καὶ οὕτως δοξασθέντας ἐζήλωσαν

---

[1] εἰσελθόντος R. [2] ἀλ. fehlt PRV. [3] p. ἐπιλέγομαι PR.
ἐπιλέγομαι (undeutlich) V. [4] ἀχραντιὰν δὲ καθαρτιανὶν R, ἐκ δυ-
ρστιανὶν V, σκιβαρτανὶν p, σιχιβαρτανὶν C. [5] ὁμ. P, ὁμοιβέμ-
μον V, ὁμοιβέμμω R, μοριβέμμω r. [6] μέσον P. [7] μετασχη-
κὼς PR. [8] ἥλκεσαν. [9] ἱμάτιον P, ἱμάτεσον R, οἱ δὲ τὶς ἐπ'
αὐτῷ ἐσαντο αὐτῶν PRVΣ. [10] οἱ μίγον V, οὖν οἱ ἅμα Ἀντω-
γενόμ. P, ἰδ, οὐδέν τι ἱμάτια τὰ γεν. ἐν αὐτῷ εἶπαν. [11] umgestellt
bei PRV. [12] ἐχρῶσαι cp. [13] τῷ Ἀγη. ὥστε V, ὧν ὥστε P,
τοῦ στ. R. [14] παρακηκότος R. [15] ἡμᾶς V. [16] β. τῆς ἐχθρας οὐκ
ἂν ἔτι χαραμισάμη ἡ κακία V. ὁ γὰρ τοὺς ἑ. αὐτοῦ εὐεργετῶν
ἑαυτὸ βοηθεῖ διότι χαρίζεται, ἀλλὰ p. ἐχθρὼς σου εὐεργετῶν
τῆς ἐχθρας χαρισμάσαμη ἡ φία PR. [17] εἰδότες P, ἰδόντες R. [18] συ-
μβοῦνται PR.

ζῆλον πικρόν· καὶ εἰσῆλθον πρὸς τὸν βασιλέα λέγοντες· δέσποτα αὐγούστε, δύνανται[1] οἱ ἱερεῖς τῶν Χριστιανῶν ἐὰν
θέλωσιν λῦσαι[2] τὰ ἀμφίβολα[3] ἡμῶν· κελεύσατε[4] οὖν δια-
γνωσθῆναι αὐτὰς τὰ[5] καθ᾽ ἡμᾶς ἅμα τῷ θείῳ Ἀφροδιτιανῷ.
δυνάμεθα γὰρ ἅμα ἕνα θεὸν σέβοντες[6] ὡς καὶ αὐτοί, ἰδεῖν 5
καὶ περὶ τοῦ προκειμένου, εἰ ἤδη ἐφανερώθη ὁ Χριστός. καὶ
ὁ βασιλεὺς εἶπε· περὶ Χριστοῦ ἀκροατήτος ἡκούσατε[7] ὅτι
τοῖς πρὸ ἡμῶν ὁμοίως καὶ οὐρανίος ἀστὴρ ἐδημοσίευσεν αὐτοῦ[8] τὴν γένναν καὶ δόξαν αὐτῷ προσῆγαγον[9] οἱ ἐνταῦθα[10]·
διὸ[11] καὶ τὴν εἰκόνα τῆς μητρὸς καὶ τοῦ παιδὸς ἔχομεν ἐν 10
τῷ ἱερῷ τοῦ δεσπότου[12] κοπάντων. καὶ περὶ τοῦ ἐν ὁμονοίᾳ
γενέσθαι χώραν μὴ τὸν Μίθραν τοῦτο καὶ εὔχομαι τὰ ἀμφο-
τέρους ἐν μὴ θρησκείᾳ γενέσθαι προσκυνητάς[13]· οὐκ οἶδα
δὲ εἰ ἡ φιλαρχία ὑμῶν ἐάσει ὑμᾶς συμβιβασθῆναι· καὶ γὰρ
ἐξ ἀρχῆς αὕτη ὑμᾶς κατέβαλεν καὶ πάντα[14] τυραννικῶς 15
προσελθοῦσα[15]. οἱ δὲ εἶπον· δεόμεθα τὸν ἀθάνατον σου
σκῆπτρον, κατὰ πρόσωπον αὐτῶν γενόμενοι πεισθῆναι θέλο-
μεν συνηγμένον[16] ἡμῶν λέγοντι μετ᾽ αὐτῶν· οὕπερ ἀκροώ-
μενος ὁ σύνδρομος[17] Ἀφροδιτιανὸς πάσης ἀφορμῆς ταχεῖαν
εἶπε προνοήσαι. 20

ὁ δὲ βασιλεὺς καλέσας τὸν Ἀφροδιτιανὸν λέγει αὐτῷ·
χρῆσαι[18] ὅσον τῇ ἐπολήψει[19] κρῖνον μεταξὺ Ἰουδαίων καὶ
Χριστιανῶν· διὰ γὰρ τὸ ἀγενὲς σου πάντες αἱροῦνταί σε κρι-
τήν. γράψον[20] τοῖς ἐπισκόποις ἐπιστολὴν περιέχουσαν ταῦτα·

Βασιλεὺς βασιλέων, πέμψαντι θεὸν τὴν μεγαλειότητα 25
ἔχων τοῖς ἱερεῦσι τῶν Χριστιανῶν τοιάδε γράφει· οἱ τῶν
Ἰουδαίων πρῶτοι Ἰακὼβ καὶ Φαρὰς[21] ἠτησάν με κῶπαι τὸν
ὑμῶν χωρὸν διαλεχθῆναι αὐτοῖς καὶ πληροφορηθῆναι περὶ[22]

---

[1] οὖν. ἡμῖν δυνατέ PR. ebenso umgestellt V. [2] λῦσαι, am rand ἔχωσι P. [3] —βαλλόμενα ἡμῖν PR. [4] κελεύσατε p. [5] τὰς R. [6] σέβεσθαι RV. [7]   p. εἰκόσατε PRV. [8] αὐ-
τὸν καὶ τὴν γένν. αὐτοῦ PR. [9]   ἤγαγεν R. [10] οἱ ἀπὸ τῶν ἐ. p.
[11] fehlt PRV ξ. [12] δεσπ. V. [13] π. fehlt PR. [14] κατὰ πάντων
PRV ξ. [15] προσελθ. R. [16] συνηγούντων P, —εφώντων RV. [17] σ.
ὑμῶν PPVp. [18] χρῆσαι p. [19] χ.   ὲ. fehlt R. [20] καὶ γράψε P,
κρ. γράψας Vp. τοιγαροῦν λαβὼν ἐπιστολὰς παρεύθητι πρὸς τοὺς
ἐπισκ. ἐπιστολὰς δίδωκεν τὸ ἀφρ. R. [21] φ ἀμας Rp, φ αρις P.
[22] περὶ R.

12

Χριστοῦ. εἰ γε παιεγένετο, μὴ οὖν ὡς ἀλλοίθεσιν προσέλθητε
αὐτοὺς ἀλλ' ὡς μέλη ὑμῶν δέξασθε²), ἵνα γένωνται μέλη τῶν
μελῶν ὑμῶν, τούτου γὰρ γενομένου⁴) ἢ ἐνδόιατος³) κακοθύ-
λτοα ἀσθενήσει, ἡ δὲ νίκη⁴) καὶ ἐναργὴς μονοτροπία δοξαζο-
μένη τὴν μέλλουσαν τοῖς καιροῖς ὑμῶν εἰρήνην βραβεύσει.

καὶ ἀποκριθέντες Πεισασὶ εἶπον · ΜΑΣΘΕ ΑΡΕ ΜΕΛΑ
ΚΟΡΝΑΚΥΚΟΝΑ ΠΕΡΠΑΝΑΕ ΠΟΙΖΑΣΟΣ⁵): ὃ ἑρμη-
νεύεται ταῦτο· ὁ τὰ οὐράνια ἀκήρυγα διατρέχων τοῖς βροτοῖς
ἐπιτάγγει.

10 παιεγένοντο δὲ εἰς τὸ ἀντίδικον οἱ προκομισθέντες
Ἰουδαῖοι Ἰακὼβ καὶ Φινεὲς ἅμα τῷ ἀδώλῳ Ἀφροδιτιανῷ, καὶ
καθισάντων πάντων εἶπεν ὁ Ἀφροδιτιανός.

Ἄνδρες πάντες ἀγαπητοί, μὴ ὡς ἐχθροὶ πρὸς ἑαυτοὺς
διατεινόμενοι ἐπὶ φιλονεικίᾳ⁶) ἔλθωμεν, ἀλλ' ἵν τι⁷) γενόμενα
15 ἐν τῇ παρουσίᾳ τὰ ἀληθῆ δεξώμεθα λόγῳ· διὸ παρακαλῶ, ἀλλή-
πως πρὸς ἑαυτοὺς σωφρονιστέῳ τε ἐχθητε. εἶτα λέγει τοῖς Ἰουδαίοις·
πᾶν ὃ κεῖται ταῖς³) νομοθεσίαις ὑμῶν, ἀπλάστως εἴπατε·
οὐδὲ⁹) γὰρ λανθάνετέ μ¹⁰) ἢ ἀφαιρεθέντες τι ἢ προστε-
θέντες¹¹). εἴπατε οὖν, τίνος χάριν προσελήλύθατε¹²). Οἱ περὶ
20 Ἰακὼβ εἶπον· περὶ τοῦ ἐκ Βηθλεὲμ τικτομένου Χριστοῦ
ἡμῖν ὁ λόγος. εἰ γε ἐλήλυθεν. Ἀφροδιτιανὸς εἶπεν· ἡμεῖς δὲ
πῶς ἔχετε περὶ αὐτοῦ; Οἱ δὲ εἶπον· ὅτι μέλλει γεννᾶσθαι.
Ἀφροδιτιανὸς εἶπε· πότε λέγετε αὐτὸν γεννώμενον; Οἱ δὲ
εἶπον· περὶ τὰ τελευταῖα τῶν χρόνων. Ἀφροδιτιανὸς εἶπε·
25 καὶ τί ἔτι ἵνα ποιήσῃ ἐξαιρετώτερον τῶν χρόνων; Οἱ δὲ
εἶπον· ὃ ἔφη ἡ ἐνδόξος αὐτοῦ γραφή, τὰ ἐξαιρετώμενα
ἀνακτίζον. Ἀφροδιτιανὸς εἶπε· ὃ τῇ προστάξει αὐτοῦ καὶ
βουλήσει δημιουργεῖ, ταῦτα πάλιν ἀνακτίζει· ἀσύστατον τὸ
δόγμα· οὐρανοῦ γὰρ εἰρημι, ὡς μετὰ τὴν τοῦ κόσμου
30 λύσιν ἑτέρα τις κατασκευὴ ἀνίσταται¹³), τοῦτο δὲ ὃ¹⁴) παι-

¹) δ. αὐτοὺς PRp. ²) γεναι. R. ³) ἐνδόιατάγ P, ἐνδοτάτη R.
ἐνδόιάτατος V. ⁴) ἐνθικῆς PR. ⁵) fehlt ξ. μαιθεδρεδελα κορνα-
κέκολα πελιανδίφεσιαι P, μαῖθ δρεδελα κωρνακ κολα πελλάν-
δεφεσι R, μαιθεν δὲ ἐδεδεκογονά κεκολά πελιανδη ὁ ποι-
ζασ V. ⁶) —αν PRV. ⁷) ἀλλ' ἀνεγη ν. P, διωγεν. R, ἐν τῇ γεν. V,
ἐν αὐτῇ γεν. p. ⁸) ἐν τ. PR. ⁹) οὐδὲν PR, οὐ p. οὔτε V. ¹⁰) λαν-
θάνετε με P, λανθάνημαι R. ¹¹) umgestellt V. ¹²) σινι λ. PRV, ἐλ. p.
¹³) ἀνίστασθαι V. ¹⁴) ὁ fehlt PR.

φησὶς ὑμῶν πᾶσι[1]) λέγων ὑμᾶς[2]· ἐπέμψατε ὑπὸ Ἠλίαν τὸν Θεσβίτην πρὶν[3]) ἐλθεῖν τὴν ἡμέραν κυρίου τὴν μεγάλην, μὴ ἐλθὼν πατάξω[4]) τὴν γῆν ἄρδην. εἰ μὲν οὖν οὗτος ὁ Ἠλίας ἐστὶν ὃν προσδοκᾶτε Χριστόν, ὁ μὴ ἀνακτίσαι[5]) ἐρχόμενος ἀλλὰ πατάξαι, γνῶναι ἐπείζομεν καὶ τὸ πῶς οὐ λέγεται[6] «Χριστός» ἐστιν[7]) ἀλλὰ[8]) «Ἠλίας» καὶ εἰ[9]) ἐκ Βηθλεὲμ γεννᾶται, ὡς οἱ κριταὶς ὑμῶν τὸν προφήτην ἐσαφήνισαν, ὁ ἤδη χθὲς ἐκ Βηθλεὲμ γεννηθεὶς ἐστε βοᾶν· ὁ γὰρ εἰπὼν ἐπέμψω ὑπὸ Ἠλίαν, ἕτερός ἐστι παρὰ τὸν πεμπόμενον, καὶ ὅτι εἶπε πατάξω τὴν γῆν ἄρδην, δι' ἐκεῖνον[10]) πρῶτον διαμαρτύρεται καὶ τότε ἐξαίρει ἅπαν τὸ συναταρκὸς τοῦτο· τί οὖν τὸν[11]) Χριστὸν γεννᾶσθαι τότε ἢ πρὸ τούτου τότε τὴν ἵνα ἄρδην ἢ χρησμεύσῃ;

οἱ Ἰουδαῖοι εἶπον· ἄλλος ἐστὶν ὁ Χριστὸς καὶ ἄλλος Ἠλίας· ὁ γὰρ ἡμέτερος προφήτης Δανιὴλ λίθον[12]) αὐτὸν εἰσιποίησε τῷ βασιλεῖ τῶν Βαβυλωνίων, καὶ[13]) ἐγένετο εἰς ὄρος μέγα.

Ἀφροδιτιανὸς εἶπεν· εὐχερῶς ἑαυτοὺς καταβάλλετε μὴ συνιέντες ἑαυτῶν τὸ πρόβλημα. ἡ γὰρ γραφὴ αὕτη ἐκ Βαβυλῶνος[14]) εἰς Πέρσας ἦχθη, καὶ οἶδα αὐτὴν ἀσφαλῶς. λέγει γὰρ οὕτως· καὶ ἐν ταῖς ἡμέραις τῶν βασιλέων ἐκείνων ἀναστήσει ὁ θεὸς τοῦ οὐρανοῦ βασιλείαν, ἥτις εἰς τοὺς αἰῶνας οὐ διαφθαρήσεται. καὶ αὕτη, φησίν, οὐ διαφθαρήσεται εἰς τοὺς αἰῶνας. καὶ ὅτι εἶδεν ὁ βασιλεύς, ὅτι ἐξ ὄρους ἐτμήθη λίθος ἄνευ χειρῶν· καὶ ὁ λίθος ὁ συντρίψας τὴν εἰκόνα ἐγενήθη εἰς ὄρος μέγα καὶ ἐπλήρωσε πᾶσαν τὴν γῆν. μετὰ οὖν τὰ τίσ σαρα βασίλεια[15]) ἐκεῖνα ἔρχεται ὁ θεὸς τοῦ οὐρανοῦ βασιλείαν, ἣν ἐπηγγείλατο ἀδιάφθορον καὶ ἀδιάπτωτον[16]), ἡ τίς ἐστιν ὁ λίθος ὁ γενόμενος εἰς ὄρος μέγα καὶ πληρώσας πᾶσαν τὴν γῆν· καθ' ἑαυτὸν οὖν τοῦτο προϊδέσθε.

Ἰουδαῖοι εἶπον· ποία τετάρτη βασιλεία;

Ἀφροδιτιανὸς· τὰ ἔνδοξα καὶ ἐπίσημα, ἃ κατόπιν αὐτὰ[17]) διεδέξαντο· Βαβυλώνιοι, Μῆδοι, Πέρσαι καὶ τὸ τέταρτον τὸ

[1]) πᾶσαι V. [2]) ὃ fehlt PRV. [3]) πρὶν ἢ V. [4]) —η R, —τι P. [5]) —τον V. [6]) χω ὅτι Rp. [7]) fehlt R. [8]) ἀλλ' P. [9]) εἰ fehlt Rp. [10]) ἐκεῖνα P. [11]) τὸ τὸν P. τὸν τὸν R, τὸ χω ἐφ' ἕως γ. p. [12]) τὸν λ. p. [13]) κ. ἔλεγε· ἔστω εἰς R. [14]) —ένος R. [15]) τὰς —ας —ας p. [16]) ἀδιάδοχον PRV. [17]) ἑαυτὰ P.

12*

ἀριστικὸν καὶ δυσαπηχριόμτον τὸ Μακεδονικόν · ταῦτα τὰ τρία δυνατά καὶ τοῦτο ὡς θρατὸ συνηρίθμηται ταῖς τρισί · μετὰ γὰρ ταύτας τὰς βασιλείας αὐτη ἀνέγἑη. Οἱ Ἰουδαῖοι · ἡμεῖς τὴν αὐθημὸν βασιλείαν τὴν Αὐγούστου[1]) λέγομεν.

5   Ἀρχωδιανός · τίνα ἐλάττωσεν ἢ ἐδάμασεν[2]) ἡ Αὐγούστου καὶ τῶν λοιπῶν βασιλεία[3]): οἳ τινες καὶ ἡττήθησαν, τὸ γὰρ ἀττητον ἀδάμαστόν ἐστι. πῶς οὖν δαμάζουσιν αὐτοί τινας. ὅπου γε καὶ αὐτοὶ καὶ πάντες τῇ βασιλείᾳ ταύτῃ[4]) φόρους καὶ δῶρα δεδώκασι· τὸ δὲ νῦν

10 ταῖς ἡμέραις τῶν βασιλέων ἐκείνων ἀναστήσει ὁ θεὸς τοῦ οὐρανοῦ βασιλείαν, τὴν μεταξὺ αὐτῶν ἀναδειχθῆσαν λάμβανε[5]). εἰ οὖν πιστεύετε εἶναι[6]) Χριστόν, ἀπευτεῦθεν ζητεῖτε· μετέπειτα γὰρ οὐχ εὑρήσετε · ὡς γὰρ οἱ πατέρες ἡμῶν[7]) τὴν παρέλθουσαν προσδοκίαν κρατοῦντες τῆς εὐκαιρίας αὐτῆς

15 ἐξέπεσαν[8]), οὕτως καὶ ὑμῖν ἔσται · τὸ γὰρ ἐν τῷ προφήτῃ ἡμῶν λεχθὲν· λίθον ὃν ἀπεδοκίμασαν οἱ οἰκοδομοῦντες, οὗτος ἐγενήθη εἰς κεφαλὴν γωνίας, οὐχ ὡς μέλλον ἀλλ' ὡς ἤδη γενόμενον νοήσατε. εἰ γὰρ μόνα τὰ προφητικὰ τῶν Ἑβραίων ἀνεπτύξει καὶ μὴ καὶ τὰ ἡμέτερα· Ἀημωδὸς[9]) ὁ

20 Περσμάτος[10]) ἐν νόμῳ ἑαυτοῦ οὕτως εἶπε · σύμβαι πῶς ἐκοσμήθη[11]) καὶ πολὺ[12]) πέλη, λίθον ὁρατὸν λαβοῦσαν, ὃν περ οὐ χερσὶ ἐλατόμησαν ἀλλ' ἡ χάρις ἐγέννα[13]). πᾶσαν δὲ[14]) τὴν πέλην δι' αὐτοῦ[15]) γὰρ[16]) προσηγίρξασαι[17]) · οὐ μόνον γὰρ[18]) ἐστήρισεν[19]) αὐτήν. ἀλλὰ καὶ κεκλασμένην ἑρραξεν

25 ὁθὶς καὶ θῆμα γενόμενος ὁ λίθος[20]) · ἐπὶ αὐτὴν ἄγει θῆμα · καὶ ἡ[21]) ὁδὸς ἐφ' ὁδὸν[22]) εἱλιγμένη ἕλκει. πάντων τῶν ὁρώντων αὐτὴν βοώντων · μεγάλη τῶν θεῶν[23]) ἡ δύναμις[24]) τὸ θέλειν τὸ πρακτικὸν ἑτοιμότερον ἐχόντων[25]). Πλάβατος[26])

<hr />

[1]) καὶ τῶν καθεξῆς PRV. [2]) ἐδάμαζεν V. [3]) βασιλέων PR. [4]) τὴν αν γρ R. [5]) λαμβάνει p. [6]) εἶναι fehlt R. [7]) ἡμῶν PRVp. [8]) ταύτης ἐξέπεσαν PR. [9]) δη. R. ὑπφ. p. ἀηρ. Pitra. [10]) περσμάτος V. περσιάλιος p. περσιλλάτος P. περσκαλλῆς R. περσκαλάϕηος C. [11]) ἐκοσμήθη RV. [12]) κασπία PRVξ. [13]) ἐγέννα R. [14]) δὲ fehlt R. [15]) ἑαυτοῦ e. δι' ἑαυτοῦ PRV. [16]) fehlt PRV. [17]) προσηγίρξας pPitra. —σηγίρξας R. —ηρίξας V. [18]) γρ. fehlt P. [19]) ἐστήρισεν Pitra. [20]) γρ. ὁ λ. fehlt P. λίθος θῆμα· ἐπὶ R. γεν. καὶ ἀληθὴς θῆμα ἐπὶ V. γεν. καὶ λίθος θῆμα ἐπὶ p. γεν. καὶ ὁ μὲν λίθος Pitra. [21]) ἡ fehlt PRV. [22]) ἐποδὼν R. [23]) τοῦ θρ Pitra p. [24]) δυναστεία PRVξ. [25]) —ος pPitra. [26]) ἡλάβατος R.

δὲ ὁ ἀπείρους νόμους συγγραψάμενος[1] λέγων· τίς Εὔκλεα ἐν
τοῖς ἐπὶ[2] τέλει φάσκει[3] οὗτος· τῇ ἡ ἐλη ᾗ βάρει ἐπ᾽ ὄμους
καθίσασα[4] λίθον ἵνα τῇ γῇ ᾐόντος καὶ πάντα τὰ θεμέλια
αὐτῆς ἐστήριξε[5]· καὶ πῶς λίθος εἰς τὴν σύμπασαν κυρι-
ευτήρι[6]· ὅτι καὶ εἰς μόνος θεὸς πάντα ἔκτισε καὶ Τραχη-
λάφος[7] δὲ κατὰ γινδωνύμων λέγων δακρυεῖ[8] καὶ στι-
φεσι[9] ταῦτα· τῆς ἐπλάνησε τοὺς ἐκείνῳ πεπονθότας λέγειν
περὶ αὐτοῦ, ὅτι ἀεὶ ἀναρχης ὢν ἐξ ἀντιβολιον παρθένου
ἐτέχθη. ἀλλοτρίαν ἀξίαν μεταβὼς[10] ἑαυτῷ[11]· ὁ γὰρ ἀναρχος
ὁ τῆς ἀναρχου οὐσίας[12] μόνος ἐπικαίων[13] οὐσίας δεικνύεται[14]
οὐχ ὕβιν αὐτὴν δεχόμενος· ἣν γὰρ ἐπλασε λαμβάνειν οὐκ ἂν
αὐτὴν ἐρεύσεται ὕβιν. ἔπει παθόντος· παθόντος σῶμα χωρη-
γεῖ τῷ μὲν σώματι ἀπηχής. τῇ δὲ γλώσσῃ ἠγερθῇς. ἔνδον
οἰκοῦσαι[15]. πάσης χάριτος ἐνέργειας. θαυμάζω τοὺς ξυ σατοὺς
τῶν ἀρχόντων[16] δρωττομένους ταῦτα[17] εἰδότας[18]. τοὺς μὲν
ἐκδενωθέντες[19] διὰ νόμων[20] ἔκδοσιν. τοὺς δὲ διὰ γυναικο-
ξεδίαν καὶ ἄλλως[21] καθαρῶς[22] ἀπηλέγξαντας. ὧν χάριν
ἡμῖν προσήκει· τὸ δὲ ἐπὶ[23] τὰς οὐρανίους ἐλαύνειν τιμὰς
πάσης τόλμης ἐπέκεινα καὶ πάσης βλασφημίας ἀνώτερον.

οἱ Ἰουδαῖοι εἶπον· ταῦτα ἡμεῖς, δέσποτα, οὐ γινώσκομεν
οὔτε ἐν γράφαι ἔχομεν.

Ἀφροδιτιανὸς εἶπε· τοῖς προφήταις ὑμῶν οὐ συμφωνεῖτε.
τοὺς νόμους παραγγράφεσθε, ἔκδοτε[24] ἡμῖν ἁπλῶς τοὺς νόμους τῶν γυναικῶν ὑμῶν, εἰ ἄρα κἂν[25] ἐκείνης πεισθήσεσθε.

οἱ Ἰουδαῖοι εἶπον· ἡ συνήθεια νόμος ἡμῖν κατέστη καὶ
οὐ δυνάμεθα ἤδη πατρῷα ἀναγράψαι.

Ἀφροδιτιανὸς εἶπε· κἀγὼ οἶδα ὅτι ἤδη ἴδια κρατοῦντες[26]
τὴν ἀληθῆ θρησκείαν οὐ προσδέχεσθε· τὴν γὰρ ἰδίαν δόξαν
ἀσφαλιζόμενοι τῇ τοῦ θεοῦ ὑμῶν δόξῃ οὐχ[27] ὑποτάσσεσθε.

---

[1] ἔγγρ. PV. [2] περί P. [3] προσηγήτευσε λέγων R. [4] κα-
θίσταται Pitra. [5] ἐστήρισε P. [6] κ. οὐχ εἰς ὃς μόνος P. [7] τρα-
χελάφιος V, τραχηλ. p, τι .. γλάφιος PR, τραχηλ. r. [8] ἐπι-
κρατεῖ PR. [9] καὶ Pitra, στιγοὶ eVPR. [10] ἐπιθέντες PR. [11] αὐτοῦ
PRV. [12] οὐσ. ἂν ἐπὶ κλῆσιν P. οὐσίας ὄν. [13] ἐπικίρσαν eRV.
[14] οὐκαδείκτεται R. [15] ἔχουσ· π. χ. ἐνέργειαν Pitra. [16] ἀρχόντων. [17] τοῦτον V. [18] -τις PV, εἰδόντες R. [19] ἐκ θείας ξωπῆς
κοιηθέντες R. οἰκίας V. [20] νόμον V. [21] ἄλλως PR. [22] —οὺς V.
[23] fehlt R. περὶ P. [24] ἔκδοτε R. [25] κἂν P. [26] κρατ. P. [27] οὐκ R.

οἱ Ἰουδαῖοι εἶπον· τί οὖν κελεύεις; γενώμεθα Χριστιανοὶ καὶ ὑποπέσωμεν αἱμάσι[1];

καὶ ὁ Ἀφροδιτιανός· πῶς γε[2]; οὐχ[3] αἱρετωτέρα ἐστὶν ἰδίας ζῶντες· πλὴν τί θέλω ἐγὼ ἐπισκόπων καθεζομένων τῶν περὶ αὐτῶν ποιεῖσθαι λόγον, καὶ μάλιστα ὑμῖν διαλεγόμενος; οἳ τοῖς τῇ ἥττῃ[4] δοκεῖτε μεγαλύνεσθαι.

οἱ Ἰουδαῖοι εἶπον· λεγέτω πρὸς ἡμᾶς ἡ τῶν ἐπισκόπων πληθύς· οἴδαμεν γὰρ ὅτι οὐκ ἀπηλλάξαμεν πρὸς αὐτούς. οἱ ἐπίσκοποι εἶπον· καλῶς ἤλθετε· ἡμεῖς τοῦ θεοῦ οὐκ ἀφιστάμεθα τοῦ εἰπόντος διάνοιξι, ἐγὼ ἐνίκησα τὸν κόσμον. οἱ ἐπίσκοποι πάλιν· ἡμεῖς προβαλοῦμεν αὐτοῖς πρόβλημα ὃ πάντως νικήσει αὐτούς[5].

οἱ Ἰουδαῖοι εἶπον· εὐθαρσῶς προβάλλεσθε.

οἱ ἐπίσκοποι εἶπον· ἐν τῷ Ἱερεμίᾳ λέγει· οὗτος ὁ θεὸς ἡμῶν· οὐ λογισθήσεται ἕτερος πρὸς αὐτόν. ὃς ἐξεῦρε πᾶσαν ὁδὸν ἐπιστήμης καὶ ἔδωκεν αὐτὴν Ἰακὼβ τῷ παιδὶ αὐτοῦ καὶ Ἰσραὴλ τῷ ἠγαπημένῳ ὑπ' αὐτοῦ· καὶ μετὰ ταῦτα· ἐπὶ τῆς γῆς ὤφθη καὶ τοῖς ἀνθρώποις συνανεστράφη.

καὶ ὁ Ἀφροδιτιανός· τί λέγειν ἔχουσι πρὸς ταῦτα οἱ τῶν Ἰουδαίων ἐμφιλεῖς[6] Ἰακὼβ καὶ Φαρές;

Ἰουδαῖοι εἶπον· πρεπῆμεν αὐτοὺς ἀλλὰ μὴ χρήσασθαι μαρτυρίᾳ, καθὼς ὁ νόμος λέγει.

οἱ ἐπίσκοποι εἶπον· τίνι εἴρηται κάθου ἐκ δεξιῶν μου, ἕως ἂν θῶ τοὺς ἐχθρούς σου ὑποπόδιον τῶν ποδῶν σου; οἱ Ἰουδαῖοι· ὁ Χριστὸς ἐκ δεξιῶν τοῦ θεοῦ κάθηται, ἕως ἂν τὴν καιρὸν ἔλευσιν ποιήσηται, ἣν[7] διὰ τῶν προφητῶν ἐπηγγείλατο.

οἱ ἐπίσκοποι εἶπον· τῷ καθημένῳ πάλιν λέγει κάθου ἐκ δεξιῶν μου· τίνι δὲ ἠχθίσανται οἱ ἐχθαίνοντες, τῷ μήπω καθίσαντι; καὶ γὰρ ταὐτό ἐστιν ᾧ λέγει[8] κάθου τὸ ἀπὸ γῆς πάλιν ἐπὶ τοῖς οὐρανοῖς ἀνελθεῖν καὶ καθίσαι καθὼς πρίν, ἐπάνω[9] τῶν ἐχθρῶν αὐτοῦ· ὡς εἶναι ὑμᾶς ὑπὸ πόδας τοῦ Χριστιανοῦ[10] ᾧ θέλων πατουμένους ἕως τελευταίας ὥρας.

[1] αἱμάσσειν PR. [2] ὥστε οὐχ V. [3] ὥστε οὐκ αἴρ. P. ὥστε οὐκαιρ. R. [4] ἥττα PV, ἥτταν Rp. [5] πάντων V, αὐτοὺς R. [6] ἐμφιλεῖς P, ἐμφίλοις R, λαμβάνειν V. [7] ἣν περ PR. [8] τοῦτο δ λέγει κάθου ἐστὶ PR. [9] ἐπ. fehlt PR. [10] τοῦ ἔθνους αὐτοῦ πατ. PRV.

οἱ Ἰουδαῖοι εἶπον · προσδοκήσατε καὶ ὑμεῖς πάντως παντεσθαι καιρὸς.

οἱ ἐπίσκοποι εἶπον · κατίσαντες ἀδίκως δικαίως κατεῖσθε ὅθεν δίκαιον τὸ ἀποβράσαι τὸν ὑμῖν.

οἱ ἐπίσκοποι εἶπον πάλιν[1] · τὸν καιρὸν ὃν λέγετε ᾧ θάττον 5
ὑμᾶς βλέμματος γηγνώτερον παρέρχεται · μεθ' οὖ[2] καὶ ὑμεῖς
καὶ ᾧ[3] ματεῖτε τότε[4] πλάνῃ εἰς αἰωνίαν πυρὸς ἐκδοχὴν
ἐκδίδωσθε[5] . ὅμως μάρτυρας ὑμῶν προβαλλόμεθα ὑμᾶς, οἱ
τινες παρεκαλούμησαν τὴν[6] τοῦ Χριστοῦ ἔνσαρκον παρου-
σίαν · καὶ γὰρ καὶ ὑμεῖς[7] . ἅκιο μέλλομεν ὑμῖν λέγειν. ἐν 10
ὑπομνήμασιν ἔχετε[8] · οἱ γὰρ πατέρες ὑμῶν τότε οἱ ἅπαν ἱστη-
θέντες καὶ τὴν ἧτταν εἰς νίκην ἀτόκητον ἀνακαλούμενοι
ἐκάλεσαν μηδένα κατέχειν ταῦτα ἢ ὅλως ζητεῖν, ἵνα μὴ ἡ
φιλοπονία ταῖς πολλοῖς ρεύσαν παρόσχῃ. ἀλλ' ἰδόμεν[9] αὐτὰ
λαλούμενα[10] κἂν κρύβῃ τὴν ἀλήθειαν ὑπὸ τῆς συνηθείας 15
ἀναγκάζεσθε. Τοὺς ἀπ' ἔσῃ εν[11] ἐκεῖ πλήσαντας μάγους
οὐκ ἠκούσατε ἐκ θείας χρησμῳδίας ἀγομένους, οἵ[12] προσκυνήσαντες Χριστῷ[13] δῶρα προσήγαγον; μεθ' ὧν οἱ τότε
ὑμῶν ἀρχηγοὶ τῷ Ἡρώδῃ συντρέχοντες εἶπαν τὸ ποῦ γεννᾶται
Χριστός[14] · ὡς καὶ ζηλώσαντα τὸν Ἡρώδην τὴν ἀναχείαν εισαν 20
βασιλείαν τὴν τοιαύτην παιδοσφαγίαν ποιῆσαι. Ἰωάννης ὁ
βαπτιστὴς οὐκ ἐξ Ἰουδαίων κατάγεται; πρὸς ὃν ἀπεστείλατε
ἐρωτῶντες, εἰ αὐτός ἐστιν ὁ Χριστός · καὶ εἶπεν · οὐκ εἰμί ·
ἀλλὰ δείξας αὐτὸν εἶπε · οὗτός ἐστιν ὁ ἀμνὸς τοῦ θεοῦ ὁ
αἴρων τὴν ἁμαρτίαν τοῦ κόσμου. λοιπὸν Νικόδημος ὁ ἄρχων 25
ὑμῶν καὶ Ναθαναὴλ καὶ Ἰωσὴφ ὁ ἀπὸ Ἀριμαθαίας καὶ
Βίζης[15] καὶ Ἀλέξανδρος, οἱ καὶ συνέφαγον αὐτῷ ἐν τῷ[16]
γάμῳ Σίμωνος τοῦ Γαλιλαίου, ἐν ᾧ καὶ τὸ ὕδωρ εἰς οἶνον
μετέβαλεν · οἱ παραβῆτε οἱ ἐπὶ παραβᾶιαι τοῦ ἑκατοντάρχου
παιδὸς[17] · ἐξ αὐτῶν ἐκείνων σταλέντες[18] σκυλ... σαι[19] αὐτὸν 30
διὰ τὴν δοστιμίαν αὐτοῦ · ἄξιος γάρ ἐστι, φησί, καὶ παρέξει[20]

---

[1] ἐκ. πάλιν PR, πάλιν fehlt V. καὶ αὐθις p. [2] μεθ' ὧν PR.
[3] ὡς V, ὃ ματεύεται R. [4] τ. fehlt V. [5] διδ. P. [6] τῇ(?) —ε(ι)
—α(ι) PRV. [7] ἡμεῖς RV. [8] ἔχε ίθω R. [9] εἰδόσιν PVp. [10] λα-
λούμενε Pp, λαλοῦμεν V. [11] ἀπεε τεῦθεν P. [12] ὡς V, ὧν P, ὃ R.
[13] χ. fehlt PR. [14] χ. fehlt PRV. [15] βίζης PV. [16] ἐν τῷ fehlt P.
[17] τοῦ π. τοῦ ἐκ. PR. [18] σταλέντων PR. [19] τοῦ σκυλεῖν V, σκύ-
λαι p. [20] ὃ παρέξει Pp, παρέξεις τούτο R, ὃ παρέξει V.

τοῦτο· ἀγάπη γὰρ τὸ ἔθνος ἡμῶν καὶ τὴν συναγωγὴν αὐτὸς
ᾠκοδόμησεν ἡμῖν βασιλικῶς ὁ [1]) ἀνθέματος ὁ ἀδελφὸς Ἰακὼν
τοῦ ἀρχισυναγώγου, οὗ τὸν υἱὸν ἐγὼ ἐπώγεισε. ὁ τούτου
ἀδελφὸς Ἰάειρος παρακαλέσας [2]) αὐτὸν καὶ τὴν θυγατέρα αὐτοῦ ἐγείρας [3]) ἐκ νεκρῶν. Καϊάφας ὁ συμβουλεύσας ἵνα ἄνθρωπον ἀπολέσθαι καὶ μὴ ὅλον τὸ ἔθνος ἀπόληται [4]). τοὺς
παῖδας ἡμῶν [5]) βοῶντας [6]) ὡσαννὰ τῷ υἱῷ Δαβίδ, εὐλογημένος
ὁ ἐρχόμενος ἐν ὀνόματι κυρίου βασιλεὺς τοῦ Ἰσραήλ. τῷ
μαθητῇ Ἰούδᾳ [7]) ἃ [8]) ἐστήσατε Ζ ἀργύρια. ἵνα αὐτὸν παρα-
δῷ ὑμῖν. τοῖς στρατιώταις ἃ [9]) διδόκατε [10]) ἀργύρια ὥστε
εἰπεῖν [11]), ὅτι οἱ μαθηταὶ αὐτοῦ νυκτὸς ἐλθόντες ἔκλεψαν
αὐτὸν ἡμῶν κοιμωμένων. Ἰώσηπος [12]) ὁ συγγραφεὺς ὑμῶν,
ὃς εἴρηκε περὶ Χριστοῦ ἀνδρὸς δικαίου καὶ ἀγαθοῦ ἐκ θείας
χάριτος ἀναδειχθέντα [13]), ὁμοίως καὶ τέρατα ἐνεργή-
σαντα [14]) πολλούς, καὶ ὅσα ἄλλα κεῖται ἃ οὐ φθάνω[εν] [15])
μέσον.

Ἰουδαῖοι [16]) εἶπον· ἡμεῖς ἐσταυρώσαμεν ἄνθρωπόν τινα
ἀλλ' οὐχὶ τὸν Χριστόν.

Ἀφροδιτιανός· τίς ἦν ὃν ἐσταυρώσατε;

οἱ δὲ εἶπον· ἄνθρωπόν τινα λέγοντα ἑαυτὸν θεόν, οὐδὲ
γὰρ [17]) Χριστόν.

Ἀφροδιτιανός· ἐσταυρώσατε [18]) ὃν [19]) λέγετε ἄνθρωπον
Μαρίας ὄντα παῖδα;

λέγουσιν· ναί.

καὶ διὰ τί ἐσταυρώσατε;

οἱ δὲ εἶπον· ὅτι ἔλεγεν ἑαυτὸν θεόν.

Ἀφροδιτιανὸς εἶπε· καὶ διὰ τοῦτο φησὶν ἀναίρεσις [20]);

λέγουσιν αὐτῷ· ναί.

---

[1]) ὁ fehlt P. [2]) ὁ παρ. R. [3]) οὗ τ. θ. ἐγείρας p. ἐγείρας R.
[4]) ά. fehlt R. [5]) ἡμῶν P. [6]) βοῶντες. [7]) τὸν μαθητὴν PV. ὁ μα-
θητὴς Kp. [8]) ἐν ᾧ V. ὃ PR. [9]) – αι πρὸς οὓς R. [10]) ἐδώκατε
PRV. [11]) εἰπ. αὐτούς P. [12]) Ἰώσηπος R. ἰώσηπος P. ἰώσηπος V.
[13]) —ος PRV. [14]) —ος PRV. [15]) ἃ φ. V. τὸν φ. οἱ Ἰουδ. p. [16]) οἱ
Ἰουδ. PRV. [17]) ἀλλ' οὐχὶ χ. R. οὐ γὰρ P. καὶ οὐχὶ τὸν χ. Vp. [18]) ά.
εἶπεν· ὅλως ἐ. PV. [19]) ὃν ὃν R. [20]) φησὶν ἡ αὐτοῦ ἀν. R. φησὶν
ἡ ἀν. P.

Ἀφροδιτιανός · καὶ τίς τῶν εἰπόντων ἑαυτοὺς[1] θεοὺς ἀνήρηται[2] ἐν πάσι τοῖς καιροῖς; οὗτος δὲ μάλιστα[3] εὐεργετῶν καὶ ἰώμενος.

οἱ ἐπίσκοποι εἶπον · εἶτας κατὰ τὸν προφήτην ἡμῶν[?] διεμερίσαντο τὰ ἱμάτια[4] καὶ ἐπὶ τὸν ἱματισμὸν[5] ἔβαλον[6] κλῆρον[7];

οἱ δὲ ἐσιώπησαν.

καὶ οἱ ἐπίσκοποι · περὶ τίνος εἶπε Μωϋσῆς[8] ὄψεσθε τὴν ζωὴν ὑμῶν ἀπέναντι τῶν ὀφθαλμῶν ὑμῶν κρεμαμένην καὶ οὐ μὴ πιστεύσητε;

Ἰάκωβος[9] καὶ Φαρὰς εἶπον · ἀληθῶς μέγα ἡμῖν[10] παράπτωμα[11] γέγονεν. κἂν θέλωμεν[12] οἱ ἀπὸ τοῦ ἔθνους ἡμῶν κρυφαίως βλέπεσθαι ἡμᾶς · ὅσα γὰρ οἱ ἱερεῖς ἡμῖν πρῶτον · ὄξος καὶ χολὴν δεμεγειμόν[13] ἱμάτιον ἑκατὸν λεπτὸς πολλὰς ταῦτα ἐποιήσαμεν[14], ἵνα καὶ τὸ αἷμα ἐκεῖνο ἔλθῃ ἐπὶ τὸ ἔθνος ἡμῶν[15] · καὶ τὰ γινόμενα[16] ἀληθεύσωσι · ᾧ ὄντος δὲ ᾑτήσαμεν[17] πρὸς αὐτὸν σημεῖον καὶ τεράτων ἔν[18] ἐποίει ἱμπηρώθεν αὐτὸν, διὰ τὸ πάντας λοιπὸν ἀκολουθεῖν αὐτῷ ἐσπεῖσαν ἀνελεῖν αὐτόν. ἵνα τὸ ἔθνος στῇ[19]. καὶ οὐ μόνον ὅτι οὐκ ἔστη[20], ἀλλὰ καὶ πλείσταις διαφοραῖς[21] ἐλύθημεν καὶ τὴν ἡμῶν χώραν ἐπὶ γῆς ἀλλοτρίας ἤλθομεν διὰ τοὺς τότε φιλαρχήσαντας διδασκάλους, ὃν ὁ αὐτὸς ἐτέλεσε τὰ νοήματα[22].

οἱ ἐπίσκοποι[23] · παρακαλοῦμεν, δέσποτα, ἀνενεχθῆναι ταῦτα πάντα ταῖς θείαις[24] ἀκοαῖς.

---

[1] ἑαυτόν V. [2] ἀνηρέθη V, διὰ τὸ εἰπεῖν αὐτὸν θν ἀναιρέθη ἐν πᾶσι μάλιστα ταῖς καιροῖς εὐεργετῶν καὶ ἰώμενος P. [3] μάλ. δὲ ὡς οὗτος R. [4] ἱμ. (ἱμ. P.) μου ἑαυτοῖς PV. [5] ἱμ. μου P, ἱμ. μου V. [6] ἐβάλλον. [7] κλῆρον P. [8] μωϋσῆς p. [9] ἰακώβ P. [10] ἡμ. (ohlt PV. [11] παράπτωμα V. [12] καὶ μέλλωσιν R. [13] διὰ μ. c. διὰ μ. τε R. [14] ἐποίησαν P. [15] ἐφ' ἡμᾶς R. [16] γεν. P. [17] γὰρ ὄντος ε... V. [18] γεγ. διὰ τὰ σημεῖα καὶ τὰ τέρατα ἃ R. [19] αὐτὸν. καὶ ἔστεν. καὶ οὐ μόνον P. [20] ἔστεν P. [21] διαφοραῖς R. διὰ σπ. P. [22] τὴν δαίνασιν R, τὰ ὄμματα P. [23] ἐπ. εἶπον πρὸς τὸν ἀγαθ. παρ. τὴν ἡμετέραν ἔνθεον σοφίαν ταῦτα π. P. [24] umgestellt P, θ. τοῦ βασιλέως ἀκοαῖς Rp.

Ἀφροδιτιανὸς · ἀνετυχθῆεται. ΜΑΣΤΙΞΟΝ ΖΑΒΟΙΣ
ΤΕΡΑΣ ΑΥΤΙΚΑ ΠΟΘΗΓΡΗΣ ΛΑΒΕΣ ΤΡΙΝΕΣ[1]):
αὐτά ἐστιν · εὐθὺς γενομένην.

καὶ ἀπελθὼν ἐγνώρισε πάντα τῷ βασιλεῖ. ἔχαιρε δὲ ὁ
βασιλεὺς καὶ οἱ[2]) ἐπὶ τὴν βασιλείαν αὐτοῦ[3]) ἐπὶ τῇ ὁμότητι
τοῦ Ἀφροδιτιανοῦ. καὶ δὴ μαθόντες ταῦτα οἱ λοιποὶ Ἰουδαῖοι
καὶ οἱ τούτων ἀρχηγοὶ ἐπανέστησαν κατὰ τῶν δύο τούτων
Ἰακὼβ καὶ Φαρὰ καὶ ἐποίησαν αὐτοὺς ἀποσυναγώγους λέγοντες αὐτοῖς · ἰσχύσατε ἡμᾶς Χριστιανῶν γεγονότες συνή-
γοροι · χριστιανίζειν ἤρξασθε · τοὺς πατέρας ἠρνήσασθε · τὸν
νόμον ἐλύσατε[4]) · ἀνθρώπῳ λατρεύειν μεμαθήκατε πάντες[5]).

καὶ παραυτὰ ἀπῆλθον πρὸς Μιθραβάδην τὸν Ἀρμενίτον[6])
ταξάμενοι αὐτῷ κεντίνας[7]) Ζ, ὥστε μηκέτι ἐργάσθαι ἐκείνους
ἐν τῷ ἔθνει, ἀλλ' εἶναι αὐτοὺς ἀπὸ ἀξίας λεϊατικῆς. ὁ δὲ
Ἀρμενίτος λέγει τῷ ἐθῷ αὐτοῦ · τί θέλεις ἐκ τῆς τοιαύτης
αἰτίας χρήματα ὡς πτωμένης τῆς Περσικῆς βασιλείας; λόγῳ
συνάψας[8]) αὐτά · πάντες θησαυροὶ Μήδων καὶ Βάκτρων,
Σκυθῶν καὶ Ἑλληνῶν[9]) καὶ Σημαραιτῶν[10]) ἐπὶ χιτρὰς[11]) ὅσαι
εἰσὶ, καὶ τῷ εὐτελεῖ τούτῳ χρήματι[12]) παραιτχεις. μάλιστα δὲ
ἐπὶ καταλύσει νόμου παραχρημένῳ[13]) ὅσα; ὑπάτα τούτων[14]),
τίκνον · καὶ ὡς ἂν αντιδόσαν οἱ ἱερεῖς. ποιήσουσιν.

Ἰακὼβ δὲ καὶ Φαρὰς γνόντες τὰ λαληθέντα ἐκήρυσαν
ἑαυτοῖς[15]) καὶ συνήγαγον πάντας[16]) τοὺς οἰκογενεῖς αὐτῶν
καὶ φίλους[17]) καὶ τοὺς τὰ ἀκριβῆ φιλοπονήσαντας[18]) · καὶ
δινἔλαν ἑαυτῶν[19]) τὸ[20]) ἔθνος. ὥστε αὐτοὺς πλείους τοῦ
ἡμῶν[21]) γενέσθαι. καὶ ἦν εἰς τὰ ἕτερον μέρος Σίμων[22]) καὶ
Βαρσήας[23]) καὶ Σιάλλας ἀπὸ Ἑλλήνων μεταβάς. παρεκάλεσαν
δὲ οἱ περὶ Ἰακὼβον τὸν Ἀφροδιτιανόν. ἔχων αὐτοὺς λόγον

[1]) fehlt Ξρ. διαστολὴ λαβῃ πτρας αὐτίκα ἀπηθυόσης ἀβλεστί-
ρας ἄτινα V, διαστικῶν λαβακτόμς αὐτίκα μαθηναθίας · τραν P,
ἠμαστικὸν λαβοκτόμς ἄχρια ποτρας ἂ βλάστανεν R. [2]) πάντες
οἱ Pp. [3]) οἱ ἐπ' αὐτόν Ξ. [4]) ἐπσόλικτε V. [5]) — p. fehlt V, πάντες
P. πάντως R. [6]) ἀρμάτον PR, ἀφρράτον V. [7]) κεντηράμα PRV.
[8]) λόγοσυνακτεῖς P, σενακτήσαι θέλεις · p. [9]) ἐλάματῶν P, ἀλ-
λωγτῶν R. [10]) fehlt P, σεπραμητῶν Rp. σαμραιτῶν V, σαμφαι-
μίτιτον C. [11]) χήρα PV. [12]) χυ. fehlt PRV. [13]) p. αἱ ὅσα PRV.
[14]) — ον PRV. [15]) — ούς PRV. [16]) ἅπαντας. [17]) τοὺς q. PR.
[18]) οὔντας PR. [19]) ἑαυτοὺς ἐκ τοῦ ἔθνους P, εὐτόπως V. [20]) ὡς
τὸ R. [21]) ἡμάσης PRp. [22]) ἡμῶν R. [23]) βαρσαβᾶς R.

μὴ ἐκ τῆς ἐξουσίας ἐπέλευσίν τινα ἐπομεῖναι · καὶ ἀρκούμεθα ἑαυτοῖς καὶ ταῖς προσούσαις ἡμῖν δικαιολογίαις.

καὶ ἐποίησεν οὕτως ὁ βασιλεύς · ΑΡΙΚΚΗΣΩ ΕΞΕΚΡΑΚΛΕΣ·) αὐτοῦ ἐστιν· ἕκαστον κάλλος δικαιολογηθῆναι·

τῇ τε ἑτέρᾳ εἰσῆλθον ἀμφότερα τὰ μέρη καὶ προσεκύνησαν s τὸν Ἀφροδιτιανὸν καὶ τοὺς ἐπισκόπους· ἐπεγράψαντο δὲ καθίσαι·) καὶ καθισάντων εἶπεν ὁ Ἀφροδιτιανὸς τοῖς ἐπισκόποις· νῦν τὸ κεφάλαιον οὐκ ἔστιν ἡμῶν·) ἀλλὰ τούτων· διὸ παρακαλῶ τὰς ἀμφιβολίας αὐτῶν·) μὴ μεταλαβεῖν·), ὅπως αὐτοὶ ἑαυτοῖς πείσωσιν. εἰ γὰρ ἐναντιωθῇσί σοι. ὀξύτεροι καὶ 10 αὐτοὶ πρὸς ἐναντίωσιν γίνονται, καὶ συγχύττει·) τὸ ἀκροατήριον· μάλιστα δὲ καὶ παρὰ ἀξίαν ἡμῶν τὸ τοιοῦτο τυγχάνον· οἱ ἐπίσκοποι· ὡς ἐκέλευσας ἡμῖν καθαρῶς καὶ ἐπιφανῶς·) οὕτως ποιοῦμεν·

Ἀφροδιτιανός·) ἐπιτρέπεται Σίμωνι καὶ Βαρράμ·[10]) καὶ 15 Σκίλλᾳ·[11]) λέγειν ἢ τινα πρὸς τὸν νόμον ἑαυτῶν πεπεῖσθαι δικαιολογίαν· ἀκολούθως γὰρ μετὰ τοῦτο·[12]) καὶ τὴν πρὸς τοὺς διδασκάλους αἰτίαν ἐρωτῆσαι.

Σίμων καὶ οἱ περὶ αὐτὸν εἶπον· οἶδε τὸ σεπτὸν καὶ οὐράνιόν σου νεῦμα καὶ τὸν θεοφιλῶν τούτων κρίσιν, ὅτι 20 πάντες ἵνα θεὸν σέβομεν, καὶ ὁ θεὸς ἀπείρων δοξῶν ἐστὶ πατήρ· ὡς οὖν δοκεῖ ἑκάστῳ περὶ δόξης θεοῦ, οὕτως θρησκεύει·[13]).

Ἀφροδιτιανὸς εἶπε· θεὸς μὴ πεπαυμένας δόξας οὔτε ἔσχεν·[14]) οὔτε ἕξει· εἷς γὰρ ὢν καὶ μίαν εὐσέβειαν·[15]) ἔχει δόξαν. ἢ 25 πάντας·[16]) ἔδοξε·[17]) γενέσθαι· εἰ γὰρ ἀπείρων δοξῶν ἐστι πατήρ, ποῖαν τις·[18]) ἀντιλέξεται ἢ πῶς ἴδοι τις ποίαν·[19]) καὶ τίνα κρατήσαι· διαιρουμένων γὰρ τῶν δοξῶν διαιρεῖται καὶ ὁ δοξαζόμενος.

¹) fehlt V. ²) ἐξακτομικλῆς PV, ὀρίκκως ἐξακτομακλῆς R.
³) κ. καθ᾽ ἑαυτὰ τὰ μέρη ὡς ὀφείλαν καὶ καθισάντων P, ähnl. R.
⁴) ἡμῶν P. ⁵) τὴν ἀ. ταύτην PR. ⁶) μ. ἐμάς μ. ⁷) —ται PR. συντύχηται V. ⁸) —ές Vp. ⁹) ἀφροτιανός P. ¹⁰) p. σίμον καὶ βαρρά V. σίμον κ. βαρσᾶν R. ¹¹) σκίλλαν R. σκαλλᾶς V. ¹²) τούτου V. τοῦτον P. ¹³) θρησκεύεται R. ¹⁴) ἔσχεν P in rasur, scheint ἔτυχεν gewesen zu sein. ¹⁵) τεσσεπόστατον PR. ¹⁶) πάντας R. ¹⁷) δεῖ PRV. ¹⁸) ποίας ἂν τις PR. ¹⁹) ἢ ποίας καὶ τίνος P, ἢ πῶς ἢ ποίας καὶ τίνα R.

οἱ περὶ Συμεὼν πάλιν εἶπον· παρακαλοῦμέν σου τὴν
ἡμῶν καὶ εὐσταθῆ φιλανθρωπίαν, μὴ οὕτως ἀποτείνεσθε[1]
εἰς ἡμᾶς. πολλὴν[2] γὰρ φιλοπονίαν[3] ἐξήσκησεν[4] λόγον καὶ
οὐκ εὐποροῦμεν λέγειν πρὸς σέ. ἀλλ᾿ ὡς δυνάμεθα εἴπομεν,
λάλησον ἡμῖν. Ἰακὼβ καὶ Φαρὰς· μὴ γὰρ περὶ δόξης θεοῦ
ἐστιν ἡμῖν ἡ φιλονεικία; περὶ Χριστοῦ τοῦ Ναζωραίου, ὃν
φθόνῳ ἀνεῖλον, οἳ εἶδε μὴ ἐγένοντο[5] μαρτύρες ἡμῶν[6]· οὐ
γὰρ ἡμῶν. τὴν γὰρ αἰσχύνην τοῦ φόνου[7] τούτου μὴ φέρον-
τες τὸ ὅλον ἀρνηθῶ. ἵνα μὴ κατακριθῇτε. οὗτός ἐστι περὶ
οὗ λαβὼν εἶπε· κύριος εἶπε πρός με· υἱός μου εἶ σύ, ἐγὼ σήμερον γεγέννηκά σε καὶ τὰ ἑξῆς. καὶ ὁ θρόνος σου ὁ θεὸς εἰς
τὸν αἰῶνα τοῦ αἰῶνος· ἕως διὰ τοῦτο ἔχρισέ σε ὁ θεός. ὁ
θεὸς ἔλαιον ἀγαλλιάσεως παρὰ τοὺς μετόχους· καὶ λίθον ὃν
ἀπεδοκίμασαν οἱ οἰκοδομοῦντες, οὗτος ἐγενήθη εἰς κεφαλὴν
γωνίας· καὶ ἰδοὺ ἐξ ὄρους ἐτμήθη, λίθος ἄνευ χειρῶν, καὶ ὁ
λίθος ὁ πατάξας τὴν εἰκόνα ἐγενήθη εἰς ὄρος μέγα καὶ ἐπλήρωσε πᾶσαν τὴν γῆν[8]. καὶ ἰδοὺ τίθημι ἐν Σιὼν λίθον ἀκρο-
γωνιαῖον ἐκλεκτὸν ἔνδοξον[9]· καὶ ὁ πιστεύων εἰς αὐτὸν οὐ
δληθῇσεται[10]. καὶ ἰδοὺ ἡ νεᾶνις ἐν γαστρὶ ἕξει καὶ τέξεται υἱὸν καὶ
καλέσουσι τὸ ὄνομα αὐτοῦ Ἐμμανουήλ. καὶ ὡς[11]· πρόβατον
ἐπὶ σφαγὴν ἤχθη καὶ τὰ ἄλλα. καὶ ἰδοὺ μετὰ τῶν νεφελῶν
τοῦ οὐρανοῦ ὡς ὅμοιος[12] υἱὸς ἀνθρώπου ἐρχόμενος ἦν· ἕως
τοῦ παλαιοῦ τῶν ἡμερῶν ἔφθασε· καὶ αὐτῷ προσηνέχθη ἡ
τιμὴ καὶ ἡ βασιλεία· καὶ πάντα αἱ φυλαὶ αὐτῷ δουλεύσουσιν.
ἡ βασιλεία αὐτοῦ βασιλεία[13] αἰώνιος. καὶ ἡ ἐξουσία αὐτοῦ
εἰς γενεὰν[14] καὶ ἔτι· ταῦτα πάντα καὶ ἕτερα περὶ Χριστοῦ
εἴρηται, ὃν ἐσταύρωσαν οἱ αὐτοκατάκριτοι[15] μάρτυρες ἡμῶν·
καὶ ἀνέστη καὶ τῷ ἁγίῳ ματρὶ συνεδρεύει ἐν ταῖς ἀχράντοις
οὐρανοῖς.

3. Συμεὼν καὶ οἱ σὺν αὐτῷ εἶπον· καὶ διὰ τί πρὶν ταῦτα
οὐκ ἐλέγετε, ἀλλὰ τῇ ἀντιπαθείᾳ ἡμῶν τὰ τοιαῦτα ἐξαίφνης
δεδώκατε;

[1] αε Pr, ἀποτείνεσθαι R. [2] πολλῇ PRV. [3] α PRV. [4] αε
PRV. [5] εἶδε ἐγ. fehlt R. [6] οὗ π. fält P. [7] ᾗ φόνου PRVp.
[8] oben s. 179, 24 ff. [9] ἐκλ. ἔντιμον PR. [10] αἰσχ. P. [11] τὸ ὡς
PV, τὸ ὡς R. [12] ὁμοίως R. [13] αὐτ. β. fehlt PR. [14] γενεὰς P,
γενεὰς R. [15] αὐτοκατάκριτοι PRVp.

Ἰακὼβ καὶ Φαρὰς εἶπον· οἶδεν ἡ ἀντιπάθεια ἀγομαῖς
ἀγαθὴς καὶ ἐπικερθεῖς[1] πραξεύθαι, ὡς δὲ ὁ πάτρος θεὸς
οἶδε, κατὰ διάνοιαν ταῦτα πάντα εἴχομεν[2] καὶ κατεγνώσκο-
μεν τῶν ἀντιλόντων[3] αὐτῶν· καὶ δι᾽ ἣν ἐπείχομεν ἀξίαν, τὴν
ἀλήθειαν ἐκρύψαμεν[4]· μέντοι[5] τῇ καρδίᾳ ἐχματωνίζομεν[6], 5
ἰδοὺ οὖν προμήσει ἀγαθῇ τὴν τελειότητα ἡ θάσωμεν· καὶ γὰρ
καὶ τότε πολλοὶ διὰ τὸν φόβον ἐκεῖνον τὸ κατ᾽ ὄψιν φυλάτ-
τοντες τὸ κατὰ διάνοιαν ἄλλως εἴχομεν.

Ἀγροθεταιὸς εἶπεν· ὁ μὲν ἄνθρωπος ἰδίας ἐννοίας καὶ
ταῖς ἐπισυρομέναις πᾶσιν ὄψιν ἀνάστατει περὶ πολλὰ ντέον· 10
ὅλην οὐ φθάσει τις τὴν ἀλήθειαν τῷ γένθει ἢ[7] τῷ ἐναντίῳ
τὸ εὐθὲς[8] εὑρήσει. πῶς δὲ κἂν τις[9] κατανοῇ τις εὐσεβὲς,
ἥσει ἐν τούτῳ ἐπισείνειν[10]· ὅθεν τὰ ἄμφω μέρη τῇ ἰδίᾳ
δοκιμάσῃ τὸ ἠρέσκον αὐτῶν διαπράξασθαι.

Οἱ περὶ Ἰακὼβ εἶπον· ἡμεῖς Χριστὸν οἴδαμεν καὶ ἐξ οὐ- 15
ρανῶν ἤδη ἐληλυθότα καὶ τῆς αὐτοῦ πίστεώς ἐσμεν, μηκέτι
τὰ Ἰουδαίων βουλόμενοι φρονεῖν.

Σίμων καὶ οἱ σὺν αὐτῷ εἶπον· θέλοντας[11] ἡμᾶς οὐκέτι
δέξεται τὸ ἔθνος, πῶς γὰρ τοὺς καθ᾽ ἑαυτῶν[12] μεθ᾽ ἑαυτῶν
σχοῖεν; 20

Ἀγροθεταιὸς εἶπεν· ἐξελεῖσθε οὖν τοὺς διδασκάλους
ἱερωθέντες[13] εἴπατε τὸ ἀληθές;

Σίμων εἶπεν· οὔτε αὐτοὶ πρὸς ἡμᾶς οὔτε ἡμεῖς πρὸς αὐτοὺς εἰρηνεύσομεν[14]· διέστημεν γὰρ πολέμιοι[15] ἑαυτῶν γενόμενοι. 25

Ἀγροθεταιὸς εἶπεν· ἱκανῶς[16] τοῦτο γὰρ αὐτοῦ[17] ὅμως.
μέχρι λόγων ἐστὶ[18] τὰ καθ᾽ ὑμᾶς[19] παντὸς πράγματος ἔρη-
μοι ὄντες· τοὺς γὰρ ἐπὶ πράγματι κινουμένους ἐκείνοις ἔθνος
ἐκλεκτῶν οἶδε, οὐρανίως οὐράνια ἁπτομένους καὶ οὐ μέχρι[20]

---

[1] —ἢν — ἐν καὶ —ῇ PR. [2] εἴχομεν PRV, ebenso unten.
[3] —ό— K. [4] —ομεν V. [5] μ. γε P, τῷ δὲ κ. V. [6] μ.—ἐχο-
 febIlt R [7] οὐδὲ p. [8] γενθὸς V. [9] κἂν εἰς ὅ Pp, κἂν εἰς ἃ K.
[10] εὐσεβὲς ἥσει ἐν τούτῳ ἐπισείνειν PRp, ἥσει τ. ἐπισείνει V.
[11] οἴμοι καὶ οἱ ἄλλοι οὐδὶ θέλ. PRV. [12] κατ᾽ αὐτῶν PR. [13] οἱ
αἱρεθεῖσαι V, εἰ αἱρεθεῖσαι PRξ. [14] ἔτι εἰρ. PR. [15] ἑαυτῶν π. PR.
[16] ἱκανῶς PR. ἱκανούσθαι p, ἱκανεσα οὕτω αὐτοῦ ὁ ὅμως V.
[17] αὐτῶν P. [18] ἐστί PR. [19] ἡμᾶς Pp. [20] ἄχρι PR. ἐπ᾽ ὀνόματι p.

ὀνόματος κατηχοῦντος ἀλλὰ καυχήματι οὐρανίῳ[1] στεφανου-
μένους[2] · πλὴν ὑπόδειγμα μικρὸν ἴσον τοῦ πρώτου παραθήσω
ὑμῖν. γυναῖκα πομπέϊασαν[3] κατέλαβον ἐν τῇ Μαγγβανῷ[4]
κατοικίᾳ · καὶ ἡρπάσθη αὐτῆς Κύιντος ὁ Κονάτου[5] παῖς καὶ
διεπέμψατο αὐτῇ δῶρα, ἵνα συνῇ ζεται αὐτῷ . ἡ δὲ ἰδοῦσα τὰ
δῶρα καὶ γελάσασα εἶπε τῷ ἀποκομίσαντι δεῖξαι τὰ πρό-
βατα · ἰδοὺ τὰ δῶρά μου καὶ τὰ τέκνα[6] ἐξ ὧν περ τρέφομαι
θείᾳ χάριτι. ὁ δὲ αὐτὸς ἀπηλθε πρὸς αὐτὴν καὶ παρῄνει
ἐπαχθέσι ἐπαγγελίας καταδέχεσθαι[7] αὐτῶν · ἡ τοι λέγει
μηδέν, τοῦτο ἄνωθεν νενομοθέτηται πρὸς τὸ τὸ γένος πλη-
θύνεσθαι. ἡ πομπεύσασα εἶπεν · ἐμοὶ ἐνομίσθη τιθὴ[8] μηδὲν πλέον[9]
ἐν οἷς περίκειμαι κτᾶσθαι. πολλὰ δὲ παραινέσας καὶ μηδὲν
ἀνύσας ἰσχύσαι τὴν αὐτὴν ἀποκτορηθῆναι. τῇ οὖν τετάρτῃ ἡμέρᾳ
μᾶλλον ἀποήξω φωνὴν ἱλαρὰν ἀφῆκεν οὕτως[10] · ὁ τῶν
μεγάλων ὅσῳ τέκνων οὐράνιος πάτερ, ὁ τῶν ἐσμῶν ἐν κάλλει
νυμφικῷ ἀχραντε, πρὸς σὲ ἰσχύσαι · τεκμήρητε δέσποτα, ἅ μοι
δίδωκας, ἀντικαταδώσω σοι ἄμωμα. παρθενίαν, ἀπαρθενίαν
κακὸν, ἀκτίσασο[11] ἔπαρξιν, γλῶτταν ἀληθῆ, καρδίαν κακίας
ἀλλοτρίαν · ἐλπίδι μελλούσῃ ἀεὶ προσέχουσαι[12], ἥν περ τιμή-
σασαι περὶ[13] τὰ ἀγαλλιάματα αὐτῆς πάντας καταταντᾷ[14], καὶ
οὕτως ἀπήνξε . μηδὲν δὲ καὶ ταῦτα ὁ μιαρὸς αὐτοῦ ἐκέλευ-
σεν αὐτὸν κατακέφαλα[15] κρεμασθῆναι μέσον τῆς πόλεως ἐπὶ
ἱστοῦ[16] ὑψηλοῦ, ὥστε γενέσθαι αὐτὸν θεοτόπευτον. καὶ πᾶσι
λέγω περὶ Χριστοῦ · ὁ γέγονεν ἤδη γέγονεν. καὶ περὶ Φιλίππου
τοῦ συγγραφέως ἐν Ἀραβί[17] καὶ ἐν Ὄστρᾳ[18] ἀντίτυπον
αὐτῷ · καὶ περὶ πάντων Ἑλλήνων καὶ Χριστιανῶν καὶ Ἰουδαίων ὀνόματι μόνῳ κομίζομεν . ὅστε, ἀδελφοί, κἂν ὑμεῖς
χριστιανίζετε κἂν ὑμεῖς ἰουδαΐζετε, τὸν τῆς εἰρήνης σύνδεσμον

---

[1] αἰώνιοι P. αἰώνιος R. [2] στεφανούντος PR, στεφαν. p.
[3] πομπεύσασα V, πομπεύσασαν Rp. rasar, undeutlich P. [4] ἀγγα-
βάνῳ PR. [5] κοίτου P, κοιτὸς κοίτου RV. [6] τ. μου PRV.
[7] κ. ἥτις λέγει αὐτῶν ὅτι δίδωκά μοι ἡ χάρις ἄρρητον μένουσι
ἐγὼ φυσικῶς κοιτὸς λέγει P und ganz ähnlich RV. [8] ἡδεῖ V.
[9] μηπλέον PR. [10] οὐράνιε περ ὁ ὑψατος ἐν κάλλει R. ὥστε ὁ
τῶν ὑψίων ἐν κ. P. [11] ἄκτιστον τούς ἐπ. P. ἀκτίμονα ἐπ. R.
ἀκτίμονα πρῆξιν V. [12] —αι R. [13] ἐπὶ PR. [14] —ᾶ R. [15] κατά
κέφαλα P, κατὰ κεφαλὴν V. [16] ἱστίου PR. [17] καὶ ἐν ἀραβῇ PR.
ἵνα μαθῇ V, ἐναμάθῃ C. [18] ἐνόστρᾳ P, βοστρᾷ VC.

μὴ ἀπολέσητε· ἀναιρετικῶς προτιμῶντες[1] ἑαυτοὺς ξηλώσωμεν
τῶν οὐρανίων[2] τὰ ἀδιάστατα[3] · μαρήσωμεν[4] τῶν ἐναντίων
τῶν ἀπομισγαμόν· πειρατέξασθε ἑαυτοὺς πάντες αἰτοῦσης ὑμᾶς
τῆς ἄνω χάρατος[5].

καὶ ἔσχεν χάριν ὁ ἄνθρωπος πεῖσαι ὁπόττρα τὰ μέρη[5]
διαλλαχθῆναι ἑαυτοῖς[6]. τῶν περὶ Σίμωνα καὶ τοὺς ἄλλους
περὶ τοὺς πόδας τοῦ μέρους Ἰακώβ αἰτούντων[7] μὴ κατα-
λείψαι ἀρχαίαν φιλίαν. ἀλλ' ἡ μὲν θηρακεία ὡς ἂν τις ἴδῃ
ἀνεπομένων μετούσης τῆς ἀγάπης. καὶ ἀσπασάμενοι ἀλλήλους
ὡς ἴδει καὶ τοὺς ἐπισκόπους ποδαγελάφσαντες τῷ τε θεῷ
εὐχαριστήσαντες καὶ τὸν βασιλέα πλεῖστα εὐχαρίσαντες τό
τε ἀλλήλοίσιν ἐβραϊκῶς[8] καὶ κοινῶς εἰπόντες ἀπέστησαν ἀπ'
ἀλλήλων. ἐβαπτίσθη δὲ Ἰακώβ καὶ Φαρὴς καὶ Ξ γυναῖ· οἱ
δὲ ἄλλοι ἐν ἀπομχήματι Σίμωνος ἔμειναν, οὓς ἐκάλεσαν
Χριστιανομάχους[9]. τοῦ Ἀφροδιτιανοῦ ὁποτόσας παρακαλοῦντος
τὰς τιμὰς πλεόνων, ὅτι καὶ αὐτὴ μεγάλως ἐτίμησεν ἡμᾶς·

ΝΕΚΕ ΑΝΤΡΑΡΑ ΡΟΦΑΙΟΣ ΜΕΡΟΡΕΚΤΑΛΛΟΙ-
ΣΙΝΝΕ ΡΩΤΟΥ ΜΕΜΚΑΛΛΑ ΑΥΞΟΝΤΩ ΡΩΡΑ[10]·

ἃ τινά ἐστι ταῦτα· ἡ ἀεεξουσίαστος ἐξουσία κελεύει ταῖς
ἀρχιλαμίας[11] ἀποτίθεσθαι ταῦτα μέρεσιν ἴδιως καὶ τοῖς
θελοῦσιν ἴσα λαμβάνειν.

ΑΡΙΝΑΒΑΤΟΣ ΒΑΥΚΟΓΕΓΕΝΑΡΑΣ ΗΑΣΑΡΓΑΡΟΣ
ΛΕΞΡΙΒΟΝΑ ΤΟ ΈΛΕΟΚΑΗΣ ΒΑΖΕΑΣ ΑΦΡΟΜΙΤΙΑ-
ΝΟΣ. ΜΕΙΜΑΛΤΟΣ· ΚΕΛΕΥΣΙΣ ΜΑΓΝΩΣΙΣ· ΕΥ-
ΤΥΧΙΑ ΚΡΙΣΙΣ[11]·

---

[1] τμ. PR. [2] οὐνεσν R. [3] ἀδ. ἀγαθὰ καὶ ρ. [4] μαρήσωμεν
τῶν τῆς εἰρήνης ὄντώ ὅπως μὴ ἀπολέσῃ τῶν ἐναντίων τῶν ἀπομισ-
γαμόν V. [5] π. εἰς τὸ ἐνεθῆναι ὑμᾶς τῆς θείας χάριτι PR. [6] ἑ.
ἰάψαντες ἑαυτοὺς ἐπὶ τοὺς πόδας P, ἑ. ζ. ἑ. τὸν πεφαίρωμα κ. τ.
ἀλλ. ἐπὶ τ. π. Κρ, ἑ. ἀφάιστων ἑ. τῶν περὶ σ. κ. τ. ἄ, περὶ τοὺς π. P.
[7] —ες PR. [8] ἑβραϊστὶ P. [9] —ίτας P. [10] νακντάτεμα φαρὴς
μτνμφ κταλήι σεσιπτέφοτσι μελόκαλλα αὔξον τίφομα R. νακτατ-
τεμ μαρωε μιμοφε κταλασσαν εμωτα ἐνδαδικαλαμνξ ΤΤ φομα
R. ἔνεκεν τα μημφοτς μερω φεκταλοις ηνεω οτι μεδικαλα αυ-
ξαν τημφωα V. [11] —ἀσιας V. —νακαίς ἀλλαφίαις R. [12] ἀφιτατος βαυκοτεφέδεας πασάφγαρος λεξβαβονίτατος δποκλής βαξέας
ἀφφοδιτιανὸς μτιμαλλος κέλευης διάφνεσις· εὔτυχα κρδαις· ἡ
τῶν τεσσάφων ἐξ. P, ἀφιτατος βαυκοτε· γαδώᾳς πασάφγαρος·
διξβανίτος δποκλής· βαξέας· ἀφφοδιτιανὸς· μτιμπίλλος κέλεσης

ἃ ἐστι ταῦτα· ἡ τῶν δ̄ ἐξουσιαστικὴ κεφαλὴ γενέσθαι τὰ ἐπικωθέντα ἐπήνεσεν[1]· Ναβροψίκης Μιθροβάδης Γεωτνλος[2] υἱοὶ τῆς ὑπατευούσης[3] ἱστορίας καὶ τῆς[4] σατραπείης· ὧν ἡ κέλευσις φανερὰ τῇ Βαβυλωνίᾳ ἄπας[5] ἐξεδόθη ἐπεισθέσθωσαν[6] τὰ ὁμολογηθέντα ἀμφοτέρως εἰδέναι[7] καθὼς συνέγραφεν[8].

Οὗτος ὁ Φίλιππος πρεσβύτερος καὶ σύγκελλος[9] γέγονεν Ἰωάννου ἀρχιεπισκόπου[10] Κωνσταντινουπόλεως[11]. ὃς τὴν σύμπασαν μεγάλως ἱσταθμογράφησεν· ὡς οὐδεὶς[12] τῶν ὅσοι ἱστοριογράφων πώποτε πεπραγμάτευται[13]. ἱστόρησεν δὲ ὁ αὐτὸς πρεσβύτερος τὴν[14] ἡμέραν ἐν ᾗ ἐπήδη ὁ ἀστὴρ ἐν τῷ ἱερῷ. τὴν αὐτὴν πάλιν ἡμέραν κατ᾽[15] ἐνιαυτὸν ἕως τοῦ ἀναληφθῆναι[16] τὸν κύριον πάντως τὰ ἀγάλματα τὴν ἰδίαν ἕκαστον ἀπετέλει φωνήν. ὡς πᾶσαν τὴν πόλιν ἑκάστην[17] ἐκεῖ προσκαλεῖν τρέπειν ὑπακούοντας τὰ μεγάλα θαυμάσαι[18] καὶ τὴν τοῦ ἀστέρος κατ᾽ ἐνιαυτὸν ἐπιφάνειαν.

Θαυμάσαι δὲ ἐστι πῶς ὁ Ἀφροδιτιανὸς Ἕλλην ὢν ὀνόματι. ἔργῳ δὲ χριστιανίζων[19] τὸν πρεσβύτερον Φίλιππον ἐπερέβαλε[20] περὶ Χριστοῦ εἰπὼν[21]· μεγάλα δοξασθῆναι[22] ὁ Ἰωάννης ὁ τοῦ συκοφάντου αὐτοῦ ἔθνους[23] συγγραφεὺς· εἶπε τὸν βασιλέα ἀγαγεῖν ἀρχὰς ἐν τῷ ἱερῷ ὅπερ ποτὲ οὐ γέγονεν καὶ τὰ ἀγάλματα ὑπὸ πόδας ἔχουσι καλαμισκάρια[24] ἀφανῆ καὶ ἐγκατέσαν οἱ τούτων τεχνουργοὶ κρυπτῶς καὶ τὴν ἰδίαν

διηγήσας ἐντεχία κοίλας R. ähnlich p. διηγήσας βίων κρατηγυνᾶς παπάργυρος ἀρξιβάνατος δοκίμας βαΐζὲς διηγοδοτικῶς περιφιλάδος ἡ τῶν δ̄ ἰξ̄. V. der hier abschliesst.

[1] ἱπένευσεν R. [2] γεωτνλος PR. μύθου φατιρυνλὸς O. [3] ὁ ἀξίας PR. [4] τ. πρεσηπωδῶς ἱρτνιονίας καὶ σατρ. PRξ̄. [5] τῇ βαβυλῶνι χερὰ ἄκρως p. [6] ἐπειθέσθω p. [7] ἰδίως p. [8] συνέγραφεν. ὡς δὲ ὁ ἀληθῶς ἔχει λόγος καὶ ὡς ὁ φίλιππος ὁ ἱστοριογρ. ἐξέθετο τῇ ἡμέρᾳ ἐν ᾗ κτλ. p. [9] σύγκελλος O Vindob. [10] τοῦ ἐπισκ. [11] Κπ. τοῦ χρυσοστόμου Vindob. [12] οὐδενὸς R. [13] πεπραγμάτευται O. ἱστ. ᾗ ἀουργράψεον πώπ. π. τὰ ἄλλα πάντα καλῶς εἰδὼς ἱστόρησεν καὶ τοῦτο ὅτι περ καθ᾽ ἢν ἡμέραν ὁ ἀστὴρ τ. Durch die auf Christus bezügliche Josephusstelle ist hier C interpolirt. [14] ὅτι τὴν ἡμ. P. Vindob. [15] τὸ κ. p. [16] ἀρχ θ. R. [17] ἐκ. fehlt PR. ὡς πᾶσὰς τὴν π. ἑ. καρτερεῖτε p. [18] θαθμάτα p. [19] ἔ — χρ. fehlt R. [20] ἐπέβ. P. [21] εἰπεῖν P. [22] δοξας δὲ ὁ P. δοξᾶς δὲ ὁ R. [23] τοῦ ἔ. P. [24] — τα R. καλάμιον κάρια P.

ἑκάστων ἰδίως[1]) τεχνάζονται φωνήν · καὶ ἵστανται ἀντὶ τοὐτων[2]) γυναῖκες ἃς καλοῦσι θαρμίχλας[3]) ᾄδουσαι · καὶ αἱ στῆλαι διὰ τῶν τεχνιτῶν[4]) τὰς ζώσας γυναῖκας ταῖς εὐτεχνίαις[5]) νικῶσι. τὸ δ᾽ αὐτὸ[6]) καὶ ἐπὶ πάντων · οὕτω γὰρ τὰς ἀξίας[7]) διὰ τούτων προβαίνειν λέγει · ὅπερ[8]) τοῖς ἀναγινώσκουσι ταῦτα νοηθῆναι ὠφειλαν, εἰ ἀληθῆ δοκεῖ:

τέλος τοῦ ἱστορικοῦ λόγου περὶ τῶν ἐν Περσίδι πραχθέντων[9]).

_____

[1]) εἰδὼς PR. [2]) τούτων PR. [3]) θαραχλίνας καὶ P. ἃς—ἀδ. fehlt R. [4]) τεχνητῶν C. [5]) εὐτεκνίαις R. [6]) τὸ δὲ αὐτοῦ P. [7]) τὴν ἀξίαν R. [8]) ἅπερ PR. [9]) der satz fehlt PR.

Analyse des gespräches.

Um die mitte des zweiten jahrhunderts[1]) waren die
Christen so ziemlich im ganzen römischen reiche verbreitet.
Die wortführer der litteratur begannen ihnen beachtung zu
schenken und die kaiserlichen behörden begannen sie zu verfolgen. Gegen den spott der litteraten wie Lucians und gegen
die haftbefehle der prokonsuln und prokuratoren erhoben sich
die christlichen apologeten. In einem fingirten zwiegespräch,
das ein Christ mit einem heiden oder Juden hält, versuchen
sie den vorzug des christentums vor der griechischen götter-
verehrung oder vor den pedantischen, äusserlichen ritualge-
setzen der Pharisäer darzutun. Gelegentlich wurden solche
schutzschriften geradezu an den kaiser gerichtet oder es ward
ihnen wenigstens der anschein verliehen, als ob sie dazu bestimmt wären. In der mehrzahl der fälle ist die zweite person
solcher religionsgespräche ein Jude, indessen seit dem 3. jahrhundert dachten die Christen kaum noch ernstlich daran,
die Juden zu bekehren[2]), und wandten sich vielmehr an ein
heidnisches publikum; eine ausnahme macht der osten, wo
die Juden in der tat eine macht waren, so namentlich
Antiochien und Mesopotamien. Dem vorgang der apologeten
Aristeides, Justin, Melito, Minucius Felix folgten in etwas ver-
änderter art die kirchenväter. Tertullian, Hippolytus, Cyprian,
Basilius, Chrysostomus schrieben gegen die Juden.

Später kam noch der gegensatz gegen die persische lehre
hinzu, und namentlich unter Chosrau Anosarwans vorsitz sollen
in der tat zahlreiche disputationen über den vorzug der einzelnen religionen stattgefunden haben. Die litterarische fehde
gegen Juden, heiden und später gegen den Islam setzte sich

[1]) Harnack, Texte und untersuch. I.
[2]) Ob die im Talmud erwähnten dialoge zwischen Christen und
Juden fingirte sind, scheint zweifelhaft.

durch das ganze mittelalter fort[1]). Auch die apokryphe litteratur nahm den vorwurf auf, wie denn bereits die fiktion der sich unterredenden personen der apokryphen fälschung in die hände arbeitete. Eine disputation des ketzers Mani mit Archelaus, bischof von Kaschkar tauchte auf, akten, die gegen 500 in Syrien entstanden sind, schreiben dem Sylvester ein religiöses kampfgespräch mit den Juden zu, bischof Grigentios sollte im reich der Himjariten mit dem Juden Erban, Philipp der silberschmied unter Justinian mit dem rabbiner Theodosios über ihre beiderseitigen religionen verhandelt haben[2]).

Von der erdichteten synode des patriarchen Isaak heisst es, dass sie zu Seleucia-Ktesiphon am hof der Sassaniden stattgefunden und dass 40 persische bischöfe sie besucht[3]).

Das apokryphe wesen derartiger apologetischer und polemischer reden ist in legenden und romanen erkennbar. Am hofe des Xerxes (statt Vardanes) befehden sich die apostel Simon und Judas mit den persischen Magiern; um ihre kunst zu zeigen, disputiren jene zuerst mit den geschicktesten sachwaltern des reichs und machen sie nacheinander lahm, stumm und blind, die apostel aber nehmen den Magiern wieder ihre macht über die sachwalter und bekehren die letzteren. Lange vertheidigungsreden für das christentum finden sich in der mär von Irene[4]), die ebenfalls am hof eines fingirten Sassaniden mit nachdruck und beredsamkeit den heiden, d. i. den Parsen, entgegentritt, und in zahlreichen anderen märtyrergeschichten. Gelegentlich ist sogar eine echte apologie legendarisch verwertet worden; so hat der Josaphatroman aus der apologie des Aristeides geschöpft.

In die reihe der apokryphen religionsgespräche gehört nun auch die disputation im reich der Sassaniden. Sie war einst sehr beliebt und verbreitet, das beweist die grosse menge

---

[1]) Die denkmäler der hebräischen u. arabischen polemik hat STEIN-SCHNEIDER zusammengestellt.

[2]) Die beiden disputationen im Vatic. 687, Ottobon. 267 u. a. hss. Die des Grigentios edirt von GLOXIUS 1598, Paris.

[3]) ASSEMANI, Bibl. orient. III 366.

[4]) vergl. meine ‚Danae in christl. leg.‘.

13*

der hss., sowie mehrere stellen der kirchenväter, wo auf sie
bezug genommen wird. Es giebt von ihr wie von den resten
des Grigentios[1]) altslawische übersetzungen. Der titel der schrift
war nach der einen recension: ‚Erzählung der ereignisse in
Persien‘, nach einer andern: ‚Bericht von der persischen synode der orientalischen bischöfe, in der von den wundern die
rede ist, so in jenem lande zur zeit der geburt Christi geschehen sind‘, nach einer dritten: ‚Streitreden der Juden,
Christen und anderer (und der Hellenen) über die fleisch-
werdung, gehalten in Persien unter Aphroditianos‘. Als urheber
der schrift galt den einen, deren irrtum klar zu tage liegt,
Aphroditianos. Hippolytus von Theben citirt ihn für die genealogie Maria's[2]): Ἀπὸ τῆς ἐνανθρωπήσεως τοῦ κυρίου ἡμῶν
Ἰησοῦ Χριστοῦ μέχρι τῆς τῶν μάγων προσκυνήσεως ἔτη β΄. πρὸ
τοῦ γεννηθῆναι γὰρ αὐτὸν ἐφάνη αὐτοῖς ὁ ἀστὴρ ἐν Περσίδι,
καθὼς φησιν ὁ Ἀφροδιτιανός.

Leider ist die stelle für die datirung unseres dialoges
nicht brauchbar. Denn Hippolytos, der nach Gutschmid um
390 n. Chr. schrieb, ward ende des 10. jahrh. überarbeitet
und es fehlt an jedem anhalt, um den ursprünglichen text
aus der überarbeitung herauszuschälen.

Ferner scheint Epiphanius (um 830) den Aphroditianos
zum schriftsteller stempeln zu wollen, wenn er in seiner rede
über Maria sagt: Ἀλλὰ καὶ οἱ ἐπιχειρήσαντες καὶ μέχρι τινὰ
εἰπόντες (sc. τοῦ βίου τῆς θεοτόκου) οὐκ ὠρθοτόμησαν, ἀλλ᾽
ἑαυτοὺς ἐγένοντο κατήγοροι. Διὸ Ἰάκωβος Ἑβραῖος καὶ Ἀφροδιτιανὸς Πέρσης καὶ ἄλλοι τινὲς μόνον περὶ τῆς γενέσεως
αὐτῆς εἰπόντες τελέως ἀπεσιώπησαν. Weiter ist in mehreren
griechischen hss. ein stück unter dem titel Ἀφροδιτιανὸς
Πέρσης περὶ γενέσεως τῆς παναγίας θεοτόκου über-
liefert[3]), das dem porträt Maria's in unserem dialog (s. 161, 164)
entspricht. Endlich führt auch die russische übersetzung des
dialoges als autornamen den des Aphrodisianos an der spitze.

[1]) Gutschmid III 167.

[2]) Tischendorf, Analecta sacra et profana 1855 Lipsiae 21 =
Migne, patrol. gr. CXVII.

[3]) Vindob. thesl. 315.

In vielen hss. wird als autor Anastasios, metropolit von Antiocheia[1]) † 6.., angegeben. Die obere grenze bestimmt Κόαρος ὁ Κοτάτοι ατς (s. 190) Kawâdh der Sassanide † 518. Qawâdh syrisch, Κοάαρος bei den Byzantinern, hatte sich zuerst dem irrlehrer Mazdak zugewandt und hatte deshalb eine zeit lang vom trone weichen müssen. Zuerst soll er grausam gegen christliche bischöfe gewesen sein, da ja auch die intoleranz der christlichen sekten in seinem reiche nicht geeignet war, zuneigung zu ihrer lehre einzuflössen. Nachdem indessen ein christlicher arzt, Stephan von Edessa, ihn von einer krankheit geheilt, soll er den Christen sein wohlwollen zugewendet haben. Ferner erzählt die sage, er habe einen schatz, der in einem indo-persischen schlosse verzaubert war und an dem persische und jüdische magie sich vergebens versucht, durch christliche mysterien endlich zu lösen vermocht. Hohen sagenruhmes genoss auch sein weiser wezir Suchra, sowie Buzurgmihr, der wezir seines nachfolgers Chosrau Anošarwan; sie werden die vorbilder für den weisen Aphroditianos abgegeben haben. Auch ist hier anzuziehen, dass ein persischer prinz, Hormisdas, Christ war und deshalb zum kameeltreiber degradirt und zuletzt verbannt wurde[2]).

Die sammlung apokrypher stücke, die in unserem dialoge vereinigt sind, ist demnach gegen ende des 6. jahrh. entstanden und, wie es scheint, von Anastasios redigirt worden. Die zeit aber, in der die handlung spielen soll, ist etwa das jahr 430 n. Chr. Der ganze streit ist nämlich entbrannt über den geschichtschreiber Philippos, der zur zeit der persischen synode nicht mehr unter den lebenden weilte, aber noch mit Aphroditianos, dem vorsitzenden der synode, eines gespräches gepflogen hatte. Philipps todesjahr ist nun allerdings unbekannt, kann aber nicht viel nach 410 fallen. Eine subscription bei O scheint darauf hinzuweisen, dass einige stücke des dialoges aus Philipps feder herstammen, jedesfalls aber ist seine darstellung der geburt Christi, als anlass des ganzen religions-

----

[1]) In den hss. heisst es Θεούπολις, der officielle name für Antiochia seit Justinian: Eckhel, Doctr. num. vet. III 304.

[2]) Theodoret. V 39.

gespräches, auch vielfach in dem gespräche selbst verwertet
worden, wie solches am schluss der meisten hss. bestimmt
angedeutet wird.

Der könig, in dessen reich das gespräch stattfindet, heisst
Arrenatos, sein sohn Pasagros oder Pasargaros, letzteres wohl
aus Pasargadäs entstanden, als eponymos der alten Perserstadt.

Die namen wird man in einer liste der Sassaniden vergeblich suchen, um so überraschender ist es, wenn man in
der abgebrochenen königsreihe der Pariser papierhs. 1775
s. XVII fol. 381 liest: *Πτολεμαῖος ὁ βασιλεὺς τῶν Περσῶν.
Ἀρρἁτου καὶ Περσαγάρου τοῦ υἱοῦ αὐτοῦ.* Die notiz ist leider
zu kurz, um mehr zu lehren, als dass eben jene fabelkönige
sich einer weitergehenden berühmtheit erfreuten.

Forscht man nun danach, wie weit die quellen der Parsendisputation zurückgehen, so muss vor allem bei der geschichte
der Magier die ähnlichkeit mit dem mächten Matthäusevan-
gelium auffallen [1]), sodann besteht eine gewisse beziehung mit
einer predigt des Basilius über die geburt Christi, wo es
heisst [2]): *τάχα δὲ καὶ ἀντικειμένης δυνάμεως τῇ ἐπιφανείᾳ τοῦ
κυρίου ἀποστάσεως λοιπὸν γενομένης αἰσθανόμενον κατεργα-
μένης τῆς ἐνεργείας αὐτῶν μεγάλην δύναμιν τῷ τεχθέντι
προστραγωτόρουν.* Greifbarer ist der zusammenhang des dialoges s. 161 mit Tatian's oratio ad Graecos 21: *Τίετσαν ἂν
λέγησε θεὸν καὶ θνητοὺς αὐτοὺς ἀποφαντὸλε. διὰ τί γὰρ οὐ
καὶ νῦν ἡ Ἥρα; πότερον γεγάμηκεν ἢ τοῦ μνηόαντος* (lies
μνηόαντος Usener) *ὑπὲρ ἀπωστται:* die sibyllinischen sprüche
erinnern an einigen stellen an die montanistische gnosis, wie
sie in der berühmten urschrift vom j. 216 n. Chr. ihren
poetischen ausdruck gefunden hat [3]). Einige quellen unseres
gespräches reichen somit bis ins 2. jahrh. n. Chr. zurück und
lassen sich zum teil in Kleinasien, näher Phrygien, wo Side,
Philipp's heimat lag, lokalisiren.

Maria geniesst in dem ,berichte aus den königlichen archiven‘ einer besonderen verehrung. So preist sie auch der

[1]) Tischendorf, Evang. apocr. ² 90.

[2]) c. 5 in der Mauriner ausg. II 600 (Migne XXXI 1469).

[3]) De Rossi, Inscr. christianae I s. XVII ff.

persische prophet Histanes[1]): ‚Wir werden die Maria ehren,
da sie herrlich das geheimnis verbarg‘. Und wenn sie des
öftern eine quelle genannt wird, so singt schon Synesios'
(um 350) hymne[2]):

Μία παγά, μία ῥίζα· τρισσαῖς ἔλαμψε μορφαῖ

und[3])

*Παγὰ παγῶν, ἀρχῶν ἀρχά, ῥιζῶν ῥίζα μονὰς εἰ μο-
νάδων κτλ.*

und in der liturgie der byzantinischen kirche heisst es[4]):
*ἡ μόνη κυήσασα ἐν σαρκὶ πηγὴν ἀφθαρσίας καὶ ἀνάστασιν
καὶ ζωήν*[5]).

Ähnlich bittet die wohl gnostische formel in den Thomas-
akten[6]): ‚quelle, die du uns von der ruhe geschickt worden bist,
heilskraft, die von jener macht ausgehet, so alles besiegt und alles
ihrem willen unterwirft, komme und verweile in diesen wassern
hier!‘ Wie man dazu gelangte, Maria die quelle zu nennen,
deutet eine Hesychiusglosse an: *ΑΙΑ: ἡδονή. πηγή. καὶ ἐπὶ
Βαβυλῶνίων ἡ Ἥρα. παρὰ Τυρίοις δὲ ἡ Ἰτία*[7]). Alskmen er-
innerte mit recht an die LXX übersetzung von genesis 2, 6:
brodem, nebelduft (‘ēd im hebr.) stieg auf von der erde,
πηγὴ δὲ ἀνέβαινεν[8]). Ada, die frau Lamechs, des himmels-
gottes[9]), war demnach die göttin der himmlischen gewässer
und Sella[10]), seine zweite frau, vielleicht die erdgöttin. Wie

---

[1]) Ostanes; griechisches florilegium bei Freudenthal, Rhein.
mus XXXV 418.

[2]) hymn. II 316 Pet.

[3]) hymn. III 320.

[4]) Goar, Εὐχολόγιον 583 (Θεοτόκιον beim totenamt).

[5]) vergl. auch Nilus ad cantic. I 2 bei Mai Class auct. IX 258:
*Πηγὴ ζωῆς ἐστιν ὁ νυμφίος ὁ βοῶν· εἴ τις διψᾷ, ἐρχέσθω πρός
με καὶ πινέτω.*

[6]) ed. Tischendorf 228, ed. Bonnet 37.

[7]) Hesych. I 39 n. 968, vergl. Meursii Glossar. graeco-barb. 59
v. *Ἀνά: Ἥρα ἡ θεά· Ἰτία, ἀνά.*

[8]) Vergl. Josua XIX 21, ἣν γυναῖκα καὶ ἣν δῶδα [cod. Alex.].

[9]) s. Goldziher's Mythus im alten testament.

[10]) So die LXX. [Hebr. Sillā.] Ob mit *Σελλοί* ‚erdpriester‘ und mit
Semele verwandt? Vergl. russisch zemlja, erde.

die Juden Eva mit Hera glichen und die Christen die eigenschaften und schicksale der Aphrodite und der Astarte auf
die heil. Pelagia und Irene übertrugen, so ward in der ungierlitteratur Maria mit Hera und mit der alten semitischen göttin
Ada vermengt [1]).

Viele weissagungen des dialoges berühren sich in ausdruck
und gedanken eng mit den sibyllinischen orakeln, deren christliche stücke im 2. und 3. jahrh. n. Chr. in Alexandreia entstanden. Eine ursprünglich hexametrische form der χρησμῳδίαι
(s. 156 n. 11, 158 n. 2) ist unverkennbar. Mit souveräner verachtung der chronologie werden die unmöglichsten personen
darin zusammengebracht. Kasander stirbt und hinterlässt eine
schwester, Doris, die tochter des Pylades; das schöne weib
heiratet den Attalos, könig der Lakedaimonier, stösst ihm aber
in der brautnacht den dolch ins herz. Der bruder des ermordeten, Philippos, verbündete sich mit den Achaiern und
führte Kalliope heim, die schwester des achäischen feldherrn,
die Halisbeda (Elisabeth) genannt wurde. Kasander und
Doris klingen an Asander und Pythodoris, zeitgenossen Christi,
an; Attalos aber ist klärlich Attila, den Hildiko in der brautnacht erstach.

Noch genialer ist der gedanke, den bericht über die geburt Christi den frommen könig Kyros vorlesen zu lassen.

In dem asketischen philosophen Konkenkrates, der auf
der ähnlich stylisirten klippe Masgabala wohnt, hat Nöldeke [2])
den Kyniker Krates erkannt. Die zahlreichen anderen weisen
als Ophianos, Dichorianos, Tragelaphios sind offenbar völlig
erdichtet.

Erdichtet ist ebenso die barbarische sprache einiger edikte,
ähnlich wie das Bakhi-balan, welches Sylvestre de Sacy entlarvte, und das Asmâni, worin die persische sekte der Sipasier

[1]) Vergl. Usener, Religionsgesch. untersuch., u. Trede, Das heidentum im kathol. IV 488. Zu Epiphan. haeres. 51, 22: ταύτῃ τῇ ὥρᾳ
σήμερον ἡ Κόρη τουτέστιν ἡ παρθένος ἐγέννησε τὸν αἰῶνα, vgl.
oben s. 161.

[2]) Briefliche mitteilung.

ganze bücher geschrieben hat, zu konventionellem gebrauch
erdichtet ist [1]).

Die haltung und der verlauf des gespräches ist sehr
dramatisch, die sprache meist gehoben und poetisch, die kom-
position nicht unkünstlerisch. Ein grosser hintergrund ist geschaffen durch den hof der Sassaniden, streitreden wechseln
mit wundern und geheimen zwischenintriguen ab, der grosse
gedanke von dem unausbleiblichen sieg des christentums wird
gegen drei parteien mit gleicher kraft durchgeführt. Es fehlt
nicht an reichen nüancen, von dem erhaben gesinnten Aphroditianos und den bekehrten Juden Simon und Pharas an bis
zu dem charlatan Horikatos und zu den hartnäckig an ihrem
glauben festhaltenden Israeliten. Dass ein küchenmeister wie
Aphroditianos eine so hohe würde im reichsrat einnimmt,
erinnert an den küchenmeister Nebukadnezar's, Nabuzardan,
der mit reisigem zeug gegen Jerusalem zog und den tempel
verbrannte.

In bezug auf den schauplatz, auf die abfassungszeit und
dramatische wirkung kommt der Parsendisputation am nächsten
der dialog zwischen Archelaus, bischof von Kaschkar (Karchar),
und Mani. Ein brief veranlasst die unterredung. Bei Marcellus,
einem reichen, angesehenen manne, der den Christen ein auf-
merksames ohr leiht, finden sich die streitenden ein; als
schiedsrichter werden der grammatiker Menippus, der arzt
Aigialeus und zwei rhetoren, Klaudius und Kleobulus, einge-
laden. Mani zieht überwunden ab. Bald nach dem gespräch
schreibt Diodor, ein milder presbyter, an den bischof, er möge
ihm zu hilfe kommen gegen Mani, dem er allein nicht wider-
stehen könne. Archelaus eilt hinzu und wird von neuem
die kunst des Mani zu schanden. Auch Parius und Labdacus,
des Mithra sohn, die persischen propheten, erheben sich gegen
Mani. Am schluss erzählt Archelaus den ganzen lebenslauf
des Mani, ein stück, das verkürzt in fast alle byzantinischen
chroniken übergegangen ist.

Was nun die sagenhaften motive anlangt, so erinnern
die statuen, die sich bewegen und menschliche stimme an-

—————

[1]) Gutschmid II 694.

nehmen, an die babylonische mär von Tammuz, dann aber
auch an das Lalitavistara, demzufolge bei Buddha's eintritt
in den tempel die dort befindlichen götzen sich vor ihm ver-
neigen und einen freudentanz darauf anheben. Springende
statuen kommen auch in modernen legenden vor, so in der
legende von der Dominikusstatue in Sorano. Dass *König*
den vögeln zum frasse wird (s. 190), ist ein zoroastrisches motiv.
Eine mystische erwähnung der Satyrn und Bakchen trifft
man auch bei Pseudokallisthenes 24. Die Semiramiten (s. 186)
berühren sich mit den Sinmayern, die nach dem Alexanderroman des Genza zu den neun völkern gehören, die am
jüngsten tage zu grunde gehen; da im Alexanderroman an-
derswo der palast der Semiramis ins königreich der Kandake
verlegt wird, so ist auch für die Semiramiten an Indien zu
denken. Vielleicht sind die schätze der Semiramiten eine anspielung auf den von Kawâdh im indopersischen grenzschlosse
gehobenen schatz [1]).

Die Magier.

Die mär von den weisen aus dem morgenlande, von
denen Christus geschenke erhalten, ist aus alttestamentlichen
prophezeiungen — die könige von Tarsis und der inseln
werden geschenke bringen, die könige der Araber werden
gaben spenden[2]) — und vielleicht mit aus der nachwirkung
der mithrischen äonen entstanden[3]). Die weisen sind nach
Cyprian gelehrte astrologen, nach Hieronymus zauberer. Nach
Justin sollte Arabien, nach Origines Chaldaea, nach den meisten
und gewichtigsten zeugnissen Persien ihre heimat sein. Auf
den wandgemälden der katakomben waren sie stets mit der
persischen kopfbedeckung, mit dem pileus, dargestellt. Ihre

[1]) Oben s. 197.
[2]) Jesaia LX 6.
[3]) Meine Baaae in christl. leg. 83.

zahl wurde teils, wie öfters in den katakomben, zu 4, teils
zu 8, teils zu 12 angenommen, zuletzt aber drang die vorstellung durch, nach der die Magier, als vertreter des ganzen
menschengeschlechts, nachkommen der drei söhne Noah's seien.
Die dreizahl ist zuerst in den katakomben und litterarisch in
Leo's des grossen rede über die epiphanie nachweisbar. Sie
ward die herrschende im mittelalter. Von der königlichen
würde spricht zuerst Caesarius Arelatensis im 6. jahrh. Die
translation der Magier nach dem westen ward der kaiserin
Helena zugeschrieben.

Michael der Syrer erzählt s. 88: Eusebius und Gregor
von Nyssa sagen, dass die Magier von Abraham, andere, dass
sie von Balaam dem Magier stammen. Gregor's meinung ist
die bessere. Jakob von Edessa erklärt indessen, sie seien
Semiten und Elam sei ihre heimat gewesen. Andere folgen
dem zeugnisse Davids[1], der die fürsten von Arabien und
Saba ihre ahnen nennt. Dass es drei könige waren, geht
daraus hervor, dass sie dreierlei arten geschenke brachten[2];
die achtzahl hingegen folgert man aus Micha dem propheten[3];
Jakob (von Edessa) aber, der ein eigenes buch über die Magier
verfasst, erwähnt ihrer zwölfe. Laut Jakob kamen sie mit
3000 reitern und 5000 fussgängern nach Kallinikos oder
Ragha (Rakka), da hörten sie von einer hungersnot, so in
Judaea ausgebrochen, liessen in Ragha ihr gefolge und setzten
allein mit 1000 reitern ihren weg fort. Nach einigen sollen die
Magier 40 tage nach der inkarnation zu Christus gekommen sein.

Die gangbaren namen der Magier Kaspar, Melchior und
Balthasar hat zuerst Beda; mittelalterliche autoren geben
ferner Ator, Sator, Peratoras), deren gleichklang an ähnliche
gruppen des Nibelungenliedes erinnert, und Magalach, Galga-
lath, Saracin. Der einflussreiche chronist Petrus Comestor

[1] ps. LXXI 10.
[2] [Drei Magier kennt auch die Schatzhöhle, übers. von C. Bezold,
s. 57: Hōrmīzdād von Mākhōzdī, könig von Persien, residirt im untern
Adorbīgān, Izdegerd, könig von Sābā, und Pērōzād, könig von Šabā im
osten. Ihre namen sind den drei Sassaniden Jazdegerd II (438—451),
Hormizd III (457), und Pērōz (457—484) entlehnt. M.]
[3] V 5.

um 1130 nennt Apellus, Amerius — vielleicht erinnerung an
den Neupythagoräer Amelius — und Damasius. Der orientalische ursprung all dieser namen liegt am tage.

Mächtige und weise herrscher und berühmte schriftsteller
werden in der volkssage allmählich zu zauberkräftigen wunder-
tätern, so Homer, Vergil und Gerbert im abendland, Moses
und könig Salomo im orient. Von Hystaspes, dem alten
Perserkönig, erzählten die späteren, dass er in Indien studirt
und die weisheit der Brahmanen den Magiern übermittelt
hatte; auch schrieb man ihm eine reihe apokrypher orakel
zu[1]. Ebenso lebte der ahnherr der Sassaniden als alchymist
Pahre wieder auf, Nimrod und Abraham verwandelten sich
zu astrologen, könig Minos ward philosoph und alchymist[2],
der indoskythische gross-könig Gondophares ward als indischer
astronom Gundubarios von Joh. Antiochenus, als könig und
sterndeuter Antipras im Talmud gefeiert[3]. Die apostel-
legenden melden von einem zauberer Arfaxat, d. i. dem sohne
Sem's und Zaroes, einer verkürzung von Zoroaster[4]. Hagi
Chalfa[5] erwähnt einen alchymistischen traktat von dem
weisen Gemsid — einem persischen urkönig — aus den zeiten
Ardasir's ibn Bahman, und spricht von dem geheimnis des
Belinos[6]. Bei den Persern stand Anderan, bei den mosli-
mischen sekten der späteren zeit El Hakem der Assassinen-
häuptling, bei den Iren Celidonius[7] als könig und astronom
in hohem ansehen[8]. Ebenso geht von den gangbarsten Kaspar
(Gathaspar), Melchior, Balthasar der erste, wie Gerschom über-

[1] Ammian. XXIII 6, 33. Justini Apol. c. 20, 44. Lactant. Divin.
instit. VII 15.

[2] Fabricius, Bibl. graeca IV 147 ff.

[3] Kantur bei Joh. von Nikin, wie auch Gondophares im äthiop zu
Kantakoros verunstaltet wurde.

[4] Vergl. Lipsius, Apokryphe apostelgesch. IV 186.

[5] Hammer, Encycl. der wissensch. 529.

[6] [Damit ist wohl der zauberer Balinâs   Apollonius von Tyana
gemeint, der bei den Arabern (z. B. Ibn al Faqih) oft genannt wird. M.]

[7] Caledonius oder, da er sohn des Sarazen genannt wird,
Chaldaeus?

[8] Herszeg, Wiener denkschr. 1892 s. 144.

zeugend nachgewiesen, auf Gondophares und Balthasar auf
den durch das Danielbuch überall bekannten Babylonierkönig
zurück.

Reichhaltigere verzeichnisse finden sich bei dem syrischen
grammatiker und lexikographen Bar Bahlul[1]) und bei Michael.
Der Syrer gibt zuerst zwei gruppen mit drei und vier namen.

1. Ariphou — Ariphron?

    Hurmon — Ahriman. Im Talmud heisst ein teufel
    Harmon.

    (Ar)tachshash — Artaxerxes.

2. Gudophorhûm = Gondophares.

    Artachshashth — Artaxerxes.

    Labûdo. Erinnert an Λαβέδης in der Ekloge für
    Δαμασδης.

    Alphero — Ηλόμπρος.

Darauf folgt eine liste von 12 namen, die auch bei Michael
Syrus sowie Dionysius von Telmahrê und Salomon von Basra[2])
wiederkehrt. Die namen sind bei Bar Bahlul und Michael durch
buchstabenverwechslung und verschreibung sehr entstellt, bei
letzterem ausserdem noch durch die von den Franzosen beliebte
neuarmenische aussprache und französische transskription für
den unkundigen fast unkenntlich gemacht. Dionysius und Salomon dagegen bieten einen weit bessern text. Ich habe diese
deshalb zu grunde gelegt. Vielleicht würde das syrische original
des Michael[3]) noch bessere lesarten bieten.

---

[1]) bei HYDE, De vet. relig. Pers. 377 f. GESENIUS, II 394. [Vgl.
PAYNE SMITH, Thesaurus syr. s. v. ܟܢܘܫܐ.

[2]) [Dionysii Telmahharensis Chronicon ed. Tullberg. Upsala 1849
p. 74. Salomon von Basra, The book of the bee ed. E. A. W. Budge p. 93
des textes, 84 der übers. Auf diese listen bin ich durch Georg Hoffmann,
Auszüge aus syr. akten pers. mart. 185 aufmerksam geworden. Ich habe
mir auf grund derselben eine starke änderung des textes von hier an erlaubt. M.]

[3]) [Ich habe weder d. armen. text noch die übersetz. gesehen. M.]

Dionysius.	Salomon.
Zerwändädh [1]) bar Artabhān	Zarwändūd bar Artabān
Hormezd bar Sanatrōq	Hōrmīzdād bar Sīṭarōq (Santarōq)
Ustazp bar Gūdhefar	Gūšnāšāph (Gušnasp) bar Gāndaphar
Aršakh bar Mahrawāq	Aršakh bar Mihārōq
Zarwand bar Wadwadh	Zarwāndād bar Warzwād
Arīhō bar Kesrō	Irjāhō bar Kesrō
Artabšēšt bar Hawīlath	Artabšīšt bar Holtī
Estanbāzan bar Šīšrōn	Aštōn 'ābōdan bar Šīšrōn
Mahrawāq bar Humān	Mehārōq bar Huhān
Abšareš bar Ṣahbān	Abšīreš bar Ḥaghān
Nesardīh (od. Sardīh) bar Baldān	Sardāloh bar Baladān
Merōdhakh bar Bēl	Merōdakh bar Beldarān

Bar Bahlūl.	Michael.
Abdūjādh (l. Zerwän[d]ādh)	Darantar bar Ardast
Hadwandādh [2]) bar Artūbhan	
Wistalz]p bar Gūdhefar	Chahep bar Tutebar
Aršakh bar Mahdōš	Arsae bar Mahgadh
Zerwand bar Worwarand [3])	Zerwnnd bar Daritut
Arīhō bar Kesrō	Ariho bar Chosru
Artabšašt bar Haslīth [4])	Ardashes bar Uliat
Estanbāzān bar Hašrōn [5])	Echrankusa bar Chicheran
Mahdūq bar Hōhān	Mehertut bar Huma
Abšireš bar Ṣahbān [6])	Akchiris bar Sahagana
Sardānah bar Beldān	Satrana bar Beldan
Mardūq bar Bēl	Barutok bar Bel

Die namen sind, soweit durchsichtig, teils persisch (oder vielmehr besser parthisch), teils babylonisch. Zerwändādh „von Zerwān (der unendlichen zeit) gegeben" und vor allen Mahrawāq[6] sw. Maḥth rawāka sind echte Magiernamen. So

[1] [ꡝ r. So auch bei Bar Bahlūl: (Z)erwandādh. M.]
[2] [var. Zerwandōdōd bar Warwand.]
[3] [var. Ḥōlīth.]
[4] [var. Ḥīsrōn.]
[5] [var. Abšīreš bar Šibōn.]
[6] [Falls nicht nach Salomon eher Mihrōq zu lesen, eine bis jetzt allerdings unerklärte form; vgl. NOELDEKE, Pers. stud. I 16 n. 2. M.]

heisst nämlich ein Aêthrapaiti (Hêrpat) im Frawardin jašt 105.
Allachämenidisch sind Wištazp Hystaspes, Aḫšarš Xerxes
und Artaḫšišt Artaxerxes, letztere beide auch aus der bibel
bekannt. Entschieden parthisch dagegen sind Sanaṭrūq *Σανα-
τροὐκης* [1]), Aršakh *Ὀρσάκης*, Artabhān *Ἀρτάβανος*, vielleicht auch Wadwad, wenn zu lesen ist Worōdh *Ὀρώδης*,
während Kesrō Chosrau ebensowohl arsakidisch wie sassanidisch sein kann. Wirklich sassanidisch ist dagegen Hormezd
und Gušnasp „hengst" ist ein sehr beliebtes namenselement
seit der Sassanidenzeit. Hūmāu und Arīhū sollen zwar deutlich
persisch sein, doch weiss ich keine philologisch genaue erklärung.
Im ersteren mag der name des gottes Haoma stecken. Für
Estanbûzan liesse sich vielleicht in שַׁרְבּוּנַי LXX *Σαβγαβον-*
ξάνης Esdra VI 3 eine anknüpfung finden. Jedenfalls steckt
in bûzan dasselbe element, welches auch in persisch-kappa-
dokischen namen wie *Μιθροβουξάνης*, *Μασσουξάνης* erscheint.
Paul Horn [2]) bringt es mit bôxtan „erlösen" zusammen. Allerdings werden aber mit bôxtan gebildete namen, wie Noeldeke [3])
meint, erst in der Sassanidenzeit durch christlichen einfluss
üblich.

Deutlich babylonisch sind Bêl und Merōdakh, ferner Bal-
dān aus Merodakh Baladan. Semitisches aussehen haben auch
Hawrlath (bezw. Ḥolīti, Ḥôlīth) und Sabbān Galbāna der
nabatäischen landwirtschaft [4]). Mit Šišrōn (bezw. Ḥašrōn) und
Neṣardīh (bezw. Ṣardīh, Ṣardālāh, Ṣardānah, Sadrana Sar-
dana) lässt sich dagegen, so lange die lesung nicht feststeht,
vorläufig nichts anfangen.

---

[1]) [So (arab. Sâtirûn) heisst auch ein mythischer könig von Atra in
der sage von Ardašīr. Vgl. G. Hoffmann Auszüge 184 f., Noeldeke
Geschichte der Perser und Araber 34. 500. M.]

[2]) Sassanidische siegel 27. (Mittellungen aus den orientalischen
sammlungen IV.)

[3]) Noeldeke Geschichte des Artachšīr i Pâpakân 49 n. 1.

[4]) Gutschmid, Überreste der nabatäischen litteratur 46.

Philippus Sidetes.

Philipp von Side in Phrygien war der ehrgeizige Synkellos des Chrysostomos in Konstantinopel um 400 n. Chr. und bewarb sich nach dessen tode vergeblich um die patriarchenwürde. Er verfasste ausser einer streitschrift gegen Julian eine grosse kirchengeschichte in 36 büchern[1]. *Ἕκαστον δὲ βιβλίον εἶχε τόμους πολλούς, ὡς τοὺς πάντας ἐγγὺς εἶναι χιλίους.* Philipp hatte einen schwulstigen, hochtrabenden stil und liebte es, mit seinen kenntnissen zu prunken. *διὸ καὶ συντρόϛς γεωμετρικῶν καὶ ἀστρονομικῶν καὶ μουσικῶν διαγραμμάτων ποιεῖται μνήμην*[2]. Die kritik hielt jedoch mit seiner gelehrsamkeit nicht den gleichen schritt, auch wirft ihm Sokrates chronologische verwirrung vor.

Aus seiner geschichte kennt man ein bruchstück des 24. buches, worin abweichend von Eusebius die reihenfolge der alexandrinischen kathegeten behandelt wird. Wir erfahren bei der gelegenheit, dass Rhodon, der neunte nachfolger des Origenes auf dem lehrstuhle von Alexandria, um 370 n. Chr. nach Side übersiedelte und Philipp's lehrer ward. Von Rhodon bezog dann auch der Sidete ohne zweifel seine nachrichten über die alexandrinische schule[3].

Im Parisinus suppl. 685 s. XVI papierhs. fol. 10 ist ein fragment Philipps versteckt, das von Adam und Eva handelt.

Τὰ μὲν τῶν Ἑβραίων γράμματά εἰσιν κβ καὶ βιβλία κβ καὶ γενεαλογίαι ἀπὸ Ἀδὰμ μέχρι Ἰακὼβ κβ. (In derselben zeile:) *τῇ δ᾽ ἕκτῃ ἡμέρᾳ τῆς δευτέρας ἑβδομάδος λέγεται τὴν Εὔαν κτισθῆναι καὶ μετὰ ἡμέρας μ̄ τοῦ κτισθῆναι τὸν Ἀδάμ, φησίν, εἰσῆλθεν (l. εἰσῆλθεν) ἐν τῷ παραδείσῳ ἐγγράψασθαι. Φίλιππος δ᾽ ὁ Σιδης ἐν τῷ κβ τόμῳ ⟨τῆς⟩ τῶν Χριστιανῶν ἱστορία⟨ς⟩ λέγει ὅτι ρ ἔτη ἐποίησεν Ἀδὰμ ἐν τῷ παραδείσῳ καὶ ἐκβλή-*

---

[1] Fabricius, Bibl. graeca VII 418 (VI 149).
[2] Sokrates VII 27.
[3] Dodwell, Diss. in Irenaeum 188.

ὃτὶς ἐποίησεν ἄλλα ἔτη ϙ. καὶ ἔγενα τὴν Εὗαν καὶ ἐγέννησε
Κάϊν τὸν κατάρατον καὶ μετὰ τρία ἔτη τὸν Ἀβελ καὶ μετὰ
ϙ ἔτη τὸν Σήθ. Hierauf folgt eine tabelle der hauptepochen,
die ihres ortes mitgeteilt werden soll.

Die zeitbestimmung nach wochen ist dem jubiläenbuch
eigen, ebenso entstammt die betrachtung über die symbolische
zahl 22 demselben jüdischen apokryphon (vgl. Rönsch, Jubil.
262). Die nachrichten des Philipp, den wir mitten in dieser
apokryphen gesellschaft gefunden, sind dann gleichfalls so
unkanonisch wie möglich. Für die 100 jahre, die Adam im
paradies zugebracht hatte, findet sich eine einzige weitere
belegstelle bei Kedren, die der verwandte Paris. 1712 fol. 22
dem Joh. Damascenus zuweist. Die 100 jahre verbannungs-
zeit des Adam haben die arabischen autoren aufgenommen
und haben die mannigfachsten fabeleien von des urvaters
irrfahrten in Hindostan und Zeylon (Adamspik) hinzugefügt;
an die Kaaba in Mekka verlegten sie sodann das wiedersehn
mit Eva[1]. Aus der griechischen litteratur ist unser Pariser
bruchstück der erste beleg. Vergrössert ist die verbannungs-
zeit, die Adam mit fasten und weinen zubringt, wie das
christliche Adambuch des morgenlandes erzählt, im rabbinischen Jalkut § 92, wo von 130 jahren der enthaltsamkeit
die rede ist. Die apokryphe erzählung wurde später sogar
der gegenstand dogmatischer streitigkeiten. Die befürworter
unkanonischer fasten, die Isaak der Armenier bestreitet[2] (um
900 n. Chr.), beriefen sich auf Adam.

Für die verworrenheit Philipps zeugt es, dass er im
22. buch von Adam spricht. Der wundersüchtige, apokryphi-
sirende charakter seiner geschichte macht es denn auch begreiflich, dass dieselbe bei der kirchenzensur in miskredit ge-
riet und ihren untergang fand. Immerhin gab es jedoch leute,
nach deren herzen das werk geschrieben war, ihre bewunde-
rung bricht sich bahn in den begeisterten worten:

---

[1] Mouradgea Baäy bei D'Ohsson, Tableau général de l'empire
othoman 1 72; Tabari 1 81 Zotenberg u. a

[2] Migne, P. g. CXXXII 1200; der anfang der rede im Paris. 900.

14

Οὗτος ὁ Φίλιππος πρεσβύτης καὶ σύγκελλος γέγονεν Ἰωάννου ἀρχιεπισκόπου Κλώλεως τοῦ Χρυσοστόμου, ὃς τὴν σύμπασαν γραφὴν ἐν μεγάλοις ἑσπιδιαγραφίᾳ φανεν ὡς οὐδεὶς ἄλλος τῶν σαφῶν ἱστοριογράφων πώποτε πεφυλάξεται.

Der ausdruck σύμπασαν γραφήν lässt auf eine weltgeschichte schliessen, womit die erwähnung Adams gut stimmt. Insofern der göttliche heilsplan gleich von beginn der welt an wirksam gedacht ward, konnte Sokrates auch von einer ‚kirchengeschichte‘ reden.

Aphroditianos über Maria.

—

Parisinus 2408, papierhs, in 4° saec. XIII fol. 223: Ἰστέον ὅτι κατὰ τὸν ἱστορικὸν Ἀφροδισιανὸν τῆς ἐπιταγῆς θεοτόκου πρὸ πάντων ἀνθρώπων[1] (τὸ ἦθος ἦν αὐτῶν ὀλοφθάλμων ταχερχίμοον διανοστεηπάτητον ἀστήρωστον)[2] ἀγέλαστος ἀπέραχος ἄοχρητος εὐπροσκένητος τιμητὶς τιμῶσα καὶ προσκυνοῦσα πάντα ἄνθρωπον ὅστι καὶ θαυμάζειν πάντα ἄνθρωπον τὴν σύνεσιν αὐτῆς καὶ τὸν λόγον τῇ ἡλικίᾳ μόνῃ. — ἄλλοι δὲ τρίπηχυν αὐτὴν εἶναι λέγουσιν, αὐτόχρους ξανθίζουξ ξανθόμματος εὐοφρύθακος καυτὴς ρινὸς μακρόχειρ μακρο-δάκτυλος μακρόπυρος εὐστόλος ἄτυφος ἀσχημάτιστος ἀβλάκευτος ἱμάτια αὐτόχροα φέρουσα καὶ ἀγαπῶσα, καὶ μαρτυρεῖ τὸ ὀμοφόρον αὐτῆς τὸ ἐπὶ τοῦ καθ᾽ αὐτῆς ἐξίπτουσ.

[1] πρὸ π. ἀ. fehlt Vindob. theol. 315 fol. 110.

[2] Aus dem Vind., fehlt Par.

—+—

APOKRYPHA.

Der gewinn vom leben besteht nur in dem, was in unser bewusstsein übergeht. Die geschichte ist das bewusstsein der welt, sie nimmt die erinnerungen der vergangenheit auf, um aus ihnen neues leben für die zukunft zu schaffen, um aus den gedanken neue taten hervorzurufen. Dies geschah und geschieht auf doppelte weise. Die gegenwart fragt nach dem, was tatsächlich sich ereignet hat, sie strebt nach der reinen erkenntnis; in früheren zeiten forschte man, ob das überlieferte nützlich, ob es unterhaltend, ob es sittlich, ob es zu einem künstlerischen bilde geeignet sei. In der gegenwart wirkt die geschichte mehr auf verstand und vernunft, in der vergangenheit mehr auf herz und gemüt. Der begeisterungspahnenwein Plutarchs riss heldenhafte seelen zu kühnen taten hin oder die stille des klosters nahm die auf, die den klagen frommer mönche über dies wirre kampfgelärm der welt gehör gaben; jetzt reift aus der unpersönlichen betrachtung der ereignisse eine neue weltanschauung und lernen aus den geschicken zerfallener staaten die politiker der gegenwart.

Da man früher blos die augenblickliche wirkung des gehörten bedachte, war man leicht dazu geneigt, rhetorischen aufputz der schlichten erzählung, angenehme anekdoten und legenden der ernsten geschichte vorzuziehen, und gelangte mit der zeit dazu, die immer wieder gehörten fabeln und wunder schliesslich für ebenso historisch zu halten wie nur irgend eine aktenmässig beglaubigte staatsaktion. Zuletzt waren die geister gar nicht mehr im stande, die grossen begebenheiten der welt anders denn in dem unwissen der sage zu erfassen.

Neben den vorstellungen, die der gottesdienst erweckt, sind märchen und legenden die hauptnahrung des volkes. Die welterschütternden ereignisse finden beim volke in heldensagen ihren rückhalt und wie der salon durch romane, so unterhält es sich beim abendlichen gespräch durch legenden, nur dass eben heldenmär und legenden dem volke fast vollwertig mit wahrer geschichte erscheinen.

Die umfangreiche fabellitteratur, deren geist und stoff so mächtig auf die alte chronistik eingewirkt hat, zerfällt in zwei grosse gruppen, in eine nationale und eine religiöse. Hellenen und Römer, Juden, Phöniker, ein jüdischer Egypter und Chaldäer, Armenier, Perser und Araber hatten je einen eigenen sagenkreis hervorgebracht. Das bild einer hauptepoche ward in einer art historischen romanes dargestellt, wie es Xenophon zuerst versucht. So waren die geschichte der trojanischen kämpfe durch Dares und Diktys allenthalben berühmt, die taten des makedonischen eroberers feierte der Alexanderroman, das leben der urväter war im Adambuche dargestellt, der auszug aus Egypten in den rabbinischen ‚tagen Mosis‘, von dem zusammenhang der jüdischen patriarchen und der Chaldäer melden die erzählungen von Nimrod und Abraham, die zwei blütezeitalter Armeniens werden in dem sagenkreise Haig's und Trdat's verherrlicht, die Perser haben ihr Sah-nameh und die arabischen krieger ergötzen und begeistern sich am Antarroman. Häufig tritt zu dem nationalen kern eine religiöse richtung hinzu, aber das nationale element ist doch das vorwiegende.

Die zweite gruppe apokrypher schriften, die der legenden, lässt sich in zwei abteilungen zerlegen, in eine rein kirchliche, die an das leben Christi oder Muhammeds und die schicksale ihrer apostel anknüpfend, die ausbreitung des wahren glaubens schildern will, und eine andere gemischte, die profane

elemente mit vorwiegend kirchlichen motiven vereinigt. Auf
der grenze zwischen der nationalen gruppe und der gemischt
religiösen abteilung stehen jene wundersamen adoptivkinder,
die, eigentlich heidnischen geblütes und nur durch einen ver-
deckenden priestermantel geschützt, vielleicht auch etwas mit
weihwasser besprengt, in die basilika oder ähnlich in die
moschee eingeschmuggelt wurden. Diesen, aus mythen und
kultgebräuchen geschöpften legenden sind nahe die fabeln
verwandt, die aus irgend einem allgemein menschlichen,
überall möglichen volksmärchen entstanden sind. Stark bereits
mit kirchlichen tendenzen erfüllt sind die lokalen märchen,
stiftungslegenden und gründungssagen, die zuerst in stadt-
chroniken eindrangen wie die von Konstantinopel, Alexandrien,
Antiochien, die von Mekka und Bagdad, nachher aber des
öfteren weitere verbreitung gefunden haben. Dann die un-
menge der heiligenlegenden, deren ausnutzung durch die
chroniken allerdings sehr verschieden war. Die Syrer hatten
ihre besonderen heiligen und die bewohner von Kairo verehrten ihrerseits lokale wunderthäter und imame; davon
melden nur syrische und egyptische aufzeichnungen; andere
heilige genossen eines allgemeinen ansehens wie Petrus bei
den Christen, Husein bei den Muselmännern und einige durf-
ten sich sogar bei zwei religionen eines kultus rühmen wie
der ritter Georg. Besonders beliebt und weit verbreitet waren
die geschichten, so von der epochemachenden bekehrung eines
kaisers, eines ganzen landes zu erzählen wussten, so die inter-
nationale mär von Konstantin d. gr. und papst Sylvester, die
armenische legende von Trdat und Gregor dem erleuchter.
Derartige geschichten sind ein bild dessen, wie der gemeine
mann sich die weltbegebenheiten in religiösem sinne zurecht-
legte. Die elendeste sorte von legenden sind schliesslich die
dogmatisch-tendenziösen, die naturgemäss auf einen kleinen
kreis beschränkt waren.

Die verschiedenen arten der fabellitteratur haben alle der
weltchronik ihren zoll entrichtet. Die in vorchristlicher zeit
entstandenen schriften haben eine allgemeine verbreitung gewonnen, dagegen haben die persischen und arabischen apo-

kryphen den bereich des Islams kaum überschritten und sind
höchstens von einigen Armeniern und Syrern beachtet worden. Die meisten alttestamentlichen erzählungen, die geschichte
von Isa (Jesu) und manche *μαξη̣τη̣ς* seiner apostel sind auch
von den Arabern aufgenommen worden, während die christlichen chronisten mit einigen gehässigen anekdoten über die
anfänge des Islams hinweggiengen.

Von der unendlichen masse apokrypher erzählungen[1]
sollen im folgenden einige ausgewählte besprochen werden.

[1] Der Index des Dict. des Apocryphen von Mignε, der weder den
Islam berücksichtigt, noch die christliche litteratur erschöpft, enthält 16
enggedruckte seiten.

Chaldäische mythen.

Bei Malalas wird als sein gewährsmann für die mythischen anfänge der Chaldäer ein gewisser Σημηρῶνος ὁ Ἡγηρὸς Βαβυλώνιος angeführt. Gelzer I 77 übersetzt: ‚der Sumerier‘ und erklärt das zitat für gefälscht. Der mann scheint aber wirklich existirt zu haben. Er kommt auch sonst vor. Joh. Antiochenus, die quelle des Malalas, nennt ihn Σημβρῶνος [1]. Michael (32) beruft sich für die drei augen des urchaldäers Samiros auf den Magier Samadrus; Vartan (18) nennt zu derselben stelle den Magier Menander, den Michael (29) zur geschichte des Nimrod erwähnt. Also die natürliche vertauschung von Σ und M. Sicher ist der name Samadrus identisch mit Semadrom, wie ein anwalt im Julianusroman heisst [2]. Vielleicht darf man auch den Assyrer Σημηρῶνος [3] und den rätselhaften gewährsmann des Moses Khorenatzi (II 12), Samadrus, hierherziehen.

Agathias schöpft seine babylonischen notizen aus Berossos und Simakos. Letzteres ist ein echt babylonischer name, von simak, schütze.

Abulfarag zitirt für Nimrod den Asaph. Aus Asaph hat wiederum allein Michael die seltsame mitteilung, dass Hiob 7 epochen mit dem teufel stritt. Das al Kamil des Ibn al Athir zitirt den Asaph für die geschichte des Salomo und das Gaubari will wissen, dass [Asaph ein stiefbruder Salomons gewesen (in anlehnung an den biblischen bericht). Einige Araber schreiben ihm ein medizinisches handbuch zu; was von ihm bekannt ist, sind geistlose, auf die jüdische geschichte bezüg-

---

[1] Meine Beiträge zur christl. chronogr. 8.

[2] Nöldeke, Z. D. M. G. XXVIII 662.

[3] Plutarch, Moral. 172, erwähnt einen seiner sprüche.

liche fabeleien[1]). Er schrieb nach 990, da er Kairo erwähnt,
das damals erbaut worden.

Den Hiob setzt ins 90. jahr des Enoch ein gewisser
Joseph; derselbe lässt Damaskus von Osee ben Aram gegründet werden (Michael. 35. 36). Anekdoten über Melchisedek, Moses, Jakob, die in letzter linie aus der kleinen genesis
stammen, erklären des öftern die Byzantiner aus Joseph bezogen zu haben[2]). Wahrscheinlich haben wir es mit dem
Ὑπομνηστικόν eines Joseph zu thun, den bereits Fabricius in
seinem Codex pseudepigraphus aufgenommen nach einer
apokryphen zusatznotiz zum buch Hiob, die zuerst syrisch
abgefasst, dann griechisch übersetzt wurde. Fabricius hält
dafür, dass Joseph hebräisch schrieb, jedoch später einen
griechischen bearbeiter fand, und weist den letzteren dem
8.—10. jahrh. zu. Da, wie es scheint, Pancdor schon ihn
benutzt hat, muss er vor 100 n. Chr. zurückgeschoben werden. Dass der erste oder zweite autor des Ὑπομνηστικόν —
die hypothese von Fabricius schwebt eigentlich in der luft —
ein Christ gewesen, geht aus dem stück über die verwandtschaft Christi und Johannis des täufers hervor, das Migne,
P. gr. CXVII 1047 abgedruckt ist.

Zu scheiden von diesem Joseph, jedoch später vielleicht
mit ihm zusammengewachsen ist Joseph ben Gorion, dessen
werk seit dem 10. jahrh. nachweisbar ist[3]). Abilcara und
andere orientalische chronisten haben es benutzt.

Diese bemerkungen wollen darauf hindeuten, dass man
zitate bei sagenhaften stoffen nicht allsogleich als schwindel-
zitate brandmarken darf. Die fabellitteratur muss durchaus
nicht anonym sein und die chronisten konnten sich schliesslich
die sagen und legenden nicht aus den fingern saugen.

Im jubiläenbuche finden sich bereits eine menge chaldäischer namen, so am deutlichsten Kesed oder Chesdea der

---

[1]) Strassenburg, Pseudo-epigraphische Liter. 52; Rothmann,
De chronographo arabe anonymo 48.

[2]) Gutzke II 178, 195, 280 denkt an eine fälschung des Flavius
Josephus.

[3]) Strassenburg erklärt, es sei in Italien aufgekommen, was
durchaus unglaublich ist.

Chaldäer, Rasnja, aus Rasen, die ortsnamen Elam und Senaar
als personennamen, Mocha — Mach, persischer urkönig, Luba,
Lebora, Debora — Lubbara[1] oder Dibara, babylonische göttin,
vgl. Debborius, chaldäischer astrolog[2].

Nach dem hadrianischen kriege blühten rabbinische
schulen in Harran auf und chaldäische sagen und namen
fanden neuerdings breiten eingang bei den Juden und wurden
aufgestapelt im babylonischen Talmud. Uebersetzer wie Theo-
dotion und Symmachus und namentlich Aquila (um 160),
den der hass der Juden als renegaten brandmarkte und ihm
deshalb eine verwandtschaft mit Hadrian ‚dem bösen‘ an-
dichtete, vermittelten die rabbinischen sagen den Alexandrinern
und diese den byzantinischen chronographen. Dieselben tal-
mudistischen gelehrten aber, die so viele Chaldäernamen in
die jüdische urgeschichte einführten, haben nun wahrscheinlich
auch für die chaldäische urgeschichte den späteren chronisten
ihren fabulosen stoff geliefert. Der magus Menander, Arat
der Chananäer, Semeronios der Babylonier und der hauptge-
währsmann des Ibn Wahsija scheinen jenem kreise angehört
zu haben.

Eng verwandt mit jenen bestrebungen und vielfach in
sie übergreifend war die tätigkeit der persischen Mobeds.
Den ersten anfängen ihrer volksgeschichte nachspürend,
mussten sie auch die assyrischen urkönige berühren, die sie
aus nationaleitelkeit als die vasallen der persischen urkönige
hinstellten.

Die vier weltalter.

Bei der gruppirung der assyrischen herrscherreihen durch
Panodor blickt die anschauung von den vier weltaltern hin-
durch. Die paradiesische zeit dauert insofern noch über den
sündenfall hinaus, als über ein jahrtausend das menschen-

---

[1] Verwandt wohl der berg Lubar, ruheplatz der arche nach dem
jubiläenbuch. Beiläufig, die bezeichnung βάρις für denselben berg ist
wohl kaum mit Nöldeke durch βάρις kann zu erklären; βάρις heisst
der turm in der Asenethlegende (das ist בִּירָה).

[2] Fabricius, bibl. graeca IV 167.

geschlecht noch ohne könige bleibt und mit dem patriarcha-
lischen regiment sich begnügt. In der tat nimmt das paradiesische leben erst ein jähes ende durch den sündenfall der
kinder Seth, der bezeichnend genug meist gerade ein jahrtausend nach der schöpfung angesetzt wird. Die kinder Seth
oder *Egrigrogoi*, nach arabischer vorstellung kinder der schon
vor Adam die erde bewohnenden Ginnen (Herbelot s. v. Sehît),
stiegen von dem berge Hermon herab, ihres englischen lebens
müde. Das brachte ihre zurückgebliebenen brüder gegen sie
auf und der teil der Egregoren, welcher die sezession begonnen hatte, wurde von dem anderen teile verjagt und es
ward ihm nicht mehr gestattet, unter den frauen der zurück-
bleibenden ihre weiber zu suchen. So wandten sie sich not-
gedrungen zu den töchtern Kains. Und es war hinfort spal-
tung und krieg [1]).

Die Egregoren, auch *γίγαντες*, riesen, genannt, gehen
unter durch die sintflut. Hierauf folgt von neuem eine königs-
lose zeit bis auf Nimrod, der zugleich die despotie, und, wie
namentlich in muhammedanischen sagen hervorgehoben wird,
den götzendienst begründete. Der himmeltragende turm, den
Nimrod, der vertreter des dritten zeitalters, errichtete, wurde
von einem gewaltigen sturme zerstört und der erbauer ward
mit einer menge volks unter seinen trümmern begraben „und
muss sich bis zum auferstehungstage darunter herumwälzen" [2]).

Das vierte weltalter beginnt, eingeleitet durch die einrichtung des feuerdienstes durch Perseus und Zoroaster. Dagegen tritt Abraham auf und verkündigt den wahren Gott.

Hierzu ergeben eine merkwürdige parallele die mexica-
nischen weltalter (Cavarszy, Chronologie des âges ou soleils
1878 Caen). In einem Vaticanus, der älter ist als die spa-
nische eroberung, wird als erstes weltalter die „tigersonne"
genannt, zu vergleichen etwa mit dem wolfsalter der Edda.
Von tigern werden die menschen aufgezehrt. Ebenso wird

---

[1]) „So erzählt Annian, der es dem Henochbuch entlehnt hat"
Michael Syrus 26; verstümmelt bei Abulfarag 4.

[2]) Wkil, Bibl. legenden der Muselmänner 80.

die erde laut Berossos vor der flut von wasserungeheuern heimgesucht.

Es folgt die flutsonne, unter der alles zu grunde geht. Bloss einige riesen retten sich, gleichwie die biblische flut der riesenkönig Og allein ausser Noah überlebte. Nach einigen quellen, denen die tigersonne fehlt, folgt nunmehr die erdensonne oder das erdbebenalter, nach andern die windsonne. Der turm von Cholulan wird von einem grossen sturme zerstört und was von der flut noch übrig geblieben, findet jetzt seinen untergang. Allein einige riesen blieben auch diesmal verschont, sie wurden jedoch von eingewanderten ostleuten, ähnlich wie die Skythen von den Medern, bei einem gastmahle ermordet.

Den beschluss macht die feuersonne, in der ein religiöser reformator auftritt und die zeiten der idolatrie beendet. Wie die sintflut bei Annian, so wird auch von den Mexicanern jedes alter genau bis auf den tag bestimmt.

Dem tigeralter entspricht in der byzantinischen chronologie, deren quellen in chaldäischen erinnerungen und jüdischen Midraschim zu suchen sind, die zeit der 'Εγρήγοροι, in der, wie das Henochbuch und Pseudo-Methodius ausführen, hurerei, totschlag und alle laster überhand nehmen. Flut- und windsonne stellen sich zur sintflut und dem umsturz des babylonischen turmes, die vernichtung der riesen zum untergang des Nimrod, und der reformator der feuersonne zur antedatirten religion Zoroasters.

Der babylonische turm.

Seit den forschungen von Schwartz hat man sich daran gewöhnt, den weltenbaum der indischen und germanischen sage durch das gewitterbild zu erklären, das durch das wasserziehen der sonne hervorgerufen wird. Dasselbe bild hat offenbar den ursprung des turms von Babel abgegeben, der himmel und erde verbinden sollte. Am deutlichsten wird dies durch die bisher unerklärte sage vom wunderbaren schlosse Chawarnaq[1]). Nach Mirkhond[2]) hatte es Sinimmar aus schwarzen

[1]) Bɪssɛᴛ, Revue des trad. popul. 1891 s. 159.
[2]) [Vergl. Noᴇʟᴅᴇᴋᴇ, Geschichte der Perser und Araber 80.]

steinen erkaut und wenn er, so erklärte der baumeister, eines
freigebigen lohnes sich versehen hätte, so würde er das schloss
so eingerichtet haben, dass es mit der sonne sich gedreht
hätte und des morgens rot, des mittags weiss, des abends
gelb erschienen wäre. Da es einen verborgenen stein am
schlosse gab, dessen wegnahme den ganzen bau zu falle
bringen konnte, so liess der könig von Hira oder nach andern
von Atra, für den das wunderwerk errichtet, den baumeister
von der zinne des schlosses hinabstürzen[1]). Schon die un-
gemeine beliebtheit und verbreitung dieses märchens scheint
eine allgemeine, über das lokale hinausgehende erklärung zu
fordern. Der baumeister ist die sonne, von deren strahlen
die schwarze burg der wolkendünste verschieden beleuchtet
wird. Der baumeister wird von der zinne heruntergestossen,
wenn die sonne entweder von der wolkenschicht verdeckt
wird oder ganz hinter dem horizont verschwindet.

In engem zusammenhang mit dem erörterten steht die
sage von Sevechorus[2]), der auf den rat seiner chaldäischen
zauberer hin seine tochter in einen turm einsperren lässt,
damit sie nicht einen sohn zur welt bringe, der ihm, dem
könig, unheil schaffe. Von einem unsichtbaren wesen gebar
jedoch die jungfrau einen sohn, allein die wächter des turmes
fürchteten sich vor dem zorne des königs und warfen das
kind von der zinne des turmes herab. Ein adler fängt es
auf und legt es in einem felde nieder, wo ein ackersmann es
findet und auferzieht. Später herrscht der königsspross über
Babylon unter dem namen Gilgamos, nachdem er unter den
mannigfachsten abenteuern die welt durchlaufen[3]).

Verwandt hiermit ist die altbabylonische mär von Or-
chamus, dessen tochter Leucothea vom sonnengott geliebt
wird. Der könig lässt seine tochter in einen turm vermauern.

[1]) Daher nach Hammer-Purgstall das deutsche ,schabernak'.

[2]) Euechoios, den Panodor mit Nimrod gleicht, nach Gutschmid
u. Oppert (Journal asiat. nov. 1890 p. 551). Die sage steht bei Aelian,
h. anim. XII 21.

[3]) Einseitig ist es, wenn Oppert a. a. o. aus der Gilgamossage allein
die mär von Perseus und Danae ableiten will. Das motiv ist allen völkern gemeinsam und der goldregen erinnert eher an Mithrasmythen.

Ein merkwürdiger ausläufer jener uralten, am Chaldäerland haftenden sagen ist die Irenenlegende [1]). „Damit der sonnengott seine tochter nicht schädige", lässt könig Likinios dieselbe in einem turm von 14 stockwerken verwahren und vor jedem menschlichen auge sorgfältig behüten. Er kann es trotzdem nicht hindern, dass die himmlischen mächte durch die festverschlossenen türen sich bahn brechen. Der turm war laut einer Pariser hs. im felde *Nulg* erbaut und als heimat Irenes wird *Mayrdser* Mygdonia genannt, d. i. die landschaft um Nisibis, an deren rändern die Nairiberge beginnen, deren die keilschriften so oft erwähnung thun. Das *πεδίον Nulg* ist identisch mit dem lande Nald (Nod), wo nach Gen. IV 16 Kain sich niederlässt und wo vielleicht der turm von Babel erbaut sein sollte.

Alttestamentliche legenden.

Nach Michael (31) war zur zeit Phaleks familienrat. Man beschloss nach dem osten sich zu wenden und den ehemaligen aufenthalt Adams zu suchen, aber es fand sich, dass man von Eden durch ein meer getrennt war, ein überbleibsel, wie es schien, der flut. Und die eintracht, die Noah empfahl, ward nicht gehalten, und so „müssen wir dieselbe züchtigung erwarten, wir werden noch einmal von der flut verschlungen werden". Alle kehrten nach Chalanne, der grossen ebene bei Sennaar, zurück.

Michael p. 31 Rebu 162 (182), Sarug 130.

Die Semiten wählten zu führern Sala Hawila und Ophir, und die schwachen unter ihnen bauten sich festungen. Diese zu erobern, erfanden die kinder Jectan maschinen und waffen,

---

[1]) Vgl. meine „Danae in christl. legenden'.

vertrieben ihre brüder und errichteten statuen zu ehren der sieger. Sie besetzten Saba, das land der wohlgerüche, Ophir, das land der goldminen, und Havilat, das land der edelsteine. (Ähnliches im ‚kampfe Adams‘.)

Dass die sieger statuen erhalten und dadurch göttliche ehren, ist ein häufiger versuch der jüdisch-christlichen sage, um das aufkommen der vielgötterei zu erklären. Ähnlich bei Nahor und Thara, den zauberern Jamni und Jambri, den indisch-armenischen prinzen Temedrus und Kisane [1]), weiter bei Perseus und Hermes und im norden bei Odin. In Arabien werden fünf götzen verehrt, die als kinder Seths bezeichnet werden, noch andere als söhne Adams [2]).

Noah's frau hiess nach dem Midrasch Arzia (erez, erde) oder Tuzia oder Isi brusqo oder Eshlah (Ishthar), weil sie nach ihrem tode zum himmel aufging. Noah ward auch Janus genannt, sein sohn Juniro ging von Armenien nach Italien und lernte viel weisheit [3]). Nach Methodios und Michael hatte Noah einen sohn Manitou, was an assyrisch banitu, geist, erinnert [4]), und eine tochter Aster   Ishtar.

Im Buch des gerechten (sepher hajaschar) wird Thara von Nimrod aufgefordert, für einen schatz goldes seinen sohn Abraham zu töten. Nach einer buddhistischen erzählung war dem frommen könig Sudharma dreimal seine hauptstrasse eingestürzt. Man riet ihm, einen mann aus gold und juwelen zu machen, und, welche mutter ihren sohn gift gebe oder welcher vater seinen sohn mit eigener hand erwürge, der solle den goldenen mann und noch eine million goldstücke erhalten [5]).

Mosesroman.

Bei hellenistischen, rabbinischen, orientalischen und spät-griechischen autoren war der Mosesroman sehr beliebt, die

[1]) Zenob von Glag bei MÜLLER, F. H. G. V. 348. Temedrus Samadrus?

[2]) KUHNN, Wiener sitzungsberichte 1890 III 15.

[3]) Seder hadorot (CHArT).

[4]) Und an Manitu, gott der Indianer.

[5]) WEBER, Berliner sitzungsber. 1889 s. 15.

alexandrinischen Juden haben ihn aufgebracht und durch ver-
mittelung des Eusebius die Byzantiner ihn aufgenommen.

Die tochter Pharao's heisst Meris bei Artapan, Bithja bei
Eusebius — Bathja heisst nach einigen auch die königin von
Saba —, Sihun bei Eutychius, Pharia[1]) — ein beiname der
Isis — bei Tertullian, Minucius Felix[2]) und einigen Byzantinern. Termot im jubiläenbuch, Thermuthis bei Eustathius und
den meisten chronisten, Maria bei Michael dem Syrer. Eine
gleiche vielnamigkeit herrscht bei ihrem vater. Nach Michael
(45) war Moses' pflegemutter mit Canthur, könig von Memphis,
vermählt — Cantur des Joh. von Nikiu — Παρδουβήγως, der
indische astrolog — Gondophares[3]), indoskythischer könig,
christenverfolger in der Thomaslegende. Moses erhält zu
lehrern Jannes und Jambres, die söhne Barkoba's des Chaldäers,
die ihrem vater götzenbilder errichteten, einen garten in der
wüste bauten[4]) und einst 980 Juden den dämonen opferten.
Zum manne herangewachsen, erbaut Moses die stadt Hermupolis, der er den namen seiner mutter Maria beilegte. Hier
ist der schlüssel für den auffallenden namen der Pharaos-
tochter: bei Hermupolis soll Maria, die mutter Jesu, gewohnt
haben[5]). Vortan nennt die stadt Thermupolis von Thermuthis.

Moses erweist sich im krieg gegen die Äthiopen so geschickt und tapfer, dass sein pflegevater auf ihn eifersüchtig
wird und ihn aus dem weg zu räumen trachtet. Moses wird
von seiner pflegemutter gewarnt und entflieht. Es ist die
geschichte des jungfernsohnes. So erzählt der chinesische
historiker Ma-tuan-lin[6]), der könig von Soli oder der barbaren
des nordens habe auf der rückkehr von einer reise eine seiner

---

[1]) ‚quam filiam regis Pharao derivatio nominis esse demonstrat'
Tertullian ad Nat. II 8.

[2]) Octav. 21, 1: ‚Pharine Isidis'. Tert. apolog. 16: ‚Ceres Pharia'.

[3]) s. oben s. 204.

[4]) Nach Palladius, Lausinca 20, besuchte Makarius das grab der
zauberer, das in einem garten in der wüste errichtet war.

[5]) Meine Danae in christl. leg. 85.

[6]) Henry Sr Denys, Ethnogr. des peuples étrangers a la Chine
I 41. Vgl. Chavannez, Tradit relatives etc. 85 und Petitot, Dict. de
la langue Déné p. XLI.

beischläferinnen (in anderen erzählungen seine frau) schwanger gefunden und sie töten wollen. Sie aber sagte: Vom himmel stieg ein dampf hernieder, von dem bin ich schwanger geworden. Ein knabe kommt zur welt, erhält den namen Tong Ming, ‚klarheit des ostens‘ und wird am königshof erzogen. Da er ein sehr geschickter schütze ist, fürchtet ihn der könig und will ihn töten, aber der bedrohte entrinnt nach süden und kommt zum flusse Jen hu (— Sungari). Die fische bilden mit ihrem rücken eine brücke und Tong Ming geht trocken hinüber und gründet das königreich Fu yu.

Moses flieht nach Äthiopien. Zum feldherrn einer aufrührerischen partei daselbst ernannt, belagert er zehn jahre die hauptstadt der Äthiopen. Die belagerte königin sieht ihn der mauer nahen, verliebt sich in ihn und verspricht ihm, die stadt zu übergeben, falls er sie heimzuführen geloben wolle. Moses willigt ein, wird könig, kann sich aber nicht entschliessen, die königin Adonia zu berühren. Ein sehr häufiges motiv. Die felsenstadt Hatra ward von Šapur vergebens belagert. Die königstochter Nadira schiesst mit einem pfeil einen brief an Šapur und verrät ihm zu liebe die festung und ihren vater Daizam, der bei der eroberung fällt. Die nächste nacht schläft sie schlecht, weil ein rosenblatt sie gedrückt. ‚Wie hast du denn gelebt, als du bei deinem vater warst — fragt Šapur — was hast du gegessen?‘ ‚Rahm, mark, honig und wein.‘ ‚Und einen vater, der dich so lieb hatte, konntest du verraten? Auf trabanten, bindet die undankbare mit dem haar an die füsse eines wilden rosses und lasst sie zu tode schleifen!‘ [1]). Ebenso verriet Skylla ihren vater Nisus und ihre vaterstadt an Minos, der sie zum lohne so lang am schiffe hintennachschleifen liess, bis sie ertrank. In einer nordischen sage, die frau Flygare-Karlén in dem roman ‚Ungfrutornet‘ (jungferturm) behandelt hat, verrät Ingejerd, die tochter des bürgermeisters, Wishy an Waldemar Atterdag (13. jahrh.), der sich verkleidet als gast in ihr haus eingeschlichen und ihre liebe errungen hatte. Nach dem abzug der feinde musste der eigene vater sie verurteilen, sie ward

[1]) Nöldeke Tabari 38. Meine Danae 49.

lebendig in einen turm eingemauert. Ein englischer abenteurer, der Centralasien allein durchzogen, teilt in seiner selbstbiographie folgende geschichte mit, die er zu Bochara gehört habe [1]). Der kaiser von China belagerte Bochara, die königstochter verliebt sich in den prächtig heransprengenden jüngling und rät ihm, den fluss abzugraben, um der stadt das trinkwasser zu nehmen. Die bürger müssen kapituliren, die königstochter schläft schlecht, antwortet wie Nadira und wird zwischen mühlsteinen zermalmt.

Bei einigen arabischen autoren [2]) heisst der könig von Hatra Sâtirûn oder Sutrana, an dessen name sich auch die geschichte von Chawarnaq knüpft. Der gewöhnliche name Daizan ist vielleicht mit Destanes, dem persischen teufel, zusammenzustellen. Das lockt zu einer solaren deutung. Der herr des Chawarnaq ist die schwarze wolkenburg, umlagert von der sonne; aus dem schoss der wolke zuckt der leuchtende blitz, der mit der sonne sich wahlverwandt fühlt. Sobald aber die sonne gewonnen und den dunkeln wolken die himmlischen gewässer entzogen hat, stirbt auch der blitz. Oder das wetter zieht vorüber, verbirgt den wetterstrahl und versinkt fern im meere.

Der krieg der Juden mit den Äthiopen ist als historisch in die chroniken übergegangen. Er ist genau so erdichtet, wie die kämpfe Jakobs gegen Esau und die Chananäer, von denen der Midrasch, oder wie die feldzüge der Himjariten nach Indien, China und Thibet, von denen Hamza und seine nachfolger erzählen. Ein seltsames apokryphon derselben art ist im spätern buche Juchassin aufbewahrt. Ein armenischer könig schreibt dem Josua einen drohbrief, und lässt ihn, als dieser ohne erfolg geblieben, mit einem heere, das von 15 königen geführt wird, überfallen. Die Juden siegen.

Die notiz der chronisten von dem kampf der Armenier und Phöniker zur zeit des Exodus ist offenbar zugleich mit den angaben des Henochbuches von einem krieg der Juden gegen die Chaldäer in denselben legendentopf zu werfen.

[1]) Fkr, J. Campbell, deutsche übersetzung 102.
[2]) Chwolson, Ssabier II 436. 410. (Noeldeke, Tabari 34. 500. M).

Aus den anfängen des Christentums.

Maria verbirgt sich mit Christus in einer höhle [1], dasselbe erzählen von Elisabeth und Johannes dem täufer der Barbarus, Eustathios und Kedren. Elisabeth ward beim bethlehemitischen kindermord von Herodes verfolgt, aber wie bei Thekla und Barbara thut sich auf ihr gebet die bergeswand vor ihr auf und verbirgt sie. Schutz in einer höhle findet auch Abraham nach dem Buch des gerechten, dessen quellen etwa ins 5. jahrh. n. Chr. zurückreichen mögen.

Der unterirdische höhlenaufenthalt ward früher von Astarte-Venus erzählt. Der Mainzer pilgrim Breyttenbach [2] berichtet von einer ruine in Paphos, einem gar wunderbarlich vervallen gebuwe', wo Paris mit Helena gewesen: dort werde der garten der Venus gezeigt, in welchem Juno und Venus einst ein gezänk gehabt der schönheit halber. Frau Venus sei später nach dem lande Tuscia gekommen (heil. Christina und Margaretha). ,da doch etliche lüt vermeinen, sie sey zu eym berg verflossen und habe grosse lust und freude darin'. Weiter erzählt der pilgrim, in der kirche der heil. Sophia bei Nicosia sei ein grab von eitel jaspis, 12 spannen an seiner länge, das sei für Christus gemacht worden als er noch lebte. Man erkennt hier ein hünengrab, eines der τάφοι τῶν ἡρώων, von denen die Byzantiner melden, d. i. ein grab des Adonis.

Michael 95. Longinus kam mit dem rock des herrn nach Mochson in Galatien, wo er noch verehrt wird, wie der heil. Ephraim [um 370 n. Chr.] erzählt. Ein centurio von Lazike brachte einen andern teil des rockes nach Put, der

---

[1] Memo „Danae" 83. Dictionnaire des apocryphes I 1072.

[2] Pilgerfart nach d. heyl. lande, Frankfurter wiegendruck 1483.

hauptstadt von Eger [*Mingrelien*], den die schwester
Abgars genäht und Ananus dem herrn überbracht hatte [1]).

96. Zur zeit Christi gab es 7 jüdische sekten: Rabbiner,
Leviten, Pharisäer, Sadducäer [*diese auch bei Josephus*], solche
die täglich die taufe vornehmen, eine art vegetarianer, die
weder Moses noch andere propheten anerkennen und andere
bücher statt der mosaischen haben, endlich buchstabengläu-
bige Juden.

p. 99. Brief des Abgar an Narses, könig in Babylon.

p. 100. Zur zeit des Gajus war Simon magus, Kerinth
und Menander.

p. 102. Domitian fragte einst die philosophen Patrobulos
und Zrinos: „Was ist das christentum? ich bin so erstaunt
über diese neuerung wie Theodor, der meister der philosophie
zu Athen, wie Afrikanus von Alexandrien und Martinus Hy-
patos [*der consul*] [2]). Zrinos entgegnete: „Erstaune dich nicht!
Ich glaube, dass sogar die Goten sich ihm unterwerfen werden. Denn er predigt die unschuld und uneigennützigkeit“.

p. 92. Schicksal der apostel [3]):

1. Petrus 25 j. in Rom;
2. Andreas zuerst in Ephesus, dann Konstantinopel;
3. Jacobus in Spanien, nach Jerusalem zurück, 8 j. nachher †. Seine überreste in Urmarmarige [*wahrscheinlich
   Maragha am Urmiasee, wo Michael seine residenz auf-
   geschlagen hatte*];
4. Johannes im 7. j. Trajans †;
5. Philippus predigt in Afrika, † in Pisidien;
6. Bartholomaeus, von Sanadrug in Armenien gehäutet [*aus
   Moses Chor.*];
7. Matthias † natürlichen todes in Gabaal, begraben zu
   Antiochia;
8. Simon † in Hama oder Guris;

[1]) Eine grosse rolle spielt der heilige rock auch in Georgien, wo er
in den königlichen schreinen verwahrt wird.

[2]) Am rande: Theodosius, Dionysius und Martinianus.

[3]) Vgl. Lipsius, Apokryphe apostelgesch. I Einleit.

9. Thaddaeus † in Armenien zu Buritis; nach andern ward
nur sein leichnam dorthin gebracht;

10. Jacobus † in Serug.

72 jünger:

1. Addaeus, märtyrer in Edessa;

2. Achaeus, gemartert durch Sirinus, Abgar's sohn;

3. Ananias, der dem Paulus in Damaskus diente, durch den
general Phul zu Baril getötet;

4. Lazarus, der vom tod erweckte, † in Cypern;

5. Meliav (Silas? Langlois), ertränkt in Rhodus;

6. Kephas wohnte in Hetas und † in Pechizar;

7. Barnabas † zu Samos;

8. Sosthenes, im Pontus ertränkt;

9. Cyrineus, im gefängnis zu Alexandrien geköpft;

10. Joseph Philiton, der den heiland begrub, † in seinem hause;

11. Nicodem, märtyrer in Jerusalem;

12. Nathaniel, auf dem gebirge von Harran gesteinigt;

13. Justus, in Caesarea Philippi gemartert;

14. Sylla, märtyrer zu Philippi;

15. Judas, sohn des Jacob, märtyrer zu Phihul, nach andern
zu Urmi [am Urmiasee] in Armenien;

16. Judas, sohn des Chabin, predigte in Kelath, wo er auch
gemartert ward;

17. Marcus, genannt Johannes, märtyrer in Azinzu;

18. Umenas, märtyrer in Meldini (Melitene);

19. Nighe (Nicias), märtyrer in Buduni;

20. Jason, durch wilde tiere verzehrt in Polonho;

21. Manael, in Aka verbrannt;

22. Rufus, in Deschuk getötet;

23. Alexander, in einen abgrund geworfen zu Hierapolis;

24. Simon von Cyrene, in Bacchus geköpft;

25. Linus, von pferden zerstampft;

26. Cleophas, in Jerusalem gekreuzigt;

27. u. 28. Joses und Jacob, zwei brüder, in Sparta gesteinigt;

29. Theodosius, in Laodicea verbrannt;

30. Diotarius, märtyrer in Palu;

31. u. 32. Abion u. Mamarou, märtyrer im land der Kuschiten;

33. Josius, märtyrer in Samos;

34. Jason, märtyrer in Chuzia auf Kreta;
35. Titus, märtyrer in Palrit;
36. Patribos, märtyrer zu Chalzedon;
37. Hermas (Hermis) der hirte, märtyrer zu Antiochia in Pisidien;
38. Cyriacus II, märtyrer in Caesarea;
39. Chrycinus, märtyrer zu Peznunik;
40. Narciss, märtyrer in Laodicea;
41. Arolus von Caesarea in Cappadocien, verbrannt in Sizilien;
42. Timotheus, märtyrer in Ephesus;
43. Marcus der evangelist, märtyrer in Alexandria;
44. Lucas der evangelist, † in Daiis;
45. Levi, in Puéuls geköpft;
46. Nicetas, zersägt in Tiberius (oder durch Tibers befehl);
47. u. 48. Rufos und Linus, in Achaja getötet;
49. — 51. Johannes, Deodu und Theodu, den raubtieren vorgeworfen in Baälbek;
52. Stephanus, gesteinigt in Jerusalem;
53. Niceeas, durch den fürst Chieu in der kirche getötet;
54. Martel, märtyrer in Palmanut;
55. Ephremios, märtyrer in Vazu;
56. Liason, märtyrer in Pamphis;
57. Zacharias, sohn der witwe, gesteinigt zu Haurine; mit ihm
58. Zacharias II, märtyrer;
59. u. 60. die beiden Zachäus, märtyrer in der wüste;
61. Simon der aussätzige, märtyrer zu Rbnanthu;
62. — 64. Olympius, Stephanus und Eustachius, im gefängnis † zu Tiberias;
65. u. 66. Anacias und Simon, durch den präfekt von Byzanz enthauptet;
67. Eupindia, durch richterspruch in Gangra verbrannt;
68. Theocritus, katechumene, märtyrer in Pélis.

Perioden Christi.

Vindobon. theol. 326 fol. 170:

περὶ τοῦ Χριστοῦ.

Ἐτέχθη ὁ Χριστὸς ἡμέραν ̅ε ὥραν ̅ς τῆς νυκτὸς ἐβαπτίσθη εἰς τὴν ἀπαρχὴν τοῦ τριακοστοῦ αὐτοῦ ἔτους ὥρᾳ ̅ι τῆς νυκτὸς διηγατοΐσης ἡμέρας καὶ ἐδημιατοΐγησαν ἔτη ̅β

καὶ μείνας τρεῖς καὶ τῷ ϛʹ ἔτει ὥρᾳ ξ̄ ἐσταυρώθη· καὶ ἀνέστη
τρίτῃ ἡμέρᾳ ὥρᾳ ξ̄ τῆς νυκτός, ἀνελήφθη ὥρᾳ θ̄.

fol. 136. εἰσὶν αἱ περίοδοι τοῦ κυρίου ἡμῶν Ἰησοῦ Χριστοῦ.

ā. ἡ ἀποστολὴ τοῦ Γαβριὴλ πρὸς τὴν θεοτόκον·
β̄. ἡ κατάβασις τοῦ θεοῦ λόγου ἄχραντος σύλληψις·
γ̄. ἐνναμηνιαῖος κυημοσία·
δ̄. γέννησις ἄχραντος·
ε̄. αὔξησις ἡλικίας ἔνθεσμος·
ϛ̄. ἡ περιτομῆς πλήρωσις·
ζ̄. τὸ ἐκούσιον βάπτισμα·
η̄. ἡ μαρτυρία πατρὸς καὶ πνεύματος ἁγίου·
θ̄. πάλη πρὸς τὸν διάβολον καὶ νίκη μετὰ τὸ βάπτισμα·
ῑ. ἡ τῶν σημείων δύναμις, καὶ ἡ ἐξ αὐτῶν μαρτυρία ὅτι
    θεὸς ὁ Χριστός·
ῑā. ἔνδοξος μεταμόρφωσις·
ῑβ̄. ἡ τοῦ πατρὸς φανέρωσις·
ῑγ̄. ἡ ἐκούσιος σταύρωσις·
ῑδ̄. ἡ τοῦ θανάτου γεῦσις·
ῑε̄. ἡ ταφή·
ῑϛ̄. ἡ ἐν τῷ ᾅδῃ κατάβασις·
ῑζ̄. ἡ τοῦ ᾅδου σκύλευσις·
ῑη̄. ἡ τριήμερος ἀνάστασις·
κ̄. ὁ μετὰ τὴν ἀνάστασιν τεσσαρακονθήμερος μετὰ τῶν
    μαθητῶν συνδιαγωγή καὶ τῆς ἀναστάσεως πίστωσις·
κā. ἡ ἀνάληψις·
κβ̄. ἐκ δεξιῶν τοῦ

πατρὸς ἀποκατάστασις τοῦ θεοῦ καὶ ἀνθρώπου Χριστοῦ, τούτων τῶν κβ̄ πραγμάτων καὶ περιόδων τύποις ἦν τὰ κβ̄ ἔργα
τῆς κτίσεως ἃ ἐποίησεν ὁ θεός· κατὰ τοῦτο καὶ ὁ ἀλφάβητος
τῶν Ἰουδαίων[1]) . . . .

οἱ κρατοῦντες εὔχεσθαι τὸν γράψαντα τὴν δέλτον ἁμαρ-
τωλὸν καὶ τλημωίη δοῦλον Ἰωάννην τὸν τάχα εὔχεσθαι οὖν
παρακαλεῖτε διὰ θεὸν τὸν πλάστην.

[1]) Zur symbolischen bedeutung von 22 vgl. meine beiträge zur
christl. chronographie.

Fabulose chroniken.

Persische urgeschichte.

Die erste historische dynastie der Perser ist die der
Achämeniden. Die sage erfand noch zwei voraufgehende, die
Kajanier und Pîśdadier. Damit noch nicht zufrieden, über-
raschten die feueranbeter, die Gebers, mit noch vier früheren
königsreihen die welt. Sie beriefen sich dabei auf das Da-
bistan und die Desatir, angeblich uralte schriften, die indessen
erst im 12. jahrhundert entstanden sind. Die Dasatir sind in
einer völlig erdichteten sprache, dem Asmani verfasst, dessen
sich die parsisch-indische sekte der Sipasier als einer kon-
venienzsprache bediente [1].

Die neu fabrizirte liste beginnt mit dem propheten Ma-
habad [2], dem vater der menschen, der beim ende des letzten
cyclus zurückblieb. Er brachte den menschen, die in höhlen
und felsen und klüften lebten, die kultur. Er hatte 13 nachfolger, die alle Abad hiessen. Der letzte, Azer Abad, dankte
ab und ward einsiedler. Jetzt nahmen willkür, anarchie, raub
und mord überhand, die mühlen wurden von den bächen
vergossenen blutes getrieben [3]. Endlich hat man Jy-affram,
einen heiligen, die herrschaft zu übernehmen. Von ihm ging
die Jyaniandynastie aus, deren letzter könig, Jy abad, plötzlich
verschwand. Der neuerdings entstandenen verwirrung machte

---

[1] Grisenman II 694.

[2] Zum folgenden Malcolm, Hist. of Persia.

[3] Erinnert an die Völuspa. Eine ähnliche hyperbel: ‚Nicht eher
werd ich mich der rache ersättigen, bis meine steigbügel ins blut der er-
schlagenen sich tauchen‘ wird von Diocletian bei Malalas und einem emir
der Araber in Taschkend berichtet ((Grisenmann III zu Vambéry), beiläufig
eine andere orientalische analogie zu einer kaiseranekdote. Die apfel-
geschichte der Eudokia, die noch jüngste historiker für echt hielten, findet
sich auch in einer buddhistischen erzählung. [Vgl. Tab. II 1330, 11.
1333, 2, wo dasselbe wie oben von Jazid b. al Muhallab bei der eroberung von Gurgän a. 98 ff. berichtet wird. M.]

sein sohn Šah Kulio ein ende, und gründete eine dynastie, deren letzter könig Mahabul von seinen schlechten untertanen vertrieben ward. Sein ältester sohn Jessan war der ahnherr einer neuen reihe, deren letzter Jessan Ayum. Die bosheit der menschen ward damals so ungemein, dass Gott fast alle vertilgte, blos Gajômarth oder Gilšah blieb am leben. Die einzelnen dynastien und herrscher sind alle mit unglaublich grossen, künstlichen zahlen ausgestattet.

Nun beginnen die

Pêśdâdier.

Gajômarth.

Sijamak.

Hôsang soll ,die ewige weisheit' geschrieben, städte gegründet und zuerst aquädukte construirt haben.

Tahmôrath oder Dêw-band, ,der die dämonen fesselt', worin sein übernatürlich weiser minister Sirasp ihm beistand. Unter ihm kam die kunst zu lesen und zu schreiben auf, sowie die verehrung der götzen, die ursprünglich nur bilder abgeschiedener verwandten waren.

Gamšêd, gründete Persepolis, das noch Taxt-i-Gamšêd heisst, teilte die klassen ein und ordnete die zeitrechnung durch das sonnenjahr. Da er aber sich selbst für Gott erklärte, wurden seine untertanen erbittert und halfen dem Dahhâk, einem syrischen fürsten, Persien zu erobern. Gamšêd wanderte ruhelos umher auf dem angesicht der erde und kam nach Indien und China; noch heute singt das volk von seinen irrsalen. Von Dahhâk's sendlingen ergriffen, ward er entzweigesägt mit einem fischknochen.

Dem Dahhâk, nach einigen Nimrod, waren zwei schreckliche krebse, oder, wie Firdusi sagt, schlangen auf den schultern erwachsen, die täglich von zweier menschen hirn sich nährten. Kawah, der grobschmid, dessen söhne zum opfer ausersehen waren, erschlug den wüterich und erhob den

Frêdun, abkömmling des Tahmôrath. Dieser teilte sein reich und gab seinem ältesten sohne Salm, was jetzt Türkei heisst, dem Tur die Tatarei und halb China, dem Erig das land, das nach ihm Iran benannt ist. Aber die beiden ersten

söhne waren nicht zufrieden: Persien sei das schönste land
der erde. Sie erschlugen den Erig, aber sein frommer enkel
Manôčihr gelangte zur herrschaft und rächte den
mord. Sein minister war Sam, dessen sohn Zal, im Elburz
ausgesetzt, von einem greifen ernährt ward, ,nahe der sonne
und fern den menschen'. Der verbindung Zal's mit der
moschusdüftereichen Rudabe, einer tochter Mihrabs, des königs
von Kabul, entsprang held Rustem, weltberühmt durch seinen
kampf gegen den Turanier Afrasiab.

Nôdhar, Manôčihr's sohn, vernachlässigte Sam und
ward von den Tataren entthront. Afrasiab herrscht 12 j.,
bis er dem von Kabul vordringenden Zal weichen muss.

Zawah und sein sohn Keršasp wurden von Zal eingesetzt. Mit Keršasp enden die Pêšdadier nach einer herrschaft von 2450 j.

Kajanier.

Kai Kobad, urenkel Manôčihr's, von Zal und Rustem
zum tron befördert, soll 120 j. regiert haben. Er war ge-
recht und gross. Von seinen vier söhnen Kai Kaus, Ariš
[*Arier*], Rum [*Römer*] und Armen [*Armenier*] ward sein
nachfolger

Kai Kaus, der die wechselfälle des glückes voll zu
kosten hatte.

Kai Chosrau tötet endlich den Afrasiab. Zu religiöser
beschaulichkeit sich zurückziehend — man sagt, er lebe noch
und werde wieder hervorkommen — lässt er den tron dem

Lohrasp. Dieser beherrschte die Tatarei und China.
Sein statthalter war Gôdharz oder Buchtanasser d. i. Nebukad-
nezar. Von hier an trifft man auf geschichtliche personen[1]).
Dynastien des syrischen anonymus[2]).

Giganten (gabbârê). Ihr erster könig Sihon al Hesboni
der kanaanäische riesenkönig Sihon von Hesbon, numeri
XXI 21 etc.

[1]) Vgl. oben s. 132 ff.

[2]) Vgl. oben s. 56. Die übersetzung aus dem syrischen verdanke
ich Dr. Marquart.

Babylonier. Zuerst Angir Baladan, vgl. Merodach Baladan der bibel.

Araber, an deren spitze Sultan.

Perser, angeführt von Hudarsakar.

Babylonier. Tiros, vgl. *Θαδρης*.

Assyrer. Astafir.

Meder und Perser. Asarlehon.

Egyptische urgeschichte.

Eine fabelhafte, die königsnamen aus der bibel schöpfende
geschichte Egyptens „die edelsteine der dinge und wunder der
zeiten in der geschichte der egyptischen lande") geht bis
1500 n. Chr. Sie zitirt oft den Waçif sah, der um 710
schrieb, und berührt sich mit grossen analogen abschnitten
bei Abulfeda und Makrizi.

Tablil, der erste unabhängige herrscher Egyptens, war
noch vor der flut und herrschte 180 j. Seine söhne waren
Nacrâwaj, der schlösser mitten im meere baute und der
talismane kundig war, Micrám, der sprechende vögel her-
stellte, und Nancram, der zur zeit Henochs ein schloss von
messing am fuss des mondgebirges erbaute und darin 85
messingfiguren aufstellte, aus denen das nilwasser fliesst. Des
letzteren sohn Arjâe [*Asak oder Arsakes der Parther?*] baute
einen turm, über dem stets eine wolke schwebte; aus dieser
träufelte ein feiner regen hinab in das badebassin und seine
wundertropfen heilten jegliches übel. Arjâk ward durch seine
frau vergiftet.

Darnach herrschte Lug'im [*Ludim?*], dann Chaçlim
[*Kasluhim, genes. X 14*], der nilmesser konstruirte, dann
Facal, der zur zeit Noah's einen unterirdischen gang nach
Oberegypten anlegte, dann Badrasan [*Patrosim, genes. X 14*],
der in einem hölzernen schloss steingötzen aufstellte. Ein
sturm warf das schloss um.

") WÜSTENFELD, Orient und Occident I 328 ff.

Sareâf. Šahluc. Saurid. Letzterer besass einen spiegel, in dem man sehen konnte, was zu jeglicher zeit vorging [*einen gleichen hat Alexander nach Pseudokallisthenes*]. Auch errichtete er die beiden grossen pyramiden und schrieb darauf: Ich habe sie gebaut in 60 jahren, wer nach mir kommt und behauptet, er sei mir gleich, der möge es versuchen, sie in 600 zu zerstören. Und doch ist zerstören so viel leichter als bauen.

Huġ'ib. Mancawus war blutdürstig, erstickte beim trinken.

Armalinus der tyrann war der erste nach der flut. Er gründete die stadt Monf [*Memphis*] und darin je ein schloss für seine 30 söhne.

Micrim, enkel Noah's, ward 700 j. alt. Von seinen söhnen Coptim und dem ungerechten Caftorim [*gnes. X*] kam der zweite auf den tron.

ItarSir. Kilanum. Adim Sedad. Mancaš. Carsun. Nunia, eine frau, erhob sich gegen ihren oheim Marcunus. Ça. Badras. Malik.

Von den Pharaonen sind zu unterscheiden der Pharao Tutis [*Tulis, Michael Syrus*], zu dem Abraham kam, und el Raijan ben Arslades, der beschützer Josephs. Letzterer baute el Aris, kriegte mit den Äthiopen und verlor bei der stadt Sahea 100 millionen soldaten. Joseph baute Elephantium und war 120 j. auf seinem posten.

Darim [*Darius*], der unterdrücker der Juden, ertrank im roten meer. Ihm folgte Darius, ein götzendiener und zauberer. Dann herrschte Milatis, dann el Walid, gebürtig in der stadt Balch oder Hauran [!], zeitgenosse des Moses. Er lebte 400 j., war links und blind und hinkte. Der ertrag Egyptens betrug damals 72 millionen dinare.

Daluka, die königin, 130 j. Marinus, kämpft mit Bochtanser [*Nebukadnezar*], der 70,000 Juden tötet. Egypten liegt 40 j. wüste, später kommen die Amalekiter, Griechen und Kopten, deren letzter könig el Mucaucus oder Ğurcig ben Mumjahi zur zeit des propheten lebte.

Buch des gerechten.

Das buch des gerechten, Sepher haja-char[1]), oder liber generationis Adae oder lange chronik, lange annalen, ward etwa im 12. jahrh. niedergeschrieben und gibt sich für die zuerst im buch Josua[2]) erwähnte schrift. Die legendarischen und phantastisch-fabulosen elemente, aus denen dies grosse apokryphon zusammengesetzt ist, und die zum teil in der überlieferung des Islams wiederkehren, mögen dem 5. oder 6. jahrh. n. Chr. ihre entstehung verdanken. Die erzählung erstreckt sich von Adam bis zum beginn der richter. Die jahre der patriarchen sind im allgemeinen die der hebräischen bibel.

Kain erschlug den Abel mit der pflugschar und baute eine stadt Henoch ‚ruhe‘, weil Jehova seinem umherirren ein ziel gesetzt.

In Enos' tagen überschwemmte der paradiesesfluss Gehon ein drittel der erde und ertränkte die sich mehrenden götzendiener.

Lamech war Kain's nachfahre im 7. glied. Die augen Lamech's verdunkelten sich im alter und Tubalkain, sein sohn, musste ihn führen. Einst hörten sie im felde ein geräusch, wie von einem wilden tiere. Lamech spannte den bogen und siehe, Kain — denn von seinem kommen rührte das geräusch her — ward von seinem pfeil durchbohrt. Lamech schlug vor schmerz die hände zusammen und erschlug so, ohne es zu wollen, seinen sohn. [*Auch bei Dorotheus, von Gutschmid mit recht mythisch gedeutet*].

Henoch verbarg sich von zeit zu zeit vor den menschen, zuerst 3 tage, dann 6 tage, später während eines monats und zuletzt ein ganzes jahr. Die menschen versammelten sich vor seinem hause, um ihn zu sehen und zu hören. Henoch gab ihnen weise lehren und befriedete alle welt, eines tags aber stieg er auf ein vom himmel gekommenes pferd. 800,000 männer folgten ihm sechs tage lang bei seinem ritt, bis er

[1]) Text mit unkritischer einleitung im Dictionnaire des apocryphes II 1087—1310.

[2]) Josua X 13; 2. Samuelis I 19 und sonst.

endlich im gewittersturm sich zum himmel erhob auf einem feurigen wagen, an den feuerrosse gespannt waren. Darauf herrschte Mathusala über die völker.

Als Noah 366 j. alt war, drohte Gott mit der flut und gab die frist von 120 j. In seinem 600. j. nach einer fünfjährigen arbeit vollendete Noah die arche, worin er gerade ein jahr blieb. Darnach zeugte er den Nemrod, den empörer (marad), weil damals die menschen wieder anfiengen, sich gegen Gott zu empören.

Als Nemrod das 40. j. erreicht hatte, sammelte er 460,000 von den kindern Chus, besiegte die Japhetiten und warf sich zum könig auf über die ganze erde. Sein general war Thare, dem Amthela den Abraham gebar. Da die sterndeuter dem Nemrod prophezeiten, dass Abraham's nachkommen die herren der erde werden würden, befahl der könig das neugeborene kind zu ihm zu bringen. Thareh brachte ein untergeschobenes, das dann von der lanze des königs sofort durchbohrt wurde, Abraham aber wurde 10 j. lang in einer höhle erzogen.

Nemrod baut den turm zu Sennaar und will zum himmel aufsteigen. Aber ein drittel des turmes verschlingt die erde, ein drittel das feuer, während ein drittel noch jetzt zu sehen ist.

Abraham zerbrach 50jährig die götzen seines vaters, der dem könig die tat anzeigt. Nemrod versammelt 900,000 menschen und lässt Abraham in einen glühenden ofen werfen, dem derselbe jedoch nach drei tagen unversehrt entstieg. Im alter von 55 j. ging Abraham aus Harran, 5 j. später kriegt er mit Chodorlahomor.

Dramatischer besuch Abrahams bei Ismael. Abenteuer Isaaks und Jakobs. Joseph und Zalicha (Zuleika). Jakob kommt zum zweiten mal nach Egypten und schreibt dem könig Psonthomphanech. Als er das dritte mal nach Egypten gekommen, wird er krank und stirbt. Über seiner leiche, die nach Chanaan gebracht wird, erhebt sich ein gewaltiger kampf durch Esau's dazwischenkunft. Esau fällt, aber sein geschlecht zieht, ihn zu rächen, mit den kindern Seïrs nach Egypten gegen die Israeliten. Zurückgeschlagen, und auch von ihren

bundesgenossen, den kindern Seïrs befehdet, rufen sie Aïnias,
könig von Denaba[1]) in Afrika zu hilfe; später wählen sie den
Bela ben Beor[2]) zum könig. Damals war in der stadt Phu-
simna im land der Kethim ein mann Huzi, den die leute wie
einen gott verehrten. Er hinterliess eine tochter Junia [
Lavinia]. Turgus [Turnus], könig von Benevent, und Aïnias
bewarben sich um sie. Ein krieg entbrannte, Aïnias, von
Lucos, dem könig von Sardinien, und dessen neffen Neblos
unterstützt, traf in Campanien auf das heer des Turgus und
erschlug ihn. Darauf segelt Aïnias nach Africa, um beute
zu machen, wird aber von Sepho zurückgeschlagen und verliert seinen general Sosiphtar oder Putiphar. Und Balaam
ben Beor, der ihm bis jetzt treu geblieben, verlässt ihn und
geht zu dem siegreichen Sepho über.

Als Sepho gestorben und zu Nabana bestattet war, folgt
ihm Janus, Balaam aber entfloh zum Pharao und ward nebst
Jethro dem Midianiten und Job dem Husiter sein ratgeber.
Nach einiger zeit muss er dem steigenden einflusse des Moses
weichen und findet ein asyl bei Cicanus, dem könig der
Äthiopen.

Moses wird im 130. j. der ankunft in Egypten geboren.
Nach einer wundersamen jugend, am hofe des Pharao ver-
lebt, hilft er dem Cicanus gegen den verräter Balaam, der
die stadt seines wohltäters besetzt hat. Cicanus stirbt, Moses
heiratet die königin Adonia und wird von den Äthiopen als
gebieter anerkannt. Balaam entkommt und findet neuerdings
schutz bei Pharno.

Damals verschied Aïnias und hinterliess sein reich Africa
seinem sohne Asdrubal und Janus, dem könig der kinder
Cethim. folgte sein sohn Latinus im 22. j. von Moses' äthio-
pischer herrschaft. Im kampf gegen Latinus fällt Asdrubal,
aber seine schöne tochter Ospasina [Aspasia] vermählt sich
mit Latinus. König ward an stelle Asdrubals sein jüngerer
bruder Annibal, der 18 j. lang feindseligkeiten gegen die kinder

[1]) Erwähnt genes. XXXVI 32, lag an der idumäischen grenze.

[2]) Herrscher in Denaba nach genes. a. a. o.

Cethim ausübte, dann aber sich nach Afrika zurückzog und dort einer ruhigen regierung pflag.

Im 180. j. der ankunft in Egypten giengen 30,000 tapfere Ephraïniten aus Egypten, behauptend, das dem Abraham prophezeite ende der knechtschaft sei erreicht. Sie fielen den Philistern in die hände und bloss 10 mann des voreiligen stammes entrannen.

Der auszug geschah endlich unter dem Pharao Adieu. Im 14. j. des auszugs verstarb Latinus; sein nachfolger Avianus herrschte 38 j. In Moab haben die Israeliten gegen Beor ben Jannes zu kämpfen, sowie gegen seinen sohn Balaam, der wie ein böser genius das volk gottes allenthalben verfolgte. Kurz vor seinem tode rüstete jedoch Moses einen zug nach Midian aus und erschlug den argen Balaam.

Josua nahm darauf den führerstab, eroberte Jericho und schlug Jabin, könig von Asur, samt seinen verbündeten, den Amoriterkönigen von Semeron, Achsaph und Adulam. Im 50. j. des Jordanüberganges lieferte Avianus dem Edomiterkönig Adad eine schreckliche schlacht und herrschte 7 j. über Cethim und Edom. Sein nachfolger Latinus machte die Britten und Germanen tributpflichtig und bewältigte einen aufstand der Edomiter. Chanaan aber verblieb fortan den kindern Israels.

Methodius. [1]

So ziemlich alle völker träumen von einer goldenen zeit am anfang und am ende aller dinge. Die erwartung eines über die ganze erde ausgebreiteten friedensreiches schien durch das römische imperium ihrem ziele sich zu nähern. Jüdisch-christliche Messiashoffnungen traten hinzu und fanden ihren ausdruck in apokalypsen und sibyllinischen orakeln. Ein hauptausgangspunkt der orakel war Alexandrien, ein andrer Rom. Dem Tacitus weissagten die haruspices, dass aus seinem geschlechte ein römischer kaiser erstehen werde, der den Par-

---

[1] Griechisch: Patres orthodoxographi 1505 und 1555. Basel. Lateinisch: Bibl. patrum maxima III. Dottinger, Hist. taschenb. 1871 s. 263. Sepp, Die deutsche kaisersage 1894. Heidelberg.

16

thern und Persern ihre richter setze, der Franken und Ala-
mannen in bolmässigkeit halte, die afrikanischen barbaren
zähme, den Taprobanern einen statthalter sende, die Sarmaten
beherrsche, der zur römischen insel (Brittanien) einen pro-
konsul schicke, kurz, der alles vom weltmeer umflossene
land sein nennen dürfe. Derselbe werde zuletzt dem senat
die herrschaft übergeben und nach der väter herkommen
leben, werde 120 jahre erreichen und ohne erben aus dem
leben scheiden [1]).

Die officielle weissagung setzte sich bei den Byzantinern fort.

In der kaiserlichen bibliothek zu Konstantinopel befand
sich seit dem 8. jahrhundert ein buch mit figuren und dazu-
gehörigen, sibyllinisch genannten weissagungen oder erklären-
den texten. Die texte aber waren nicht minder unsicher und
vieldeutig als die menschlichen oder tierischen figuren, denen
sie zur erklärung dienen sollten. Nicht verschieden hiervon
scheint das buch der gesichte gewesen zu sein, dessen bischof
Liutprand in seinem gesandtschaftsbericht gedenkt. Die Griechen hätten es danielisch genannt, sagt er; es enthalte die
zahl der regierungsjahre jedes kaisers und die schicksale des
reiches unter ihm.

Ähnlicher art waren die prophezeiungen des Methodius,
die im ganzen Orient bis nach Georgien [2]) und Russland und
ebenso im ganzen abendland verbreitet waren. Den prophezeiungen ging eine fabulose weltchronik voraus.

Methodius hat die abendländischen vorstellungen vom
gange der weltgeschichte mitbeherrscht. Das römische reich
ward auf Deutschland bezogen, für die Araber später die
Türken eingesetzt. Methodius folgend, hat man bis ins 18.
jahrh. geglaubt, die Türken würden noch einmal ganz Deutschland überziehen und ihre rosse im Rhein tränken.

Was ein syrischer Jakobit des 6. jahrh. prophezeit, dass
das von Alexander geschlossene kaspische tor sich öffnen
würde und dadurch Gog und Magog in wildem eroberungszug

[1]) Vopiscus, Vita Taciti 15.
[2]) Brosser, hist. de la Sieunie 94.

über die welt sich ergiessen würden, konnte man füglich auf
die Mongolen und Türken deuten. Der letzte deutsche kaiser
werde nach diesem völkersturm nach Golgatha ziehen und
seine krone und reich in Gottes hände übergeben, oder nach
andern scepter, krone und schild an einem dürren baume
jenseits des meeres niederlegen und an derselben stelle seinen
geist aufgeben. Im ganzen aber waren die orakel des Methodius ein buch des trostes, wie namentlich aus der endlichen
triumph der Christen erhoffenden vorrede des Sebastian Brandt,
der es 1497 deutsch übersetzt hat, hervorgeht. 1474 nach
dem fall von Konstantinopel tröstet Methodius die erschreckte
christenheit, sie würden nicht unter das Türkenjoch fallen.

Ähnlich schildert Nikephoros, der biograph des Andreas
Salo, das goldene zeitalter, das die Byzantiner erwarten. Aus
tiefer armut zur kaiserwürde berufen, werde ein gottbegnadeter
held die söhne der Hagar (Araber) demütigen, Illyricum und
Egypten wieder zum reich gewinnen und die blondhaarigen
völker, Germanen und Franken, bezähmen. Seine herrschaft
wird 32 j. dauern und in ihrem 12. j. werden alle abgaben
aufhören. Der Talmud verheisst ebenso den Israeliten, wenn
der Messias komme, würden alle abgaben aufhören, würden
Edom, Amalek und alle feinde des volkes gottes befriedet
werden und jeder gläubige Israelit 28.000 knechte erhalten.

Wir wenden uns zur chronik des Pseudo-Methodios.
V = Venetus, cl. VII 22, eine prachthandschrift mit zahl-
reichen bildern, bis zur Türkenherrschaft. P = Parisinus 947.
L = lateinische übersetzung.

Adam und Eva waren 30 j. alt, da sie aus dem paradies
verstossen wurden, und hatten einander noch nicht berührt.
Jetzt gebar Eva die zwillinge Kain und Kalmena und nach
abermals 30 j. kam das zwillingspaar Abel und Lebora (Deborra)
zur welt. Im 130. j. der verstossung tötete Kain seinen
bruder, den die eltern 100 j. betrauerten, und wohnte fortan
im gefilde Naid. Im 500. j. der verstossung begannen die
kinder ihren eltern, die männer ihren frauen, der bruder
seinem bruder zu mistrauen, im 800. j. begann ehebruch und
buhlerei. Im 900. j. starb Adam; seit 930 lebten Kainiten

16*

und Sethiten gesondert von einander und zwar die Sethiten im gefilde Naid, wo auch der brudermord geschehen, nahe dem paradiese.

Im 40. j. Jareds   wj. 1000 erhoben sich **Jubel** und **Thubsiel**, die kinder Lamechs. Im 600. j. Jareds wurden von den Sethiten die von Seth stammenden Giganten in den abgrund geworfen. Im 800 j. Jareds giengen die söhne Seths zu den töchtern Kains. Am ende des zweiten jahrtausends war die flut.

Im 800. j. Noah's gieng Sem nach dem land im osten[1]), das vom meer fern liegt und sonnenland heisst, weil die sonne dort aufgeht. Er erfand die astronomie. 2690 turmbau. Im wj. 2890[2]) gründete Nebrod Babylon. Die kinder Cham aber wählten zu ihrem könig Pompios. Sem schrieb einen brief an Nebrod des inhalts, dass die herrschaft der Chamiten durch die Japhetiten gestürzt werden würde. 3308 reissen sich die Egypter von Nebrod los. Im wj. 3370[3]), als Chosara, Ercules' sohn, seit 2 j. herrschte, rückte Samsabus mit 320,000 stabebewaffneten mannen Egyptens an den Tigris gegen den könig Chorosdros, der schickte seinen vater (Chosara) auf einem elephanten gegen die eindringlinge und es blieb deren kein mann übrig.

4005 verwüstete Samsiscrar[4]), ein Semite, die Euphratlande bis zum Istros, sowie die drei reiche der Inder und das land der kinder Kethura's. Die Ismaeliten beherrschten die inseln, Rom, Illyricum, Thessalonich und Sardinien während 260 j. Da erhoben sich Oreb, Zeb, Zebee und Salma und kriegten mit den Israeliten; Gedeon trieb sie zurück nach Ethribus [Jathrib]. Aber im wj. 7000, da die tage der welt zu ende gehen, wie Daniel der prophet geweissagt, da werden sie wieder erscheinen und über Armenien, Kappadokien, Kilikien, Spanien herrschen und Griechenland, Gallien, Germanien, Agathonia [?] und Sicilien in ihre gewalt bringen.

[1]) V im 200. j., P im 800. ward Sem geb. 2300 Sem nach Etha: L.
[2]) So P. 600 — 89 hat V. 2770 und 2790 L.
[3]) 3975 L.
[4]) Vgl. *Σαμψισάρος*.

1000 j. herrschten die Hebräer,
3000 j. die Egypter [500 V].
4000 j. die Babylonier.

Cyrus oder Spartakus erobert Thrakien, darauf erhob sich Alexander, der sohn Philipps von Makedonien und Chuse's, einer tochter Phol's, des königs von Äthiopien: er herrschte 12 j. in Alexandrien, auf seinen zügen kam er bis zum meere Helicho und errichtete das eiserne tor, zwei berge, μάζοι genannt, denen Gott bis auf 12 ellen einander sich zu nähern befahl; 22 völker sind es, die innerhalb der tore wache halten. Chuse kehrte zu ihrem vater nach Äthiopien zurück und heiratete später Germanicus den feldherrn. Latinus der könig stiftet ihnen Rom als brautgeschenk. Ihre tochter Byzantion vermählte sich mit Romulus (Armillus) und gebar den Armaelus, Urbanus und Claudius. Armaelus erhielt Rom als herrschersitz, Urbanus Byzanz und Claudius Alexandrien.

Deutsche kaiserchronik.

Die deutsche kaiserchronik[1]), 1141 entstanden, stammt aus einer deutschen reimchronik und geht auf eine quelle zurück, die auch von den gesta Trevororum und von Ekkehart im leben Heinrichs II und Heinrichs V benutzt wurde, und die wahrscheinlich in Regensburg entstanden ist

Die Sachsen seien einst mannen Alexanders zu Babilonje gewesen.

Nach den vier weltreichen der Babylonier, Perser, Alexanders und Caesars, welch letzterer 5 j. regierte, trat Augustus auf. Er ward vergiftet. Sein nachfolger Tiberius eroberte Jerusalem, erschlug den könig von Persien und gründete Tiburnia oder Regensburg. Um die Juden für die ermordung des heilands zu strafen, entsandte Tiberius den Vespasian und Titus mit heeresmacht gegen Jerusalem. Nach 33 jähriger regierung ward auch er vergiftet. Den Gaius traf

[1]) Piper in Kürschner's Deutscher Nationallitteratur, Spielmannsgedichte. Ein lateinisches stück der kaiserchronik scheint im Pragensis Q VI 57 fol. 253 vorzuliegen.

der blitz. Darnach ward könig Faustinianus, vermählt mit Mechthilt; ihre kinder waren Faustinus, Faustus und Klemens. Die familie, von Klaudius, dem bruder des kaisers bedrängt, hat die mannigfachsten schicksale zu wasser und zu land. ihre mitglieder erleiden alle der reihe nach schiffbruch und kamen mit Simon magus und dem apostel Petrus zusammen.

Nero hat von einer kröte in seinem leibe viel zu leiden. Damals hatte Tarquinius zu Trier das abenteuer mit Lukrezia, von dem Ovidius erzählt. Tarquinius kämpft mit Totila.

Darnach erhoben sich Galba und Piso, von dem die stadt Pisa ihren namen hat. Vitellius belagert Rom, Odnatus sucht den könig zu ermorden und wird ergriffen, zeigt aber seine standhaftigkeit dadurch, dass er seine linke hand im feuer verkohlen lässt (vgl. Scaevola). Vitellius wird schliesslich von 12 mannen Vespasians lebendig begraben. Arimespe, eine schwester Vespasians, zieht nach Babilon gegen Milian [*auch im könig Rother und verwandten sagen*] und dessen bruder Hylas von Africa.

Die siebenschläfer schlummerten 248 j. Kaiser wurde Diokletian, dann Severus. Der kriegte mit dem Bayernherzog Adelger und ward von dem Bayer Volcwin erschlagen. Pertinax nahm das szepter in Rom und tötete den Julian. Hierauf baute Adrian Jerusalem wieder auf, das die heiden unter Cosdras zerstört hatten; er starb zu Damaskus, nachdem er 11 monate regiert hatte. Darnach schlug Lucius Arconnodus [*Commodus*] eine schlacht bei Rom gegen Alarich. Achilleus, der nächste kaiser, fiel von Postumus' hand. Sodann erhoben sich Galien, der zugleich ein geschickter arzt war, Constantius und Nepocianus, Magnentius und sein bruder Decentius und zuletzt als sieger über alle Constantin.

Julianus-roman. Justinian. Theodosius.

In römischer zeit hatte sich Astrolabius dem teufel verschrieben, weil er in ein wunderbar schönes Venusbild rasend verliebt und sozusagen mit ihm verheiratet war[1]) Eusebius

---

[1]) Vgl. Lucian.

löste ihn aus des teufels bann und papst Ignatius weihte die
säule, darauf das bild gestanden, dem heil. Michael.

Zur selbigen zeit entstanden die Arianer, die da behaupten, es sei keine auferstehung. Damals wachten die siebenschläfer auf unter Constantin Leo. Unter Zeno waren Diet-
rich, Etzel, Boëtius und Seneca. Zuletzt beschlossen die Römer,
keinen kaiser mehr aus ihrer heimat zu wählen, so erkannten
sie Karl d. gr. als ihren gebieter an.

Anachronismen.

Bei Methodius und in der deutschen kaiserchronik sind
helden der verschiedensten zeiten ebenso naiv nebeneinander-
gestellt, wie etwa die philosophen der verschiedenen jahrhunderte in Raphaels schule von Athen. Die wahrheit ver-
flüchtigt sich auf zusammenfassenden geschichtlichen gemälden
durch die macht der souveränen kunst und in den fabelchroniken durch die unbeschränkte willkür der sage. Von der
deutschen kaiserchronik ist nur ein schritt zu dem volksmärchen von kaiser Oktavian, wo der sultan von Babylon,
der Merowingerkönig Dagobert mit dem klugen neffen Caesar
zusammenkommen. Unter ,anachronismen', die als ein nach-
trag zum vorigen abschnitt gelten können, sollen einzelne
sagenkreise berücksichtigt werden, bei denen dieselbe misch-
tendenz wie bei den fabelchroniken hervortritt.

Nabatäische landwirtschaft[1].

Vielleicht auf eine griechische quelle des späten Sassaniidenreichs gestützt, verfasste im 10. jahrhundert der fälscher Ibn Waḥšîja die nabatäische landwirtschaft, in der er Adam und Noah als agronomische schriftsteller proklamirt und von einer nabatäischen, hochausgebildeten cultur fabulirt. Eine kurze personenübersicht wird zeigen, mit welch geistes kind man hier zu tun hat.

A'ami, heiliger = Achmet, astrolog (Fabric. IV 147).

Budsir ben Qaftorim, ein egyptischer könig, der zuerst magie trieb (Ss. II 614) = Βούσιρις, dessen andenken ja auch die sophisten feierten.

Bedina, vgl. Bediah bei Esdra X 35.

Calbâna, der unglückliche (Überreste 46) = Cachlom, Magier.

Chajul, als titel, wie es scheint, bei vier königen (Überreste 44) aus chald. chail, krieger. Einem könige Chael schreibt der Paris. gr. 2494 eine methode zu, aus den evangelien die zukunft voraus zu sagen.

Dewanai = Davonus pastor.

Gabir = Geber, alchymist bei Berthelot 217, ob mit den arabischen Gabaei zusammenhängend?

Gernâna, von dem assyrischen volke der Garamäer, deren könig Garmos den Hrodan[2]) verfolgt (Jamblich). Die Assyrer heissen gelegentlich gradezu bei den Arabern Gerämiqah.

Harmati, schrieb über gold und silber = Hermes.

Hinafa (Üb. 87) aus einer mittelform Νίσβησις. Der name ist übrigens häufig bei den Arabern.

Janbušad, hängt wohl mit bözäd, persisch = erlöst, zusammen. Jan ist vielleicht der gott Ἰαίας (Ss. II 204).

Irenaeus: Ms. 210.

[1]) Chwolson, Ssabier. Gutschmid II.
[2]) Gutschmid II 641 gleicht ihn mit Aždahak dem schlangengott; der name ist friesisch Hludana, nordisch Hlodyn; warscheinlich hängt der wellengott Lodan d. irischen gesänge (Ossian) ebenfalls mit ihm zusammen.

Junân ben Jeraglius = Herakleios, alchymist bei Berthelot, Coll. des anciens alch. grecs 174, wo er jedoch fälschlich als Merqûlius erklärt wird.

Kermana = Καρμάνης (Anton. Diog.).

Kajuma = Kijâma (Üb. 135) = Gajômart, der pers. Adam.

Mabanleruka, alter chald. weiser (Ssabier I 709) = wegweiser, chald., was für einen philosophen vortrefflich passt.

Mardajad, vielleicht der verborgene, chald. mored, vgl. auch Nazi-maraddas auf den keilschriften.

Marinata (Üb. 128) erinnert an Marnas (Mos.).

Marthamus (n), von den Elkesaiten verehrt (Ss. I 118) = Marsanès, gnostischer prophet (Pistis Sophia) = Μαρσιάδης (Epiphanius XL 7 [1]).

Mast es Surani, arzt, vgl. Masius, Mesene = Maschi (Ss. I 708).

Philippus Sidetes: Fabric. VII 420.

Querucani (Üb. 105) = Qurussani, bogenschütze (Avesta) = Kisronus (Abulfar.) = Sacheron (Mich.) = Karon (Eutych.).

Resai = Ghezes, alchymist.

Sâhâ (Üb. 87) = Σώας (Jamblich).

Schamaja = Sammughes.

Bar Schlomo, nabatäische gottheit = könig Salomo. Ebenso David, ein gnostischer äon und Jezabel, eine göttin in der koptischen Georgslegende, vgl. Kuhn., Wiener zschr. f. d. kunde d. morgenl. III 278.

Simeon Barkayas: Ms. 211.

Tamiri, der Chananäer (Ss. I 708) von chald. tomir, behalten?, erinnert an Ταμίρας (Philo), Tammrap (Eutych.), Tahmurath, pers. urkönig, Ζεὺς Ἀμάριος (Sanchoniathon).

Tenkelosa = Τένκρος, der Babylonier = Tinkelus im Fihrist (10. jahrh.)[2]

Zosun el Ebri = Zosimos, alchymist.

---

[1] Vgl. Schmidt, Berliner sitzungsberichte 1891 s. 217.

[2] [Vgl. indessen P. de Lagarde, Ges. Abh. 78, 10 u. Anm. 2. M.]

Artusroman.

Zustände des Sassanidenreiches sind das vorbild für einen teil des Artusromanes [1] gewesen, die meisten örtlichkeiten und personennamen des romanes stammen aus dem orient. Für die bunte namenmischung soll folgende übersicht zeugnis ablegen:

Eminadap, Barach, Eliab, Joseph, Galaad, Josua, Seraphe = biblische namen.

Venissienne = Phénicienne, mit Veronica zusammengeworfen [2]).

Yarkon (Bruillon)   Barkaan, heiliger des Joasaphromans.

Balaain — Bileam (Balaam) der zauberer.

Saracinte   Saracenus.

Abbadare, könig von Masphat berührt sich mit Ablanes (Abdanes) der Thomaslegende und Maslipha dem zauberer.

Oreans, stadt   Urha, Orcha, Edessa.

Lambor ← *Λαμβάλης?*

Carcelois von Carchar?

Pellehan oder Perlesvanus (Parcival)   pehlevan (pair, palatin).

Calafes Alphasan   Caleb Elesbaan, historischer könig von Habesch.

Caiphan   Caiaphas?

Claudius, Caesarius, Helain (Helenus), Anton, Gaius römische namen.

Manuel, seit der zeit der kreuzzüge in Sicilien und Byzanz aufgekommen.

Gawan, Erec, Alain, insel Valon, Bran [3])   irische namen.

---

[1]) HEINZEL, Wiener denkschr. 1892.

[2]) Hat aber mit der heil. Venise od. Venera (= Venus), wie HEINZEL will, nichts zu schaffen.

[3])   rabe nach HEINZEL, vergl. Brandelis, Brandanus, Brennus. Übrigens heisst auch Fingals hund Bran.

Der stammbaum Alexanders d. gr.

Albiruni 49 ed. Sachau.

Abraham
|
Isaak
|
Esau
|
Elifaz
|
Alasfar = Ἀλάσαγος, chaldäischer urkönig [1]
|
Rome
|
Theophilus
|
Byzantium
|
Rumija, vgl. Methodius
|
|
|
Japhet
|
Junan   Janus? vgl. talmudisch Juniro.
|
Rom
|
Meton
|
|
Hermes
|
Philipp
|
Alexander.

Verschiedenes.

In der Gralslegende heißt Hippokrates Gaius, den sohn des kaisers Augustus und ist Josua der tapferste ritter zur

---

[1] [Vergl. aber Wirth, Beiträge z. christl. chronogr. 114 N. 2. M.]

zeit Salomons. Nach einer späten fassung der sieben weisen wird Galen von Hippokrates totgeschlagen [1]. In dem religionsgespräch unter Aphroditian ist Kasander der zeitgenosse des Attila, Cyrus erfährt von der geburt Christi.

Die persischen könige Arrenatos und Pasagros des erwähnten religionsgespräches sind ebenso erdichtet wie könig Anton von Persien und könig Caesarius von Rom in der Gralslegende [2], wie könig Xerxes in der persischen disputation des Simon und Judas. Ein besonders bekannter herrscher oder wie beim Pharao der bibel ein titel musste für das unwissende volk den jeweiligen namen erstellen. Par excellence war Xerxes der könig von Persien und Caesar der römische kaiser. Ähnlich erzählt die legende von den drei königen, dass ihre leiber von kaiser Manuel um 400 n. Chr. dem Eustorgius ausgeliefert worden seien. Durch die kreuzzüge war gerade Manuel den abendländern besonders bekannt geworden und Manuel ward demnach vorzugsweise der kaiser von Byzanz.

In der geschichte von den heiligen drei königen des Joh. von Hildesheim († 1375), die Goethe's besonderes wohlgefallen erregt hat, wirken gar die byzantinischen kaiser Maurikios, † 603, und Manuel, † 1156, zusammen, um die leiber der drei könige an die Mailänder zu überliefern. Die Mailänder halfen dagegen dem Maurikios, der übrigens kaiser von Rom genannt wird, die von den Sarazenen und Persern entrissenen landesteile wieder zu erobern.

Schliesslich sind solche anachronismen nicht viel schlimmer, als wenn die christlichen chronisten Abraham und Ninus oder die arabischen Samirus und Alexander synchronistisch verknüpfen.

[1] Hänzel. 145 f.
[2] Hänzel. 145. Letzteres wohl nachhall von Marc Anton.

VERLORENE CHRONISTEN.

Verlorene chronisten.

Africanus schliesst 221.

Amorion, kirchengeschichte. Fabricius VII 418.

Annianus um 400.

Andronicus schrieb, wie Elias von Nisibis berichtet, unter Justinian († 565), eine weltchronik im anschluss an Annian; die zahlen jedoch, die von ihm überliefert werden, nähern sich am meisten denen des Eusebius.

Ἀγγαρικεύειν ὁ λόγος. Kodin.

Aphrahates, der Perser, schrieb um 340 n. Chr. eine bloss aus Elias bekannte chronik, — Ferhad, den Abulfarag erwähnt?

Apollonius; Michael 49 erzählt, dass Moses das alphabet erfand und beruft sich dabei auf den philosophen Abulemos. Vartan[1] spricht von einem hebräischen philosophen Apolim, eine namensform, die bei M'chitar Airivank wiederkehrt. Vielleicht ist damit Apollonius Historiographus gemeint, den der Barbarus für Herakles zitiert, von dem freilich auch nichts weiteres bekannt ist.

Asaph war der verfasser einer jüdischen mit fabeln stark untermischten geschichte, die von den Syrern und Arabern ziemlich häufig benutzt wurde.

Simeon Barkayas (Barakia), um 50 n. Chr., schloss sich an Eusebius und dem Chronicon orientale; eine chronologie von Ebedjesu wurde ihm fälschlich zugeschrieben. Vielleicht ist er mit Berachja[2] identisch, dem philosophen und könig, der nach dem Talmud einen astrolo-

---

[1] Russische übersetzung von Emin, Moskau 1862, 25.

[2] Steinschneider, Z. D. M. G. XLV, 443. St. hält es für möglich dass Berachja aus Hermes entstanden!

gischen traktat verfasste; in demselben zitirt er einmal die chronik der persischen könige.

Cyrillus von Jerusalem um 370.

Demetrius von Kyzikos. Skylitzes.

Diodor von Tarsus: χρονικὸν διαφθείμενον τὸ σφάλμα Εὐσεβίου τοῦ Παμφίλου περὶ τῶν χρόνων. Suidas.

Eustathius von Antiochien bis 502, bei Eunapius und Johannes Antiochenus.

Eutychianus, Fabricius VII 476.

Helikon[1] aus Byzanz schrieb eine epitome bis Theodosius in zehn büchern. Suidas.

Hesychius, weltgeschichte von den trojanischen zeiten bis auf Anastasius.

Jakob von Edessa † 708.

Ignatius von Melitene, bischof, † 1094.

Irenäus wird benutzt von Malalas. Gutsch. II 136 ist geneigt, an ein schwindelzitat zu denken. Εἰρηνᾶος wird indessen vom schol. Apoll. Rhod. II 1015 für eine skythische lokalität am schwarzen meer erwähnt (wohl aus der geschichte der völkerwanderung) und der Paris. suppl. 685 enthält eine vulgärgriechische chronik ἐξ Εἰρηναίου καὶ Ἰσιδώρου.

Isidor, erwähnt von Johannes Damascenus.

Johannes Antiochenus 530 n. Chr.

Johannes von Djebel bei Michael.

Johannes von Kaisun. Michael.

Johannes von Medina. Abulfarag.

Lokalchronisten.

a) Von Antiochien.

Didymus,

Domninus,

Pausanias,

Sisinnius, vielleicht der patriarch von Konstantinopel, † 428,

Theophilus,

sämmtlich bei Joh. Antiochenus.

[1] Einen Magier Helikonius erwähnt Fabricius IV 164.

b) Von Konstantinopel.

Manuel: Skylitzes; vielleicht der Syrer Emmanuel, der doctor, von dem wir ein hexaemeron besitzen (Lamy, Bulletin de l'acad. de Belg. 1888 s. 547).

Milichios, lokalchronist, wie es scheint, von Konstantinopel. Kodin.

Nikolaos der chronograph. Kodin.

Panodor von Alexandrien um 400.

Papias, gewährsmann des Joh. Antiochenus. Der anonymus de antiqu. Cpoleos (Banduri, imp. orient. 95) belehrt uns, dass unter Anastasius († 518) eine Aphrodite Selene den Persern geschenkt worden sei: Παπίας ἱστόρησεν ἐκ τῶν συγγραμμάτων.

Petrus Alexandrinus im Coislin. 229, der im j. 1789 aus der abtei St. Germain gestohlen wurde und jetzt in Moskau sich befindet. Die hs. reicht bis auf Leo den weisen † 911 und scheint noch dem 10. jahrh. anzugehören.

Philippus von Side[1]), der synkellos des Chrysostomos in Konstantinopel um 400 n. Chr., schrieb in 36 büchern eine kirchengeschichte, die sich auch auf das alte testament zu erstrecken scheint, wenigstens handelt ein Pariser fragment Philipps vom aufenthalt Adams im paradiese. (Im Paris. suppl. 685 s. XVI papier fol. 10).

Photeinos um 370. Vatic. 197.

Phurtinus bei Joh. Antiochenus, wohl derselbe, wie Brunichius, den Malalas als quelle seiner römischen fabeleien anführt, und vielleicht • Φαυστῖνος ὁ Νασιβηνὸς ὁ τὰς Περσικὰς ἱστορίας συγγραψάμενος, den Suidas (unter Antiochia) für antiochenische geschichte zitiert.

Pyrrhon der chronograph. Kodin.

Dionysius Alexander bar Saliba s. XI: Michael.

Dionysius Jakobus bar Saliba s. XI: Michael.

Silvester. Die bibliothek des malerisch gelegenen klosters Hohenfurt in Südböhmen bewahrt in einer kapsel zwei rollen, die in schwer lesbarer schrift eine beschreibung der stadt Rom enthalten. Das schriftstück stammt aus dem

---

[1]) Sokrates VII 27.

13. jahrh., es beschäftigt sich besonders mit kirchen und
katakomben und märtyrererinnerungen. Als quellen werden
Hieronymus und ein brief des Orosius an Augustin genannt;
am eingang aber heisst es: ecclesiae Rome, beatus Silvester
papa assignavit in cronica sua. Im verlauf werden die Adams-
jahre bis zur gründung Roms angegeben auf 4748, indessen
so undeutlich, dass ich die lesung nicht garantieren kann.

Vielleicht ist es Silvester gewesen, der den Hippolytos
seinen lateinischen ausschreibern übermittelt hat.

Simon Seth um 1100 Νγοv. τῆς σοφίν γλάσσαν: libri
Jacobi Marmoretti, vielleicht noch hs. vorhanden.

Theodoros Anagnostes um 560: Κirchenachers 121,
130, 154, 167, 311.

Theodor daphnopates: Skylitzes, vorrede.

Theodor von Sebasteia, sein vetter: ibid.

Theodor von Side: ibid.

Trajanus schrieb im 6. jahrh. einen weltgeschichtlichen
abriss: Suidas; DE Boor, Hermes XVII.

Byzantiner.

kompilation saec. V/VI

Nachschrift.

Von bogen 7 ab habe ich auf ersuchen des auf einer reise begriffenen verfassers die korrektur übernommen. Von bogen 7 habe ich jedoch nur die letzte korrektur gesehen. Da ich keinerlei spezielle vollmacht erhalten hatte, so habe ich mir, abgesehen von solchen orthographischer art, nur an zwei stellen änderungen im texte erlaubt: nämlich seite 123, wo ich die richterliste des arabischen Tabarî für die des persischen eingesetzt habe, und seite 202 ff. im passus über die Magier. Die wenigen sonstigen zusätze, die ich beigefügt habe, sind an den rand verwiesen und durch eckige klammern (die freilich der setzer öfters weggelassen hat) und den buchstaben M. kenntlich gemacht. Änderungen in grösserem maasse waren übrigens schon dadurch ausgeschlossen, dass mir bei den hiesigen bibliotheksverhältnissen die nötigen hilfsmittel niemals sämmtlich zur hand waren. Die transskription der eigennamen ist im allgemeinen die der benutzten quellen. Doch habe ich der lautgesetzlich allein berechtigten form Ašak, Ašakânier statt der falschen Ashk, Aschganier etc. durchgängig zu ihrem rechte zu verhelfen gesucht, auch sonst arabische und persische namen der richtigen form tunlichst angenähert. Die folgenden berichtigungen rühren gleichfalls von mir her.

Bonn, juli 1893.

J. Marquart.

Berichtigungen und nachträge.

Zu s. LXIV, 121, 132: Der zug, den die sage den Gôdharz nach Jerusalem unternehmen lässt, um das blut Johannes des täufers zu rächen, ist kein anderer als der des Pakoros unter könig Orodes I u 40 v. Chr., bei welchem die tetrarchen Phasael und Herodes beseitigt und Antigonos zum könig eingesetzt wurde. Dass in der sage Herodes I. und Herodes Antipas (4 v. 39 n. Chr.) zusammengefallen sind, ist begreiflich genug. Wirklich schreibt auch noch Thaʿâlbî jenen zug dem könig Afqûr (so l. statt Âmûr) d. i. Ἡρώδης zu (s. Gutschmid, kl. schr. III 96 n. 86), während Tabari I 720 ff. in der geschichte Johannes des täufers den könig Xarûdûs nennt, der schlechtweg als könig von Babylon bezeichnet und chronologisch nicht näher eingereiht wird. Für Xardus ist aber Xarûdes zu lesen, d. i. Ἡρώδης Ἡρώδης. Sein feldherr Nabuzaradan ist es, der die rache für Johannes, des Zacharias sohn, vollzieht. Die ursprünglich jüdische sage aber hatte vielmehr den Zacharias im auge (der nach 2. Chron. 24, 31 im vorhof des tempels getötet wurde, vgl. Matth. 23, 35), für dessen blut Nabuzaradan, der oberste der leibwache des Nebukadnezar an den Juden rache genommen habe (vgl. M. Grünbaum, Neue beiträge zur semitischen sagenkunde 1893 s. 237 ff.). Für diesen hat also die christliche, wohl syrische sage den Johannes, sohn des Zacharias, eingesetzt. Während man aber für Nebukadnezar den Orodes einsetzte, beliess man sonderbarerweise den Nabuzaradan. Tabari hat eine reihe von traditionen, in denen Johannes zum sohne jenes Zacharias gemacht ist und der zug des Nebukadnezar seinetwegen stattgefunden haben soll.

Die form Xarûdes setzt zunächst eine pehlewivorlage voraus, wird aber wegen der griechischen endung ursprünglich aus dem syrischen stammen. Die beiden namen Orodes und Herodes sind aber in pehlewischrift leicht zu verwechseln. So erklärt sich die version des Masʿûdi s. 126. Die verwechslung oder vielmehr gleichsetzung des Xarûdes mit Gôdharz ist dagegen erst in arabischer schrift möglich und setzt die übersetzungen des Kârnâmak (Ibn al Muqaffaʿ) und anderer Perser aus dem pehlewi ins arabische voraus. Sie ergab sich gewissermassen von selbst, sobald man den Xarûdes in den persischen listen der Arsakäier, die keinen Orodes (mussten neupersisch etwa Xarôj, Huröj bezw. Dehröj lauten)

262   Berichtigungen und nachträge.

kannten, nachzuweisen suchte, und sie erscheint (neben Xuródes) bereits bei Baidáwî (s. Gutschmid, a. a. o. 239) und in den Arsakitenlisten des Tabari 1 705, 2 ff., 710, 10 ff.

Beiläufig bemerke ich, dass man jetzt den genannten Orodes und den bekannten Gotarzes richtiger als Orodes II und Gotarzes II bezeichnet, seitdem uns datierungen auf keilschrifttafeln für die jahre 223—225 Sel. — 89—87 v. Chr. einen könig Gutarzá und für das jahr 232 Sel. — 80 v. Chr. einen könig Urudá kennen gelernt haben (vgl. Strassmaier, Z. A. III 147, VI 222, 226, VIII 112), welche die in den griechisch-römischen nachrichten zwischen Mithridates II und Sinatroikes klaffende lücke teilweise ausfüllen. In übereinstimmung mit den nachrichten der alten über Tigranes führen sie denn auch nur den titel „könig" (für Urudá s. Eb. Schrader, Berliner Sitzungsber. 1890 s. 1329), nicht mehr „könig der könige", wie ihr vorgänger Mithridates II (Strassmaier, Z. A. VIII 112). Darnach ist der Artabanus bei Trog. prol. 41 anders zu erklären als Gutschmid, Gesch. Irans s. 81 getan hat.

Seite 1 titel lies *ΕΚΛΟΓΗ* statt *ΕΚΛΟΓΕ.*
    3 z. 16 l. codex st. Codex.
    letzte z. l. s. 6 mitte st. s. 4 mitte.
    5 z. 4 l. *Τὰ μὲν* st. *Τὰ μὶν.*
    „ 23 „ *ὀνόμασιν* st. *ὀνόμασιν.*
    „ 24 „ *διαγωγήν* st. *διαγωγήν.*
    6 „ 4 „ *οὖ* st. *οὗ.*
    „ 9 streiche die ziffer [3]) nach *Πτολεμαίου.*
    „ 13 l. *ἐπεκράτησε* st. *ἐπικράτησε.*
    „ 22 „ *Μηδίης καὶ* st. *Μηδίης καὶ.*
    7 „ 6 „ *φασὶν γὰρ* st. *φασὶν γάρ.*
    „ 9 „ *ὠνομάσθησαν* st. *ὀνομάσθησαν.*
    „ 10 „ *καλουμένη* st. *καλουμένη.*
    „ 20 „ *ἑξηκοστὸν* st. *ἑξηκοστον.*
    „ 24 „ *φασι* st. *φησι.*
    Anm. [2]) l. *βασιλεύς* st. *βασιλεύς* l.
    8 z. 17 l. *Ἀρταξάδ* st. *Ἀρταξάδ.*
    „ 20 „ *Χομασβύλας* st. *Χομασβύλας.*
    „ 32 „ *φησὶν* st. *φησίν.*
    9 „ 17 „ *Ζαριὶς ὁ καὶ* st. *Ζαριὶς καὶ ὁ.*
    „ 28 „ *Ἀχαιῶν* st. *Ἀχαίων; δόξην* st. *δόξης.*
    „ 32 „ *Εὐπάλης* st. *Εὐπάλης.*
    10 „ 17 „ *ἐπιτελεσθῆναι* st. *ἐπιτελεσθῆναι.*
    „ 23 „ *Σισαμνης* st. *Σίσαμνος.*
    léως steht für ⟨*ΜΑΝΔΑΥΚΗΣ.*
    „ 29/30 l. *Τοῦτον τὸν Ἀστυάγην Ἑβραῖοι Ἀσουῆρον* ⟨*τὸν*⟩ *Μῆδον ὀνομάζουσι.*
    12 „ 9/10 l. *ὁ ἀληθὴς* st. *ἡ ἀληθής.*

Seite 12 z. 11 l. παντοκρατορ st. παντοκρατωρ.

„ 26 streiche den punkt nach Ἀλέξανδρος.

Anm. *). die ziffer ist nach ἐτων ausgefallen.

14 z. 31 streiche das komma nach ἡμέρᾳ.

15 „ 20 l. ἐπολιόρκει st. πολιόρκει.

„ 34 „ ὀνόμασεν st. ὀνόμασεν.

16 „ 8 „ χρονογράφος st. χρονογραφος.

„ 16 „ ὁ Γάρμαλος st. ὁ Γάρμαλος.

„ 20 „ Ἀγριππη st. Ἀγριππῃ.

„ 25,26 streiche den punkt nach Φόρῳ und setze ihn nach ⟨τη μβριανῷ⟩.

17 z. 2 l. ὡμολόγησεν st. ὡμολόγησεν.

„ 6 „ τελευτη st. τελευτη.

„ 20 „ κατὰ τὸ ξ st. κατὰ το ξ̄.

18 „ 5 streiche den punkt nach χειρον.

„ 7 l. ἐτη κ̄ st. τξκ.

„ 16 nach ἐτῶ setze punkt st. kolon.

19 kolumnentitel l. 5. 6. jahrh. st. 5 6. jahrh.

z. 12 nach Παράχραφοι setze punkt st. kolon.

„ 19 streiche das komma nach παραχράφοις.

Anm. *) l. Leo Grammatikus 116 st. l 16.

20 z. 10 streiche das komma nach der zahl ΄ςΥΚΣ.

21 kolumnentitel l. 7. 10. jahrh. st. 7 10. jahrh.

22 z. 8 l. ἐπιτροπευούσης st. ἐπιτροπευουσης, παρακοιτώμενος st. παρὰ κοιτωνι.

„ 11 „ αὐγούστῳ st. αὐγουστω.

„ 24 „ Ζωῇ st. Ζωη.

23 „ 17 „ αὐτόν st. αὐτον.

24 „ 6 „ Κορναλία st. Κορναλια.

„ 9 „ ἐτη st. ἐτη.

„ 12 „ καὶ σιλίγνης st. κα ἰσιλίγνης.

„ 15 „ ἐτελεύτησαν st. ἐτελεύτησεν.

„ 17 „ μῆνας δ st. μῆνας δ.

26 „ 9 „ unten s. 55 st. s. 51.

„ 29 „ Ἀχρω st. Ἀχρω.

letzte zeile setze punkt nach der runden klammer.

Anm. *) füge hinzu: „sowie eine textausgabe mit englischer übersetzung von E. A. WALLIS BUDGE unter dem titel The Book of the bee".

28 z. 25 setze den punkt nach der klammer.

29 „ 25 l. γεγενῆσθαι st. γεγενῆσθαι.

30 „ 2 „ Ἠεδον (Ἀβδον) st. (Ἐσεβον).

„ 5 „ nach den LXX st. nach dem LXX.

„ 8 streiche den punkt nach εἶλεν und setze ihn nach der eckigen klammer.

Seite 30 z. 10 l. ὁ ποιητής et. ὁ ποιητής.
 „ 18 füge nach *Nardharar* ein (i. e. *Mardharag*).
 31 „ 20 l. ἐπὶ γραφῇ ἡ st. ἐπιγραφῇ ἡ.
  „ 21 „ ἐπὶ βιβλίου st. ἐπι βιβλίου.
  „ 24 setze komma nach *Iuáda*.
  „ 27 l. oben s. 30 st. s. 28.
  Anm 1 z. 2 l. dibré hajam im st. dibré hajomim.
 32 z. 12 l. λήξωσι st. λήξωσι.
  „ 20 „ ἐγ θασεν st. ἐγ θασεν.
 33 „ 1 „ Ἑβραϊκῶς st. Ἑβραϊκός.
  „ 8 „ Ἑβραίων st. Ἑβραίων.
  „ 16 „ Ἰούδων st. Ἰούδων.
  „ 22 „ τῇ st. τῇ.
  „ 23 „ Αἰγύπτου st. Αἰγύπτου.
  „ 31/32 l. τετταράκοντα st. τεσσαράκοντα
 34 „ 4 l. Origenes st. Origines.
  „ 11 „ τῆς ἀρχῆς st. τῆς ἀρχῆς.
 35 „ 6 „ s. 13 st. s. 12.
  Anm. 1) l. s. 5 st. s. 3.
 36 z. 6 7 l. Nikephoros Kallistos st. Nikephoros, Kallisthos.
  „ 15 l. s. 12 st. s. 10.
 37 „ 5 „ angenommen worden st. angenommen werden.
  Anm. 1) l. oben s. 10 st. s. 8.
   „ 3) — „ „ 10 „ „ 8.
   „ 4) „ 354 st. 254.
 38 z. 27 l. oben s. 12 st. s. 10.
 39 „ 4 von unten l. oben s. 12 st. s. 10.
 40 „ 3 „ „ „ kanons st. Kanaus.
  letzte z. l. Alexandriner st. alexandriner.
 41 z. 3 l. flutepoche st. Flutepoche.
  „ 9 „ Eustathios st. Eusthatius.
  „ 3 von unten l. Assyrerepoche st. assyrerepoche.
 43 „ 7 l. vom 21. j. statt vom 21 j.
 44 „ 20 „ s. 14 st. s. 12.
 45 Anm. 1) l. Sadée st. Sadé.
 46 z. 9 l. s. 19 st. s. 17.
  „ 14 „ s. 23 st. s. 21.
 51 „ 11 „ Koromandel st. Korimandel.
  „ 4 von unten l. Mopsuestia st. Mopsuesta.
  Anm. 2) l. Mongolenherrschaft st. mongolenherrschaft.
 52 z. 20 l. Telmahré st. Telmahar.
 53 „ 8 „ Perserkrieg st. perserkrieg.
  „ 9/10 l. Simeon von Beth-Arsâm's st. von Bet-Arsam's.
  „ 6 v. u. l. Simeon von Beth Garmê st. Simeon beth Garmai.

Seite 54 z. 8 l. 334 n. Chr. st. 334 v. Chr.
„ 11 „ in wenigstens st. im wenigsten.
„ 20 „ Gutenzug st. Gothenzug.
Anm. ¹) l. Abulfaraġ st. Abulfar.
57 „ 2 „ edessenische st. Edessenische.
„ 8 „ Tel-Mahrê st. Tel-Mahre.
„ 14 „ Christen st. christen; ebenso s. 84 z 16, s. 94 z. 24.
„ 15 „ chalifen st. Khalifen; ebenso s. 58 z. 4 v. u., 60 z. 4,
s. 91 z. 2 u. z. 6.
58 „ 15 „ Griechen st. griechen; ebenso s. 59 z. 21, 60 z. 5 v. u.,
61 z. 1 u. 3, 85 anm. ²).
„ 18 „ Nuhadrê st. Nahadra.
59 „ 22 „ der Griechen st. der gr.
„ 25 „ Barsa'dê von Karkhâ, Nestorianer statt Barsahde von
Carca, nestorianer.
„ 31 „ Îšô' dnah (Dnah-Îšô') st. Jesu-denah (Dena-Jesu).
„ 32 „ higra st. hegira, Abhdîšô' st. Ebedjesu.
„ 34 „ Hilla st. Hiota (oder Hîî?).
60 „ 9 „ Thâbit bar Sinân st. Taban bar Senan (vgl. Wüstenfeld, Geschichtschreiber § 135.
61 „ 4 „ higra st. hegira; ebenso z. 5, s. 83 z. 6 v. u., 85 ver-
letzte z., 90 z. 19, 93 z. 3 v. u., letzte z.
„ 6 „ Moslimen st. moslimen.
62 „ 25 „ Atabeken st. Azbeken.
63 „ 4 v. u. l. Telmahrô st. Telmahar.
64 „ 3 l. Kênûm st. Kenum.
65 „ 4 „ Danielorakel st. danielorakel.
67 „ 11 „ ijar st. jar.
„ 5 v. u. l. Sebêos st. Sêbêos.
„ 4 v. u. l. Eustathios st. Kustbatius.
Anm. ²) l. Astlik st. Astchuk.
68 z. 13 l. Im 85. j. st. Im 85 j.
„ 15 „ im 130. j. st. im 130 j.
„ 27 „ Amran st. Amrat.
69 „ 11 v. u. l. Ahislon st. Ahislon.
70 „ 2 setze komma nach „(so!)".
„ 7 l. Milchom st. Milchos.
„ 15 „ Teghlat Phalasar st. Peghlat Phalasar.
„ 5 v. u. l. Kaiwan st. Cainon?
71 „ 1 l. 19. j. st. 19 j.
vorletzte z. setze nach 6 j. komma.
72 z. 1 l. Artachschas st. Artaschces.
„ 14 „ Mar'asch st. Marach.

Seite 72 z. 9 v. u. l. Monobazus st. Monobazes. Es liegt aber einfach
eine verwechslung mit Izates, dem sohne der Helena
von Adiabene (Jos. *αρχ. ιουδ.* κ § 19 ff.) vor. Siehe
über diesen Schürer, Geschichte des jüdischen volkes
zur zeit Jesu II² 562—564.

73 „ 9 „ 85 j. st. 85. j.
74 „ 8 „ Lydische seeherrschaft st. Lybische seeherrschaft.
letzte z. l. Latinerkönige st. latinerkönige.
76 z. 14 l. majestät st. majestäst.
„ 6 v. u. setze komma vor Abgar 1.
„ 5 v. u. l. Maria (Mariamne) st. Marie.
77 „ 17 l. trinität st. trinitat.
„ 19 „ Mark Aurel st. Marc Aulel.
„ 2 v. u. l. fürbitte st. vorbitte.
78 „ 7 l. Artaschir st. Artaschir.
79 „ 2 „ Christ st. christ; ebenso s. 91 s. 2.
„ 13 „ ijar st. yar; ebenso z. 15.
„ 25 „ arianismus st. Arianismus.
Anm. ¹) l. Hoffmann st. Hoffman.
80 z. 10 l. Jordanes st. Jornandes.
81 „ 20 „ Darial st. darial.
„ 27 „ Homeriten st. homeriten.
83 „ 8 „ Perser st. perser, katholikos st. Katholikos,
„ 20 „ al Mundhir st. Mondir.
„ 21 „ Byzantinern st. byzantinern.
letzte z. l. Qennešrin st. Kennešrin.
84 z. 1 l. Kilikien st. Cicilien.
„ 12 „ Abū 'l A'war st. Abu al Hawar.
„ 14 „ Juden st. juden; ebenso s. 86 z. 6 v. u., 87 z. 8 v. u.
„ 7 v. u. l. Tataren st. tataren.
85 z. 14 l. al Muchtaçar fi'd duwal   Kompendium der dynastien
st. Almukhtar fi'd Duwal   Ausführliche geschichte
der dynastien.
86 „ 7 v. u. l. Messias st. messias.
87 „ 11 l. regierungsjahre st. Regierungsjahre.
„ 10 v. u. setze komma st. punkt vor African.
90 „ 21 l. Römerkaiser st. römerkaiser.
„ 7 v. u. l. konstantinopolitanischen st. Konstantinopolitan.
91 „ 1 l. Girgis (Georgius) b. Abū 'l Jāsir 'Alī b. Abū 'l Ma-
kârim b. Abū 't Taijib b. Qarwin b. et Taijib ol Makin
Ibn al 'Amid.
„ 4 „ Kemāleddin st. Cemaleddin.
„ 7 „ Abū Šukr Petrus Ibn er Rāhib Abū Karam b. Mu-
haǧǧib st. Petrus Abushiaker Ibn Arrahaeb Abilcara.

Seite 92 z. 13 l. 32. j. st. 32 j.
„ 19 „ bis august 15 st. bis August 15.
„ 27 „ verbrannt hatte st. verbrannt.
94 „ 1/2 „ 12. rabi' I des elephantenjahres statt 12. rab des
ersten elephantenjahres.
„ 2 „ 12. rabi' st. 12. rab.
Anm. ²) l. Notices et extraits st. Notes et extraits.
96 z. 6 l. Partherzeit st. partherzeit.
„ 15 „ Mar Iba Katina st. Mar Apas Catina.
97 „ 3 setze komma vor Aristoteles.
„ 18 l. Alexanderroman st. alexanderroman, Sassanidensagen
st. sassanidensagen.
„ 26 „ zeitalter st. alter.
102 „ 7 „ Titanen st. titanen.
104 „ 19 „ Walarsak st. Vagharsch.
„ 28 „ Peroz st. Heros.
107 „ 7 „ Schapouh st. Schapucha.
109 „ 22 „ Parther st. parther.
114 „ 23 „ vartabed (wardapet) st. Vartabed.
123 „ 5 „ Nachson st. Jachsun, und streiche Anm. ²). Vergl.
Ja'qûbî ed. Houtsma I 50: „Abison, der Nachson
genannt wird", und dazu Houtsma p. XII. Der richter
Abessan wurde also mit dem stammfürsten Juda's
unter Mosen identifiziert.
123 „ 15 „ Magier st. magier.
124 „ 2 „ Ohne richter st. Ohma richter.
Der passus z. 1–6 ist nach z. 15 „Philister 40" zu versetzen.
125 z. 25 Die Pariser ausgabe des Mas'ûdî I 103 hat wirklich
Amlah; allein Jâqûbî I 50 hat richtig Elân, woraus
jenes bloss verstümmelt ist.
„ 26 Agrän i. e. 'Akrän der Pešiṭṭhâ für 'Abdôn (vergl.
Noeldeke, Z. D. M. G. 38, 151).
126 „ 14 l. Mahmûd und Mas'ûd st. Mahmud und Masudi.
128 „ 12 „ das Tärich al kâmil „die vollkommene chronik" statt
das Kâmil „vollständigkeit".
Anm. ³) l. Arabisch ediert v. Tornberg, Ibn el-Athiri Chronicon quod perfectissimum inscribitur. 14 voll. Lugd.
Bat. 1851–1876.
203 „ 4 v. u. l. Origenes st. Origines.